Hans-Joachim Hinrichsen

Ludwig van Beethoven
Musik für eine neue Zeit

Hans-Joachim Hinrichsen

Ludwig van Beethoven

Musik für eine neue Zeit

Bärenreiter
Metzler

Auch als eBook erhältlich:
ISBN 978-3-7618-7091-4

Bibliografische Information der Deutschen Nationalbibliothek
Die Deutsche Nationalbibliothek verzeichnet diese Publikation
in der Deutschen Nationalbibliografie; detaillierte bibliografische Daten
sind im Internet über www.dnb.de abrufbar.

Gemeinschaftsausgabe der Verlage Bärenreiter, Kassel,
und J. B. Metzler, Berlin
Umschlaggestaltung: +CHRISTOWZIK SCHEUCH DESIGN

Lektorat: Daniel Lettgen, Köln / Diana Rothaug
Innengestaltung und Satz: Dorothea Willerding
Druck und Bindung: Beltz Grafische Betriebe GmbH, Bad Langensalza
ISBN 978-3-7618-2072-8 (Bärenreiter)
ISBN 978-3-476-04912-4 (Metzler)
www.baerenreiter.com
www.metzlerverlag.de

Inhalt

Anhang

Vorwort: Noch einmal Beethoven

Ludwig van Beethoven war der Zeitgenosse einer ungewöhnlich reichen Epoche der europäischen Kulturgeschichte, aus der er seinerseits als Komponist auf besondere Weise herausragt. Worin aber ist er ihr verbunden, und was heißt das genau für das Verständnis seiner Musik? Warum sind solche Fragen heute überhaupt noch von Relevanz? Und sind sie eigentlich bisher jemals richtig gestellt worden? Das heute die öffentliche Meinung dominierende Beethoven-Bild ist, 250 Jahre nach der Geburt des Komponisten, zu großen Teilen ein Fabrikat aus unermüdlich sich selbst reproduzierenden Stereotypen, aus deren Rückkopplungszirkel offenbar selbst auf der Basis aktueller Forschung kaum ein konsensfähiger Ausweg zu finden ist. Eine vielbeachtete neuere Beethoven-Biographie macht ihren Protagonisten im Untertitel zum »einsamen Revolutionär«[1] und kombiniert damit ein weiteres Mal zwei Klischees zu doppelter Schlagkraft. Eigentlich könnten sie schon dem ersten oberflächlichen Blick ihre Fragwürdigkeit erweisen. Beethoven war kein einsamer, sondern ein bis zuletzt in diverse Freundes- und Bekanntenkreise eingebundener, an Geselligkeit interessierter (darin freilich durch seine Schwerhörigkeit zunehmend behinderter) Mensch, und als einen Revolutionär konnte den im Bonner Hofdienst sozialisierten, in Wiener Adelskreisen souverän agierenden und bis zuletzt um diverse höfische Anstellungen bemühten Komponisten nur ein von biographischer Evidenz leichtfertig abstrahierendes bürgerliches Wunschdenken sehen, das angesichts der eigenen Entmündigung eine Identifikationsfigur und Projektionsfläche brauchte. Das glatte Gegenteil allerdings, das aus der einseitigen Betonung der politischen

Gelegenheitswerke hervorgeht und nun eher die beträchtlichen Anpassungsleistungen Beethovens in den Vordergrund zu stellen liebt, ist ebenso wenig der Fall.[2] Zwischen den Extremen der radikalen Kompromisslosigkeit und des kalkulierten Opportunismus öffnet sich für die differenzierte Darstellung von Beethovens Leben und Musik ein immer noch genügend breites Spektrum nonkonformistischer Verhaltensweisen.

Das eigentlich Revolutionäre liegt, wenn man an dieser Charakterisierung Beethovens festhalten will, in seiner Kunst. Als kritisch denkender Künstler wuchs er in ein Rollenmodell hinein, das für seine Zeit ungewohnt erschien und von ihm selbst erst wesentlich erkundet und entwickelt wurde. Dieser Gedanke ist nicht neu, aber es lohnt sich, darüber nachzudenken, wie oft und mit welch fataler Wirkung die innovative Radikalität von Beethovens Komponieren kurzschlüssig auf sein gesellschaftliches Verhalten übertragen und von dort als rebellische Attitüde wieder auf seine Musik zurückprojiziert worden ist. Das vorliegende Buch handelt daher in erster Linie von Beethovens Musik, nicht von seinem Leben. Es hält sich aber, ohne eine Biographie sein zu wollen, nach Möglichkeit an die Chronologie. Dabei soll deutlich werden, wie tief diese Musik auf Probleme, Ideen und Themen ihrer Zeit reagiert. Das Vorgehen ist selektiv und exemplarisch, weil nur durch solche Beschränkung gewährleistet werden kann, auf engem Raum in die Tiefe zu gelangen. Werke des sogenannten Kanons und scheinbare Nebenwerke stehen gleichermaßen im Zentrum der Aufmerksamkeit, weil sich anders nicht der »ganze« Beethoven in den Blick bringen lässt. Wer manches Altvertraute vermisst, wird dennoch zugeben müssen, dass nur auf diese Weise ein neues Beethoven-Verständnis zu gewinnen ist, denn die im Lauf der Rezeptionsgeschichte eingeschliffenen Stereotypen verdanken sich nicht zuletzt der ermüdenden Konzentration auf die immer gleichen Hauptwerke, die in solcher Isolierung zum Bildungsgut zu verflachen drohen. Bekanntes wird also neben weniger Bekanntem zur Sprache kommen. Doch sollen selbstverständlich alle Gattungen von Beethovens universal angelegtem Œuvre angemessene Berücksichtigung finden.

Die beispiellose Radikalität, mit der Beethovens Komponieren die musikalische Landschaft verändert hat, ist bereits von den Zeitgenossen gespürt und erst von den folgenden Generationen allmählich verstanden worden. Oft genug wurde seither behauptet, dass es eine Musik *vor* Beethoven und eine *nach* ihm gebe, mit Beethoven selbst als einer Art Wasserscheide der Musikgeschichte. Das ist allerdings rascher gesagt (und nachgebetet) als wirklich begriffen. Geistige Revolutionen sind Phänomene, deren Gewicht sich zwar oft nicht bestreiten, sich aber auch nicht leicht einzelnen Auslösern zuschreiben lässt. Beethoven ist wohl allerdings ein solcher. Sein Wirken fällt in eine Zeit, die reich an tiefen Umbrüchen war. Es genügt, die politischen Ereignisse der Amerikanischen Unabhängigkeitserklärung und der Französischen Revolution zu nennen, die gemeinsame ideelle Wurzeln haben. Noch bedeutender aber sind die auf den ersten Blick weit weniger spektakulären, doch desto nachhaltigeren Umwälzungen im Geistesleben der Epoche. Beethovens ästhetische Innovationsleistung, die zu ihnen zählt, kann mit vollem Recht als eine stille, aber tiefgreifende »Revolution der Denkart« bezeichnet werden. So hat freilich nicht Beethoven selbst sein Schaffen, sondern so hat – zwei Jahre vor dem Beginn der revolutionären Ereignisse in Frankreich – Immanuel Kant seine am Ende des Jahrhunderts sich formierende kritische Philosophie charakterisiert:[3] als eine geistige Revolution, deren tiefe Wirkung ihm kein Geringerer als Beethovens Generationsgenosse Georg Wilhelm Friedrich Hegel im Rückblick auf die Epoche freimütig bescheinigt hat.[4] Nichts spricht dagegen, dem Komponieren Beethovens denselben Ehrentitel zuzugestehen. In einem ähnlichen Sinne, in dem Kants kritische Hauptschriften nichts Geringeres darstellen als die »Grundlegung der modernen Philosophie«,[5] leisten Beethovens reife Werke die Grundlegung der modernen Musik. Sie sind in einer fundamentalen Bedeutung Musik für eine neue Zeit.

Beethoven hat für seine Musik bei vielen Gelegenheiten »eine wircklich ganz neue Manier«[6] in Anspruch genommen; die Logik der Innovation ist gleichsam ihr Prinzip. Ihre Neuartigkeit hat indessen viele Facetten und lässt sich nicht auf einen einfachen Begriff bringen, sondern muss geduldig in ihre einzelnen Aspekte auseinandergelegt werden. Dabei darf die besondere Form ihrer Traditionsgebundenheit nicht aus dem Blick geraten. Beethovens im oben genannten Sinne »revolutionäre« Musik ist, auch wenn sie bis heute ganz unmittelbar zu wirken vermag, dennoch ein Produkt ihrer Zeit und muss aus ihr heraus verstanden werden. Als neue Musik wird sie gerade dann ernst genommen, wenn sie nicht bloß als absolute Tonkunst aufgefasst wird. Man begreift, selbst wenn man sie rein intuitiv zu verstehen glaubt, vielleicht noch mehr von ihr, wenn man in ihr (auch) die Auseinandersetzung ihres Autors mit den poetischen, ästhetischen und philosophischen Themen seiner Epoche vernimmt: den Vernunftideen von Freiheit, Gott und Unsterblichkeit, den Konzepten von Subjektivität, Personalität und Individualität, den Begriffen von Geist, Form und Materie und schließlich den Problemen von Selbstbestimmung, Naturkausalität und Sittlichkeit. Beethovens Musik ist die eines aufmerksamen Zeitgenossen im Sinnhorizont seines Zeitalters, über den man also nachdenken muss. Der Gefahr einer Verflüchtigung solcher Ideen in unverbindliche Abstraktion, von der sich die Wirkungsgeschichte selten freizuhalten vermochte, begegnet man am besten durch sorgfältige Analyse, um der Musik als einer Kunst gerecht zu werden, die keiner diskursiven, sondern einer ästhetischen Logik gehorcht. Das vorliegende Buch versucht diesen Weg zu gehen, indem es Beethovens Musik in ihrer ideellen Zeitgenossenschaft zu begreifen versucht, ohne ihr die ästhetische Autonomie zu bestreiten.

Einleitung: Ideelle Zeitgenossenschaft
Die relative Autonomie der Musik

Am 11. April 1827 formulierte der fast 80-jährige Goethe einen Rückblick auf das Geistesleben seiner Epoche. Dass dies nur wenige Tage nach Beethovens Tod geschah, dürfte ein Zufall sein, ist aber keineswegs bedeutungslos. Es ist nämlich erstaunlich, durch wen Goethe diesem Zeitalter – das wir heute gern als »Goethe-Zeit« bezeichnen und das zumindest viele Musiker damals bereits als das Zeitalter Beethovens empfanden – seinen charakteristischen Namen gab: Für ihn war es die Epoche Immanuel Kants. Selbst durchaus kein exzessiver Kant-Leser, erklärte er seinem aufmerksam lauschenden Sekretär Eckermann den Grund für diese bemerkenswerte Diagnose: »Er hat auch auf Sie gewirkt, ohne daß sie ihn gelesen haben.«[1] In der Tat benennt Goethe hier ein Phänomen, das ungebrochen bis in die Gegenwart Gültigkeit beanspruchen darf. Um von einer Philosophie geprägt zu sein, muss man sich nicht zwingend aus Primärquellen mit ihr beschäftigt haben. Manchmal genügen die häufige Präsenz bei Seminardiskussionen, die aufmerksame Lektüre des Feuilletons und die interessierte Teilnahme am Salongespräch, um sich ein zutreffendes Bild von der Meinungsführerschaft einer Weltanschauung zu verschaffen und durch wesentliche ihrer Gedankengänge angeregt und mitgeformt zu werden. Man kann das den Zeitgeist nennen, oder, wenn man es soziologischer mag, die Macht der Diskurse und ihrer undurchschauten Institutionalisierung.

Nicht nur für Eckermann, auch für sich selbst hat Goethe diesen Mechanismus eingeräumt: Er habe zwar, wie er einige Jahre zuvor notierte, »die Kantsche Lehre wo nicht zu durchdringen doch möglichst zu nutzen« versucht und sich dafür zumindest mit der

Lektüre der *Kritik der Urteilskraft* befasst, die ihn als Künstler wie als Naturforscher besonders interessiert haben dürfte. Das erste der kritischen Hauptwerke, die monumentale *Kritik der reinen Vernunft*, »lag aber völlig außerhalb meines Kreises«,[2] wie Goethe unumwunden sagt. Das verhinderte nun keineswegs das allmähliche Vertrautwerden mit deren Grundgedanken. »Ich wohnte jedoch manchem Gespräche darüber bei«, so beginnt der Absatz, mit dem Goethe 1820 in dem kleinen Aufsatz *Einwirkung der neueren Philosophie* ausführlich auf die umwegreiche Genese seiner schließlich doch recht imposanten Kant-Kenntnisse zurückblickt. Und dass um 1800 kein anderer Stern am Ideenhimmel so hell aufgegangen war wie derjenige Kants, dürfte angesichts der raschen Verbreitung seiner Schüler und Anhänger auf universitäre Lehrstühle und andere einflussreiche Positionen aus dem Rückblick des Jahres 1827 kaum zu bestreiten gewesen sein.

Kann nun aber, was der alte Goethe dem verwunderten Eckermann erklärte, auch für Beethoven gelten? Hat Kant auch auf ihn gewirkt, ohne dass er ihn gelesen haben müsste? Kann man sich Beethoven, der kein Universitätsstudium absolviert hat und der bis zuletzt in seinen eigenen Briefen einen äußerst eigenwilligen Umgang mit der korrekten Orthographie pflegte, als kompetenten Leser schwierigster philosophischer Literatur vorstellen? Haben ihn die weltanschaulichen Diskussionen seiner Zeit interessiert? Und hat das, so darf man weiter fragen, für seine Musik überhaupt irgendeine Relevanz? All diese Fragen lassen sich, um es gleich vorwegzunehmen, in unterschiedlichem Grade positiv beantworten, und davon will das vorliegende Buch handeln, in dem die Frage nach der Zeitgenossenschaft von Beethovens Musik den Kurs der Darstellung bestimmt.

* * *

Das späte 18. Jahrhundert, in dem Beethoven erwachsen wurde, ist die Epoche der auf ihren Höhepunkt gelangten Aufklärung, die man gern auch als das Zeitalter der *Vernunft* bezeichnet, obwohl sie viel passender unter der Vorstellung einer *Kritik der Vernunft* begriffen wäre. Die Zitierung aller tradierten Autoritäten, von der dogmatischen Metaphysik bis zur orthodoxen Theologie, vor den Richterstuhl der Vernunft hat sich von Moses Mendelssohns Berlin, von Lessings Wolfenbüttel und von Kants Königsberg aus über Lichtenbergs Göttingen bis zu Wielands, Herders, Goethes und Schillers Weimar im gesamten protestantischen Deutschland ausgebreitet. Den traditionellen Wissensbestand bereicherte diese Bewegung durch neue Blickweisen auf den Menschen, der nun mit seinem Fühlen und Wissen ins Zentrum geriet. In der späten Philosophie Immanuel Kants gipfelte sie schließlich in einer radikalen Selbstaufklärung der Vernunft, die das System der alten Metaphysik zum Einsturz brachte und in der Folge nun auch die seit der Jahrhundertmitte sich entwickelnden Wissenschaften der Ästhetik und der Anthropologie, später auch der Geschichtsphilosophie neu begründete. Die Verzögerung der deutschen Aufklärung gegenüber England und Frankreich wurde durch eine Differenz kompensiert, die am deutlichsten in Kants berühmtem kleinem Aufsatz von 1784 mit dem Titel *Beantwortung der Frage: Was ist Aufklärung?* zum Ausdruck kommt: Die Aufklärung wendet sich mit ihrer neuen Selbstauffassung des Menschen und seiner moralischen Autonomie in aller Konsequenz vom Theoretischen ins Praktische, als radikale Aufforderung, sich seines »*eigenen* Verstandes zu bedienen«.[3] Damit beginnt der Ausgang aus der »selbstverschuldeten Unmündigkeit«, den Kant noch in einer seiner letzten Publikationen als die »wichtigste Revolution in dem Innern des Menschen« bezeichnen wird.[4] Hinter diesem Appell an das mündige Individuum, dem sein vernünftiges Wesen nicht schon gegeben, sondern stets zur Realisierung aufgegeben ist, steht kein politischer Freiheitsbegriff, sondern das metaphysische Freiheitspostulat der praktischen Philosophie. So hat die deutsche Aufklärung, anders als etwa die französische, auch in ihrer Religionskritik nie offen materialistisch oder atheistisch argumentiert, sondern stets, um Kants berühmten Buchtitel aufzugreifen, eine Bestimmung der »Religion innerhalb der Grenzen der bloßen Vernunft«[5] anvisiert. Dieser Epoche verdankt das moderne Menschenbild die seither unveräußerlichen Vorstellungen von moralischer Selbstbestimmung, intellektueller Mündigkeit, unverwechselbarer Individualität und unantastbarer Menschenwürde – und die heutige Welt verdankt ihr eben auch Beethovens Musik.

Kants Philosophie, die nach Goethes Ansicht dem Zeitalter seine Signatur verlieh, hat unbeschadet aller Einwände und Gegenentwürfe in der Gestalt einer konstruktiven Metaphysik- und Religionskritik seit den 1780er-Jahren einen beispiellosen Siegeszug durch den deutschen Sprachraum angetreten. Ohne sie sind auch, um die nächste und Beethoven näherstehende Generation zu nennen, weder die Philosophen Reinhold, Fichte, Schelling und Hegel, noch aber auch die Dichter Novalis und Schlegel, Hölderlin und Jean Paul überhaupt zu denken. Damit sind nur ganz wenige Namen genannt, zu denen im vorliegenden Zusammenhang wenigstens noch die aus Kants Königsberg stammenden Musiker Johann Friedrich Reichardt und E. T. A. Hoffmann hinzugefügt werden müssen. Beethoven hingegen wuchs im katholischen Rheinland auf und änderte diesen konfessionellen Kontext auch nicht bei seinem Wohnortwechsel nach Wien. Doch waren gerade Bonn und Wien in seiner Jugend zutiefst geprägt durch das, was man seit längerem als das Phänomen einer »katholischen Aufklärung« erforscht[6] – was also seine schon im Rheinland erworbene und nach Österreich mitgebrachte jugendliche Begeisterung für (wahrscheinlich) Kant und (nachweislich) Schiller eher noch beflügeln konnte. Davon wird später noch ausführlicher zu reden sein. Die politische Agenda seiner Lebensräume wurde seit 1789 weitgehend durch die revolutionären Ereignisse in Frankreich und ihre langfristigen Folgen bestimmt. All das zusammen markiert den Horizont, an dem sich Beethovens in vieler Hinsicht revolutionäres Schaffen orientiert – wohlgemerkt: ein nicht politisch, sondern musikalisch revolutionäres Schaffen, und daher als Musik selbst noch im restaurativ gewordenen Wien der Metternich-Ära weitgehend unbehelligt, worum etwa der von der Zensur geplagte Dichter Franz Grillparzer den Komponisten im Zenit seiner Laufbahn nur beneiden konnte.[7]

Dem bereits berühmten Beethoven ist Goethe nur einmal, 1812 im Kurort Teplitz, persönlich begegnet, mit großem Respekt zwar, aber fast noch größerer Skepsis. Als geistig imponierende Figur scheint der große Dichter ihn nicht empfunden zu haben. Dessen einziger ebenbürtiger Diskussionspartner war ihm, nach langem Abwarten und vorsichtiger Annäherung, ohnehin Friedrich Schiller geworden, an den er sich später so erinnerte: »Unsere Gespräche waren durchaus produktiv oder theoretisch, gewöhnlich beides zugleich: er predigte das Evangelium der Freiheit, ich wollte die Rechte der Natur nicht verkürzt wissen.«[8] Die witzig-geistreiche Metapher schiebt in mutwilliger Übertreibung Schiller die rhetorische Haltung des Predigers auf der Kanzel und Goethe selbst die Rolle des Verteidigers im Gerichtsverfahren zu. Der enthusiastische Kantianer und Freiheitsprediger Schiller war es auch, dem Goethe wichtige Einsichten in die Philosophie seiner Zeit verdankt. Seine launige Hommage an den alles beherrschenden Kant läuft, lange nach Schillers frühem Tod, auf das späte Zugeständnis hinaus, er habe sich schließlich doch auf »das Abenteuer der Vernunft, wie es der Alte vom Königsberge selbst nennt«, mutig und erfolgreich eingelassen.[9]

Mit seiner *Kritik der Urteilskraft* legte Kant, der noch ein Jahrzehnt zuvor eine wissenschaftliche Geschmackslehre für unmöglich gehalten hatte,[10] 1790 ein Grundlagenwerk vor, dessen Einfluss auf die Ästhetik der nachfolgenden Generationen kaum zu überschätzen ist, obwohl es weitaus mehr birgt als nur eine kritische Diskussion der ästhetischen Erfahrung. Mit dem Plädoyer für die Rechte der Natur (Goethe) und dem Evangelium der Freiheit (Schiller) hat Goethe die unterschiedlichen Konsequenzen markiert, die beide Dichter aus der Kant-Lektüre gezogen haben. Schiller seinerseits hatte denselben Sachverhalt schon vorher in seinem letzten großen Essay zu den gegensätzlichen dichterischen Haltungen des »Naiven« und des »Sentimentalischen« stilisiert, die er zuletzt auf die Positionen des Realisten und des Idealisten zuspitzt und sich im Grunde mit Goethe darüber einig ist, »daß nur durch die vollkommen gleiche *Einschließung* beyder dem Vernunftbegriffe der Menschheit kann Genüge geleistet werden«.[11] Von einer schroffen Polarität kann also nicht die Rede sein. Über sie reicht auch die Musik ihres komponierenden Zeitgenossen Beethoven weit hinaus. Als den Herold der

Freiheit sieht ihn das Klischee einseitig zwar bis heute gern; die »Freiheit« hatte noch vor einiger Zeit in der Aufführung der 9. Sinfonie nach dem Berliner Mauerfall sogar die »Freude« im Jubelchor des Finales zu ersetzen. Gerade erst wieder ist ein umfangreiches Buch mit dem prägnanten Titel *Beethoven & Freedom* erschienen.[12] Aber darin erschöpft sich Beethovens Musik nicht, die wie die Philosophie ihrer Zeit den Menschen als den paradigmatischen Fall eines Natur- und zugleich Vernunftwesens zur Voraussetzung hat. »Freyheit!!!! was will man mehr???«[13] – diese emphatische Exklamation aus einem Brief Beethovens an seinen vertrauten Freund Nikolaus Zmeskall umgibt den kostbaren Schlüsselbegriff mit einer wahren Kaskade von rhetorischen Interpunktionszeichen, die den tiefen Ernst zugleich einem hintergründigen Humor aussetzen. Dem idealistischen Freiheitspathos korrespondiert bei Beethoven die realistische Einsicht in den unerbittlichen Kausalzusammenhang der *physisch erfahrenen* Natur. Aber ihr steht auch der hoffnungsvolle Blick in das sinnverheißende Antlitz der *ästhetisch erlebten* Natur gegenüber. »Freiheit« muss dem Menschen als unbedingte Voraussetzung eines moralischen Handelns praktisch zugeschrieben werden. »Natur« hingegen erscheint ihm theoretisch als mechanische Welt der unverfügbaren kausalen Zwänge. Sie kann allerdings auch als organisierter Ermöglichungsraum der praktischen Kultivierung und der auf moralischen Fortschritt zielenden Geschichte erlebt werden. Insofern stehen »Freiheit« und »Natur« im Denken der Epoche als Kurzformeln für überaus vielschichtige Konzepte, deren Dichotomie aber, wie Kant sagt, als »eine unübersehbare Kluft«[14] letztlich nur dem theoretischen Vernunftgebrauch erscheint. Gedanklich überbrückbar wird sie hingegen in jener vernunftgeleiteten Praxis, die in Kants neuartiger Aufklärungsvorstellung als Mut zur Autonomie angesprochen ist. Interessanterweise ist nämlich gerade Kants dritte und das System vorläufig abrundende Hauptschrift, die von Goethe wie Schiller gleichermaßen geschätzte *Kritik der Urteilskraft*, der systematische Ort für jene Phänomene (etwa die Schönheit der Kunst oder die Zweckmäßigkeit der lebendig organisierten Natur), die sich überhaupt nur aus dem Zusammenspiel von Natur und Freiheit verstehen lassen und damit die vermeintlich schroffe Polarität in die Perspektive einer denkbaren Versöhnung rücken.[15]

Was man heute als radikal neuartigen Ausdruck einer selbstbewussten Subjektivität aus der Musik zumal des jungen Beethoven zu vernehmen meint, hat seinen ideellen Rückhalt in einer Epoche, deren geistiges Profil auf engem Raum zwar nicht annäherungsweise umrissen werden kann. Relevant ist es hier aber auch nur in dem Ausschnitt, den Beethoven in der Formationsphase seiner Bildung mehr oder weniger gründlich wahrgenommen hat und der die Basis seiner Weltanschauung bis in die späten Jahre blieb. Die Poesie Goethes, Prinzipien der Ethik Kants und Grundzüge der Ästhetik Schillers gehören ebenso dazu wie das lebenslange Interesse an naturwissenschaftlichen und religionsphilosophischen Themen. Philosophische Fachdebatten hingegen und Sonderentwicklungen wie die zunehmende Distanzierung vom aufklärerischen Programm der Vernunftkritik (Hamann, Herder oder Jacobi)[16] mit ihrem Einfluss auf die frühromantische Dichtung sowie die systematischen Versuche einer Steigerung und Überwindung der kritischen Philosophie Kants (Fichte, Schelling oder Hegel)[17] hat er, soweit sich absehen lässt, kaum zur Kenntnis genommen, obwohl für den Gestus seines Frühwerks kaum ein besseres Motto denkbar wäre als das pathetische Credo aus Fichtes populärer Schrift *Die Bestimmung des Menschen* (1800): »Es ist in mir ein Trieb zu absoluter, unabhängiger Selbsttätigkeit. Nichts ist mir unausstehlicher, als nur an einem anderen, für ein anderes, und durch ein anderes zu sein: ich will für und durch mich selbst etwas sein und werden. Diesen Trieb fühle ich, sowie ich nur mich selbst wahrnehme; er ist unzertrennlich vereinigt mit dem Bewußtsein meiner selbst.«[18] Es mag immerhin sein, dass Beethoven, ohne Fichte zu kennen, für sich selbst aus Kants praktischer Philosophie eben dieselbe radikale Konsequenz gezogen hat wie dieser. Neben ihrer unbestreitbar neuen expressiven Qualität als einer Gestalt moderner Subjektivität[19] ist aber Beethovens Musik, über den reinen Selbstausdruck hinaus, vor allem als rational kalkulierte, ebenso umfassende wie tiefgreifende tönende Auseinandersetzung mit der Ideenwelt seiner Zeit zu begreifen. Sie ist buchstäblich Musik für eine neue Zeit.

Beethoven war kein komponierender Philosoph. Er zeigte auch wenig Neigung, ausführliche Gedanken zu literarischen, religiösen oder politischen Fragen zu Papier zu bringen. Keineswegs aber »tragen Beethovens schriftliche Aufzeichnungen durchweg den Charakter der Improvisation«,[20] wie man aus seinem höchst unorthodox erscheinenden Briefstil früher rasch geschlossen hat, und dass er »nicht einmal imstande war, orthographisch korrekt zu schreiben«,[21] kann nur behaupten, wer Beethovens Korrespondenz nicht sorgfältig vor der ganzen Bandbreite der zeitgenössischen Briefkultur zu würdigen bereit ist. Vor allem aber war er ein leidenschaftlicher und aufmerksamer Leser, zumal er mit zunehmender Taubheit auf ausgiebige Lektüre als das beste verfügbare Kommunikationsmittel angewiesen war.[22] Man sollte daher seine nur auf den ersten Blick übertrieben klingende Selbstdarstellung viel ernster nehmen, als es in der Beethoven-Literatur üblich ist: die 1809 in einem Brief an seinen Verleger formulierte Behauptung nämlich, es gebe »keine Abhandlung die sobald zu gelehrt für mich wäre, ohne auch im mindesten Anspruch auf eigentliche Gelehrsamkeit zu machen, habe ich mich doch bestrebt von Kindheit an, den Sinn der bessern und weisen jedes Zeitalters zu fassen, schande für einen Künstler, der es nicht für schuldigkeit hält, es hierin wenigstens so weit zu bringen –«.[23] Mag zwar der Tonfall auch den unfreiwillig komischen Eifer des Autodidakten verraten, so ändert das doch nichts am eigentlichen Sachgehalt der Äußerung. Und sobald sich Beethoven nicht verbal, sondern musikalisch auszudrücken beginnt, liegen die Dinge ohnehin schlagartig anders. Um den Sinn der Bessern und Weisen »jedes Zeitalters«, sagt er, habe er sich also stets bemüht, und so gehörten etwa auch Homer und Plutarch zu seinen Lektürefavoriten; uns aber soll es schon genügen, ihn und seine Musik als geistiges Glied nur seines *eigenen* Zeitalters zu begreifen. Der in den USA lehrende Philosophiehistoriker Eckart Förster ist auf den bestechenden Gedanken gekommen, das Vierteljahrhundert zwischen der *Kritik der reinen Vernunft* (Kant, 1781) und der *Phänomenologie des Geistes* (Hegel, 1807) mit einem provokanten Buchtitel als »Die 25 Jahre der Philosophie« zu bezeichnen, als die entscheidenden Jahre ihrer ganzen Geschichte gewissermaßen, »in denen die Philosophie zur Wissenschaft wurde und damit auch zur Erkenntnis ihrer selbst gelangte«.[24] Es sind die Jahre, die in der älteren Philosophiegeschichtsschreibung als Aufstieg des Idealismus, heute aber, um den zu unscharfen Idealismus-Begriff zu vermeiden, als der systematische Ausbau der »Klassischen Deutschen Philosophie« bezeichnet werden[25] – ein Vierteljahrhundert Geistesgeschichte mit nachhaltiger Ausstrahlungskraft auf die gesamte europäische Kultur. Dem epochalen Einschnitt, mit dem der von Kant ausgelöste Sturz der alten Metaphysik – von ihm als »eine gänzliche Revolution« bezeichnet[26] – das Projekt der Moderne eröffnet hat, dürfte seiner Wirkung nach in der Musikkultur das Auftreten Beethovens entsprochen haben. So hat es einer seiner bedeutendsten frühen Kommentatoren, Adolf Bernhard Marx, stellvertretend für eine ganze Musikergeneration bereits in der Mitte des 19. Jahrhunderts empfunden: Mit Beethoven sei die Musik endgültig vom »bloßen Tonspiel« zum existentiellen Ernstfall und damit zum angemessenen Ausdruck einer neuen Weltsicht geworden.[27] Auch Beethoven hat, um mit Kant zu sprechen, auf seinem Gebiet »eine gänzliche Revolution« ausgelöst, und diese vollzog sich keineswegs isoliert von der weltanschaulichen Wende der kritischen Philosophie. Insofern lässt sich von heute aus die Idee der von Kant ausgehenden 25 Jahre fruchtbar machen, und der eingangs zitierte Goethe, der wohl umsichtigste Beobachter seiner Zeit,[28] hat es im unmittelbaren Rückblick selbst schon nicht viel anders gesehen. Kant, so sagte er 1827 im Gespräch mit Eckermann, sei »derjenige, dessen Lehre sich fortwirkend erwiesen hat, und die in unsere deutsche Kultur am tiefsten eingedrungen ist«.[29] Es ist also, nochmals gesagt, mit breiter Wirkung bis in die Fachdebatten der Naturwissenschaft und der Theologie, bis in die Spezialdiskurse der sich machtvoll entfaltenden Musikästhetik und bis hinab in die Niederungen der populären Publizistik exakt die Formationsphase der kritischen Philosophie, die Epoche Kants und seiner Nachfolger wie seiner Kritiker, in der Beethoven herangewachsen ist – in einer Diskussionskultur, aus der seine Musik ihre Ausrichtung, ihre Themen und ihre Gehalte bezogen hat. In dieser Epoche, die zugleich aber auch den allmählichen Aufstieg eines öffentlichen bürgerlichen Konzertwesens gesehen hat, musste er seine Position als Musiker finden: nicht einfach nur als Komponist, der sich in der Publikumsgunst zu behaupten hatte, sondern auch als Pianist und Klavierlehrer, für den seine zunehmende Schwerhörigkeit zu einer professionellen Katastrophe wurde. Der Idealismus seiner geistigen Welt dürfte sich also mitunter schroff an den Realitäten des gesellschaftlichen Lebens gestoßen haben. Nicht zuletzt aus dieser leidvoll erfahrenen Spannung von Freiheit und Natur lebt seine Musik.

* * *

Beethoven gehört aus der Rückschau zu den prägenden Erscheinungen seiner Epoche. Ihr geistiges Profil hat er entscheidend mitbestimmt. Wenn Kant »der bedeutendste Philosoph des neuen Selbstbewusstseins« ist,[30] so Beethoven dessen bedeutendster Komponist. Aber er ist weder der Kant noch der Hegel, weder der Schiller oder der Goethe noch der Jean Paul der Musik. Solche Vergleiche waren zwar schon zu seinen Lebzeiten beliebt, aber sie bleiben rhetorische Mittel für einen durchsichtigen polemischen oder apologetischen Zweck. Wenn Beethoven schon auf dem Höhepunkt seines Ruhms als »il Kant della musica« bezeichnet wurde, so diente das der Herabsetzung des forciert schwierigen Gedankenmusikers gegen den allzeit verbindlichen und verständlich bleibenden Joseph Haydn,[31] und wenn er bereits in der zeitgenössischen Musikkritik als »unser musikalischer Jean Paul« firmierte,[32] dann ist das umgekehrt als origineller Versuch zu werten, seine offenbaren Bizarrerien gegen seine zahlreichen Kritiker durch den Vergleich mit einer anerkannten poetischen Autorität in Schutz zu nehmen. Das karge Erkenntnispotential, das diese pointierten Zugriffe auf der einen Seite bieten, verspielen sie auf der anderen sogleich wieder durch ihre methodische Fragwürdigkeit. Dennoch blieb die Versuchung zu solchen Vergleichen ungebrochen groß. Als ein gutes Jahrhundert später

Adorno es als Beethovens epochale Leistung empfand, dass es dem Komponisten gelungen sei, »den entmächtigten objektiven Formenkanon zu erretten, wie Kant die Kategorien, indem er ihn aus der befreiten Subjektivität nochmals deduziert«,[33] dann ist das neben der Ambition auf eine eigene philosophische Beethoven-Deutung zunächst einmal eine (in der Beschreibung von Kants Erkenntnistheorie allerdings reichlich windschiefe) Analogie. Dass Adorno fast gleichzeitig – nun sogar einen Generationsgenossen des Komponisten aufrufend – dekretierte, Beethovens Musik sei »an Gewalt einzig der Philosophie Hegels vergleichbar«,[34] macht das Analogisieren in der Sache kaum besser, weil es sich nicht formal auf die Ähnlichkeit der bloßen Wirkung beschränkt, sondern inhaltlich direkt auf die Vergleichbarkeit der Strukturen zielt.[35]

Dennoch reagieren all diese Äußerungen auf das offenbar unabweisbare Bedürfnis, aus Beethovens Musik ihre ideelle Zeitgenossenschaft herauszuhören. Denn diese Musik produziert mit dem vorgegebenen Material ihrer Epoche und ist entstanden in der geistigen Atmosphäre ihrer Zeit, auch wenn ihr Urheber sie häufig nur aus zweiter oder dritter Hand wahrgenommen haben mag, ganz so, wie es Goethe seinem Eckermann unterstellte. Dabei darf die Musik Beethovens nicht als tönende Poesie oder als klingende Essayistik missverstanden werden. Das kann nur in die Irre führen.[36] Als autonome Kunst erfüllt sie das (wiederum von keinem anderen als Kant in die Diskussion gebrachte) Konzept der »ästhetischen Idee«, die zwar unmittelbar anschaulich ist, begrifflich aber gänzlich unausschöpfbar bleibt, deren Bedeutung »folglich keine Sprache völlig erreicht und verständlich machen kann«.[37] Was Kunst sagt, kann nur durch Kunst gesagt und daher in keine andere Sprache restlos übersetzt werden. Mit der nach dem Konzept der moralischen Selbstbestimmung des Menschen modellierten Autonomie, einem folgenreichen Konzept der Kunsttheorie um 1800, zieht einer der Schlüsselbegriffe der Epoche, Freiheit, nun auch in den Bezirk der künstlerischen Praxis ein. Der wissenschaftliche Nachweis der objektiven Realität von Freiheit ist die eigentliche Errungenschaft der *Kritik der praktischen Vernunft* (1788), nachdem zunächst die *Kritik der reinen Vernunft* (1781, ²1787) wenigstens deren widerspruchsfreie Denkmöglichkeit demonstriert hatte. Es ist wichtig festzuhalten, dass Freiheit in diesem Zusammenhang nicht etwa Willkür oder gar Regellosigkeit meint. In Kants Konzept der sittlichen Autonomie ist sie vielmehr eine gesetzliche Ordnung analog, aber auch konträr zur ganz anderen Ordnung der naturgesetzlichen Kausalität: eben eine selbstgesetzte, eine Kausalität des Handelns aus Freiheit auf der Basis des Sittengesetzes der praktischen Vernunft. In freier Analogie aus dem Gebiet der moralischen in dasjenige der künstlerischen Praxis übertragen, bedeutet also »Autonomie« in erster Linie die radikale Selbstgesetzlichkeit der Kunst, die freie Verantwortung für ihre eigene innere Ordnung, und diese gilt als die originale Schöpfung des Genies, in dem sich Natur und Freiheit produktiv verschränken. Genie nämlich, so hat es Kant 1790 auf den Begriff gebracht, »ist das Talent (Naturgabe), welches der Kunst die Regel gibt«.[38] In diesem genauen Sinne dürfte sich bereits der junge Beethoven, dem es an Selbstbewusstsein nicht mangelte, als Genie verstanden haben. Das heißt allerdings nicht, dass man dessen Autonomie mit völliger Unabhängigkeit von sozialen und ökonomischen Kontexten verwechseln darf. Die Autonomie der Kunst ist doppelsinnig: ästhetisch absolut und pragmatisch relativ. Die als Raum der Freiheit imaginierte Kunst ist einerseits tatsächlich nur ihren eigenen Regeln unterworfen und bleibt andererseits doch stets bezogen auf die Kontexte und Bedingungen ihrer Produktion. Deshalb kollidiert ihr postulierter Idealismus, wie auch Beethoven erleben musste, nicht selten hart mit den Erfordernissen der Realität. Auf Kompromisse mit dem Markt nicht angelegt, war Beethovens Musik auf diesen doch angewiesen. Der Mensch als Subjekt einer emphatisch gedachten moralischen Autonomie ist, wie auch Kant schon wusste, andererseits aus eigentümlich »krummem Holze« geschnitzt,[39] und Beethovens Zeitgenossen hatten auf die Beglückung durch seine Ideenkunstwerke nicht unbedingt gewartet. Im Spannungsfeld von ideeller Ambition und materieller Notdurft entstanden, lassen sich Beethovens Werke als Beiträge zur Gesprächskultur ihrer Epoche erkennen, der sie zwischen idealistischer Utopie und nüchternem Realismus verbunden sind. Seine Musik hat anthropologische, praktische und geschichtsphilosophische Dimensionen und bleibt doch bei alledem reine, autonome, ihrer eigenen Gesetzlichkeit folgende Kunst. Gerade das lässt sie im gleichen Maße als Ausdruck ihrer Zeit wie auch als Gegenentwurf erscheinen. In Entsprechung zu Hegels Ausspruch, jede ernst zu nehmende Philosophie sei »ihre Zeit in Gedanken erfaßt«,[40] kann man auch Beethovens Musik begreifen als ihre Epoche, in Klängen erfasst, weil sie als ästhetisches Gebilde, mit Kant gesagt, zugleich »das Vermögen intellektueller Ideen (die Vernunft) in Bewegung« versetzt.[41] Dass sie auch uns noch immer viel zu sagen hat, macht den Begriff der Zeitgenossenschaft im besten Sinne doppeldeutig. Ihr ästhetisch-vernünftiger Ideenreichtum ist das Thema des vorliegenden Buchs.

Der junge Beethoven: Neue Musik

Verpflichtendes Erbe: Von Bonn nach Wien

Am 2. November 1792 verließ der 22-jährige Ludwig van Beethoven mit dem Reiseziel Wien seine Heimatstadt Bonn. Dass er sie nie wiedersehen sollte, konnte er damals natürlich nicht ahnen. Denn die Zeit in Wien war als temporärer Aufenthalt geplant, der einer intensiven Fortbildung dienen sollte: vielleicht für zwei, maximal für drei Jahre. Nur die mehrfache Besetzung des Rheinlands und die schließliche Aufhebung des Kölner Kurfürstentums durch die französischen Revolutionstruppen im Herbst 1794 haben die Rückkehr verhindert; das kleine Staatswesen, aus dem Beethoven stammte, gab es danach in der alten Form nicht mehr. Der junge Komponist bezog nach der Ankunft in Wien sein Bonner Musikergehalt nebst einigen Zulagen weiter; er war also, so würde man es heute ausdrücken, ausgestattet mit einem großzügigen kurfürstlichen Stipendium (sowie mit einem Bündel gewichtiger Empfehlungsschreiben).

Im August 1784 war der junge Habsburger Maximilian Franz als neuer Kurfürst von Köln eingesetzt worden. Damit übernahm die Bonner Regierungsgeschäfte der jüngste Bruder des in Wien regierenden Kaisers Joseph II., des berühmt-berüchtigten »Aufklärers auf dem Thron« und Bewunderers Friedrichs II. von Preußen. Das bedeutete, dass das kleine Bonn nun ebenfalls mit den Segnungen einer Aufklärung von oben beglückt wurde, nur viel sanfter, undogmatischer, diplomatischer und damit wesentlich nachhaltiger als

Beethoven 1802, Elfenbeinminiatur von Christian Hornemann

die Metropole Wien, bei deren Bevölkerung der wenig kompromissbereite Kaiser nur anfänglich auf Begeisterung, aber zunehmend auch auf Widerstand gestoßen war. Erst seit Februar 1792 wurde in Bonn die Verbreitung von Schriften, »welche den Geist der Empörung in unseren Staaten verbreiten und der katholischen Religion gefährlich sind«, durch ein Zensur-Edikt strenger eingedämmt.[1] Doch abgesehen vom Verbot explizit revolutionärer Publizistik blieb das geistige Klima liberal. So erfreute sich die 1787 von Bonner Bürgern nach dem europaweiten Vorbild ähnlicher Institutionen gegründete »Lesegesellschaft«, ein Diskussionsforum aufgeklärter Geselligkeit, der kurfürstlichen Förderung. Die 1777 aus dem Jesuitengymnasium hervorgegangene Bonner Akademie wurde 1786 mit kaiserlichem Privileg zur Universität erhoben,[2] an der sich im Mai 1789 auch Beethoven einschrieb (obwohl er kein Gymnasium besucht hatte). Das Hoftheater erhielt mit dem Beginn des Jahres 1789 nach Wiener Vorbild den Titel eines »Nationaltheaters«; in dessen Orchester befreundete sich Beethoven mit dem gleichaltrigen Böhmen Antonín Reicha, der sich gemeinsam mit ihm an der Universität immatrikulierte (und nach der Aufhebung des Kurfürstentums über einige Umwege schließlich nach Paris ging). Die Hofkapelle, in der Beethoven den Dienst als Organist versah, wurde umfassend personell erweitert.[3] Zudem wurde ihr Repertoire erneuert. In seiner Wiener Jugend war der junge Kurfürst auf sehr vertrautem Fuße mit dem gleichaltrigen Mozart umgegangen, und dessen neueste Werke wurden nun, zusammen mit denen Haydns und anderer in Wien aktueller Komponisten, angeschafft und intensiv gepflegt.[4] Beethovens erste Reise nach Wien in der ersten Hälfte des Jahres 1787, über die man leider nicht viel weiß, dürfte durch den Kurfürsten veranlasst oder wenigstens protegiert worden sein, um sein vielversprechendes Nachwuchstalent mit den neuesten musikalischen Strömungen seiner eigenen Heimatstadt in Kontakt zu bringen. Das war das verpflichtende Erbe, mit dem der junge Komponist seine Wiener Laufbahn antreten sollte. Dass Beethoven damals auch Mozart persönlich getroffen hat, ist zu vermuten, aber nicht sicher zu belegen.[5]

Wien als musikalische Aus- und Weiterbildungsstätte war also zwingend. Dies erschien unter den gegebenen Umständen zumindest aus Bonner Perspektive so. Woanders konnten die Prioritäten differieren. Schillers Freund Andreas Streicher beispielsweise, mit dem sich Beethoven später in Wien anfreunden sollte, hatte einige Jahre zuvor bei seiner gemeinsam mit Schiller unternommenen Flucht aus Stuttgart eigentlich eine pianistische Weiterbildung bei Carl Philipp Emanuel Bach im Auge gehabt (was durch diverse Umstände freilich nicht zustande kam), und der berühmte Hamburger Bach war durchaus auch für den jungen Beethoven eine bewunderte Autorität gewesen. Zum Zeitpunkt von Beethovens zweiter und endgültiger Abreise aus Bonn weilte er allerdings schon nicht mehr unter den Lebenden, ebenso aber war um diese Zeit auch bereits der in Wien als Lehrer vielleicht infrage kommende Wolfgang Amadeus Mozart unerwartet früh gestorben. Anders als der junge Streicher, der Stuttgart mit wenig Geld und auf eigene Initiative verließ, hätte sich Beethoven sein Ziel allerdings auch nicht selbst aussuchen können: Er reiste mit einem Stipendium und in staatlichem Auftrag. Unterrichten sollte ihn Joseph Haydn, der berühmteste Komponist Europas; dieser hatte in Begleitung des gebürtigen Bonners Johann Peter Salomon im Dezember 1790 bei der Durchreise zu seiner ersten Londoner Konzertsaison und dann wieder auf der Rückreise Anfang Juli 1792 der kurkölnischen Residenz einen Besuch abgestattet und spätestens bei dieser Gelegenheit den jungen Beethoven als Kompositionsschüler akzeptiert.

Um die als Fortbildungsaufenthalt geplante Reise des jungen Beethoven nach Wien richtig einzuschätzen, muss man wissen, dass sie integraler Bestandteil eines systematischen Nachwuchsförderungsprogramms des jungen Bonner Kurfürsten und seiner aufgeklärten Entourage war. So wurde etwa 1791 der Jurist Bartholomäus Fischenich, zwei Jahre älter als Beethoven und gleichfalls ausgestattet mit einem kurfürstlichen Stipendium, vor dem Antritt einer zugesicherten Bonner Professur zu Studien nach Jena und damit in das aufsteigende Zentrum der Kant-Exegese abgeordnet, wo er vor allem mit Carl Leonhard Reinhold und Friedrich Schiller enge Bekanntschaft schloss. Ebenfalls ein junger Bonner Jurist, Johann Reiner Stupp, wurde zur Vervollständigung seiner Studien an die noch junge Göttinger Reform-Universität entsandt und trat danach 1792 seinen Dienst an der Bonner Universität an. Mit ihnen allen war der junge Beethoven persönlich bekannt. Damit sind nur einige der vielen Namen genannt, und zu ihnen gehört eben auch das meistversprechende musikalische Nachwuchstalent eines Ludwig van Beethoven.

All diese gezielt geförderten Jungstars einer zukünftigen kulturellen Elite sollten nicht nur regelmäßig über ihre Fortschritte Bericht erstatten, sondern dereinst auch nach Bonn zurückkehren, um das heimische kulturelle und intellektuelle Leben mit den Früchten der auswärts erworbenen Kenntnisse und Fähigkeiten zu bereichern. Wenn man erkennt, dass Beethovens Studienreise kein Einzelfall war, versteht man zugleich auch das dahinterstehende Muster. Es ist das Kulturförderungsprogramm einer planvoll ins Werk gesetzten künstlerischen und wissenschaftlichen, insgesamt ganz praktisch gedachten Aufklärung, mit dem der vielversprechende Bonner Nachwuchs an die jeweils fortgeschrittensten Zentren der entsprechenden Fachgebiete entsandt wurde: die Juristen und die Philosophen nach Leipzig und Jena, die Naturwissenschaftler und die Philologen nach Helmstedt und Göttingen, die Maler (wie 1791 die beiden Brüder Gerhard und Karl von Kügelgen) nach Rom, die Musiker und die Mediziner (wie 1787 etwa Beethoven sowie sein Jugendfreund Franz Gerhard Wegeler) nach Wien. Wer weiß, was aus der Bonner Universität und dem Bonner Musikleben geworden wäre, wenn dieser Plan umfassend hätte aufgehen können? Die ersten Früchte dieser Maßnahmen konnte der junge Beethoven vor seiner endgültigen Abreise nach Wien in Bonn noch knapp genießen. 1789 begann der Logiker und Metaphysiker Elias van der Schüren als Erster, an der neuen Universität, die sich zunehmend als aufgeklärte Konkurrenzinstitution zur konservativen Kölner Alma mater entwickelte, über Kants kritische Philosophie zu lesen, und im Wintersemester 1792 trat der gerade aus Jena zurückgekehrte Bartholomäus Fischenich seine auf das Kant-Studium gegründete Bonner Lehrtätigkeit an. Es ist kaum vorstellbar, dass der in diesem Kontext gut verankerte Beethoven von alledem nichts mitbekommen haben sollte. Auch die Vorlesungen des Professors für schöne Wissenschaften (modern gesprochen: Literatur und Ästhetik), Eulogius Schneider, der sich in diesen Jahren zunehmend radikalisierte und später in Paris unter der Guillotine endete, dürfte er nicht versäumt haben. Vor allem durch Fischenichs Zeugnis wissen wir auch Zuverlässiges über die frühe Begeisterung des jungen Beethoven für Schiller. Im Januar 1793, also zwei Monate nach Beethovens Abreise aus Bonn, stellte er Schillers Frau Charlotte brieflich einen »hiesigen jungen Mann« vor, »dessen musikalische Talente allgemein angerühmt werden, und den nun der Kurfürst nach Wien zu *Haidn* geschickt hat. Er wird Schillers Freude und zwar *jede* Strophe bearbeiten. Ich erwarte etwas vollkommenes, denn so viel ich ihn kenne, ist er ganz für das Große und Erhabene.«[6]

Der Eindruck, dass Beethoven »ganz für das Große und Erhabene« stehe, könnte auf die beiden großen Kantaten zurückgehen, die der junge Komponist im Auftrag der jungen Bonner »Lesegesellschaft« 1790 auf den als Schock empfundenen Tod Josephs II. und auf die anschließende Thronbesteigung des zweiten Hoffnungsträgers, seines Bruders Leopold II., geschrieben hatte (WoO 87 und 88). Fischenich konnte sie zwar nicht gehört haben (denn sie sind aus unbekannten Gründen nicht aufgeführt worden), sondern nur von ihrer Existenz wissen, aber sie bezeugen als monumentale Konzeptionen natürlich den erwähnten Willen zum Großen und Erhabenen ganz unmissverständlich; wahrscheinlich hat mindestens eine von ihnen auch Joseph Haydn bei seiner Durchreise durch Bonn vorgelegen, um ihn zur Übernahme des Unterrichts zu bewegen. Ihr Textdichter Severin Anton Averdonk, ein Schüler Eulogius Schneiders, gehörte ebenfalls zur großen Zahl der staatlich geförderten Bonner Jungtalente: Er hätte vor dem Antritt seiner Bonner Gymnasiallehrerlaufbahn in Göttingen bei Christian Gottlob Heyne, dem renommiertesten Philologen seiner Epoche, studieren sollen, wozu es aus unbekannten Gründen nicht kam. Seine Bewunderung für Schiller, überhaupt seine Prägung durch das Denken der Aufklärung, scheint aus den Kantatentexten hervor, und Beethoven dürfte sich bruchlos damit identifiziert haben. In der ersten Kantate (auf den Tod Josephs II.) steigen infolge der segensreichen Tätigkeit des verstorbenen Kaisers – zu einer Melodie, die Beethoven noch Jahrzehnte später fast unverändert in seine Oper *Fidelio* übernommen hat – »die Menschen ans Licht«: Man möchte fast vermuten, dass es schon hier dieselben Menschen sind, die schließlich »alle« in der 9. Sinfonie »zu Brüdern« werden.[7] Diese utopische Menschheitsperspektive spricht auch, und zwar mit einem bemerkenswerten Realismus, aus einem Briefdokument, das erst kürzlich aufgefunden wurde und daher in der bisherigen biographischen Forschung noch keine Rolle spielen konnte. Der 24-jährige Beethoven schreibt, inzwischen seit knapp drei Jahren in Wien, einem jungen Mann aus dem Bonner Freundeskreis, Heinrich von Struve, der kurz zuvor in kaiserlich-russische Dienste getreten war und nun den Komponisten 1795 vor seiner Weiterreise nach St. Petersburg in Wien besucht hatte: »Lieber! daß du mir hierher geschrieben hast, hat mich unendlich gefreut da ich mir's nicht vermuthete. du bist also jetzt in dem Kalten Lande, wo die Menschheit noch so sehr unter ihrer Würde behandelt wird, ich weiß gewiß, daß dir da manches begegnen wird, was wider deine Denkungs-Art, dein Herz, und überhaupt wider dein ganzes Gefühl ist. wann wird auch der Zeitpunkt kommen wo es nur *Menschen* geben wird, wir werden wohl diesen Glücklichen Zeitpunkt nur an einigen Orten heran nahen sehen, aber allgemein – das werden wir nicht sehen, da werden wohl noch JahrHunderte vorübergehen.«[8] Sowohl die illusionslose Bewertung der Menschenrechtslage unter dem russischen Despotismus (selbst im letzten Regierungsjahr der »aufgeklärten« Zarin Katharina) als auch die nüchterne Einschätzung der Realisierungschancen solcher Utopien sprechen wahrhaft Bände. Das Konzept der unveräußerlichen Menschenrechte, über deren Erklärung in Frankreich schon im August 1789 das *Bönnische Intelligenzblatt* ausführlich berichtet hatte, sowie den emphatischen, auch für Kants Moralphilosophie und für Schillers Ästhetik konstitutiven Begriff einer unantastbaren »Würde« des Menschen kannte Beethoven also aus den Diskussionen seiner Bonner Jugendzeit; das zeigt seine Beschwörung einer gemeinsamen

»Denkungs-Art«. Hinzu kommt, dass in Beethovens Bekanntenkreis Schillers *Don Carlos* zur Lieblingslektüre zählte, und daraus besonders die berühmte Audienzszene des dritten Akts. Schiller hat seinen zweifellos faszinierenden Marquis Posa hier, wie für die Forschung inzwischen feststeht,[9] zentrales Gedankengut der Illuminaten artikulieren lassen, von denen er selbst sich freilich fernhielt, und dessen gut gemeinten aufklärerischen Despotismus wenig später in seinen *Briefen über Don Carlos* (1788) kritisch relativiert. Wieweit dieses Ineinander von Faszination und Skepsis auch für den jungen Beethoven zutrifft, dem das Freimaurertum zeitlebens eher fremd blieb, ist schwer zu entscheiden. Der Brief an Struve jedenfalls leuchtet den Hintergrund der frühen, mehrfach wieder aufgegriffenen Beschäftigung mit Schillers Freuden-Ode deutlich aus und stellt sie zugleich in eine ganz besondere Perspektive. Der lebenslangen, durch die Textwahl bezeugten weltanschaulichen Kontinuität wird schließlich, wie noch zu zeigen sein wird, am Ende dieses Komponistenlebens eine beispiellose gedankliche, im besten Sinne philosophische Vertiefung entsprechen.

Beethoven ist also bis zu seiner 9. Sinfonie mit dem Plan zur Vertonung von »Schillers Freude« mehr als 30 Jahre lang umgegangen,[10] und dass er zuletzt – anders als Fischenich es Charlotte von Schiller ankündigte – nicht »jede« Strophe vertonte, sondern nur eine ganz besonders zugespitzte Textauswahl, wird uns noch zu denken geben. Fischenichs Brief ist auch darin interessant, dass er klar die enorme Hochschätzung des jungen Komponisten durch die intellektuelle Elite Bonns bezeugt, und vor allem ist in aller Deutlichkeit der Kurfürst selbst als der Initiator und Protektor des Wiener Studienaufenthalts genannt. Im Hintergrund wirkten freilich noch weitere Agenten: der Kurator der Bonner Universität Franz Wilhelm von Spiegel zum Desenberg, vielleicht auch Beethovens Lehrer Christian Gottlob Neefe (der dem Illuminatenorden angehörte), ferner die Mitglieder der unter kurfürstlicher Protektion neu gegründeten Bonner »Lesegesellschaft« und unter diesen vor allem der ebenfalls aus Wien stammende junge Graf Ferdinand von Waldstein, der für die kurkölnischen Finanzen zuständig war.

Waldstein ist es auch, der in der Beethoven-Literatur vor allem durch den Eintrag berühmt geworden ist, den er Beethoven kurz vor der Abreise in dessen Stammbuch schrieb. Während andere Freunde und Bekannte meist zu Literaturzitaten griffen (mehrfach beispielsweise aus Schillers *Don Carlos*), formulierte Waldstein einen eigenen Text: »Lieber Beethoven! / Sie reisen itzt nach Wien zur Erfüllung ihrer so lange bestrittenen Wünsche. Mozart's Genius trauert noch und beweinet den Tod seines Zöglinges. Bei dem unerschöpflichen Haydn fand er Zuflucht, aber keine Beschäftigung; durch ihn wünscht er noch einmal mit jemanden vereinigt zu werden. Durch ununterbrochenen Fleiß erhalten Sie: *Mozart's Geist aus Haydens Händen.* / Bonn d. 29ten Oct. 1792. Ihr warer Freund Waldstein.«[11] Besonders der eigens unterstrichene, aus der Rückschau geradezu prophetisch anmutende Schlusssatz ist später oft als überschwänglich spekulativ und übertrieben höflich empfunden worden. In Wirklichkeit beschreibt er lediglich in aller Klarheit den Sinn und den Zweck des gut überlegten Ausbildungsplans. Nur die implizite Abwertung Haydns gegen den zu früh verstorbenen Mozart fällt unangenehm auf. Ob Beethoven diese Einschätzung aber überhaupt geteilt hat, ist mehr als zweifelhaft. Haydns überragende Bedeutung zu erkennen, war (und ist auch noch heute) schlicht und einfach eine Frage der musikalischen Intelligenz, und spätestens seit der Ankunft in Wien muss Beethoven begriffen haben, mit wem er es bei seinem Wiener Kompositionslehrer zu tun hatte.

* * *

In Wien wurde Beethoven, der junge Bonner Hofmusiker, zu dem Komponisten, den wir heute bewundern. Aber ohne seine Sozialisation in Bonn ist er nicht zu verstehen. Vor allem darf man seine Bonner Produktion nicht vergessen, der er überhaupt den Wiener Studienaufenthalt verdankte und die auch die Basis von Haydns offenbar positivem Urteil über den jungen Komponisten war. Vieles davon hatte er nach Wien mitgebracht, um es als Grundlage für den Unterricht bei Haydn zu benutzen. Diesen muss man sich wohl so vorstellen, dass er wesentlich als Kompositionslehrgang in Form einer gründlichen Analyse von Modellen (wohl ausgewählten Werken Haydns) oder der gezielten Verbesserung eigener Arbeiten (Beethovens Bonner Werke) stattfand. Weniger Neigung scheint Haydn hingegen zu einem strengen und systematischen Kursus im Kontrapunkt gezeigt zu haben; für ein solches Propädeutikum überwies er seinen Schüler beim Antritt der zweiten großen Londoner Reise schließlich an seinen Freund und Kollegen Johann Georg Albrechtsberger, der ohnehin die unbestrittene Autorität in dieser Materie war.[12] Bei Haydn selbst als dem ebenso unbestritten größten und innovativsten Komponisten seiner Epoche hingegen war etwas anderes (und viel Wichtigeres) zu lernen. Natürlich hatte schon der ganz junge Beethoven, vielleicht unter Aufsicht oder Beratung seines Bonner Lehrers Neefe, sich wie üblich an vorhandenen Modellen orientiert, deren Vorbildfunktion man seinen ersten erhaltenen Kompositionen anmerkt. Die drei Klaviersonaten des Zwölfjährigen (die sogenannten »Kurfürstensonaten« WoO 47, die 1783 sogar im Druck erschienen) zeigen Spuren einer Beschäftigung mit Carl Philipp Emanuel Bach, und die drei Klavierquartette des Sechzehnjährigen (WoO 36) sind sichtlich unter dem Eindruck von Mozarts neuesten Wiener Violinsonaten entstanden. Entsprechend sind dann schließlich die ersten in Wien mit Opuszahlen gedruckten Klaviertrios und Sonaten (op. 1 und op. 2) gar nicht denkbar ohne die Auseinandersetzung mit dem eigenen Lehrer Joseph Haydn. Aber deren enormer Qualitätssprung ist nicht einfach auf das höhere Lebensalter des Komponisten zurückzuführen. Ihnen war eben nicht nur ein autodidaktisches Studium am Modell vorausgegangen, sondern ein im persönlichen Kontakt vollzogener Kompositionslehrgang bei Haydn, dem Beethoven vermutlich förmlich beim Komponieren zuschauen durfte, etwa bei der Planung der zweiten Serie der Londoner Sinfonien. Vor allem aber wird die intensive Diskussion der von Beethoven aus Bonn mitgebrachten Arbeiten Gegenstand der Unterweisung gewesen sein. Es gibt zu denken, dass Beethoven in zweien seiner ersten Wiener Sonaten (op. 2,2 und 3) diverse Passagen aus den Bonner Klavierquartetten (WoO 36) untergebracht hat, und zwar unter spürbarer Verbesserung ihrer Faktur. Wohl kaum ein Zufall ist es, dass gerade dieses Opus 2 dem Lehrer gewidmet worden ist. Dass also die optimierte Wiederverwendung von Bonner Materialien auf Diskussionen mit Haydn zurückgehen könnte, ist immerhin ein reizvoller Gedanke. So wird auch deutlich, dass die Systematisierung des eigenen Kompositionsprozesses auf der Grundlage von Skizzen und Entwürfen die späte rationale Arbeitsorganisation Haydns nachahmt und insofern von ihr profitiert.

Dass es bei diesem Studium gar nicht um die Anfertigung neuer Kompositionen gehen sollte, sondern um die entschiedene Verbesserung älterer Arbeiten, scheint für Lehrer und Schüler selbstverständlich gewesen zu sein. Das geht aus der Übersendung einiger einschlägiger Arbeiten am Ende des ersten Lehrjahrs ins heimatliche Bonn hervor, die wohl ebenso der Forderung nach Berichterstattung über die erzielten Fortschritte genügen wie der Gewährung einer Verlängerung des Wien-Aufenthalts dienen sollte. Die ungehaltene kurfürstliche Reaktion (die übrigens dem in Bonn vorhandenen kritischen Überblick über Beethovens Produktion ein erstaunlich gutes Zeugnis ausstellt) ist ganz zu Unrecht später als berechtigte Antwort auf einen vermeintlich unlauteren Versuch Haydns und Beethovens zur Vortäuschung guter Resultate fehlinterpretiert worden. Von einer Ausnahme abgesehen, so ließ der Kurfürst im Dezember 1793 antworten, seien alle eingesandten Stücke Beethovens »von demselben schon hier zu Bonn komponirt und produzirt worden, ehe er diese seine zweyte Reise nach Wien machte«, und somit könnten sie natürlich »kein Beweis seiner zu Wien gemachten Fortschritte seyn«.[13] Es wird sich also um gezielt verbesserte Fassungen älterer (Bonner) Werke gehandelt haben, was sich freilich aufgrund der heutigen Quellenlage nicht mehr beurteilen lässt, und genau darin dürften Haydn wie Beethoven den eigentlichen Sinn des Lehrgangs gesehen haben, auch wenn der Kurfürst neue Originalwerke erwartet zu haben scheint. Im Übrigen hatte Haydn in seinem Begleitschreiben seiner Überzeugung Ausdruck verliehen, »daß Beethoven mit der Zeit die Stelle eines der größten Tonkünstler in Europa vertreten werde«,[14] was selbst angesichts der Notwendigkeit zweckdienlicher Übertreibung bemerkenswert ist.

Den hier anvisierten, erstaunlich hoch angesetzten, nämlich nicht weniger als gesamteuropäischen Rang hatte natürlich bis dato noch Haydn selbst inne.

Dem Kompositionslehrgang bei Haydn (1792–1793) und dem Kontrapunktunterricht bei Albrechtsberger (1794–1795) verdankt Beethoven unendlich viel. Neben der – wohl durch seinen aus Sachsen stammenden Bonner Lehrer Neefe vermittelten – Bonner Bekanntschaft mit der Klaviermusik Johann Sebastian und Carl Philipp Emanuel Bachs wurde er hier nun umfassend in die Tradition der Wiener Musikkultur eingeführt, in die er spätestens unter der Patronage seines habsburgischen Bonner Dienstherrn bereits hineinzuwachsen begonnen hatte. Es ist aber nicht zuletzt auch die süddeutsch-katholische Praxis des Kontrapunkts, die ihm durch Albrechtsberger als Alternative zur norddeutsch-protestantischen Bach-Tradition vermittelt worden ist. Er hat, so gesehen, Unterricht beim besten denkbaren Kompositionslehrer und beim fähigsten erreichbaren Kontrapunktiker erhalten. Das blieb ihm lebenslang bewusst, und aus der Verehrung für beide Lehrergestalten hat er nie ein Hehl gemacht.

Diesem ideellen Gewinn entsprach ein in seiner Bedeutung kaum zu überschätzender materieller Vorteil, der in dem von Bonn aus durch Empfehlungen und persönliche Kontakte vorbereiteten Wiener Netzwerk aus hocharistokratischen Gönnern bestand, in dem Beethoven von Anfang an die Rolle eines – alle Erwartungen nicht nur erfüllenden, sondern weit übertreffenden – Stars zu spielen begann. Sein späterer Schüler Carl Czerny berichtete, dass Beethoven »schon als Jüngling von unsrer hohen Aristocratie alle mögliche Unterstützung und eine Pflege und Achtung genoß, wie nur je einem jungen Künstler zu Theil geworden«.[15] Dass die Funktion dieser Adelspatronage in einer systematischen »Construction of Genius«[16] bestand, ist zwar wohl eine leichte Übertreibung aus musiksoziologischer Perspektive, aber der Sache nach doch wahr. Nirgends besser als hier hätte der junge Beethoven die neue soziale Rolle des eigenständig agierenden (wenngleich materiell nicht unabhängigen) Künstlers besser einstudieren können als in diesem Kontext, in dem er sorgfältig beobachtet, aber auch exklusiv gefördert wurde. Es wäre also ganz verfehlt, die Generationenfolge Haydns und Beethovens simpel in sozialhistorische Kategorien zu übersetzen, wie es oft genug geschieht. Weder ist Haydn der Inbegriff des Fürstendieners noch Beethoven das Paradigma des freischaffenden Künstlers. In Wirklichkeit ist es, wie beiden klar bewusst gewesen sein muss, viel komplizierter, denn die entscheidend wichtige Voraussetzung der absoluten künstlerischen Freiheit haben sie in ihrem jeweiligen Zusammenhang beide gehabt. Haydn hat die nur scheinbar paradoxe Situation seines fürstlichen Anstellungsverhältnisses seinem ersten Biographen sehr prägnant erläutert: »Mein Fürst war mit allen meinen Arbeiten zufrieden, ich konnte als Chef eines Orchesters Versuche machen, beobachten, was den Eindruck hervorbringt, und was ihn schwächt, also verbessern, zusetzen, wegschneiden, wagen; ich war von der Welt abgesondert, Niemand in meiner Nähe konnte mich an mir selbst irre machen, und so mußte ich original werden.«[17] Auf der Basis dieser Erfahrungen konnte er, seit 1790 vom Hofdienst freigestellt, die Sensationserfolge beim Publikum der Weltstadt London geradezu vorauskalkulieren. Der junge Beethoven seinerseits, anfangs nicht anders als Haydn ebenfalls nur ein vorübergehend freigestellter Hofmusiker,[18] war zwar in den Wiener Adelszirkeln keineswegs wie sein Lehrer Haydn am Eszterházy-Hof »von der Welt abgesondert«. Aber er war doch durch solide Protektion gegen die geschmacklichen Erfordernisse des offenen Musikmarkts, den er gleichwohl zu betreten hatte, zunächst abgeschirmt und »mußte« nicht einfach (wie Haydn), sondern »durfte« unter diesen Idealbedingungen »original werden«. Er hat diese Lizenz zur Extravaganz auch rasch zur Kultivierung eines habituellen Genieverhaltens genutzt. In gewisser Weise haben beide, Haydn wie Beethoven, innerhalb ihrer Kontexte in einer gleichsam geschützten Laborsituation experimentieren können.

Beethoven, der zu keiner Zeit von sich aus die in Wien bald geläufige Fehldeutung seines Namenszusatzes (der eigentlich nichts als ein niederländisches Toponym darstellt: »vom Rübenhof«) als eines Adelsprädikats zu korrigieren gedachte,[19] war auf der denkbar höchsten Ebene in das Wiener Musikleben eingestiegen. Zwar bestand (noch) kein Kontakt zur kaiserlichen Familie, die sich seit Joseph II. ohnehin aus der öffentlichen Musikförderung zurückgezogen hatte, dafür aber die viel wertvollere Gelegenheit zur Selbstentfaltung in den Kreisen der jungen, meist gleichaltrigen und intellektuell gut ausgebildeten Wiener Hocharistokratie, die man mit dem Mut zu leicht anachronistischer Formulierung als eine den Trend bestimmende »Jeunesse dorée« bezeichnen könnte. Das Zerrbild, das eine neuere Beethoven-Biographie von dieser (angeblich dekadenten und durch Inzucht degenerierten) Adelsgesellschaft zeichnet, ist mit Sicherheit falsch und nicht mehr als eine Karikatur.[20] Für Beethoven war sie der Entfaltungsraum, der auf Wertschätzung und Kennerschaft beruhte. In diesem Kontext, an dem sich sein sozialer Minderwertigkeitskomplex ebenso reiben wie sein künstlerisches Selbstbewusstsein mächtig entwickeln konnte, begann die Laufbahn eines Komponisten, mit dem sich die Musikgeschichte, die Kompositionspraxis und die Interpretationskultur radikal und nachhaltig verändern sollten.

* * *

Es kam also Ende 1792 ein selbstbewusster junger Mann nach Wien, der darauf vorbereitet war, ein bedeutendes musikalisches Erbe anzutreten, Mozarts Geist aus Haydns Händen sozusagen, wie es Waldstein gar nicht so übel formuliert hatte. Tatsächlich sollte er bei erster passender Gelegenheit aus dieser anspruchsvollen Prophezeiung öffentlichen Ernst machen, und das mit einer am Beginn des neuen Jahrhunderts geradezu symbolischen Geste: In seiner ersten Wiener Akademie (einem großen Konzert auf eigene Rechnung) bot er dem Publikum am 2. April 1800 seine neue C-Dur-Sinfonie op. 21 und sein C-Dur-Klavierkonzert op. 15 und paarte sie mit einigen großen Werken Mozarts und Haydns. Mit einer Sinfonie Mozarts eröffnete Beethoven das Programm, seinen Lehrer Haydn ließ er durch einige Nummern aus dem jüngsten Sensationserfolg des Oratoriums *Die Schöpfung* präsent sein, und mit seiner eigenen Sinfonie schloss er das Konzert ab. Es war das erste Konzertprogramm, das ausschließlich Kompositionen der später so genannten »Wiener Klassik« präsentierte. Respektvolle Ehrerbietung und stolzer Anspruch halten sich hier perfekt die Waage. Beethoven wusste, in welche Liga er musikalisch gehörte. In intellektueller Hinsicht war er ein wohl kaum weniger selbstbewusster Vertreter der jungen, im Horizont einer aufsteigenden neuen Weltanschauung sozialisierten Generation.

Mit seinen eigenen Kompositionen war Beethoven, das Ende seiner Lehrzeit bei Haydn und Albrechtsberger geduldig abwartend, erst im Sommer 1795 auf den Plan getreten. Es waren Werke, auf deren Boden sich Beethoven heimisch fühlen und mit deren Faktur er gleichzeitig seinen neuen Anspruch anmelden konnte: zunächst drei Klaviertrios (op. 1) und, kurz darauf im März 1796, drei Klaviersonaten (op. 2). Alle sechs Werke umfassten, für ihre Gattung jeweils neu, vier statt wie bisher drei Sätze. Sie waren erkennbar darauf angelegt, auf Beethovens eigenem Gebiet mit Haydns Sinfonien und Streichquartetten in eine Idealkonkurrenz zu treten. Der signifikante Qualitätsunterschied, den Beethovens Instrumentalmusik vor und nach der Unterrichtszeit bei Joseph Haydn zeigt, kann nicht einfach auf einen Prozess der Reifung zurückgeführt werden, sondern dürfte genau im Umgang mit Haydn einen seiner wichtigsten Gründe haben. Mindestens zwei Passagen aus den Sonaten des Opus 2 lassen den unmittelbaren Vergleich sogar zu, weil sie den bereits Jahre zuvor in Bonn komponierten Klavierquartetten WoO 36 entstammen.[21] Nach dem umstrittenen Zeugnis von Ferdinand Ries soll Haydn erwartet haben, dass sich Beethoven auf dem Titelblatt der Klaviertrios op. 1 als »Schüler von Haydn«[22] bezeichne. Dass er stattdessen dieses Debütwerk seinem wichtigsten Gönner Carl von Lichnowsky widmete, war allerdings nur zu verständlich, zumal Lichnowsky die für Beethoven äußerst lukrative Subskription durch eine Vielzahl aristokratischer Familien auch persönlich organisiert hatte. Das nächste Opus, die drei Klaviersonaten, dedizierte Beethoven dann aber im Frühjahr 1796 tatsächlich seinem Lehrer, ohne sich indessen dabei als dessen Schüler zu bezeichnen. In der Geschichte der Widmungen an Haydn besetzte Beethoven damit eine bestimmte Position, weil er sich implizit – ob bewusst oder zufällig, muss offenbleiben – auf eine nur wenige Jahre alte Vorgeschichte bezog. Haydns früherer Schüler Ignaz Pleyel hatte ebenfalls sein Opus 1, eine Sammlung von sechs Streichquartetten, 1784 nicht seinem Lehrer, sondern seinem Gönner gewidmet: dem ungarischen Grafen Ladislaus Erdödy, der ihn an Haydn vermittelt und auch den Unterricht bezahlt hatte. Erst die nächste Sammlung, op. 2, widmete Pleyel noch im selben Jahr dann Haydn und bezeichnete diesen auf dem Titel ausdrücklich als seinen Lehrer (»suo Maestro«); in weiteren Auflagen ausländischer Verlage deklarierte er sich dann sogar noch deutlicher selbst als »élève de Haydn«. (Noch wenige Jahre vor seinem Tod pflegte Haydn, ohne Beethoven zu erwähnen, Pleyel unter »seine besten und dankbarsten Schüler« zu zählen.[23]) Ein Jahr später erschienen die sechs Haydn gewidmeten Quartette Mozarts, die sich ebenso wie diejenigen Pleyels auf Haydns epochales Opus 33 bezogen, mit dem die Gattung 1782 einen Qualitätssprung erreicht hatte. Der mit Pleyel gleichaltrige Mozart jedoch bezeichnete sich im vollen Bewusstsein, erst durch das Haydn'sche Modell zur einer neuen Qualität der Quartettkomposition vorgestoßen zu sein, dennoch nicht als dessen gelehrigen Schüler, sondern als dessen Freund (»Suo Amico«).[24] Beethovens Widmung seines eigenen Opus 2 (»Composées et Dediées / A M. Joseph Haydn / Maitre de Chapelle de S. A. Monseigneur le Prince Esterhazy etc / par / Louis van Beethoven«) changiert also, wie man sieht, zwischen dem loyalen Verhalten Pleyels und dem selbstbewussten Gestus Mozarts. Die Gabe eines Schülers gibt sich als Widmung eines Kollegen, und sie verlässt die Ebene der Leitgattung Streichquartett, auf der dieses Dedikationsritual nicht zufällig bis dahin Geltung hatte, um ihr gegenüber die eigene Domäne der Klaviersonate als neu dimensionierte alternative Leitgattung zu etablieren. Beethovens Klaviersonaten op. 2 erschienen im selben Wiener Verlag (Artaria) wie vormals die sechs »Haydn«-Quartette Mozarts.

Sollte also Beethovens durch Ferdinand Ries überlieferte Äußerung über Haydn, er habe im Kontrapunktunterricht »nie etwas von ihm gelernt«,[25] überhaupt so gefallen sein, dann lenkt sie eher von der

Kohlmarkt, vom Michaelerplatz aus gesehen, Stich von Leopold Beyer, um 1820
Rechts vorn erkennt man das Ladengeschäft der »Kunsthandlung Artaria & Co.«, die dort seit 1775 ansässig war und drei Jahre später auch als Musikverlag tätig wurde. Bei Artaria erschienen Haydns epochale Streichquartette op. 33 (1782) und die sechs »Haydn«-Quartette Mozarts. Die Firma Artaria war 1795/96 auch der Verlag von Beethovens ersten Werken (op. 1 und 2). Zuletzt erschien noch eines der letzten Quartette, op. 130, bei Artaria (1827), ebenso die davon abgetrennte *Große Fuge* op. 133.

Fülle des auch außerhalb der Unterrichtssituation am Studium des Modells Begriffenen ab, dessen Bedeutung kaum zu überschätzen ist. Von Haydn hatte Beethoven wohl mehr als nur Satztechnisches zu lernen[26] – nicht zuletzt dafür war er nach Wien gekommen –, und eben dafür sind diese drei Klaviersonaten ein ebenso evidenter wie auf frappierende Weise gelungener Beleg. Die selbstbewusste Widmung des Opus 2 ist zwar nicht die eines erklärten Schülers, aber sie erstattet dem Vorbild den ihm gebührenden Teil zurück.

* * *

In den beiden Kaiser-Kantaten seiner letzten Bonner Jahre hatte Beethoven (mit seinem Librettisten Averdonk) ein Bekenntnis abgelegt, dessen Optimismus allerdings schon bald durch die Zeitläufte Lügen gestraft zu werden drohte. Mit dem unerwarteten Ableben

Josephs II. und dem überraschend frühen Tod seines Nachfolgers Leopold II. war der Anfang vom Ende des aufgeklärten Wiener Liberalismus eingeleitet. Mit Leopolds Sohn, der zunächst als Franz II. (noch) Kaiser des Heiligen Römischen Reiches und seit 1804, mit der sich abzeichnenden Auflösung dieses Reiches, als Franz I. (nur noch) Kaiser von Österreich war, kam 1792 ein Monarch zur Herrschaft, der das geistige Klima Wiens in schwer erträglicher Weise einzuengen begann. (Das war übrigens in Preußen nach dem Ableben Friedrichs II. nicht viel anders, unter dessen Nachfolger Friedrich Wilhelm II. in späteren Jahren auch Kant zu leiden hatte.) Es spricht Bände, dass Beethoven seine 1800 uraufgeführte 1. Sinfonie ursprünglich seinem resigniert nach Wien zurückgekehrten ehemaligen Bonner Dienstherrn, dem jüngsten Bruder Josephs und Leopolds und dem eigentlichen Motor hinter Beethovens Wiener Studienreise, hatte widmen wollen,[27] wenn dieser nicht just während der Drucklegung des Werks unerwartet am 26. Juli 1801 gestorben wäre. So erhielt die Widmung im letzten Moment der josephinische Hofbibliothekar und Librettist von Haydns *Schöpfung*, der Baron Gottfried van Swieten[28] – auch dies ein klares Bekenntnis nicht nur zu einem wichtigen Gönner, sondern vor allem auch zu einer in Wien allmählich in Bedrängnis geratenden Spielart der Aufklärung. Im Wien nach 1800 lebte Beethoven, wie es die Leipziger *Allgemeine musikalische Zeitung* drastisch formulierte, mehr und mehr »in Verhältnissen, wo die fortgehende Bekanntschaft mit neuerer Literatur fast unmöglich gemacht wird«.[29] Beethoven besorgte sich seine Schiller-, Goethe- und Wieland-Lektüre ohnehin am liebsten aus Deutschland, weil, wie er seinem Leipziger Verleger 1809 schrieb, in Österreich »alle ausgaben verhunzt, und theuer sind«.[30]

Das Wien jedoch, in das Beethoven Ende 1792 kam, war anfangs noch geprägt durch den liberalen Geist des Josephinismus. Die aristokratischen Zirkel, in denen er verkehrte, zeigen das deutlich an. Beethovens wichtigster Mäzen der ersten Jahre, Carl von Lichnowsky, hatte selbst in Göttingen studiert und kann als (nicht nur musikalisch) hochgebildet gelten. Er gehörte zu denjenigen, die dem 1791 nach Wien gekommenen Berliner Kant-Enthusiasten Lazarus

Bendavid durch ihre guten Kontakte zum damaligen Polizeipräsidenten Franz Josef Graf Saurau die Erlaubnis verschafften, an der Wiener Universität öffentliche Vorlesungen über Kants Philosophie zu halten. Diese mussten wegen des immensen Publikumszuspruchs und wegen des Konkurrenzneids der akademischen Kollegen bald in das Stadtpalais des Grafen Harrach verlegt werden, und wenige Jahre später schon erschienen diese populären und die schwierige Philosophie didaktisch geschickt aufbereitenden Vorträge auch im Druck (1795 über die *Critik der reinen Vernunft*, 1796 über die *Critik der praktischen Vernunft*, 1796 über die *Critik der Urtheilskraft*).[31] Ab 1798 wurden Kants Schriften jedoch schrittweise (zunächst vor allem die späten religionskritischen und rechtsphilosophischen) in Österreich verboten; schon vorher, Ende 1797, hatte der von Kant selbst sehr geschätzte und öffentlich gelobte[32] Bendavid Wien auf amtliche Anordnung hin verlassen müssen. Es war eben noch kein nachhaltig »aufgeklärtes Zeitalter«, wie Kant bereits ein Jahrzehnt zuvor mit feiner Ironie bemerkt hatte, sondern bestenfalls ein auf dem Weg zu diesem Ziel befindliches »Zeitalter der Aufklärung«.[33] Dass die neuen Wiener Zensurmaßnahmen bis ins 19. Jahrhundert hinein beispielsweise auch die Schriften Schillers betrafen,[34] darf einerseits ebenso wenig verwundern, wie es andererseits als selbstverständlich erscheint, dass sich weder Beethoven noch die Kreise, in denen er sich bewegte, davon besonders beeindrucken oder beeinträchtigen ließen. Kants kritische Moralphilosophie und Schillers darauf reagierende idealistische Ästhetik: Es kann kaum bezweifelt werden, dass gerade diese beiden während Beethovens Bonner Jugend tonangebend gewordenen und nun im Wien der beginnenden Restaurationszeit arg bedrängten Autoren, selbst wenn man voraussetzt, dass er sich den Mühen einer systematischen Lektüre kaum unterzogen haben wird, in das Fundament von Beethovens Weltanschauung eingegangen sind.[35] Was, wie eingangs erwähnt, Eckermann von Goethe unterstellt worden war, dürfte auch für Beethoven gelten: Sie haben ihn geprägt, auch ohne dass er sie ganz gelesen hätte. Denn seine im Bonner Freundeskreis erworbenen und in den frühen Wiener Jahren stabilisierten Überzeugungen, in denen Kant und

Schiller eine tragende Rolle spielten, steuerten nicht nur weiterhin seine Lektüre-Vorlieben, sondern sie bildeten überhaupt einen Resonanzraum, in dem ihre Namen sein Leben lang einen guten Klang behielten. Beethoven dürfte in Wien also zwar kaum in der offiziellen Kultur- und Wissenschaftspolitik, wohl aber in seinem näheren privaten Umkreis einem Bildungsklima begegnet sein, das dem aus seiner Bonner Jugend her vertrauten durchaus ähnlich war. Und seine Musik blieb davon nicht unberührt.

Arten des Verstehens: Salonmusik und Gesprächskultur

Am 1. Juli 1801 konnte Beethoven seinem zwei Jahre zuvor ins heimatliche Baltikum zurückgekehrten Freund Carl Amenda mit einigem Stolz berichten, er habe inzwischen »alles geschrieben, bis auf *opern* und Kirchensachen«, und »auch [s]ein Klavierspielen habe [er] sehr vervollkommnet«.[36] Damit fasst er im Rückblick auf sein erstes Wiener Jahrzehnt ziemlich genau seine bisher erfolgreiche Strategie zusammen: Als Pianist ersten Ranges mit einem unverwechselbar eigenwilligen Vortragsstil in die Stadt gekommen, hatte er als Komponist systematisch an den von seinem Lehrer Haydn dominierten großen Gattungen vorbei gearbeitet und zunächst ein vorwiegend von Klavier- und Klavierkammermusik geprägtes Œuvre vorgelegt, dann aber, gerade im Moment der Abfassung des Briefs an Amenda, sich schließlich auch die Sinfonik und das Streichquartett erobert. Seine erste Sinfonie (C-Dur, wenig später als op. 21 gedruckt) war im April 1800 öffentlich mit großem Zuspruch aufgeführt worden, und die ersten drei der sechs Streichquartette op. 18 lagen seit dem Juni 1801 im Druck vor (die anderen drei erschienen kurz nach der Absendung des Briefs im Oktober). Ihnen hatte er sich umsichtig angenähert, indem er, den anspruchsvollen Tonsatz für vier Streicherstimmen gezielt umgehend, zunächst Trios (op. 3 und op. 9) und ein Quintett (op. 4) vorlegte. Parallel zur endlich gelungenen Eroberung des Streichquartettsatzes entstand dann 1800/01 als eines seiner Hauptwerke das große Streichquintett op. 29. In der Tat war damit nun »alles geschrieben, bis auf *opern* und Kirchensachen«. Die jetzt noch ausstehenden Beiträge zur Messe und zum Musiktheater sollten in den nächsten Jahren folgen.

Mit den Gattungen des Konzerts und der Sinfonie war der knapp 30-jährige Beethoven im Frühjahr 1800 erstmals an die Öffentlichkeit getreten, und auch seine vorwiegend in Wien gedruckten Klavierwerke wurden nun zunehmend auch im Ausland bekannt. Bis dahin aber war er, soziologisch gesprochen, kein Komponist der Öffentlichkeit gewesen, sondern einer der Salons. Und im Biotop dieser Salons war er vor 1800 kein Künstler des Bürgertums, sondern ein Musiker der Wiener Hocharistokratie. Welche Rolle aber, wenn mehr als nur die der angenehmen Unterhaltung, spielte überhaupt die Musik im Salon? Man begreift diese Rolle besser, wenn man sich den um diese Zeit eintretenden Bedeutungswandel des auf schöne Weise doppeldeutigen Worts »Unterhaltung« vor Augen führt: vom Vergnügen zur Konversation, vom Divertissement zum Diskurs.

Im ästhetischen Teil seiner *Kritik der Urteilskraft* ordnete Immanuel Kant 1790 die Künste nach dem Kriterium ihrer Mitteilungsfähigkeit und ersetzte damit die inzwischen obsolete Gliederung der Ästhetik nach dem Prinzip der Naturnachahmung durch einen grundsätzlich neuen Zugang. Mit der »Einteilung der schönen Künste« (§ 51) nach der »Analogie der Kunst mit der Art des Ausdrucks, dessen sich Menschen im Sprechen bedienen«, hat Kant im Einklang mit den ästhetischen Diskussionen seiner Zeit den längst fälligen Übergang von der älteren Systematisierung der Ästhetik hin zur aktuelleren Auffassung vollzogen und somit im Gefolge der Empfindsamkeit auch die Musik als einen besonderen Modus der Sprachlichkeit erfasst. Im Appell an das sprachanaloge Verstehen und Verstandenwerden lag die Voraussetzung zur ästhetischen Aufwertung der Musik.[37] Sie ist in dieser neuen Perspektive Ausdrucksmittel und Seelensprache, »Sprache der Affekte« oder, moderner ausgedrückt, auch »Sprache der Empfindungen« (§ 53). Verstanden wird diese Sprache aber auf besondere Weise: nicht logisch-diskursiv wie eine vernünftige Rede, sondern unbegrifflich-intuitiv. Nicht von ungefähr zählt Kant, der sich bei seinen stets vorsichtig bleibenden Äußerungen zur Musik auf seinen Schüler Johann Friedrich Reichardt stützen konnte, in seiner 1798 publizierten *Anthropologie* die Musik ihrer »Vorstellungsart« nach zu den »intuitiven« Künsten, während er die Dichtung zu den »diskursiven« rechnet.[38] Diese Unterscheidung versucht der modifizierten Mitteilungsfähigkeit der Künste, also ihrem Sprachcharakter, auf differenzierte Weise Rechnung zu tragen. Das Wesen der unter dem Sprachparadigma erfassten Künste ist es, wie Kant sagt, »*ursprünglich* (nicht nachahmend) zu *bilden*«.[39] Für Kant ist das alle Künste überwölbende Prinzip, damit unausdrücklich nochmals das Moment der Sprachlichkeit betonend, »überhaupt Poesie«[40] – ein Gedanke, den insbesondere dann die frühromantische Ästhetik aufgegriffen und weiterentwickelt hat.

Es geht also ausdrücklich um das Verstehen von Kunst, und beide Arten des Verstehens, die diskursive wie die intuitive, sind legitim als jeweils angemessene Reaktion auf die übergeordnete Sprachlichkeit der Kunst. Der Komponist von einigem Anspruch ist daher auch, weil er wie kein Künstler sonst die Sprache der Gefühle beherrscht, mit seiner Musik über das Niveau der bloßen Unterhaltungskunst hinausgelangt. Er weiß sich vielmehr, so postuliert es schon 1784 auch Beethovens Lehrer Christian Gottlob Neefe in den Bonner *Beiträgen zur Ausbreitung nützlicher Kenntnisse*, mit seiner »Absicht auf musikalische Beredsamkeit« eingebunden in einen veritablen Kommunikationszusammenhang, der als eine ganz im Geist der Empfindsamkeit gedachte heimliche Zusammenschwingung ausgewählter Seelen erscheint. Wie Neefe klar sieht, steht der Musiker zwar besonders auf dem Gebiet der reinen Instrumentalmusik vor der schweren Aufgabe, »dem musikalischen Ausdruck überhaupt eine gewiße Evidenz zu geben, und insbesondere die Sprache der unartikulirten Töne allgemein verständlich zu machen«.[41] Das Gelingen der Kommunikation ist indessen eine Frage der Erziehung des Publikums. »Der große Tonkünstler«, so Neefe unter ausdrücklichem Verweis auf Carl Philipp Emanuel Bach und Joseph Haydn, »läßt sich aber gewiß nicht auf den Pöbel ein. Er geht seinen

Gang in Absicht auf musikalische Beredsamkeit ruhig und ungehindert fort. Ihm ist es genug, wenn ihn hier und da im Winkel ein beßerer gebildeterer Zuhörer unbemerkt belauscht, seine Sprache verstehet, und mit ihm den Gang der natürlichen wahren Empfindung fort geht.«[42] Mehr als nur wenige gebildete Zuhörer im intimen Kreis des Salons hat sich – in einer auffällig ähnlichen Formulierung – auch noch sein Schüler Beethoven am Beginn seiner Wiener Zeit nicht zu erwarten gewagt: »Wenn mich auch nur einige verstehen, so bin ich zufrieden«,[43] schreibt Beethoven 1796 an den Klavierbauer Andreas Streicher über die erhoffte Reichweite seiner Klaviermusik. Die im kleinen Zirkel gelingende musikalische Kommunikation ist ihre begründende Idee, und sie bleibt dies bis in das immer noch als schwer zugänglich geltende Spätwerk hinein. Darunter, dass das oft genug nicht gelingt, wird noch 1814 E. T. A. Hoffmanns fiktiver Kapellmeister Johannes Kreisler leiden, der sich in der Salongeselligkeit nicht ernst genommen fühlt. Allerdings ist hier die philiströse bürgerliche Geselligkeit des kleinstädtischen Biedermeier thematisiert (»in der neben dem Tee, Punsch, Wein, Gefrornen etc. [...] immer auch etwas Musik präsentiert« wird[44]), mit der die kultivierten Wiener Adelssalons der Spätaufklärung keineswegs verglichen werden können. Aber auch Beethoven soll das Klavierspiel manchmal brüsk verweigert haben, wenn die mangelnde Konzentration der Zuhörer ihn zum reinen Unterhaltungsobjekt zu degradieren drohte.[45] Viel häufiger jedoch waren er und seine Musik ein integraler Bestandteil der im besten Sinne um »Unterhaltung« im Sinne des Gesprächs zentrierten Salonkultur. Gerade darin bestand sein ihm auch selbst sehr bewusster Wert. Wichtig ist, dass es ausdrücklich um das Verstehen und das Verstandenwerden geht. Dass es später einmal die »Millionen« sein werden, die in der 9. Sinfonie der Gestus der Umarmung meint, ist hier noch nicht zu ahnen, liegt jedoch ganz in der Logik der Sache selbst, wie noch zu zeigen sein wird. Vielleicht wird zudem klar, dass es beim Verstandenwerden in der Generation Beethovens bereits um mehr als nur um Gefühle geht. Zeit seines Lebens rechnete Beethoven, darin ein typisches Kind der Spätaufklärung, mit einem Publikum, das Musik nicht einfach konsumiert, sondern gewohnt ist, spielend, hörend, sprechend und schreibend über sie nachzudenken.

Entscheidend ist dafür, dass der junge Beethoven einen signifikanten Qualitätswandel auch der empfindsamen Salongeselligkeit zu erleben begann. Dieser Wandel auf der Basis eines Generationenwechsels scheint mit der Diskurskultur der Aufklärung direkt zusammenzuhängen. Entsprechend ist das zunächst für den mittel- und norddeutschen Sprachraum leichter zu belegen als für Wien. Für das klare Bewusstsein dieses Fortschritts im Anspruch an das Salonleben gibt es ein überaus interessantes kleines Dokument, das 1799 an ziemlich entlegener Stelle im *Berlinischen Archiv der Zeit und ihres Geschmacks* erschienen ist: den Fragment gebliebenen *Versuch einer Theorie des geselligen Betragens* des Theologen und Philosophen Friedrich Daniel Ernst Schleiermacher, der hier auf der Basis seiner gemeinsam mit seinem Freund Friedrich Schlegel unternommen Kant- und Fichte-Studien den immensen Bildungswert der im Salon gelebten Geselligkeit philosophisch begründen will. Es handelt sich also um nichts Geringeres als um eine Theorie der Salongeselligkeit im Horizont des neuen Kritizismus, die sich implizit (in der Systematik ihrer Argumente) auf Fichte und explizit (durch ein Zitat am Ende) auf Kant beruft. »Freie, durch keinen äußern Zweck gebundene und bestimmte Geselligkeit wird von allen gebildeten Menschen als eines ihrer ersten und edelsten Bedürfnisse laut gefordert«, lautet programmatisch schon der erste Satz,[46] und es wird sofort klar, dass dieser Einstieg mit der inneren Freiheit und der äußeren Zwecklosigkeit wesentliche Bestimmungen übernimmt, die Kant kurz zuvor in seiner *Kritik der Urteilskraft* für das ästhetische Urteil entfaltet hatte. In der Tat wird der geradezu »um ihrer selbst willen gesucht[en]«[47] Salongeselligkeit eine eigene, der Kunst sehr ähnliche und mit ihr sogar verschränkte Sphäre zugewiesen, und so will Schleiermacher mit seiner Theorie denn auch ganz ernsthaft »das gesellige Leben als ein Kunstwerk construiren«.[48] Schillers Programm der ästhetischen Erziehung hatte wenige Jahre zuvor schon in eine ähnliche Richtung gezielt. Im ideal gedachten Salon verwirklicht sich aber nicht nur ein Widerschein von Kants ästhetischer Theorie, sondern ebenso einer seiner praktischen Philosophie, weil hier, so Schleiermacher, »Jeder für sich selbst Gesetzgeber seyn, und Jeder auf alle Weise dahin sehen soll, daß das gemeine Wesen keinen Schaden leide«.[49] In diesem Raum sei »der Mensch ganz in der intellektuellen Welt«,[50] was im Sprachgebrauch Kants und seiner Nachfolger nichts anderes meint als die ganz reale Teilhabe des »empirischen« Sinnenwesens an der »intelligiblen« Sphäre der durch Sittlichkeit verbürgten Autonomie. Der Salon wird damit als utopische Gegenwelt zur Sphäre der politisch-gesellschaftlichen Realität entworfen;[51] das dürfte im postfriderizianischen Berlin kaum weniger notwendig gewesen sein als im nachjosephinischen Wien.

Eine veritable Gesellschaft en miniature ist der Salon aber auch in einem ganz buchstäblichen Sinne. Für die quantitative Beschränkung der Teilnehmer an der Geselligkeit lehnt es Schleiermacher nämlich entschieden ab, »sich eine bestimmte Zahl zu setzen, wie noch kürzlich Kant sehr ernsthaft die Vorschrift sanktioniert hat, daß eine gute Gesellschaft zwischen der Zahl der Grazien und der der Musen seyn müsse«[52] (also mindestens drei und höchstens neun). Neben diesem augenzwinkernd kritischen Bezug auf Kants ein Jahr zuvor erschienene *Anthropologie,* die übrigens ihrerseits eine kleine Theorie der Geselligkeit enthält,[53] markiert diese Bemerkung einen Generationenwechsel, weil eben die auf den Diskurs zielende erweiterte Salongeselligkeit im Sinne Schleiermachers etwas anderes ist als Kants eigene, durchaus legendäre kleine Königsberger Tischgesellschaften. Ohnehin hat die Musik eher in den Dimensionen des erweiterten Salons ihren angestammten Raum, in dem sie zu mehr wird als zur reinen Tafelmusik, als die sie noch zur prägenden Erfahrung der Generation Kants gehört.

Geht man von hier aus nun auf Beethovens Auftreten in den Wiener Adelssalons zurück, dann stellt sich natürlich sofort die Frage, ob er sich in diesem Kontext wirklich in der von Schleiermacher erhofften Lage sehen konnte, »alle Beschränkungen der häuslichen und bürgerlichen Verhältnisse auf eine Zeitlang, soweit er will, zu verbannen«.[54] Doch ist genau dies – unabhängig von allen realen

Erscheinungsformen – der hohe Anspruch, an dem der eigentliche Wert der Salongeselligkeit in letzter Instanz zu messen ist. Schleiermacher selbst konzediert am Ende seines theoretischen Fragments, »daß die darin aufgestellten Ideen Ideale sind, welchen sich die Ausübung nur annähern soll«.[55] Seine Theorie hat zur Erfahrungsgrundlage bezeichnenderweise den exzeptionellen Berliner Salon seiner Freundin Henriette Herz, der Gattin des jüdischen Arztes Markus Herz, in dessen Person man keinen Geringeren kennenlernen konnte als Kants ehemaligen Lieblingsstudenten, den er später als Korrespondenzpartner exklusiv in die Genese seines kritischen Hauptwerks Einblick nehmen ließ.[56] Dieser auf hohem Niveau bildungsbürgerliche Salon (von dem man natürlich gern wüsste, ob Beethoven während seiner Berlin-Reise 1796 von ihm Kenntnis genommen hat[57]) stellt allein schon im Kontext der norddeutschen Aufklärung eine Besonderheit dar und ist selbstverständlich nicht umstandslos auf die Wiener Verhältnisse und schon gar nicht einfach auf deren aristokratischen Zuschnitt anzuwenden.[58] Man wird aber dennoch damit rechnen können, dass Beethoven in den Gesellschaften seiner Gönner Lichnowsky, Lobkowitz, Kinsky oder Rasumowsky als bewunderter Künstler jene Freiheiten genoss, die während der Salonzusammenkünfte die Standesschranken zumindest in den Hintergrund treten ließen, weil er mit den jungen Aristokraten, die ihn ebenso förderten wie forderten, ein Umfeld vorfand, das man im oben zitierten Sinne Schleiermachers wohl in der Tat als »intellektuell« bezeichnen darf. Nicht nur gehörte Carl von Lichnowsky, wie bereits erwähnt, in den 1790er-Jahren zu den wichtigsten Unterstützern des Kantianers Lazarus Bendavid und seiner Wiener Unternehmung, sondern es befanden sich auch zahlreiche Mitglieder der ebenfalls zu Beethovens Förderern zählenden Familien Lobkowitz, Kinsky, Schwarzenberg, Dietrichstein oder Fries (um nur einige zu nennen) unter den Besuchern der literaturgeschichtlichen Vorlesungen, die August Wilhelm Schlegel 1804 im Jahnschen Saal in der Wiener Himmelpfortgasse abhielt.[59] Das noch kürzlich in einer neueren Biographie entworfene Zerrbild einer dekadenten, durch Endogamie degenerierten Wiener Adelsgesellschaft ist nichts als eine dringend der Korrektur bedürftige Karikatur.[60] Ihre Salongeselligkeit, zu der die Musik als unverzichtbarer Bestandteil gehörte, dürfte sich auf hohem Niveau abgespielt haben. Die Kultur dieser musikliebenden Zirkel tiefer zu erforschen, ist allerdings nach wie vor ein Desiderat. Beethoven jedenfalls, seiner eigenen Aussage nach »mit einem feurigen Lebhaften Temperamente gebohren« und vor allem »selbst empfänglich für die Zerstreuungen der Gesellschaft«,[61] scheint sich in diesem Kontext sehr wohl gefühlt zu haben. Seine besondere, wie sein Jugendfreund Gerhard Wegeler sie später nannte, »gewöhnliche, ich möchte sagen, ungezogene, Art«[62] scheint, vielleicht sogar zum Habitus des Genies kultiviert, problemlos toleriert worden zu sein. Nicht selten machte er in späterer Zeit sogar von seiner offensichtlichen Vollmacht Gebrauch, befreundete Musiker zu Salonzusammenkünften einzuladen, als sei er selbst der Gastgeber: so etwa den aus London angereisten Geiger George Bridgetower in die Salons der Gräfin Guicciardi und des Grafen Deym[63] oder den Wien besuchenden Komponisten Johann Friedrich Reichardt in das Haus der Gräfin Marie Erdödy.[64]

* * *

In gewisser Weise ist also Beethovens frühe Klavier- und Kammermusik, auch wenn sie bald über die Grenzen geselliger Intimität hinauszutreten begann, ihrem eigentlichen Wesen nach anspruchsvolle »Salonmusik« – dies jedenfalls, wenn man, wie oben vorgeschlagen, die vielfältigen Konnotationen des Wortes »Unterhaltung« nicht vorschnell nivelliert. Damit ist gesagt, dass sie in einem präzisen Sinn eine diskursive Gesellschaftlichkeit postuliert, auch wenn sie vornehmlich intuitiv verstanden wird. Musik in Gesellschaften ist zwar auch noch für Kant (ebenso wie Spiel und Tanz) lediglich nonverbaler Ersatz für eine richtige »Konversation, welche wechselseitige Mitteilung der Gedanken fodert«,[65] spielt aber dennoch auch schon bei ihm für das reibungslose Funktionieren einer auf die Ausbildung von Humanität zielenden Geselligkeit eine wichtige Rolle. Es lohnt sich daher, an Beethovens wohlverstandener »Salonmusik« den bestechenden Gedanken Kants, Musik mache »eine sprachlose Gesellschaft«[66] aus, noch etwas weiter zu entfalten. Die Arten, in denen sie verstanden wird, machen sie zum Faktor einer hochgebildeten, im Wortsinne intellektuellen Konversationskultur. In der Idealsituation des Salons erscheint Beethovens Musik, entsprechend kundige und interessierte Teilnehmer vorausgesetzt, gleichermaßen als Bestandteil eines imaginären wie als Anlass eines realen Gesprächs. »Schöne Kunst«, zu der nach Kant auch die Musik gehört, »ist eine Vorstellungsart, die für sich selbst zweckmäßig ist und, obgleich ohne Zweck, dennoch die Kultur der Gemütskräfte zur geselligen Mitteilung befördert.«[67] Sie kann damit Gegenstand ebenso eines intuitiven wie eines diskursiven Verstehens sein. Mit dem erst viel später ersonnenen Konzept einer »absoluten« Musik hat sie trotz ihrer betonten Zweckfreiheit nichts zu tun.

Für eine erste Überlegung dazu kann ein Blick auf das noch heute überaus beliebte *Andante favori* WoO 57 dienen, das im Laufe seiner Genese den Status, nicht aber das Genre gewechselt hat. Gerade dadurch ist es für den vorliegenden Zweck signifikant. Sein etwas halbseiden klingender Titel kann als authentisch gelten, denn Beethoven hat ihn nach der unbetitelten Erstpublikation des Stücks (1805) für alle Nachauflagen (die erste bereits im Folgejahr, 1806) offenbar geduldet, entsprach er doch seiner eigenen, offen bekundeten Anhänglichkeit an dieses Stück, das er Czernys glaubwürdigem Bericht zufolge »wegen seiner Beliebtheit (wenn es Beethoven häufig in Cirkeln spielte)« manchmal sogar selbst so genannt haben soll.[68] Mit diesem Titel ist es geradezu prädestiniert für den geläufigen Begriff der Salonmusik, der hier aber ohnehin weiter als im üblichen Sinne aufgefasst werden soll. Das Stück hat keine Opuszahl erhalten, denn Beethoven hat seinen Werkkatalog sorgfältig differenziert. Dabei ging es nicht nur um die Werke mit und ohne Opusnummern, sondern überhaupt um das in den Genres zum Ausdruck kommende Stilniveau. Am Anfang seiner Publikationstätigkeit hat es ihn sogar empfindlich gestört, dass – zeitgleich mit den ersten Wiener Klaviersonaten – in seiner Heimatstadt Bonn der Verleger Nikolaus Simrock eine Variationenfolge Beethovens (über ein Thema des Grafen Waldstein, WoO 67) zu drucken gedachte. Beethovens

Brief an Simrock vom 18. Juni 1794 zeigt, wie ungelegen ihm diese Eigenmächtigkeit des alten Bonner Freundes die eigenen, wohlkalkulierten Wiener Pläne durchkreuzte: »Sonst war ich nicht willens jetzt *Variationen* herauszugeben, da ich erst warten wollte, bis einige wichtigere Werke von mir in der welt wären, die nun bals [sic] herauskommen werden.«[69] Während also die Klaviertrios und Klaviersonaten, mit denen Beethoven 1795/96 auf dem Wiener Markt debütierte, durch die Opuszählung ausdrücklich nobilitiert wurden, galt das für die Modegattung der Variation nicht. Das sollte sich erst mit den radikal anspruchsvollen und originellen Variationenwerken op. 34 und 35 ändern (was Beethoven dem Verleger dann eigens begründete).

Das ist im Blick auf das hier zur Rede stehende Klavierstück bemerkenswert. Eigentlich nämlich war das *Andante favori* der langsame mittlere Satz der 1803 komponierten und 1805 publizierten großen »*Waldstein*«-Sonate op. 53, ist aber kurz vor der Drucklegung aus ihr entfernt worden. Möglicherweise wäre das Werk mit ihm zu umfangreich geworden; als Ersatz für das aus dem Manuskript herausgetrennte Andante WoO 57 hat Beethoven dann dem Finale der »*Waldstein*«-Sonate eine Introduktion vorangestellt, die zwar durchaus das Gewicht eines eigenen Satzes hat, aber schon allein durch ihren Titel die Sonate zu einem streng genommen nur noch zweisätzigen Werk macht. Sie ist gleichwohl unter dem Gattungstitel einer »Grande Sonate« veröffentlicht worden, was unmissverständlich auf die von Beethoven mit ihr angezielte Stilhöhe verweist. Aus einem Werk dieses Anspruchs also stammt das beliebte *Andante favori*, und diese Tatsache wiederum deutet auf die Spannweite und Ambivalenz des Konzepts zurück, denn künstlerische Ambition und populäre »Salonmusik« stehen zueinander offensichtlich in keinem Widerspruch.

Das Stück ist scheinbar übersichtlich disponiert, als ein vielgliedriges Rondo mit der übergeordnet dreiteiligen Struktur (A-B^1-A)-C-(A-B^2-A')-Coda. Aber so einfach ist es nicht, denn die B-Teile verhalten sich, anders als der stabil in der Subdominante B-Dur stehende C-Teil, nicht wie übliche Rondo-Couplets, sondern eher wie aus dem

A-Material hervorgehende modulierende Verarbeitungsteile einer prozessualen Form, die andererseits jedoch durch die stete Wiederkehr von A in der Tonika F-Dur eine klare Gliederung, eben eine Rondo-Struktur erhält. Die A-Teile ihrerseits sind in sich dreiteilig, sodass das übergeordnete formale Organisationsprinzip sich von oben bis nach unten zieht, dies aber mit zunehmender Subtilität und Unübersichtlichkeit auf der Mikro-Ebene. Dieses Changieren zwischen Simplizität und Komplikation gehört zum Wesen wie zum Anspruch des Stücks, dessen Herkunft aus der monumentalen »*Waldstein*«-Sonate ihm anzumerken ist, ohne dass seine Herauslösung aus ihrem Zusammenhang es irgendwie beeinträchtigt hätte. Anders als in dem ebenfalls populären, aber erst postum veröffentlichten Klavierstück *Für Elise* WoO 59 ist in das *Andante favori* der anspruchsvolle Kenner als der ideale Hörer geradezu einkomponiert. Genau genommen müsste man sogar, wie es der authentische (offenbar sogar autographe[70]) Titel von *Für Elise* ja auch mehr als nahelegt, entschieden von der idealen Hörerin (und Spielerin) sprechen, denn fast alle Klaviermusik Beethovens ist gebildeten Damen des Adels und des höheren Bürgertums gewidmet, die zum Teil seine Klavierschülerinnen waren und über ein beträchtliches technisches Niveau verfügt haben müssen. Dieser Gender-Aspekt wird dadurch komplettiert, dass umgekehrt alle Werke »großer« Gattungen – Sinfonien und Streichquartette – ausschließlich männliche Widmungsträger haben.

Was aber macht das populäre *Andante favori* zu einem Stück für Connaisseurs? Es ist, wie bei Beethovens großen Konzeptionen üblich, ein ebenso unscheinbares wie auffälliges Detail zu Beginn, dessen strukturelle Konsequenzen in der Entfaltung des Stücks zum Objekt der Erkenntnis zu erheben sind. Denn das Thema dieses scheinbar so einfachen Stücks ist selbst alles andere als simpel, sondern vielmehr von enormer Subtilität und Raffinesse (was seinem ursprünglichen Kontext innerhalb der Sonate Rechnung trägt). Es bildet eine achttaktige Periode aus Vorder- und Nachsatz und liegt dem insgesamt 30 Takte zählenden Ritornell (Teil A) zugrunde. Seine melodische Fortspinnung (T. 9 ff.) nimmt das initiale rhythmische Modell exakt auf, das es im weiteren Verlauf mit kleinen Varianten versieht (Zweiunddreißigstel in T. 10 und 11), die ihrerseits bei der das Ritornell abrundenden Wiederkehr des A-Themas in dessen Schluss übernommen werden (T. 26 und 27). Diesen wiederum greift der Beginn des B-Teils notengetreu auf (Auftakte zu T. 31, 33 und 35) und spinnt ihn modulierend weiter. Aus einer anfänglich ganz harmlosen periodischen Achttaktigkeit entwickelt sich also eine in sich zunehmend asymmetrische Dreißigtaktigkeit. Das geschieht dadurch, dass schon die Fortsetzung des Themas (T. 9 ff.) seine achttaktige Quadratur, auf die es wie zur Erfüllung einer Norm offensichtlich zielt, nur durch eine einfache Maßnahme erreicht, die lediglich in der leicht variierten Wiederholung des ersten Zweitakters besteht (T. 9/10 = T. 11/12), aus der dann per Abspaltung nur noch der umspielte Quintton f^2 übrig bleibt (T. 13–15) und schließlich als repetierter Einzelton isoliert wird (T. 16). Also: 8 = (2 × 2) + 1 + (2 × 1) +1. Diesen inhaltlich maximal redundanten Vorgang durchzieht – als der die eigentliche Aufmerksamkeit erheischende Vorgang – eine aus dem generellen Piano aufsteigende dynamische Welle vom *cresc.* (T. 13) über *decresc.* (T. 15) und *p* (T. 16) bis zum *pp* des in Takt 17 einsetzenden Kontrastteils.

Dieser Kontrastteil nun macht rückblickend auf eine feine harmonische Abnormität des Themas aufmerksam, die hier eine erste (aber bei weitem noch nicht zureichende) Erklärung erhält. Mit einfacher Rückung wendet sich nämlich die Musik in Takt 17 nach Des-Dur, in die Untermediante der Haupttonart also, und entfaltet in diesem durch die Tonart und die Dynamik förmlich abgeschatteten Bereich eine anrührende Hornquinten-Idiomatik über dem Orgelpunkt *Des*. Warum aber *Des*? Das F-Dur-Hauptthema hatte in seinem zweiten Takt, was man schon anfangs leicht irritiert zur Kenntnis hätte nehmen können, einen leiterfremden Ton enthalten (*cis* in T. 2), der als Basston der Zwischendominante zur Tonikaparallele d-Moll fungiert. Im Nachsatz ist es genauso (T. 6), und bei jedem weiteren Auftritt des Themas ebenfalls, wenngleich manchmal in der stark variierten Begleitung versteckt. Die Rondostruktur trägt also dazu bei, dass man diese ungewöhnliche harmonische

Ausweichung des Thema-Beginns nicht weniger als insgesamt vierzehnmal hört. Aber statt einen allmählichen Gewöhnungseffekt herbeizuführen, werden aus der zum Nachdenken zwingenden Wiederkehr dieses Sextakkords auf *Cis* die strukturellen Pointen des Stücks entwickelt. Deren erste liegt bereits im überraschenden Eintritt des (enharmonisch verwechselten) Des-Dur in Takt 17, das wiederum nach wenigen Takten durch Alterationsenharmonik wieder in die Tonika zurückgeführt wird (T. 21: enharmonische Umdeutung des Dominantseptakkords über *Des* in die alterierte Dominante von C-Dur, der Dominante von F). Auch dies geschieht bei jedem Auftreten dieser Rückleitung, also insgesamt dreimal. Beim zweiten Mal jedoch übernimmt diese Rückleitungskadenz eine Manier, die schon den Vordersatz des Hauptthemas geprägt und damit dessen Auffälligkeit stark erhöht hatte: ein Subito piano nach vorgängigem Crescendo, also nach der schönen terminologischen Prägung Adornos einen »dynamischen Trugschluss«[71] (im Hauptthema: T. 3/4; bei der Wiederkehr der Rückleitungskadenz: T. 72/73). Gerade solche scheinbaren Manierismen gehören unablösbar zu Beethovens Klavierstil; dass sie bis heute nur selten zureichend ausgeführt werden, ändert nichts an der Tatsache ihrer geradezu strukturellen Wichtigkeit.[72]

Das zentrale Ereignis, das dem Satz nun eine ganz eigene Dramatik verleiht, folgt beim letzten Auftritt des A-Themas: Im vierten Ritornell beginnt es an eben der auffälligen Stelle mit dem ungewöhnlichen Sextakkord auf *Cis* zu stocken und verliert im Nachsatz durch Dehnung seiner Phrasen vollkommen seine periodische Kontur (T. 161–166). Es wird nun geradezu auf dem *Cis* über eine lange Strecke hinweg festgenagelt, in einer zweimal von Takt 167 und nochmals von Takt 171 aus ansetzenden Steigerung, die schließlich mit überwältigender Erlösungswirkung in den kadenzierenden Quartsextakkord mündet (T. 177–179). Danach folgt zum letzten Mal die motivisch redundante Fortsetzung (ursprünglich: T. 9 ff.), deren vormalige Redundanz sich aber nun zu einer atemberaubenden Erfüllungsgeste steigert: Über dem zwölf Takte hinweg festgehaltenen Fundament des F-Dur-Dreiklangs im Bass (T. 179–190) zielt schließlich auch die Melodik der Oberstimme auf die strahlende Feier eines von Durchgangsnoten ungetrübten F-Dur – derart, dass zuletzt die Dämpfung über den ganzen Rest der Strecke hinweg aufgehoben werden kann (T. 185 ff.). Das Ziel des Stücks ist nichts als reiner Klang. Wenn danach, immer noch als Strukturelement der vormaligen Thema-Fortsetzung erkennbar, der mehrfach repetierte Einzelton *F* übrig bleibt, bringt die trugschlüssige Ausweichung nach Ges-Dur (statt der hier sonst stets eingetretenen Rückung in die Mediante Des-Dur) gleichsam eine ultimative und den Satz dann auch schließende Pointe ein. Es liegt nicht wenig Esprit darin, den Grundton *F* einmal als Terz der Mediante (T. 17 ff. und öfter), einmal als Quinte der Subdominante B-Dur (Couplet C ab T. 82) und ein weiteres Mal als Auslöser einer Trugschlusswendung nach Ges-Dur einzusetzen – jedes Mal durch eine einfache Rückung aus dem vorher künstlich isolierten Einzelton heraus.

Das *Andante favori* ist ein geniales Stück Musik, dessen legitime Beliebtheit nicht über seine raffiniert inszenierte Komplexität hinwegtäuschen sollte. Die Aufmerksamkeit wird auf suggestive Weise in die Tiefe des Tonsatzes gezogen und kann dort die Ankerpunkte der übergreifenden Satzstruktur entdecken. Bereits vom zweiten Takt aus ergibt sich, wie man erst im Nachhinein erkennen kann, ein perspektivischer Durchblick durch das ganze Stück. In vieler Hinsicht kann dieses Stück Salonmusik im besten Sinne des Worts, um nochmals mit Kant zu sprechen, eine »sprachlose Gesellschaft« unterhalten: sei es, dass es im inneren Dialog mit dem Spieler oder der Hörerin ästhetische Erfahrung als eine bereichernde Erkenntnis generiert; sei es, dass es in der Geselligkeit des Salons seine eigene diskursive Kommentierung erzwingt; oder sei es, dass es überhaupt in seinem subtil strukturierten Organismus wie eine wortlose Phantasmagorie von idealer Geselligkeit funktioniert. Das Verstehen solcher Musik ist so oder so ein Moment gelingender Kommunikation.

* * *

An diese Souveränität hatte sich Beethoven bis hin zum Werkkomplex um die »*Waldstein*«-Sonate schrittweise herangearbeitet.

Das kleine *Andante favori* steht auf dem Höhepunkt des bis 1803 Erreichten. Was besagt das im Rückblick über das Jahrzehnt zuvor, in dessen Verlauf sich Beethoven in der Umgebung des aristokratischen Salons fest zu etablieren begann? Es ist kaum zu ermitteln, in welchem Ausmaß ihm die ästhetischen Grundlagen seines eigenen Tuns bewusst gewesen sind und von ihm überhaupt zur Sprache hätten gebracht werden können. Darauf kommt es aber auch nicht an. Dass Beethoven im Umfeld einer mächtig aufstrebenden neuen Philosophie und Ästhetik aufgewachsen ist, bleibt stets zu bedenken, weil ihn das als aufmerksamer Zeitgenosse, der er war, nicht unberührt gelassen haben kann. Nicht einfach bloß wahrscheinlich, sondern sogar fast zwingend vorauszusetzen ist, dass der junge Beethoven mit der neuen Disziplin der Ästhetik schon in Bonn, vielleicht unter dem Einfluss seines Lehrers Neefe, durch Johann Georg Sulzers dreibändige *Allgemeine Theorie der Schönen Künste* (1771–1774) vertraut gemacht worden ist,[73] ein viel gelesenes Werk, das sich trotz seines abschreckenden Umfangs durch bequeme Benutzbarkeit auszeichnet, weil es durch alphabetische Lemmatisierung wie ein Lexikon ästhetischer Grundbegriffe aufgebaut und zudem in einem ausgesprochen gut zugänglichen Sprachstil verfasst ist. Bedeutender wurde dann allerdings – nicht nur mutmaßlich für Beethoven, sondern nachweislich etwa auch für Schiller – die letzte, stark erweiterte Auflage des Werks (1792–1799), in der nun auch der Einfluss Kants spürbar zu werden beginnt.

In auffälliger Weise hat sich Beethoven, ganz im Unterschied zu den nur wenig älteren oder den gleichaltrigen für Klavier komponierenden Kollegen wie Clementi, Dussek oder Wölffl, mit quasi programmatischen oder auch nur charakteristischen Titeln für seine Klavierwerke zurückgehalten. Selbst das *Andante favori* wurde wohl erst, obwohl von ihm toleriert, vom Verleger so genannt. Dennoch kommen solche Titel vor, und dann sind sie offenbar besonders ernst zu nehmen. Im Falle seiner *Grande Sonate pathétique* op. 13, die 1799 buchstäblich im letzten Moment des 18. Jahrhunderts im Druck erschien, soll das sogleich etwas näher verfolgt werden. Mit solchen Titeln konnte Beethoven, das sei vorweg gesagt, allerdings auch lustvoll groben Unfug treiben. Die eigentlich für den afrikanischstämmigen Geiger George Bridgetower geschriebene (später aber aus pragmatischem Kalkül dem Pariser Virtuosen Rodolphe Kreutzer gewidmete) große A-Dur-Violinsonate op. 47 trägt im Konzeptmanuskript die autographe Überschrift: »Sonata mulattica Composta per il Mulatto Brischdauer / gran pazzo e compositore mulattico«.[74] Diesen Titel hat, obwohl er von Beethoven selbst stammt, begreiflicherweise niemand für diese grandiose Konzertsonate je ernsthaft in Erwägung gezogen; sie ist heute nach ihrem Widmungsträger als *»Kreutzer«*-Sonate bekannt.

Dass nun die *Grande Sonate pathétique* erstmals einen charakterisierenden (und zweifellos ernst gemeinten) Titel trägt, könnte einer Notwendigkeit geschuldet sein, die Beethoven erst bei der Übergabe seiner angemessen vielleicht nur im Zirkel des Salons verstandenen Werke an die anonyme Öffentlichkeit des Musikalienmarkts empfunden haben mag. Sie hat einen solchen Titel nämlich nicht einfach nur erstmals, sondern (von einer später noch zu diskutierenden Ausnahme abgesehen) bereits auch wieder zum letzten Mal. Der Grund dafür wird noch zu besprechen sein. Eines aber ist von vornherein klar: Der singuläre Titel ist ein gezieltes Mittel der Rezeptionslenkung. Wenn man ihn so nimmt, wie er auf dem Titelblatt steht, muss man ihn zweifellos auf das ganze Werk (und nicht, wie manchmal geschehen, nur auf den Kopfsatz oder gar nur auf die »pathetische« langsame Einleitung) beziehen. Die Sonate ist außerdem eine »große« Sonate – so hat Beethoven, damit unmissverständlich einen ästhetischen Anspruch anmeldend – bis zur *»Waldstein«*-Sonate alle allein (statt in Zweier- oder Dreiergruppen) publizierten Werke genannt. Wenn man nun das »Pathetische« des Titels auf den Gesamtverlauf des Werks bezieht, dann erschließt sich ein weiterer (und modernerer) Sinn als der des bloß pathetisch-erhabenen Stilregisters, der zweifellos dem Gestus der im Kopfsatz mehrfach widerkehrenden »Grave«-Einleitung mit ihrer Anspielung auf den musikalischen Topos der französischen Ouvertüre zu eigen ist. Im älteren Sprachgebrauch konnte das »Pathetische« noch lediglich das Leidenschaftliche meinen, im neueren jedoch ergibt sich nicht weniger als der Anschluss an die aktuellste Formation der Ästhetik und der Moralphilosophie.

Das Nachdenken über Pathos und Pathetisches ist im späten 18. Jahrhundert nicht ablösbar vom ästhetischen Konzept des Erhabenen, das in Beethovens Epoche einen nachgerade dramatischen Bedeutungswandel erlebt. Aus einer Kategorie der Rhetorik – als Stillage im »genus grande« – und einem Moment der Naturästhetik – als Ehrfurcht erregende Majestät des Hochgebirges etwa oder des offenen Ozeans – wird der Begriff des Erhabenen im Lauf des 18. Jahrhunderts, am einflussreichsten durch Immanuel Kants *Kritik der Urteilskraft* (1790), zum Komplementärbegriff des Schönen und damit zur zweiten bedeutenden Kategorie der modernen Ästhetik aufgewertet.[75] In diesem Kontext bekommt das Pathetische eine besondere Funktion zugewiesen, indem es zum wichtigen Baustein eines moralphilosophisch-ästhetischen Konzepts avanciert: In der während der 1790er-Jahre aus seiner Kant-Rezeption entwickelten Tragödientheorie Friedrich Schillers wird das Pathetische, das zu überwältigen drohende Leiden, beim Zuschauer zum Auslöser für das Erleben des erhabenen Widerstandes gegen die Affektsteuerung und damit zum ästhetischen Vehikel der Selbsterfahrung sittlicher menschlicher Freiheit. Hier zeigt sich mit großer Emphase das »neue« Erhabene in der Nachfolge Kants und seines wichtigsten Modells, der einschlägigen Schrift Edmund Burkes.[76] Es liegt nicht mehr im erhebenden Anblick des großen Gegenstands, sondern es verlagert sich als dramatische Erfahrung in das erlebende Subjekt. Bei Kant hat daher das Erhabenheitsurteil »seine Grundlage in der menschlichen Natur«, nämlich »in der Anlage zum Gefühl für (praktische) Ideen, d. i. zu dem moralischen«.[77] Bei Schiller wird die Bestimmung des »Pathetisch-Erhabenen«, wie es bei ihm heißt, im Zuge einer anthropologisch-moralphilosophischen Argumentation zu einem ersten Meilenstein im Ausbau der klassisch-idealistischen Ästhetik, denn um die lebensweltliche Rechtfertigung seiner Kunst geht es ihm als Künstler in letzter Instanz – kaum anders als dem jungen Beethoven beim Versuch seiner Selbstverortung in der Wiener Adelsgesellschaft. Der Beginn seiner den moralischen Widerstand aufs äußerste herausfordernden Ertaubung ließ ihm das pathetische Leiden zudem leibhaftig erfahrbar werden. Gerade der Idealismus seiner Kunst kommt nicht ohne eine existentielle Fundierung aus.

Schillers Tragödientheorie, erstmals in einer Anfang 1792 gedruckten Abhandlung mit dem Titel *Ueber den Grund des Vergnügens an tragischen Gegenständen* niedergelegt, blickt bereits zurück auf die Gattungsdiskussionen des mittleren 18. Jahrhunderts, die der Ästhetik mit der Suche nach den Motiven für das durch die Schrecknisse der Trauerspielhandlung gleichwohl hervorgerufene »angenehme Grauen«[78] einen ganz neuen Bereich erschlossen hatten. Schillers Leistung ist es, diese Diskussion mit dem durch Kant neu definierten Begriff des Erhabenen zusammengebracht zu haben, denn das in der Tragödie dargestellte Leiden (das Pathetische) ist in einem präzisen Sinne dessen Grund: »Erhaben wird das Pathetische bloß allein durch das Bewußtseyn unsrer moralischen, nicht unsrer physischen Freyheit.«[79] So heißt es in Schillers 1793 publiziertem Aufsatz *Vom Erhabenen*, dessen Schlusskapitel ausdrücklich mit »Das Pathetischerhabene« überschrieben ist (und von ihm 1801 noch einmal separat unter dem Titel *Über das Pathetische* veröffentlicht wurde). Gemeint ist damit, dass man im ästhetischen, also durch Form vermittelten Erlebnis einer tragischen Handlung in eine Distanz zum dargestellten Leiden treten kann, ohne sich von ihm überwältigen zu lassen. Das beseitigt zwar nicht dessen schmerzliche »physische« Realität, lässt aber ihr gegenüber den Menschen einen Zustand erfahren, den er sich als seine »moralische«, also geistige Freiheit bewusst machen kann. Moral (oder Sittlichkeit) ist, natürlich als autonome und nicht als von irgendwoher verordnete, für Kant wie für Schiller der Ausdruck der vernünftigen Selbstbestimmung. Wer sich selbst das vernünftige Gesetz seines Handelns gibt (und damit dem berühmten »kategorischen Imperativ« folgt), tut das auf der Basis einer vorausgesetzten, der Naturkausalität enthobenen Freiheit. Als »moralisches« Wesen, freilich nur als solches, erfährt sich daher der physisch stets anfällig bleibende Mensch als unabhängig von materiellen Bedingungen, als erhaben über die Gefährdung und Hinfälligkeit seiner eigenen Natur. Dazu kann die Kunst verhelfen.

Damit ist das Erhabene nicht länger eine Angelegenheit der furchterregenden äußeren Natur und das Pathetische nicht mehr bloß ein Stilmittel aus dem Traditionsbestand der Rhetorik, sondern beide sind in einem Konzept des Ästhetischen zusammengebracht, mit dem Schiller zugleich ein Grundproblem der Ethik gelöst zu haben glaubt. Wenn nämlich die tragische Kunst in Schillers neuem Konzept dem Zuschauer »die moralische Independenz von Naturgesetzen im Zustand des Affekts versinnlicht«[80] und ihm damit jenen Zustand »unsrer moralischen, nicht unsrer physischen Freyheit« erlebbar macht, dann kann sie dies eben nur als *Kunst* im emphatischen Sinne. In der Kunst wird für Schiller, anders als in der Wirklichkeit, die »moralische« Realität von Freiheit anschaulich. Das Pathetische wird erhaben durch das Bewusstsein der Freiheit, und das Erhabene wird ästhetisch durch die Leistung der Form. Das Erhabene ist also eine ästhetisch vermittelte Selbsterfahrung. Nichts anderes aber demonstriert, mit oder ohne Kenntnis Schillers, auch Beethovens *Grande Sonate pathétique.*

Die dreisätzige Sonate steht in der bei Beethoven stets als besonders dramatisch konnotierten Tonart c-Moll (mit dem retardierenden Moment eines lichtvoll kontrastierenden Mittelsatzes in As-Dur). Ihr Mollcharakter wird noch dadurch verstärkt, dass im Kopfsatz selbst jene Stellen, an denen eine Aufhellung nach Dur erwartet werden darf, nämlich die Exposition und die Reprise des Seitensatzbereichs, konsequent mit Moll-Themen besetzt sind. Dass ihr Finale, nach einer kurzen trügerischen Ausweichung nach As-Dur (als Rückblick auf die Tonart des Mittelsatzes) ebenfalls in c-Moll schroff und unversöhnlich schließt, gehört ganz offensichtlich zur gehaltlich-programmatischen Konsequenz der *Sonate pathétique.* Auch Schillers Konzept des Pathetisch-Erhabenen, als dessen musikalische Explikation das Werk verstanden werden kann, wäre kaum mit einem triumphalen Dur-Schluss zu erfassen (den Beethoven erst von einem späteren Zeitpunkt an zum Standard erheben wird, wie an entsprechender Stelle noch zu zeigen sein wird). Es ist hier Teil einer Tragödientheorie, und das auch durch den Tod nicht zu brechende Bewusstsein einer geistigen Freiheit, also der moralische Sieg über das Leidenspathos, schließt den physischen Untergang nicht aus. Wie selbstverständlich sich genau in den wenigen Jahren um die Entstehungszeit von Beethovens Sonate herum der vormals rhetorische Begriff des Pathetischen unter Schillers Einfluss in den ästhetischen Umkreis des Erhabenen hineinbewegt hat, zeigt der Vergleich zweier wichtiger, höchstwahrscheinlich auch dem jungen Beethoven bekannter Kunstlexika: In Johann Georg Sulzers *Allgemeiner Theorie der Schönen Künste* erscheint das Pathetische in der dritten Auflage (^{3}1793) noch im alten Sinne als Synonym für das Leidenschaftliche, das allerdings – konzentriert auf die negativen Affekte von »Furcht, Schrecken und finsterer Traurigkeit« – schon fast wie bei Kant »die wichtigsten Kräfte der Seele reizet«;[81] in Heinrich Christoph Kochs *Musikalischem Lexikon* (1802) dagegen wird unter dem Lemma »patetico, pathetisch« sogleich lapidar auf den Artikel über das Erhabene verwiesen.[82] Exakt an der Stelle des Übergangs ist Beethovens Sonate anzusiedeln.

Die *Sonate pathétique* zeigt also, wie erhabenes Pathos als ästhetisches Phänomen möglich ist: Sie präsentiert das Pathetisch-Erhabene als Kunst und ist damit musikgewordener Inbegriff einer Konzeption des Ästhetischen, in der die Realisierung des Musikalisch-Erhabenen mit den Mitteln des Musikalisch-Schönen gelingt. Ausdruck und Struktur befinden sich hier in jener prekären Balance, die sich als dialektische Spannung erleben lässt: Vollendetes ästhetisches »Vergnügen« (im strikten Sinne Friedrich Schillers) kann das Pathos dieser Sonate – getreu den Voraussetzungen der idealistischen Ästhetik – nur dem bereiten, dem es als Leistung der ästhetischen Form wahrnehmbar ist. Denn, ebenfalls eine Formulierung Schillers, »nur von der Form ist wahre ästhetische Freyheit zu erwarten«.[83] Tatsächlich ist es auch in dieser Sonate die Form, die den Gehalt entfaltet, und ohne sie als Erkenntnisgegenstand ist das Werk nicht zu begreifen. Auf deren ausführliche Analyse kann hier nur verwiesen werden.[84] Weil beim Musikverstehen, von Beethovens Kompositionsart gezielt provoziert, die Synthese des Intuitiven und des Diskursiven nicht zuletzt in der Formerkenntnis, also dem Begreifen des Werkgefüges vollzogen wird und in ihr sogar die unverzichtbare Basis hat, muss von der »Form« im nächsten Kapitel ausführlich die Rede sein.

Für jene Zeitgenossen Beethovens, die diesem neuen Kunstanspruch auf Anhieb folgen konnten, muss das eine aufregende Erfahrung gewesen sein. In einem Werk wie der *Sonate pathétique*, deren Publikation in den letzten Monaten des Jahres 1799 buchstäblich das 18. Jahrhundert resümiert, wird die Musik vom Seelenspiegel subjektiver Empfindung zum ästhetischen Erfahrungs- und Entfaltungsraum für das mündig gewordene Subjekt der Spätaufklärung. Es geht nicht mehr um empfindsamen Selbstgenuss, sondern um in der Kunst erlebbare Selbstverwirklichung. Man kann sich vorstellen, in welchem Ausmaß das Werk – entlang seinem die Richtung weisenden Titel – zum Anlass und zum Gegenstand der intellektuell interessierten Salonkonversation geworden sein mag. Nicht zufällig ist es, wie schon das Opus 1, wieder dem wichtigsten und vielleicht auch gebildetsten von Beethovens Gönnern, dem Fürsten Carl von Lichnowsky, gewidmet worden.[85]

* * *

Beethovens Biograph Anton Schindler, dessen Glaubwürdigkeit nach vielen erwiesenen Erfindungen und Fälschungen inzwischen freilich stark zur Diskussion steht,[86] hat von einem Rückblick Beethovens auf seine frühe Klaviermusik berichtet, in dem sich der Komponist beklagt haben soll, »daß die Zeit, in welcher er die meisten Sonaten geschrieben, poetischer (sinniger?) gewesen, als die gegenwärtige, (1823) daher Angaben der Idee nicht nöthig waren.«[87] Das würde den Verzicht auf die Mode der Titulierung erklären, der Beethoven tatsächlich nur selten (und dann nur mit eher knappen Hinweisen als mit poetischen Elaboraten) frönte. Die Abwesenheit eines Titels bedeutet aber nicht die Abwesenheit einer »Idee«. Oft genug sprechen die unbetitelten Werke ohnehin für sich, oder sie lassen sich zwanglos mit solchen, die Beethoven einer Überschrift gewürdigt hat, zusammenschließen. So fällt es nicht schwer, in den dreisätzigen Werkverläufen der »*Mondschein*«-Sonate op. 27,2, der »*Sturm*«-Sonate op. 31,2 oder der »*Appassionata*« op. 57 – alle drei bezeichnenderweise Werke, an denen sich das Publikumsbedürfnis nach einer Charakterisierung in unauthentischen Namen ausgelebt hat – eine konsequente Weiterführung des Konzepts zu entdecken, das der *Sonate pathétique* mit der kompromisslosen Moll-Fixierung ihrer Ecksätze zugrunde liegt. Ebenso aufschlussreich ist dann aber auch, dass das nun wiederum eigens betitelte *Quartetto serioso* (f-Moll, op. 95) dieses Konzept schließlich in die seit 1808 für Beethoven verbindlich gewordene Dramaturgie eines finalen Durchbruchs nach Dur überführt (die am Beispiel des einschlägigen Schlüsselwerks, der 5. Sinfonie, noch zu diskutieren sein wird). Dieses 1810 entstandene Quartett hat Beethoven später bei den Bemühungen um eine Londoner Ausgabe sogar mit dem ausdrücklichen Hinweis versehen, es sei »written for a small circle of connoisseurs« und daher »never to be performed in public«.[88] Weiterhin rechnet also die Hoffnung auf das Verstandenwerden mit dem kleinen Kreis gebildeter Kenner.

Ein weiteres Beispiel kann das schlagend deutlich machen. Der langsame Satz der 1798 im Druck erschienenen D-Dur-Klaviersonate op. 10,3 trägt die für Beethoven ungewöhnliche und daher besonders auffällige Bezeichnung »Largo e mesto«. Ohne dass man Schindlers späteren Bericht benötigte, Beethoven habe hier den »Seelenzustand eines Melancholischen« schildern wollen,[89] erschließt sich dieser außerordentliche Satz auch so als eine Melancholie-Studie von beispielloser Intensität. Seiner Tonart d-Moll sprechen fast alle Tonartencharakteristiken bis weit ins 19. Jahrhundert hinein stets den Charakter der »Schwermut« oder der »Melancholie« zu.[90] Der Satz, dessen lange Coda sich bis in den rabenschwarzen Abgrund der Tonart es-Moll hinabwagt und von dort aus einen atemberaubenden chromatischen Aufstieg inszeniert, ist nicht nur ein Dokument der Selbsterforschung des Komponisten, der um diese Zeit mit dem genialen Habitus des kreativen Melancholikers zu experimentieren begann, sondern überhaupt ein veritabler musikalischer Beitrag zum Melancholie-Diskurs der Epoche, der am Ende des 18. Jahrhunderts eine dramatische Wandlung erlebt hatte.[91] Die Melancholie, die noch der ganz junge Beethoven an sich selbst als Krankheit erlebt hatte,[92] war im folgenden Jahrzehnt zur fundamentalen Disposition des schöpferischen Vermögens umgewertet worden, der auch Kant in seiner *Anthropologie* das positive Attribut des »Tiefsinns«[93] zu bescheinigen bereit war. Zugleich aber ist der abgründig schwermütige Satz eingebettet in den Kontext der übrigen lichten D-Dur-Sätze, mit denen die Anlage der Sonate ihn umgibt. Diese Konstellation wird sich noch einmal, sogar in derselben Tonart, wiederholen im Klaviertrio op. 70,1, dessen ungemein düsteres »Largo assai ed espressivo« sich ebenfalls als emotionales Zentrum eines in den Ecksätzen deutlich helleren Mikrokosmos ausnimmt (und dem Werk den unsinnigen Titel *»Geistertrio«* eingebracht hat). Was hier im Werkverlauf des Dur-Moll-Dur zur ästhetischen Gestalt gelangt, ist nichts anderes als die zwischen Depression und Euphorie changierende manische Spannung der Melancholie. Das »Largo e mesto« der Klaviersonate op. 10,3 ließe sich in ausführlicher Analyse, für die hier der Platz nicht reicht,[94] sogar in allen expressiven und strukturellen Details, die es als eine planvoll disproportionierte »Deformation«[95] der Sonatenform lesbar machen, als akribische musikalische Studie eines um diese Zeit viel diskutierten (und auch für Beethovens Selbstverständnis wichtigen) Phänomens deuten. Der Satz hält damit die prekäre Mitte zwischen »Erfahrungsseelenkunde«, wie sie zu dieser Zeit in dem gleichnamigen Zeitschriftenprojekt von Karl Philipp Moritz[96] einflussreich wurde, und ästhetischer Genie-Theorie, die am grundlegendsten in Kants *Kritik der Urteilskraft* entwickelt worden war.[97] Er rückt zugleich, indem er im eigenen Gelingen gleichsam das Verhältnis von Diagnose und Therapie entfaltet, das Objekt in eine verhandelbare ästhetische Distanz.

Auf dem freien Markt aber nahmen sich die Werke anders aus als im Salon. Die anonyme Besprechung, die Beethovens Sonaten op. 10 sogleich im ersten Jahrgang der soeben frisch gegründeten Leipziger *Allgemeinen musikalischen Zeitung* erfuhren, legt in einer langen Einleitung freimütig Zeugnis von den Irritationen ab, die das Publikum in der Auseinandersetzung mit der beispiellosen Originalität dieser Werke zu überwinden hatte. Gewöhnungsbedürftig schien die Manier des Komponisten, »Gedanken wild aufeinander zu häufen und sie mitunter vermittelst einer etwas bizarren Manier dergestalt zu gruppieren, dass dadurch nicht selten eine dunkle Künstlichkeit oder eine künstliche Dunkelheit hervorgebracht wird, die dem Effekt des Ganzen eher Nachtheil als Vortheil bringt«.[98] Auf das spektakuläre »Largo e mesto« geht sie mit keinem Wort ein. Dass das Werk, das vermutlich in der geselligen Kommunikation mit dem anwesenden Komponisten auf ein angemesseneres Verständnis hoffen durfte, von der öffentlichen Kritik lediglich pauschal gewürdigt wurde, dürfte den Komponisten enttäuscht haben. Genau darin könnte ein entscheidender Grund dafür liegen, dass Beethoven der gleich darauf folgenden »pathetischen« Sonate vorsorglich ihren rezeptionslenkenden Titel mit auf den Weg gab.

Die Satzbezeichnung »mesto« begegnet nur noch ein weiteres Mal, nicht zufällig wieder in einem Werk der Kammermusik, dem Streichquartett F-Dur op. 59,1 (dessen langsamer Satz in f-Moll ist »Adagio molto e mesto« überschrieben). Doch wird die Melancholie schon vorher ein weiteres Mal thematisch, und nun sogar wiederum durch einen Titel eigens angezeigt. In diesem Falle scheint er aber, wenn man der Forschungsliteratur glaubt, bei den Kommentatoren mehr Rätsel erweckt als Lösungen gezeigt zu haben. Das Finale des B-Dur-Streichquartetts op. 18,6 schließt nicht nur das Werk, sondern den gesamten Zyklus der sechs Quartette ab, mit denen sich Beethoven um 1800 endlich diese vormals von seinem Lehrer Haydn dominierte Gattung erobert hatte. Sein Titel erhält schon allein dadurch besonderes Gewicht: »La malinconia«. Als rätselhaft hat man stets empfunden, dass diese Charakteristik wohl für die grüblerisch-chromatische langsame Einleitung gelten mag (die im Satzverlauf noch einmal wiederkehrt), kaum aber – so scheint es jedenfalls auf den ersten Blick – für den außerordentlich heiteren Charakter des Allegro-Teils, der nichts zu beanspruchen scheint, als ein munteres Kehraus-Finale zu sein. Die Schwierigkeit dürfte sich auflösen, wenn man hier die raffiniert ausgespielte bipolare Spannweite der Melancholie erkennt, die ihr kreatives Vermögen gerade aus der Konfrontation von tiefer Traurigkeit und exaltierter Euphorie bezieht.[99] Der alles andere als harmlose Satz durchkreuzt alle formalen Erwartungen an ein Finale und ist gerade in seiner Mischung aus Freiheit und scheinbarer Simplizität von großer Durchdachtheit, die angesichts seiner vordergründigen Heiterkeit auf paradoxe Weise tiefsinnig wirkt. Durch seine Positionierung am Ende des gesamten Zyklus wirkt der Titel des Finalsatzes von op. 18,6 wie ein zusammenfassender retrospektiver Kommentar des Komponisten über die für seinen eigenen Werdegang epochale Leistung, die ihm hier mit dem Durchbruch zur anspruchsvollsten Gattung der Kammermusik gelungen war.

Interessanterweise kehren die wichtigsten Strukturmerkmale dieses Satz später an entsprechender Stelle noch einmal wieder, zwar auf einem ganz anderen Niveau, aber in derselben Gattung: im Streichquartett F-Dur op. 135. So wie in op. 18,6 den gesamten Zyklus, so besiegeln sie hier überhaupt Beethovens letztes vollendetes Werk: wieder eine Überschrift nur für das Finale (hier: »Der schwer gefasste Entschluss: Muss es sein? Es muss sein!«), ebenfalls eine langsame Moll-Einleitung, die im Satzverlauf wiederkehrt, und insgesamt ein »Lieto-fine«-Charakter in heiterem Dur, der jeden aufmerksamen Beobachter zum Nachdenken über die Seriosität der dunkel raunenden Überschrift bringt. Der späte Konversationsheft-Eintrag Franz Grillparzers (»Wenn man wüßte was Sie bei Ihrer Musik *denken!*«[100]) drückt nicht nur den Neid des von der Zensur geplagten Dichters auf den Musiker aus, sondern formuliert auch eine vielschichtige Frage, die unvermindert aktuell geblieben ist: *Was* bei der Musik gedacht wird, wird sich nie in Begriffe übersetzen lassen; *dass* aber etwas bei ihr zu *denken* sei, gilt als unverlierbare Einsicht in den mündigen Umgang mit ihr.

* * *

Das komplizierte Verhältnis des intuitiven und des diskursiven Verstehens lässt sich vielleicht am Vergleich von religiöser und musikalisch-ästhetischer Erfahrung exemplifizieren, deren lose Analogie den bereits erwähnten Friedrich Daniel Ernst Schleiermacher 1799 seinen bis heute viel erörterten Neologismus »Kunstreligion«[101] prägen ließ (der allerdings kaum für die zeitgenössische, sondern erst für die spätere Beethoven-Rezeption von Relevanz ist). Beiden Erfahrungsformen liegt keine theoretische Erkenntnis zugrunde, und sie zielen auch nicht auf sie. Religion lässt sich verstehen als das intuitive Haben nicht begrifflich verfasster (Gefühls-)Einsichten und Gewissheiten, die zwar von Theologie und Religionsphilosophie zu einer Wissenschaftsform hin »aufgeklärt« werden können, in dieser aber keineswegs aufgehen. Musik hingegen ist von sich aus in der Lage, gefühlte Gewissheiten in eine alternative Rationalitätsform zu überführen, die ihrerseits jedoch nicht propositional verfasst ist (keine Aussage-Wahrheiten formuliert) und sich daher auch der Übersetzung in Worte weitgehend verweigert. Diese paradoxe Rationalitätsform der Kunst hat Immanuel Kant in seinem bahnbrechenden Konzept der »ästhetischen Idee« erfasst, die er nicht nur der Poesie, sondern (trotz einiger Vorbehalte) auch der Musik zugesteht.[102] Das ist eine sensationelle Entdeckung mit Folgen für die Ästhetik bis heute.

Unter einer »Idee« versteht Kant zunächst »einen notwendigen Vernunftbegriff, dem kein kongruierender Gegenstand in den Sinnen gegeben werden kann«.[103] Die Vorstellung Gottes als des Urhebers der Welt ist zum Beispiel eine solche Vernunftidee. Mit der Idee als einem Vernunftbegriff, der viel weiter ausgreift als ein zur theoretischen Erkenntnis benötigter Verstandesbegriff, denkt die begrenzte menschliche Vernunft über den Bereich des sinnlich Anschaubaren hinaus, und das ist so lange legitim, wie diese Tendenz über die Erfahrung hinaus lediglich als Regulativ des Denkens und Handelns begriffen wird und nicht zum irrigen Glauben an die Erkennbarkeit übersinnlicher Sachverhalte führt. Ideen sind also begriffliche Entwürfe der Vernunft, die dem begrenzten menschlichen Denken und Streben seine Richtung vorgeben, aber dabei kein anschauliches Objekt erreichen.

Diese Ideen-Konzeption seiner Erkenntnistheorie von 1781 erweitert Kant, als Ergebnis seiner Auseinandersetzung mit der ästhetischen Erfahrung, 1790 um die vorher eigentlich undenkbare Konzeption einer nun doch sinnlich erfahrbaren, also anschaulichen, mithin »ästhetischen Idee«. Mit ihr wird das eigentümliche Potential der Naturschönheit und der Kunst erschlossen. Auch in der »ästhetischen Idee« ist, wie in der Vernunftidee, ein nicht einholbarer Überschuss enthalten. Anders aber als bei der begrifflich erfassbaren, jedoch unanschaulich bleibenden Vernunftidee liegt dieser Überschuss im Fall der »ästhetischen Idee« darin, dass diese nun zwar anschaulich ist, dafür aber nicht vollständig begrifflich erschöpft, also nicht in theoretische Erkenntnis überführt werden kann. »Ideen« sind auf dieser erweiterten Stufe der Theorie insgesamt also »Vorstellungen« entweder der Vernunft oder (wie im singulären Fall der »ästhetischen Idee«) der Einbildungskraft. Sie richten sich auf einen eigentlich unerreichbaren Gegenstand mit der notwendigen Folge, dass sie »nie eine Erkenntnis desselben werden können« – und zwar entweder, wie im Falle der Vernunftideen (etwa Freiheit, Gott, Unsterblichkeit), weil ihnen keine anschauliche Erfahrung entsprechen kann, oder aber, wie im Falle der ästhetischen Ideen, weil diese zwar umgekehrt »eine Anschauung (der Einbildungskraft)« sind, der aber »niemals ein Begriff gefunden werden kann«.[104] Ideen sind, wie Kant schön formuliert, prinzipiell »überschwenglich«,[105] weil sie entweder das Anschauungsvermögen oder das Begriffsvermögen überschreiten. Letzteres ist der Fall bei den ästhetischen Ideen der Kunst. Diese können dann zwar (müssen vielleicht sogar) zum Gegenstand eines Gesprächs werden, in dem sie jedoch nie restlos auflösbar sind. Das ist das Wesen der Erfahrung von Kunstwerken, nicht nur der musikalischen. Sie sind nicht in allgemein geteilte Begriffe übersetzbar, auf jeden Fall aber der Anlass eines konsensfähigen ästhetischen Urteils. Dessen Struktur hat in fundamentaler Weise erst die *Kritik der Urteilskraft* aufgehellt, von der aus daher auch die Konversationskultur noch einmal beleuchtet werden kann, in die Beethovens »Salonmusik« ihrem Wesen nach gehört.

Die überindividuelle Grundlage des ästhetischen Urteils ist in der postulierten Voraussetzung eines »sensus communis« zu sehen.[106] Nur durch ihn nämlich ist die rätselhafte Form der Notwendigkeit zu verstehen, die das ästhetische Urteil überhaupt erst diskursfähig macht. Ohne diese Notwendigkeit – die Tatsache, dass es sich aufdrängt, auf Geltung pocht und nicht einfach unverbindlich sein will –

wäre das Schönheitsurteil irrelevant, es bliebe rein subjektiv wie das Geschmacksurteil über Wein, Geruch oder subjektives Wohlbefinden. Es soll aber verallgemeinerbar sein und erhebt, wie Kant sagt, einen legitimen Anspruch auf allgemeine Beistimmung, ohne indessen wie das theoretische Urteil über eine Möglichkeit zu objektiver Beweisbarkeit zu verfügen. Verallgemeinerungsfähigkeit, Beistimmungspflicht und Mitteilbarkeit sind allerdings, weil das Schönheitsurteil kein Erkenntnisurteil ist, nur dann widerspruchsfrei postulierbar, wenn man mit dem hypothetischen Konstrukt des Gemeinsinns (»sensus communis«) einen weder begrifflich noch sinnlich erkennbaren »Vereinigungspunkt aller unserer Vermögen a priori«[107] postuliert, den Kant sich nicht scheut, emphatisch das »übersinnliche Substrat der Menschheit«[108] zu nennen. Dadurch wird der ästhetische Teil der *Kritik der Urteilskraft* implizit zu einer veritablen Theorie der Salongeselligkeit.[109] Nicht von ungefähr entfaltet jener §40, der auch den »sensus communis« in die Überlegungen einführt, in einer langen Episode so etwas wie ein Kurzprogramm der in der Geselligkeit herzustellenden »Aufklärung« (wie Kant an dieser Stelle wörtlich sagt).[110] So wird in utopischer Ferne und doch zugleich in realistischer Reichweite ein ästhetisches Gemeinwesen (ganz in Analogie zum ethischen Gemeinwesen der späteren Religionsschrift von 1793) sichtbar.[111] Die individuelle Kunsterfahrung verweist auf potentielle Kollektivität.

Obwohl Kant die ästhetische Erfahrung als Mittelglied zwischen Sinnlichkeit und Intellektualität entfaltet und damit die Brücke zwischen den Gegenstandsbereichen der beiden ersten Kritiken entdeckt, hält er am schon früher postulierten »Primat der praktischen Vernunft«[112] fest, auf den innerhalb seiner Ästhetik dann das Konzept von der Schönheit als »Symbol des Sittlich-Guten«[113] verweist. Das ästhetische Urteil beruht, so Kants berühmt gewordene These, auf einem »Wohlgefallen [...] ohne alles Interesse«[114] und zielt daher weder auf theoretische Erkenntnis noch auf moralische Befriedigung, aber es gibt um der Zivilisierung, der Aufklärung und der Moralisierung willen doch eine vernünftige, moralische und gemeinschaftsbildende Interessiertheit gerade an dieser Zweckfreiheit des Schönen und an dieser Interesselosigkeit des Schönheitsurteils.[115] Und es bleibt, auch in der Erfahrung des Erhabenen, immer ein Schönheitsurteil; eine Ästhetik des Hässlichen liegt noch in weiter Ferne.[116] In seiner *Anthropologie* leitet Kant, für den sich das Erhabene eigentlich eher an der Natur als an der Kunst erfahren lässt, daraus eine klare Forderung an die Kunst ab: »Aber es kann und soll die *Vorstellung* des Erhabenen doch an sich schön sein; sonst ist sie rauh, barbarisch und geschmackswidrig.«[117] Unter bestimmten Bedingungen, die systematisch erst in Schillers Tragödientheorie entfaltet werden, lässt sich das zur schönen »Vorstellung« ästhetisierte Erhabene als eine Kunsterfahrung postulieren.

Aus dieser Perspektive ist nun Beethovens *Sonate pathétique* zu verstehen, denn sie überführt die »erhabene« Selbsterfahrung einer am Widerstand gegen die sinnliche Überwältigung erlebbaren sittlichen Autonomie in eine »schöne« Form und macht sie damit zu einer von allen Hörern teilbaren (und somit auch mitteilbaren) ästhetischen Idee. Sie exponiert die Vernunftidee der sittlichen Freiheit, um mit Kant zu sprechen, als »eine *ästhetische Idee,* die jener Vernunftidee statt logischer Darstellung dient«.[118] Dafür hat, von Schiller in seiner Theorie des Tragischen aufgegriffen, erst Kant den Grund gelegt. Die heuristische Bedeutung seiner *Kritik der Urteilskraft* für eine Interpretation der geselligen Gesprächskultur liegt daher darin, dass in ihrem Konzept des »sensus communis« die systematische Funktion der Mitteilbarkeit (die eigentlich die unausdrückliche Basis für alle Urteilsformen ist) als Bedingung für das ästhetische Urteil explizit geworden ist.[119] Genau darin eben liegt auch das Wesen der sich selbst aufklärenden Geselligkeit, die sich also in der Urteilsstruktur abbildet und von ihr sogar gefordert wird – und somit liegt darin auch der konstitutive Kern der planvoll auf diese Kultur hin ausgerichteten Musik. Als anspruchsvolle Beiträge zum Diskurs der Epoche tragen Beethovens Werke die intuitiven wie die diskursiven Elemente der Verstehbarkeit und der Mitteilbarkeit gleichsam in sich selbst. Indem sie den individuellen Ausdruck einer Subjektivität darstellen, die sich in ihnen wiederum selbst erfahren kann, verbürgen sie zugleich die Teilhabe dieser ästhetisch erlebten Individualität am Allgemeinen, statt sie nur weiter zu vereinzeln. Insofern sind sie ein integrierender Teil jener kommunikativen Intersubjektivität, die sie in ästhetischer Erfahrung ermöglichen wie herbeiführen wollen.

Mit der Entwicklung des späteren 19. und gar des 20. Jahrhunderts, der die Musik ihren Einzug in immer größere Konzertsäle und ihre Rezeption durch immer stärker voneinander isolierte Hörer verdankt, ist diese Erfahrung in den Hintergrund getreten. Die von den Werken aufgerufene, in ihnen verankerte und durch sie ermöglichte Sozialität ist beim großen Publikum der Moderne, wie sich paradox formulieren ließe, im individuellen Rezeptionsakt einer Art kollektiver Einsamkeit gewichen. Die (nicht nur historische) Distanz zu dieser Musik ist buchstäblich größer geworden. Selbst die »Millionen« aber, die schließlich in Schillers Text für Beethovens 9. Sinfonie mit pathetischer Geste »umschlungen« werden, können ihre Herkunft aus der intimen Erfahrung des Salons nicht verleugnen und sind weiterhin als Glieder einer aufgeklärten Gesprächskultur gedacht.

Idee der Sonate: Die Form als Raum der Freiheit

Mit der Form eines Kunstwerks soll in der Regel mehr bezeichnet sein als lediglich sein sichtbarer Umriss, sein proportionierter Zuschnitt und die räumliche Anordnung seiner Teile. Hinter dem »äußeren« Schema wird vielmehr das Funktionieren eines organisierten »inneren« Zusammenhangs der Teile gesucht. In diesem emphatisch kunstphilosophischen Sinne ist ein solches Konzept der Form allerdings eine Errungenschaft erst der idealistischen Ästhetik am Ende des 18. Jahrhunderts. Die Koinzidenz mit dem Aufstieg der kritischen Philosophie ist natürlich alles andere als zufällig, und die Komplikationen des ästhetischen Formbegriffs hängen unmittelbar mit ihr zusammen. In der Musik ist er noch schwerer zu verstehen als ohnehin schon im Bereich der Kunst.[120] Der Eindruck jedoch, er bringe es wenigstens in der Philosophie zu einer eindeutigen Bestimmbarkeit, beruht auf einer freundlichen Illusion. Das Gegenteil ist der Fall. Selbst bei dem terminologisch so konsequenten Immanuel Kant changiert der Wortgebrauch erheblich, und nicht einmal im ästhetischen Teil der *Kritik der Urteilskraft* ist er von unzweideutiger begrifflicher Distinktion.[121] Die Vielschichtigkeit ist, zumal im Umkreis der Ästhetik, für das Begriffskonzept konstitutiv. Dass zudem der ästhetische Formbegriff nicht nur äußerst ambivalent, sondern nicht selten auch mit erzieherischer Programmatik befrachtet ist, hat – was man leicht bei Schiller sieht, der Kant in seinen ästhetischen Schriften der 1790er-Jahre weiterdenken wollte – ebenfalls mit seiner idealistischen Genese und seinem entsprechend hohen Anspruch zu tun.

Die Musiktheorie verhielt sich dem Formbegriff gegenüber zunächst abstinent. In Heinrich Kochs *Musikalischem Lexikon*, wo er in der Spalte 589 zwischen den Lemmata »Forlane« und »Fortbien« auftauchen sollte, fehlt er 1802 noch gänzlich; einiges von dem, was die Musikästhetik später als »Form« anvisierte, verteilt sich hier auf die drei traditionellen Stichworte »Anlage«, »Ausführung« und »Ausarbeitung«.[122] Johann Georg Sulzers *Allgemeine Theorie der Schönen Künste* weist in allen Auflagen (1771–1794) nur zwei Einträge zur »Form. (Zeichnende Künste)« und zur »Form. (Bildende Künste)« auf, auch hier also bleibt die Musik auf beredte Weise ausgespart.[123] Erst der überzeugte Kantianer und Schiller-Enthusiast Christian Friedrich Michaelis hat den in der kritischen Philosophie und der idealistischen Ästhetik erarbeiteten Formbegriff dann auch in der Musik eingebürgert.[124] Das geschah, nach einem Studium bei Schiller und Fichte in Jena, in monographischer wie essayistischer Form innerhalb einer konzentrierten Zeitspanne um die Jahrhundertwende. Bemerkenswerterweise fallen also all diese diskursiven Vorgänge zeitlich zusammen mit Beethovens erstem Wiener Jahrzehnt. Ob er sie, vielleicht als Gegenstand gebildeter Salongespräche, zur Kenntnis genommen hat, lässt sich nicht sagen. Immerhin lagen mindestens die einschlägigen musikalischen Periodika in seiner Reichweite: etwa Johann Friedrich Reichardts *Musikalisches Kunstmagazin*, das sich nach 1790 explizit mit Kants *Kritik der Urteilskraft* beschäftigte, und die Leipziger *Allgemeine musikalische Zeitung*, in der Michaelis 1800 seine musikästhetischen Essays zu publizieren begann.

Um den ideellen (vielleicht auch programmatisch-ideologischen) Gehalt des Formkonzepts bei Beethoven verstehen zu können, sollte man auf dessen avancierteste Erscheinungsform bei Friedrich Schiller zurückgreifen. Die Berechtigung dazu liegt in dem Umstand, dass *der Sache nach* kaum ein Konzept geeigneter erscheint, die Ambition des komplexen Formbegriffs bei Beethoven, dem notorischen Verehrer Schillers, verständlich zu machen, weil es gerade die Instrumentalmusik als ästhetisches Paradigma einer autonom strukturierten Kunst erscheinen lässt. Denn, so eine zentrale Formulierung Schillers, »nur von der Form ist wahre ästhetische Freyheit zu erwarten«.[125] Durch sie erst ist die vielfach konstatierte Wirkung der Musik mehr als eine Folge bloßer sinnlicher Überwältigung. Insofern lesen sich Schillers kunstphilosophische Grundüberzeugungen zwanglos wie ein schlüssiger Kommentar zu Beethovens Praxis: »Offenbar beruht die *Macht* der Musik auf ihrem körperlichen materiellen Teil. Aber weil in dem Reich der Schönheit alle *Macht*, insofern sie blind ist, aufgehoben werden soll, so wird die Musik nur ästhetisch durch *Form*. [...] Ohne Form würde sie über uns blind gebieten; ihre Form rettet unsre Freyheit.«[126] In der idealistischen Ästhetik wird die »Form«, die Theodor W. Adorno später sogar zum »Ort des gesellschaftlichen Gehalts«[127] befördern wird, zu einer geistigen Instanz, in der die rein empirisch nicht zu erweisende Vernunftfreiheit des Menschen anschaulich zu werden vermag. Durch die Kraft der ästhetischen Sublimierung des Sinnlichen ist, wie Schiller sogar zu behaupten wagt, die durch Form verbürgte Schönheit »Freyheit in der Erscheinung«.[128] Dass Schiller, der daraus ein Programm ästhetischer Erziehung ableitete, »aus Kants vorsichtigen Erwägungen eine zu starke Konsequenz«[129] gezogen habe, wird manchmal eingewendet, denn Kant hatte keineswegs das Kunstschöne als ein Mittel der Moralisierung ins Auge gefasst, sondern lediglich in einem analogen Sinne die »Schönheit als Symbol der Sittlichkeit« bezeichnet.[130] Aber Schiller hat diese Prämissen nicht etwa verborgen, sondern offen dargelegt und damit jenen Strang der Wirkungsgeschichte der

Kritik der Urteilskraft ausgelöst, der die erhoffte Versöhnung des Dualismus von Natur und Freiheit konsequent von der praktischen Philosophie auf das Gebiet der Kunst verlagert.[131] Wohl gerade deshalb ist anzunehmen, dass die so begründete Emphase des Formbegriffs auch das Selbstverständnis des Komponisten Beethoven wiedergibt. Beethoven war ein glänzender Improvisator auf dem Klavier und vermochte nach dem Bericht seines Schülers Carl Czerny »einen solchen Eindruck auf jeden Hörer hervorzubringen, daß häufig kein Auge trocken blieb, während manche in lautes Weinen ausbrachen«.[132] Seine freien Fantasien demonstrierten offenbar in sehr unmittelbarer Weise, um mit Schiller zu sprechen, die körperlich-materielle »Macht der Musik«. Aber erst ihre ausgeprägte Formbewusstheit, von deren Intensität die akribische und skrupulöse Arbeit in den zahllosen Skizzen Zeugnis ablegt, lässt Beethovens Musik im Sinne Schillers »ästhetisch« werden.

* * *

In der Musiktheorie gilt aufgrund ihrer Ausbreitung über nahezu alle Gattungen und Satztypen der Musik die heute so genannte Sonatenform als »the most prestigious of musical forms«[133] und Beethoven als derjenige, der sie auf einen einsamen Höhepunkt ihrer Geschichte geführt hat. Der Begriff der »Sonatenform« im heutigen Sinne ist überhaupt zunächst an Beethovens Werken entwickelt worden. Dieser Prozess setzte bereits zu seinen Lebzeiten und in gewissem Sinne sogar in seinem Umkreis ein: zunächst noch ohne den einschlägigen Begriff in dem voluminösen Kompositionstraktat seines Jugendfreundes Antonín Reicha (Paris 1824–1826, von Beethovens Schüler Carl Czerny ins Deutsche übersetzt, Wien 1834), in einzelnen Beiträgen aber auch schon um die Mitte der 1820er-Jahre in der *Berliner allgemeinen musikalischen Zeitung*, deren von Beethoven begeisterter Redakteur Adolf Bernhard Marx später in seiner großen Kompositionslehre (Leipzig 1837–1847) dem Konzept der »Sonatenform« zu allgemeiner Anerkennung verhalf.[134] Seinen metonymischen Charakter – »Sonate« und »Sonatenform« bezeichnen einen gattungsübergreifenden Modus musikalischen Denkens – hat der

Terminus seither beibehalten. Immerhin war es der junge Marx, der Erfinder des Terminus »Sonatenform« im modernen Sinne, der schon in seinen ersten großen Beethoven-Rezensionen das Interesse des Komponisten zu erwecken vermochte, weil er neben einer möglichst adäquaten strukturellen Beschreibung auch auf den geistigen Gehalt der Werke zielte. Beethoven konnte sich offenbar mit dieser Deutungsstrategie von Marx vollkommen einverstanden erklären. Kein schöneres Lob für diesen ist jedenfalls denkbar (und übrigens auch kein schlagenderes Dokument für Beethovens künstlerischen Anspruch verfügbar) als Beethovens Brief vom 19. Juli 1825 an seinen eigenen Verleger Schlesinger, bei dem zugleich auch die von Marx redigierte *Berliner allgemeine musikalische Zeitung* erschien: »Beym Durchblättern fielen mir einige Aufsätze in die Augen, die ich sogleich für Producte des geistreichen Herrn *Marx* erkannte; ich wünsche, daß er stets fortfahre, das Höhere u. Wahre im Gebiethe der Kunst immer mehr u. mehr aufzudecken; dieß dürfte das bloße *Silbenzählen* wohl nach u. nach in Abnahme bringen.«[135]

Die Sonatenform ist keine vorgegebene Schablone. Daher lässt sie sich auch nicht einfach, obwohl die traditionelle akademische Formenlehre genau dies versucht hat, aus den zahlreichen Einzelerscheinungen heraus als ein »Idealtypus«[136] im Sinne Max Webers gewinnen. Sie hat sich im 18. Jahrhundert nicht in erster Linie als strukturelles Schema, sondern als kompositorisches Denkprinzip entwickelt, das der Fülle der einzelnen Werkgestalten wie ein grammatisches Regelwerk zugrunde liegt. Die darauf reagierende theoretische Flexibilität der musikwissenschaftlichen Sonatenform-Analyse ist allerdings eine retrospektive Einsicht erst des mittleren 20. Jahrhunderts. Im vernünftigen Rückzug auf ein möglichst wenig festgelegtes »sonata principle«[137] legt sie zunächst weder Themencharaktere noch Formteile fest, sondern postuliert lediglich einen musikalischen Ablauf, der bei individueller Ausgestaltung im Detail als ein einziger übergeordneter Vorgang von Spannung und Lösung charakterisiert werden kann. Der tief in der harmonischen Tonalität fundierte klassische Sonatenstil, dem Beethoven lebenslang auf immer neuen Stufen der Reflexion verpflichtet blieb, erlaubt es erstmals, die ganze »Form« überzeugend als einen lückenlosen Spannungsverlauf zu organisieren und diesem Vorgang alle harmonischen Entwicklungen, motivischen Korrespondenzen und metrischen Gewichtsverhältnisse einzuordnen.[138] Sie ist das erste musikalische Ordnungsgefüge, das – anders als die Fuge, die aus ihrem Prinzip heraus nicht zwingend eine eigene Form generiert – gänzlich seiner eigenen intrinsischen Logik gehorcht. Die Fuge *hat* eine Form, die Sonate *ist* eine. Darin liegt einer der Gründe für ihre Konkurrenzlosigkeit und ihre lange historische Dauer. Dennoch genügt, wie inzwischen feststehen dürfte, die heuristische Reduktion auf ein noch so flexibles generatives Prinzip nicht, um die zugrunde liegende Denkform adäquat abzubilden. Es müssen, was man auch schon der musiktheoretischen Literatur der Epoche ablesen kann, zusätzlich rhetorische und architektonische Prinzipien angenommen werden, um so etwas wie eine – zweifelsfrei existente – zeitgenössische Norm im Sinne einer umfassenden funktionalen Einheit rekonstruieren zu können. Die Balance zwischen unterstellter Normativität und prinzipiell unvorhersehbarer individueller Freiheit bei deren Erfüllung ist schwer herzustellen, und letztlich kann es sich nur um eine historisch-systematische Rekonstruktion handeln: um den vor allem aus Werken induktiv zu erschließenden, von einer Deutungsgemeinschaft jeweils zu einer bestimmten Zeit geteilten Erwartungshorizont im Blick auf die »Form«.[139]

So bleibt der musikalische Formbegriff eine schwierige Materie. Schon immer hat gerade der Zeitkunst Musik gegenüber die Versuchung bestanden, ihrer verstörenden Flüchtigkeit durch Schematisierung ihrer äußeren Umrisse Herr zu werden. Und ebenso intensiv ist gegen die falsche Identifizierung des äußeren Schemas mit der inneren Form stets wieder opponiert worden. Es ist das in vielfach wechselnder Begrifflichkeit begegnende Problem der Polarität von Kontinuum und Struktur. Unter dem Einfluss gestaltpsychologischer und lebensphilosophischer Strömungen haben am Beginn des 20. Jahrhunderts Musiktheoretiker wie August Halm und Ernst Kurth gegen die »Form« als schematisch erstarrtes Resultat des Kompositionsvorgangs die eigentliche »Formung« als den lebendigen Schöpfungsakt positiv ausgespielt, den es hinter der Formfassade erst zu rekonstruieren (und im Rezeptionsakt zu erleben) gelte.[140] Will man aber den Formbegriff für die Ästhetik retten und diese nicht insgesamt an die Anthropologie und Psychologie zurückgeben, aus deren Umkreis sie sich im mittleren 18. Jahrhundert zu einer eigenständigen Wissenschaft emanzipiert hat, so wird man die Spannung aushalten müssen. Musikalische Kunstwerke behaupten ihre individuelle Existenz vor dem Hintergrund einer scheinbar vorgegebenen »Formenwelt«. Unter diese Perspektive hat der Kurth-Schüler Rudolf von Tobel 1935 seine Untersuchung der »klassischen Instrumentalmusik« gestellt.[141] Der für den Buchtitel gewählte heuristische Begriff der »Formenwelt« spricht Bände. Denn die ontologisch gefärbte Vorstellung von einem Ideenhimmel der Formen hat eine lange Tradition.

In diesem Sinne hatte schon Georg Lukács in seiner einflussreichen *Theorie des Romans* von einer »apriorischen Heimat« der epischen Formen gesprochen[142] und deren Verlust im Roman der Moderne als »Ausdruck der transzendentalen Obdachlosigkeit« beklagt.[143] Den jungen, zu dieser Zeit noch nicht dogmatisch marxistischen Lukács hat Adorno bewundert und den Gedanken auf Beethoven und dessen besondere historische Leistung anzuwenden versucht. Dass der Umgang mit der ererbten Formenwelt keinen Traditionalismus bedeuten muss, sehe man eben an Beethoven. Diesem nämlich sei es gelungen, »den entmächtigten objektiven Formenkanon zu erretten, wie Kant die Kategorien, indem er ihn aus der befreiten Subjektivität nochmals deduziert«.[144] Die schiefe Analogie zu Kant braucht im Moment nicht zu interessieren – wichtig ist Adornos Unterstellung eines bereits machtlos gewordenen »objektiven Formenkanons«, der nichts anderes darstellt als die historisierte Variante der von Lukács behaupteten »apriorischen Heimat« einer in der Moderne obdachlos gewordenen Kunst. Dafür konnte sich Adorno auf einen berühmten Beethoven-Exegeten berufen. In seiner *Ästhetik*-Vorlesung des Wintersemesters 1958/59 erwähnt er zustimmend »die Theorie des Musiktheoretikers August Halm«, die einerseits zwar »eine krude Hypostasierung ästhetischer Formen« sei, andererseits aber doch richtig sehe,

»daß Formen wie etwa die Sonate oder wie die Fuge in der Tat Produkte des objektiven Geistes sind, die dem Künstler ganz selbständig gegenüberstehen« und von ihm nicht jeweils neu erfunden werden.[145] »Nur gehört«, wie Adorno ergänzt, »damit es zu jener Objektivität komme, damit jener objektive Geist sich verwirkliche, eben genau die ganze Kraft des Subjekts dazu, die nur freilich nichts ist, was das [Subjekt] frei aus sich heraus so setzt, sondern die geradezu darin beruht, wie sie in dieser latenten, in dieser nichtexistenten Objektivität erlischt, und durch dies Erlöschen die nichtexistente, verborgene Form zu einer sichtbaren macht.«[146] August Halm, auf dessen Studie *Von zwei Kulturen der Musik* sich Adorno hier bezieht, hatte 1913 in der Tat, blind gegen die für Beethoven unverzichtbaren Errungenschaften Haydns und Mozarts, behauptet, dass sich bei Beethoven – und nur bei ihm – »die Form als geistige Tat« ereigne: »Aus seiner Musik spricht, zum erstenmal, das Pathos der Form.«[147] Mit der Auffassung der Formen als »Produkte des objektiven Geistes« bringt Adorno zusätzlich Hegel'sches Vokabular ins Spiel, mit der notwendig hinzutretenden schöpferischen Subjektivität verweist er auf Kant. »Aus Beethovens Werken tritt die autonome Spontaneität des moralischen Menschen als ihr formkonstitutiver Grund heraus«,[148] hieß es bei ihm unter unausdrücklichem Verweis auf die *Kritik der praktischen Vernunft* schon 1929. Wie leicht eingesehen werden kann, ist Adorno in dieser Verbindung ästhetischer Postulate mit Grundgedanken von Kants Ethik unversehens wieder ganz nah bei Schiller, dessen Idealismus ihm eigentlich zutiefst suspekt war. Seine nachgelassene *Ästhetische Theorie* hat die selbstgesetzlich-autonome »Form« schließlich mit einer bedenkenswerten Formulierung als »die objektive Organisation eines jeglichen innerhalb eines Kunstwerks Erscheinenden zum stimmig Beredten«[149] zu fassen versucht.

Dieser etwas verschlungene Exkurs, der Beethovens Formbewusstsein zur Parallelität mit Kant und Schiller zurückführte, kann auf eines aufmerksam machen: Im Konzept der »Form« verbirgt sich nicht nur die vertrackte Dialektik von Subjekt und Objekt, Freiheit und Notwendigkeit, sondern das historisch reale Problem der Beziehung von schöpferischer Kreativität zu vorgeordneter Tradition. Beethovens Formen mögen noch so innovativ sein: Stets sind sie doch im Dialog mit den Vorgaben einer Konvention, die den Grad ihrer Originalität nicht einfach nur sichtbar macht, sondern ihn überhaupt erst zum Sprechen bringt. Nichts ist dafür bezeichnender als Beethovens briefliche Distanzierung von den ambitionierten Versuchen seines inzwischen in Paris wirkenden Bonner Jugendfreundes Antonín Reicha, die Fuge als Technik wie als Form radikal zu revolutionieren; das Resultat seien, so spottete Beethoven, Fugen »*après une nouvelle Methode,* welche darin besteht, daß die *Fuge keine Fuge mehr ist,* etc.«.[150] Gegen Reichas Beanspruchung einer neuen Methodik (auf dem Gebiet der Fuge) setzte Beethoven für sich selbst – das ist der Kontext seiner Kritik – sehr gezielt »eine wircklich ganz *neue Manier*«[151] (in der Gattung der Variation). Die selbstbewusste Betonung des »wircklich« Neuen der eigenen Methode diskreditiert grundsätzlich, ganz unabhängig von Fragen der Genres und Gattungen, diejenige des Kollegen als nur vordergründige Auflösung aller Normativität. Von dieser Art der Neuerung hielt Beethoven nichts, und entsprechend laufen seine eigenen Innovationen auch auf dem Gebiet der Sonatenform keineswegs darauf hinaus, dass am Ende (um die Formulierung seiner Reicha-Kritik zu paraphrasieren) »die Sonate keine Sonate mehr ist«. Es wäre unsinnig, das konservativ zu nennen. Beethovens neue Formen sind, um angemessen verstanden zu werden, auf einen generischen Hintergrund angewiesen, der den Erwartungshorizont seines Publikums prägt und der daher zwar überschritten, immer aber auch integriert wird. Der Tradition gegenüber wahren sie ihre Autonomie nicht als willkürliche Freiheit, sondern als rigorose Selbstgesetzgebung. Genau darauf zielt auch Schillers idealistische Formtheorie, und die Analogie zu Kants rein formal gefasstem kategorischem Imperativ (demzufolge eine reine praktische Vernunft sich selbst Gesetz ist und als solche sich in Handlungen realisiert) ist kein Zufall. »Form« in der Kunst ist Ausdruck einer vernünftigen Gesetzlichkeit, und darin, dass sie ihrer eigenen Gesetzgebung folgt (statt sich jeglicher Art von gesetzlicher Ordnung zu entziehen), liegt ihre Rationalität.

* * *

Form ist also weder eine Schablone noch ein abrufbares Schnittmuster. Scheinbar widerspricht dem die Art, in der Beethoven selbst sich die Dimension der »Form« zurechtzulegen pflegte. In seinen Skizzen und Kompositionsmanuskripten hat er sich mit großer Selbstverständlichkeit einer eher schematischen Terminologie bedient, die ein renommierter Beethoven-Forscher so zusammenfasst: »Es zeigt sich oft, daß Beethoven sehr wohl den Normen der überkommenen Formen folgte. Sonatensätze besitzen zwei Themen, von denen das zweite gelegentlich mit ›Mittelgedanke‹ (abgekürzt: ›M. g.‹) bezeichnet ist. Die Exposition ist mit ›1ter Theil‹ oder ›prima parte‹ überschrieben und entsprechend Durchführung und Reprise mit ›2ter Theil‹ oder ›seconda parte‹ (abgekürzt: ›2da p.‹). Bei anderen Formen – Variation, Rondo, Liedsatz – folgt Beethoven vergleichbaren Schemata, teilweise verwendet er dieselben Termini wie bei der Sonatenform: prima, seconda parte, Mittelgedanke, Coda, Schluß.«[152] Das ermöglicht eine wichtige Einsicht in das Verhältnis von Formalismus und Individualität. Jede von Beethoven konzipierte Sonatenform hat, in ihrer Singularität, die Individualität eines Gattungswesens; sie bemüht sich, den Schematismus aufzuheben, dem sie gleichwohl verpflichtet ist. Daher kommt man zwangsläufig (wie auch der Komponist selbst) ohne allgemeine Begriffe nicht aus: In ihnen spiegelt sich nicht zuletzt die Geschichte der Gattungen und Formen, an der jedes einzelne Werk unausweichlich partizipiert und damit – in unaufhebbarer Paradoxie – gerade in seiner Individualität erst von dieser Tradition her erschlossen werden kann. Hinter der Arbeit an der Form, von der man einiges aus Beethovens zahlreich überlieferten Skizzen rekonstruieren kann, steckt also eine gehörige Portion nüchternsten Pragmatismus. Die Vorstellung des gleichsam schlafwandlerisch schaffenden Genies ist »im Grunde vom Betrachter aus konzipiert«,[153] und sie verdeckt leicht das am Schaffensvorgang beteiligte Ausmaß an handwerklicher Rationalität.

So bilden gerade die oben zitierten Termini einen zentralen Teil von Beethovens Formbewusstheit ab. Beethoven war sich, so sieht man, durchaus einer in gewisse Regeln zu übersetzenden Norm bewusst; für seine Generation gilt deren Verbindlichkeit vielleicht sogar noch mehr als für diejenige Haydns, dessen Jugend noch mit der heroischen Formationsphase der Sonatenform zusammengefallen war. Beethovens schematische Selbstverständigungs-Begrifflichkeit zeigt zum einen, dass er die für seine Zeit übliche zweiteilige Auffassung der Sonatenform vertrat: Exposition als der erste, Durchführung und Reprise als der zweite Teil. Gegen diese setzte sich erst in der zweiten Hälfte des 19. Jahrhunderts unter dem Einfluss von Adolf Bernhard Marx und Hugo Riemann allmählich die dreiteilige Auffassung durch, die dem Gewicht der Durchführung gegenüber der Exposition und der Reprise stärker Rechnung trägt. Der Sache nach jedoch liegt sie natürlich auch schon Beethovens Sonatenformen zugrunde, die faktisch sogar zunehmend vierteilig sind, indem der Durchführung proportional eine auf die Reprise folgende umfangreiche und inhaltlich gewichtige Coda entspricht (erstmals in dieser Dimension im Kopfsatz der *Sinfonia eroica*, dann weiterhin auch in den Sonaten op. 53 und op. 57).[154] Dennoch führt gerade die äußerlich festgehaltene zweiteilige Auffassung in Beethovens musikalischem Denken zu bemerkenswerten Konsequenzen.

Davon unmittelbar betroffen ist nämlich zum anderen die wichtige Frage der Teilwiederholungen, also der Wiederholung einzelner Formteile wie der Exposition einerseits und der Durchführung samt der Reprise (natürlich ohne die gerade dadurch zunehmend an Gewicht gewinnende Coda) andererseits, die vor 1800 die fast unerlässliche Regel war und in späterer Zeit ebenso regelmäßig entfiel. Nur auf den ersten Blick berührt die Frage der Teilwiederholung einen rein aufführungspraktischen Aspekt; in Wirklichkeit ist sie, wie Beethovens lebenslanges Experimentieren mit ihr beweist, ein substantieller Bestandteil der musikalischen Form und ihrer Entfaltung in der Zeit. Die Wiederholungsvorschrift für den zweiten Teil der Sonatenform (Durchführung und Reprise) gab Beethoven zwar schon früh auf (zum ersten Mal bereits in der dritten Klaviersonate op. 2,3), behielt sie aber gelegentlich als Möglichkeit um so auffälliger bei (so in den Finalsätzen der Klaviersonaten F-Dur op. 10,2, F-Dur op. 54, f-Moll op. 57 und sogar noch 1809 in den

Autograph der Klaviersonate op. 53 (»*Waldstein*«-Sonate)
Die »*Waldstein*«-Sonate gehört in den Zusammenhang der als Gruppe geplanten Sonaten op. 53, 54 und 57, die aber schließlich jede für sich veröffentlicht wurden. Deutlich zu erkennen ist im Kompositionsautograph die ursprünglich vorgesehene, dann jedoch mit Bleistift gestrichene Wiederholungsvorschrift für Durchführung und Reprise im ersten Satz (T. 90 ff.).

Kopfsätzen des Klaviertrios op. 70,2 und der Sonate Fis-Dur op. 78; geplant war sie anfänglich auch für den ersten Satz der »*Waldstein*«-Sonate C-Dur op. 53). Die Wiederholung der Exposition hingegen entfiel erstmals in den Kopfsätzen der Violinsonate c-Moll op. 30,2 (um 1802) und des ersten »*Rasumowsky*«-Streichquartetts (F-Dur, op. 59,1) sowie im ersten Satz der Klaviersonate f-Moll op. 57 (»*Appassionata*«).

Das Ausmaß an Bewusstheit dieser Maßnahmen zeigt sich in der Pointe, dass im Finale gerade dieser Sonate – also jenes Werks, in dessen Kopfsatz zum ersten Mal innerhalb der Gattung Klaviersonate die Expositionswiederholung fortgelassen ist – zwar ebenfalls die Vorschrift zur Expositionswiederholung entfällt, dafür aber in auffälligem Kontrast ausgerechnet der scheinbare Traditionsrest einer Wiederholung des zweiten Teils ausdrücklich verlangt wird. Kurz zuvor hatte Beethoven in den Skizzen zu den Klaviersonaten op. 31 genau diese Möglichkeit schon einmal erwogen (»2da parte colla repetizione e la prima senza«[155]), sie dort aber noch nicht realisiert. Um kurz danach im Finale der *»Appassionata«* zu markieren, dass diese formale Ungewöhnlichkeit beabsichtigt und nicht etwa ein Versehen sei, steht im Autograph an dieser Stelle (T. 118) der ausdrückliche Vermerk: »la seconda parte due volte«. Damit ist dieser scheinbare Konventionsrest als Gegenstand kompositorischer Reflexion kenntlich gemacht. Im Kopfsatz des ersten *»Rasumowsky«*-Quartetts (op. 59,1) zeigt das Autograph die Spuren einer ähnlichen Überlegung: Es gibt keine Expositionswiederholung, und Beethoven notierte am Satzbeginn eigens »la prima parte solamente una volta«, aber der Beginn der Durchführung (mit dem Kopf des Hauptthemas in der Tonika) täuscht dafür vier Takte lang eine solche vor; diese durch vollständige Identität mit dem Satzbeginn bewirkte Täuschung sollte anfangs sogar noch zwei Takte weiter fortgeführt werden (die Beethoven dann gestrichen hat). Die ursprüngliche Idee, stattdessen aber die zweite Hälfte des Satzes (T. 112–242) zu wiederholen, hat Beethoven erst in einem späten Stadium der Konzeption wieder fallen gelassen.

Nach 1802 sind Beethovens Skizzen und Entwürfe voll von einschlägigen Überlegungen. Nur scheinbar steckt die lineare Entwicklungslogik einer zunehmenden Abstoßung der konventionellen Wiederholungsvorschrift dahinter. Tatsächlich jedoch spielen nicht nur Fragen des äußeren Zuschnitts eine Rolle, sondern auch die formbildende Dimension der harmonischen Spannungslösung, die durch die zweite Teilwiederholung verdoppelt wird und immer dann eine enorme Rolle spielt, wenn sie wie im Fall der *»Waldstein«*-Sonate oder des ersten *»Rasumowsky«*-Quartetts mit einer besonderen Dramaturgie der Coda koordiniert wird.[156] Wichtige Aspekte der Formbildung drohen mit dem – bei vielen Interpreten üblichen – Verzicht auf die vorgeschriebene Teilwiederholung verloren zu gehen. So weist im ersten *»Rasumowsky«*-Quartett das Finale als einziger der vier Sätze eine Vorschrift für die Expositionswiederholung auf, weil am Satzbeginn nur so die Pointe der Identität der Übergänge aus dem voranstehenden langsamen Satz (an den das Finale attacca anschließt) und aus dem Expositionsende hörbar wird, die wiederum als Kontrastfolie für den ganz anders gestalteten Reprisenbeginn benötigt wird (der im Takt 179 überraschend aus der Subdominante hervorgeht). Und im zweiten Quartett der Serie (e-Moll, op. 59,2) verlangt Beethoven im Kopfsatz sogar beide Teilwiederholungen und demonstriert auf diese Weise die Konsequenzen, die aus dem schroffen Aufeinanderprallen der Tonarten e-Moll und F-Dur am Satzbeginn hervorgehen: Bei Ausführung der zweiten Teilwiederholung wird diese Kollision ins Chromatische gesteigert, indem der Reprisenschluss (E-Dur) unvermittelt auf den wiederholten Durchführungsbeginn in Es-Dur stößt. Hinter all dem ist die Absicht zu erkennen, in den Sonatensätzen der beiden zeitlich nah beieinanderliegenden Dreiersammlungen (den Klaviersonaten op. 53, 54 und 57 und den Streichquartetten op. 59) sämtliche Möglichkeiten je einmal auszuschöpfen. Die geläufige Ansicht, dass man diese offenbar sorgfältig erwogenen Vorschriften des Komponisten generell als aufführungspraktische Quantité négligeable behandeln dürfe, ist vollkommen abwegig. In die Sinfonik gelangen solche Überlegungen erst spät. Für den Kopfsatz der *Sinfonia eroica* hatte Beethoven zwar ebenfalls zunächst die Expositionswiederholung aufgeben wollen, behielt sie dann aber doch bei. Unter den Sinfonien ist schließlich erst der Kopfsatz der Neunten die einzige Sonatenform, die ganz ohne Teilwiederholung durchläuft. Vielleicht sollte das von nun an sogar zum sinfonischen Standard werden: Ein weiterer Sinfonie-Entwurf enthält jedenfalls die Ähnliches meinende Notiz »ohne zwei theile«.[157] In den fünf letzten Klaviersonaten und den fünf späten Streichquartetten hingegen haben, offenbar planvoll und bewusst, einige der Sonatenform-Sätze eine Vorschrift zur Wiederholung der Exposition, andere aber nicht.

Neben den Fragen der äußeren Umrisse und Formteilproportionen sind es aber auch die Aspekte der harmonischen Organisation, die für Beethoven zum Gegenstand systematischer Überlegung wurden. Wesentlich auf ihn geht etwa die für die Formgeschichte folgenreiche Neudeutung der zentralen Polarität der Expositionstonarten zurück. Aus der noch in der Generation Haydns und Mozarts alternativlosen Dominante (bzw. in Moll der Durparallele) für die formkonstitutive Tonart des Seitensatzes wurde in Beethovens Formen mit zunehmender Häufigkeit das Experimentieren mit diversen Erscheinungsformen der »Mediante«, also einer Tonart im Terzabstand, die selbst ein fortschrittlicher Theoretiker wie Adolf Bernhard Marx als eine der Begründung bedürftige »Abweichung von dem Grundgesetz der Modulation« empfand.[158] Da sie dieselbe formbildende Funktion erfüllt wie die vormals exklusive Dominante, wurde sie in der Forschungsliteratur zutreffend als »Ersatzdominante« (»substitute for the dominant«) bezeichnet.[159] Nach ersten Experimenten mit »falsch« einsetzenden Seitenthemen (Klaviersonaten op. 2,2 und 2,3, op. 10,3)[160] präsentierten erstmals das Streichquintett C-Dur op. 29 sowie die Klaviersonate G-Dur op. 31,1 in ihren Kopfsätzen eine konsequent beibehaltene nicht-dominantische Seitensatztonart (op. 29: a-Moll; op. 31,1: h-Moll / H-Dur). Die Ungewöhnlichkeit dieser Disposition geht aus dem Umstand hervor, dass Beethoven anfangs für solche Anlagen eigens eine ästhetische Legitimation für nötig hielt, indem er im Kopfsatz der G-Dur-Sonate op. 31,1 das eigentlich erwartete dominantische D-Dur gleich zu Beginn einem regelrechten Verschleiß aussetzt, der es später als Tonart des Seitenthemas unbrauchbar macht.[161] Ganz ähnlich verfährt Beethoven auch im ersten Satz der »*Waldstein*«-Sonate, deren Haupttonart C-Dur im Seitensatz durch ein mit virtuosem Aufwand vorbereitetes E-Dur ergänzt wird.[162]

Seit den ersten Jahren nach 1800 gehören die diversen Erscheinungsformen der Mediante zum Standard der Tonartenordnung in Beethovens Sonatenformen, wobei sie wirklich an die Stelle der vormaligen Dominante treten und nicht etwa – wie später bei dem in dieser Hinsicht ebenfalls experimentierfreudigen Franz Schubert – eine Zwischenstation dorthin markieren. Nur höchst selten begegnet eine Expositionsanlage aus drei Tonartbereichen, wie sie in den erwähnten frühen Klaviersonaten angedeutet ist, wird dann aber – so im Kopfsatz des 5. Klavierkonzerts Es-Dur op. 73 – zum Ausgangspunkt für die harmonische Form des gesamten Zyklus. Hier, im ersten Satz des Es-Dur-Konzerts, verweilt die Musik nach dem Verlassen der Tonika lange auf der terzverwandten Stufe ces-Moll / Ces-Dur (offen bleibt, ob es sich hier trotz enormer harmonischer und thematischer Stabilität nur um die Überleitung handelt) und sucht erst spät die erwartete Dominanttonart B-Dur auf. Das irritierende ces-Moll / Ces-Dur (T. 151 ff.), das übrigens in der Orchester-Exposition durch eine es-Moll-Episode (T. 41 ff.) vorbereitet worden war, hat Folgen für den Satz: So sinkt die Durchführung in ungeahnte Tiefen des Quintenzirkels (T. 304 ff.), und die Reprise bringt an der analogen Stelle des-Moll und Des-Dur (T. 409 ff.). Der langsame Satz übernimmt dann Ces-Dur als seine Tonika, und zwar mit der sinnfälligen Maßnahme, dass der Grundton des Kopfsatz-Schlusses als Terzton der neuen Tonika den Beginn des schönen Adagio-Themas auslöst. Dass in diesem Zusammenhang manche Passagen zwecks leichterer Lesbarkeit enharmonisch verwechselt werden (ces-Moll als h-Moll, des-Moll als cis-Moll, die Tonart des langsamen Satzes als H-Dur), ist nur eine Sache der Orthographie, zeigt aber eben die Ambition des ungewöhnlichen Tonartenplans unmissverständlich an. In manche Gattungen dringt das neue Ordnungsprinzip erst vergleichsweise spät ein: Im Streichquartett begegnet ein unorthodoxer mediantischer Seitensatz erstmals im Kopfsatz des *Quartetto serioso* f-Moll op. 95 (Des-Dur), und in der Sinfonie ist das überhaupt nur ein einziges Mal, bei gleichsam letzter Gelegenheit, der Fall (9. Sinfonie d-Moll: Seitensatz in B-Dur). In den letzten Jahren sind die Sonatenformen mit dominantischen und mit mediantischen Seitensatztonarten an Quantität nahezu gleich.

Die seit der Mitte des 19. Jahrhunderts so genannte Sonatenform verdankt ihre Überzeugungskraft sicherlich auch der Tatsache, dass sie von Zeitgenossen wie von Späteren als »die reinste Form« empfunden werden konnte, »in der sich ein natürlicher Gefühlsspannungsablauf realisieren ließ«,[163] oder dass sie bis heute geradezu als eine musikalische »metaphor for human action«[164] gelten kann. Aber sie erschöpft sich in solcher Charakteristik nicht. Für Beethoven blieb sie über nahezu alle Gattungen seiner Instrumentalmusik hinweg die zugrunde liegende Denkform, ein Gefüge von geradezu syllogistisch zu nennender Konsequenz und damit die immer wieder aufs Neue auszuformulierende logische Matrix des musikalischen Denkens. Gilt dies für die Ecksätze im mehrsätzigen Zyklus ohnehin, so oft genug doch auch für manche Binnensätze. Er hat diese Grundlage weder jemals verlassen noch gar sie, wie manchmal allzu leichtfertig behauptet wird, im Spätwerk gesprengt, überwunden oder zertrümmert. Seine Radikalität liegt nicht in ihrer Destruktion, sondern in ihrer schier unerschöpflichen Erweiterung, Umwandlung und Neudeutung. Das heißt aber auch, dass bis in die letzten Werke hinein selbst die geradezu abenteuerlich wirkenden Experimente nur vor der generischen Folie dieses Denkmodells zu begreifen sind. Will man dies nicht wahrhaben, wird man weder ihnen noch dem Selbstverständnis ihres Urhebers gerecht. Sogar die aufs Äußerste verknappten Kopfsätze der Klaviersonaten A-Dur op. 101 und E-Dur op. 109 sind subtile Phantasmagorien der kaum noch als solche erkennbaren Sonatenform, die damit natürlich rasch zu den in der Literatur kontrovers diskutierten Beispielen formaler Revolution aufgestiegen sind. Keineswegs ist damit gesagt, dass es in Beethovens Œuvre nicht auch Sätze gäbe, deren Struktur jenseits der Sonatenlogik entfaltet wird. Zu ihnen zählen etwa vermeintlich so phantastisch freie (tatsächlich aber fest strukturierte) Gebilde wie die Finalsätze der *Sinfonia eroica* oder der 9. Sinfonie, aber auch etwa das »Agnus Dei« der *Missa solemnis* oder einige der späten *Bagatellen* für Klavier. Beethoven gehört – fest auf dem Boden der Tradition stehend – zu den großen Formerfindern der Musikgeschichte, darin allenfalls mit seinen lebenslang verehrten Vorbildern Haydn und Mozart vergleichbar. Was bei ihm über diese Modelle hinaus von der Mit- und Nachwelt als neu und anders empfunden worden ist, liegt in dem von Halm so genannten »Pathos der Form«, was nichts anderes meint als die Tatsache, dass bei Beethoven sehr wahrnehmbar die Form zu einem Aussagemedium eigenen Rechts erhoben wird: zum strukturellen Ausdruck eines seiner Verpflichtung wie seiner Autonomie bewussten schöpferischen Subjekts.

Das zeigt sich selbst in solchen Sätzen, die sich scheinbar ihre formalen Voraussetzungen im Lauf ihres Fortgangs selbst erst ganz neu erschaffen und dadurch als ästhetische Entfaltung einer schrankenlosen Subjektivität erscheinen können: so etwa in dem berühmten Kopfsatz der »*Sturm*«-Sonate op. 31,2, der aufgrund dieser Eigenschaft als unmittelbar packend erlebt und als Inbegriff des um die Jahrhundertwende eingeschlagenen »neuen Wegs« empfunden wurde.[165] Solche Stücke scheinen ihre enormen strukturellen Komplikationen, die eigentlich zu gründlicher Reflexion zwingen, mit größter Verve zu überspielen. Dabei ist aber ihre Freiheit an das Widerlager einer formbildenden Norm gebunden, durch die sie erst haltbar werden, so im Falle des Kopfsatzes von op. 31,2 an die vollkommene strukturelle Identität der Seitensatzbereiche in Exposition und Reprise (von der sich hingegen der unablässig experimentierende Haydn oft beträchtliche und schwer zu durchschauende Ausnahmen erlaubt). Selbst also in dem exzeptionellen Kopfsatz der »*Sturm*«-Sonate, dem inzwischen sogar ganze Bücher gewidmet worden sind,[166] erzeugt die Inszenierung einer im Werden sich selbst begreifenden Subjektivität als eigentlicher Gehalt dieser Musik eine Struktur, die sich nur vor dem Hintergrund objektiver Vorgaben lesen lässt. Insofern ist die begrifflich nicht restlos auflösbare »Form«, die viel zu denken gibt, von Beethoven selbst in den Rang einer ästhetischen Idee erhoben worden.

* * *

Abschließend lassen sich die Überlegungen zur Form als ideellem Raum der ästhetischen Autonomie vielleicht exemplarisch beim Blick auf einen Satz zusammenführen, der nach Übereinstimmung fast aller Kommentatoren zu den originellsten gehört, die Beethoven je geschrieben hat.[167] Kaum zufällig ist er auf dem Höhepunkt jener Periode entstanden, die man früher gern als die »heroische« bezeichnet und als Beethovens endgültige Ankunft auf dem Zenit seines kreativen Vermögens gesehen hat.[168] Der zweite Satz des Streichquartetts in F-Dur op. 59,1 gehört in den Kontext jener seit jeher berühmten, 1806 entstandenen Quartett-Serie, mit der Beethoven sich endgültig in die Linie seiner inkommensurablen Vorbilder Haydn und Mozart einzureihen vermochte und die daher als der Gipfel der »klassischen« Streichquartettkomposition gilt. Sie ist dem Grafen Andreas Kyrillowitsch Rasumowsky als einem der wichtigsten Gönner Beethovens gewidmet, der um diese Zeit in seinem Wiener Palais ein festes Streichquartett-Ensemble um den jungen Geiger Ignaz Schuppanzigh beschäftigte. Jahre später, nach seiner Rückkehr von langer Reisetätigkeit, sollte Schuppanzigh für Beethovens Quartettschaffen noch einmal eine immense Bedeutung erlangen. Die *»Rasumowsky«*-Quartette wurden selbstverständlich ebenfalls von seinem Ensemble aus der Taufe gehoben. Der Berichterstatter der *Allgemeinen musikalischen Zeitung* bezeichnete sie nach erstem Anhören respektvoll als »tief gedacht und trefflich gearbeitet, aber nicht allgemeinfasslich«.[169]

Dieser zweite Satz des ersten Quartetts also, ein »Allegretto vivace e sempre scherzando«, scheint, obwohl nicht eigens so betitelt, die Funktion des Scherzos zu vertreten, auf das als zweiter der üblichen Mittelsätze ein tiefgründiger langsamer Satz (»Adagio molto e mesto«, f-Moll) folgt. Leider haben sich ausgerechnet für den »Scherzando«-Satz keine Skizzen erhalten, die einen Blick in seine Genese erlauben würden. Seine Tonart B-Dur stellt ihn als einzigen der vier Sätze außerhalb der Werktonika. Allein schon sein Beginn macht den Satz zu dem »Unicat«,[170] als das er in Beethovens gesamtem Œuvre gilt. In einer ersten Viertaktgruppe trägt das Cello staccato und pianissimo auf einer einzigen Tonhöhe, dem tonikalen *b*, ein rhythmisch gegliedertes Motiv (Motiv [a]) vor, das den zugrunde liegenden 3/8-Takt wie folgt ausfüllt: Auf zwei anapästisch einsetzende Takte (je zwei Sechzehntel plus zwei Achtel) folgt ein Takt, dessen Sechzehntelrepetition den gesamten Takt einnimmt, sowie eine schließende Dreiachtelnote. Danach entfaltet sich, wieder nur von einem Instrument (der zweiten Violine) solistisch und ebenfalls staccato und pianissimo vorgetragen, eine melodische Figur, die auf dem Dominantton *f* endet (Motiv [b]). Derselbe achttaktige Vorgang wiederholt sich, nun in As-Dur und auf die Bratsche und die erste Violine verteilt (T. 9–16). Der Zielton *es* löst dann die erstmals zum Tutti sich steigernde Motivik der Eröffnung aus, die aber überraschenderweise von *es* aus zum Ces-Dur-Dreiklang aufgefüllt wird (T. 17–20). Danach erst wird das gesamte Gebilde – unter Einführung eines neuen melodischen Motivs in Legato-Achteln (Motiv [c]) – kadenziell nach B-Dur geschlossen und führt zur angegangenen Wiederholung (nun *ff*) dieses unorthodox gebauten Themas (T. 29 ff.).

Dieser geradezu legendär gewordene Satzbeginn ist von Anekdoten umrankt. Unter Berufung auf eine hoffentlich zuverlässige russische Quelle berichtet Wilhelm von Lenz, in einer Moskauer Adelsgesellschaft habe 1812 der Quartettcellist Bernhard Romberg, ein guter Musiker und immerhin von Bonn her persönlich mit Beethoven bekannt, wütend seine Stimme auf den Boden geworfen, sie mit Füßen getreten und das Ganze als »eine unwürdige Mystifikation« bezeichnet. Wenige Jahre später soll das Publikum in einem Petersburger Salon auf den Satzbeginn mit schallendem Lachen reagiert haben.[171] Das so verstörende rhythmische Motiv [a] der ersten vier Takte ist aber keine mutwillige Mystifikation, sondern der Schlüssel zum Satz. Es ist nahezu omnipräsent, oft als Hauptsache im Vordergrund, bisweilen als Begleitfigur im Untergrund, und dies sogar noch mehr, wenn man alle rhythmisch-melodischen Varianten dazurechnet. Diese Variantentechnik macht freilich überhaupt erst den Satz zu einem wahren Verwirrspiel: Alle Motive [a, b, c] scheinen im weiteren Verlauf des Satzes irgendwie miteinander zusammenzuhängen oder auseinander hervorzugehen. Dieser außerordentlich dichte Motivzusammenhang rechtfertigt diverse Formdeutungsanstrengungen und konterkariert sie zugleich. Denn schon allein die Frage, was im Themenhaushalt dieses Satzes miteinander verwandt ist und was miteinander kontrastiert, entzieht sich irritierenderweise oft genug der Möglichkeit zu eindeutiger Beantwortung. Im Grunde bietet der Satz das beste Anschauungsbeispiel für das, was Arnold Schmitz in anderem Zusammenhang als Beethovens Technik der »kontrastierenden Ableitung«[172] bezeichnet hat.

Anders als im Sonatenhauptsatz verhilft die Erkenntnis dieses Prinzips aber nicht zu restloser Klarheit bei der Formbestimmung.

Die vielen Deutungskontroversen, die sich seit dem 19. Jahrhundert durch die Beethoven-Literatur ziehen, sollen hier der Einfachheit halber auf zwei Ansichten verteilt werden. Die eine plädiert angesichts der zyklischen Funktion des Satzes sowie seiner Tempo- und Charakterbezeichnung für eine Auffassung als ausgeschriebenes fünfteiliges Scherzo (A: T. 1–114, Trio 1: T. 115–258, A': T. 259–353, Trio 2: T. 354–419, A'': T. 420–476). Im Detail werden die Grenzen gelegentlich auch anders gezogen (etwa durch die Annahme einer Durchführungspartie im Trio 1: T. 155 ff., oder des Beginns von A' bereits mit T. 239). Mit solchen fünfteiligen Scherzo-Anlagen experimentierte Beethoven um diese Zeit durchaus, so etwa in der 4. Sinfonie op. 60, ganz ähnlich auch ursprünglich (dann aber wieder verworfen) in der 5. Sinfonie op. 67, vor allem aber in unmittelbarer Nähe im zweiten der »*Rasumowsky*«-Quartette (e-Moll, op. 59,2). Allerdings unterscheidet sich der vorliegende Satz von all diesen Dispositionen doch erheblich, vor allem durch die offenbar planvolle Nivellierung formaler Zäsuren, wie sie sonst zwischen Scherzo und Trio üblich sind, und nicht zuletzt auch durch sein exorbitant weites harmonisches Spektrum, das von B-Dur aus bis in die tiefsten (Ces-Dur) und höchsten (H-Dur) Quintenzirkelregionen reicht.

Diese harmonische Organisation verweist eher auf das Denken in Sonatenkategorien. Sie ist aber auch in dessen Kontext ungewöhnlich genug. Die alternative Ansicht der Satzform, hier ebenfalls der Einfachheit halber unter Auslassung der vielen internen Differenzierungen referiert, suggeriert also eine Sonatenform (Exposition: Hauptsatz T. 1–114, Seitensatz T. 115–154; Durchführung: T. 155–238; Reprise: Hauptsatz T. 239–253, Seitensatz T. 254–393; Coda: 394–467). Dabei stellen sich ebenfalls einige Irritationen ein. Der Hauptthema-Bereich (Hauptsatz) integriert merkwürdigerweise eine lange stabile d-Moll-Passage (T. 39–65), die tonartlich zwar kontrastiert, motivisch aber aus [b] abgeleitet ist und in der »Reprise« notengetreu, jedoch um eine Quinte abwärts transponiert, wieder begegnen wird (T. 275 ff.). Die angegangene Wiederholung des Hauptsatzes findet daher zweimal statt (T. 29, T. 68), und erst beim zweiten Mal führt sie mit einer subtilen Variante des [b]-Motivs in die Überleitung zum Seitensatz. Darin liegt ein gewichtiger Grund für die vielen Hypothesen, die in diesem Formteil einen in sich abgerundeten Scherzo-A-Teil (a-b-a) erblicken wollen, der freilich aufgrund seiner entwickelnden Züge so abgerundet gar nicht ist. Der Seitensatz, motivisch verwandt mit [c], steht ungewöhnlicherweise in f-Moll. Das ist die (Moll-)Dominante und muss der Sonatendiagnose also nicht widersprechen. Dass er fest als dreiteilige Liedform mit Wiederholung der zweiten Hälfte gebaut ist, stärkt zwar die Ansicht dieses Abschnitts als Trio eines Scherzos, während aber der Tonartenplan eindeutig die Sonatenperspektive unterstützt: Der Seitensatz wird in der Reprise an Ort und Stelle regelgerecht um eine Quint abwärts transponiert wiederholt (b-Moll: T. 354 ff.), und ihm geht zudem an beiden Stellen die eindeutig zur Rhetorik der Sonatenform gehörige zwischendominantische Zäsur voraus (T. 112–114, T. 351–353).[173] Die Reprise beginnt allerdings, ebenfalls ungewöhnlich, nicht in der Tonika, sondern eine Terz tiefer in Ges-Dur (T. 239 ff.), aber auch das kommt bei Beethoven gelegentlich vor: in der Klaviersonate F-Dur op. 10,2 (Reprise beginnt in D-Dur) oder in der Violinsonate A-Dur op. 47 (»*Kreutzer*«-Sonate) sowie der *Coriolan*-Ouvertüre op. 62 (Reprise beginnt in der Subdominante). Die Typologie seiner Sonatenformen bereichert Beethoven mit diesem Quartettsatz also um eine der bei ihm äußerst raren »submediant recapitulations«.[174] Das zunächst vermisste tonikale B-Dur wird in der Reprise erst mit der melodischen Legato-Figur [c] des Hauptthemas erreicht (T. 259), sodass nachträglich dessen anfangs so auffällige motivische Gliederung eine bemerkenswerte Legitimation erhält. Die Durchführung, als ein der Sonatenlogik entstammender Formteil, ist am klarsten als solche ausgezeichnet; sie gliedert sich in eine Einleitung, zwei Modelle (T. 177 ff., T. 193 ff.) mit zugehörigen Sequenzen und eine finale Abspaltungs- und Rückleitungspartie (T. 209 ff.).

Für die Sonatenformauffassung gibt es zwei weitere gewichtige Gründe. Direkt vor dem Einsatz der Reprise (T. 239) liegt am Ende der Generalpause die unsichtbare Symmetrieachse des Satzes, die ihn exakt in zwei gleiche Hälften teilt (zweimal 238 Takte). Beethoven hat sorgsam auf die Wahrung der Proportionen geachtet, indem zwar bei der Reprise des Hauptthemas zweimal ein Takt durch Phrasenverschränkung verloren geht (T. 245/246, T. 252/253), dafür aber bei der Überleitung zum Seitensatz drei Takte hinzukommen (T. 245 ff.). Den dabei entstandenen überzähligen Takt kompensiert wiederum die Coda durch Verkürzung um einen Takt. Zu den Formteilen, die auf kalkulierte Proportionen zielen, gehört auch die Passage mit der Wiederkehr des Motivs [c] in der Einleitung der Durchführung (T. 171–176). Diese sechs Takte verdanken sich, wie das Autograph erkennen lässt, einer erweiternden Korrektur des ursprünglich von Takt 170 nach Takt 177 springenden Verlaufs, und sie stellen die Proportionierung des Ganzen nicht nur in metrischer Hinsicht her, sondern – was fast noch mehr wiegt – auch in harmonischer: Das hier eingefügte H-Dur korrespondiert am Beginn der Durchführung nach exakt 16 Takten dem am Satzbeginn nach ebenfalls genau 16 Takten eintretenden Ces-Dur, und zwar als dessen präzis platziertes Widerlager auf der gegenüberliegenden Seite des Quintenzirkels. Neben der rückbezüglichen hat diese Tonart zusätzlich auch eine weit vorausweisende Funktion: H-Dur ist die Dominante der in die Coda fast schockierend eingefügten e-Moll-Episode mit demselben Thema (T. 450–453). Dass hier zwar in Wirklichkeit nur ein enharmonisch verwechseltes Ces-Dur infrage kommt, macht die Ges-Dur-Fortsetzung ab Takt 183 klar, aber Beethoven hat ersichtlich großen Wert auf die orthographisch eigentlich »falsche« Notierung der Stelle in H-Dur gelegt (interessanterweise erhält die satzeröffnende Ces-Dur-Partie bei ihrer Wiederkehr in der Coda in der Bratschenstimme, und nur in ihr, eine H-Dur-Vorzeichnung: T. 436 ff.). Die Idee ist nicht hörbar, sondern nur sichtbar. Aber gerade deshalb gilt: »Der Reichtum der harmonischen Beziehungen, der diesem Satz etwas Geheimnisvoll-Großartiges verleiht, ist selbst im Schaffen Beethovens einmalig.«[175]

Das wichtigste Argument für die Annahme der Sonatenform als das die Konzeption steuernde Modell ist ein scheinbar ganz äußerlicher Befund im Autograph.[176] Am Beginn der Durchführung (T. 155) und am Ende der Reprise (T. 293) hatte Beethoven ursprünglich Zeichen eingetragen, die unmissverständlich die Wiederholung dieses zweiten Formteils fordern, und zusätzlich vor Takt 292/293 noch zwei Rückleitungstakte notiert, an die der Durchführungsbeginn nahtlos anschließen kann. Beides wurde offenbar zu einem späten Zeitpunkt, nach Fertigstellung des ganzen Autographs, wieder gestrichen. Im ersten Satz findet sich, wie oben erwähnt, merkwürdigerweise dieselbe Idee: Auch hier sollte die zweite Hälfte wiederholt werden, während die Exposition nicht zur Wiederholung vorgesehen war. Im zweiten Satz nun ist diese ursprüngliche Idee ein untrügliches Indiz für Beethovens Formauffassung, von der er sich allerdings gravierende Abweichungen erlaubt. Der zu wiederholende Teil hat übrigens seinerseits exakt die 238 Takte, die in der Endversion jeweils auf die zwei Hälften des Satzes entfallen.[177]

Zu den vielen Hintersinnigkeiten der Form gehört auch deren eigentümliche Abrundung in der Coda durch die fast unerwartet doch noch gewährte, in diesem Sinne geradezu erlösende Wiederkehr der kompletten Hauptthema-Partie (T. 420 ff.), und zwar nun wirklich in der am Beginn der Reprise noch vorenthalten Tonika, aber zugleich in eigentümlicher Variierung (durch Integration der seit der Reprise stets mitlaufenden Gegenstimme und durch Verteilung der Fragmente des melodischen Hauptmotivs [b] auf die vier Instrumente im durchbrochenen Satz). Ihr entspricht als allerletzte Pointe des Satzes die verzerrte »Apotheose« des irritierenden rhythmischen Eröffnungsmotivs [a] im schließenden Achttakter (T. 469–476): die chromatische Einfassung der Dominante durch die anapästisch rhythmisierten Randtöne *ges* und *e* in derselben Faktur durchbrochener Arbeit sowie die viertaktige Schlussbekräftigung der Tonika mit dem zweiten rhythmischen Hauptmotiv und drei triumphalen Kadenzakkorden.

Wollte man sich für eine einzig zutreffende Deutung entscheiden, so liegt sie nach dem klaren Hinweis der von Beethoven ursprünglich vorgesehenen Teilwiederholung im Horizont des Sonatenprinzips. Von ihm aus hat Beethoven den ungewöhnlichen Satz zweifellos entworfen. Aber dann hat er diese Spur schließlich absichtsvoll verwischt – dies jedoch nur, um den mit seinen 476 Takten bereits überdimensionalen Satz nicht noch weiter auszudehnen, wie in der Literatur meist angenommen wird? Offensichtlich korrespondiert die Maßnahme mit der analogen Korrektur des Kopfsatzes, und sie wird sicherlich im Blick auf die Satzproportionen getroffen worden sein. Erst aber, wenn man alle Parameter – motivisch-harmonische Eigenschaften einerseits sowie philologisch-genetische Befunde andererseits – sorgfältig in ihrem jeweils beträchtlichen Wert für die Formdeutung erwogen hat, erkennt man, dass es ganz offensichtlich Beethovens Absicht war, gerade die gewünschte Eindeutigkeit zu vermeiden. Jedenfalls hat er in die Erreichung dieses Ziels viel Sorgfalt investiert. In einer grandiosen Synopse diverser Formungsstrategien aus unterschiedlichen Traditionen entfaltet die Form dieses riesigen Satzes zuletzt ihr ganz eigenes Gesetz. Der Form nach Sonate, dem Charakter nach Scherzo, ist strenggenommen die aufregend bizarre Struktur dieses Gebildes zugleich sein geistiger Gehalt. Es gibt keinen zweiten Satz Beethovens, in dem mehrere geläufige Formungsmodelle so raffiniert miteinander verschränkt sind, dass die unübersehbaren Merkmale des einen die klare Entscheidung zugunsten des jeweils anderen unmöglich machen. Das gilt es auszuhalten. Die mehr oder weniger glaubhaft überlieferten historischen Abwehrreaktionen reichten von Wut (Romberg) bis zu amüsierter Irritation (Petersburger Salon). Ganz unverständlich sind sie nicht: Solche Musik ist kein Genussmittel, sondern eine Zumutung. Gerade darin liegt aber ihre Humanität, denn ihre Freiheit verdankt sie der Fundierung in einer autonom erzeugten gesetzlichen Ordnung, die es zu erkennen, aber vor allem auch anzuerkennen gilt. »Sapere aude! Habe Mut, dich deines *eigenen* Verstandes zu bedienen!«,[178] könnte ihr unausgesprochener Appell an die Mündigkeit des Publikums lauten. Damit hatte Kant das Ideal der selbst denkenden, die öffentliche Aufklärung befördernden Persönlichkeit aufgestellt und dabei natürlich nicht in erster Linie an die Rezeption von Musik gedacht. Aber für den Umgang mit Beethoven kann dieser Satz geradezu als Motto dienen: Ohne ein selbständiges Nach-Denken ist diese Musik nicht zu verstehen. Freilich vermag sie ohne einen intuitiven Nachvollzug, das ist die Kehrseite der

Medaille, auch nicht zu packen. Nur wenn beides, wie man sich das bei gelingender Kommunikation zwischen Publikum und Musik in der Geselligkeit der gebildeten Wiener Salons doch gern vorstellen mag, idealerweise zusammenkommt, öffnet Beethovens Musik einen ganz neuen Erfahrungsraum. Dass diese Balance prekär ist und zunächst – zum Beispiel bei Abwesenheit des Komponisten – häufig nicht gelingt, zeigen die anekdotisch überlieferten Reaktionen auf den zweiten Satz des Streichquartetts op. 59,1 in den Salons von Moskau und St. Petersburg. Das Glücksversprechen dieser Musik, wie es die Ästhetik des 19. Jahrhunderts generell als eine »promesse du bonheur« zu unterstellen liebte, ist kaum das einer seligen Erhebung, sondern eher das eines »Glücks der Erkenntnis«.[179] Wer sich in beharrlichem Nachdenken das Funktionsgeheimnis dieses rätselhaften Satzes erschließen kann, dürfte am Ende um dieses Glück zu beneiden sein.

Der Künstler als Philosoph: Ästhetische Erziehung

Liedtexte und Lesefrüchte: Bruchstücke einer Konfession

Vieles deutet darauf hin, dass Beethovens Selbstverständnis als Künstler zugleich das eines Erziehers war. Er steht damit in seiner Zeit keineswegs allein. Dabei gehen, ganz im Sinne von Schillers Idee einer »ästhetischen Erziehung des Menschen«,[1] die Hebung des künstlerischen Niveaus, die Bildung des Geschmacks, die Förderung der Sittlichkeit und die Bewusstmachung der moralischen Selbstverpflichtung so bruchlos ineinander über, dass man schwerlich die ersten beiden Momente bloß dem angestammten Kompetenzbereich des Künstlers, die folgenden hingegen eher dem des ästhetisierenden Moralisten zuzuschreiben hat. Vielmehr würde das Menschenbild, auf das die in ihrer Leistungsfähigkeit so emphatisch gedachte Kunst bezogen ist, durch die Isolierung und Reduktion einzelner Aspekte sein Wesentliches verlieren. Doch ist, was für einen Dichter wie etwa Schiller (dem sein Freund Goethe ja attestierte, »das Evangelium der Freiheit« zu predigen) als leicht nachvollziehbar gelten kann, für einen Musiker durchaus ungewöhnlich. Beethoven vertritt einen Anspruch, den seine Epoche bis dahin der Musik kaum zugestehen wollte. Die Tonkunst hatte es ohnehin schwer genug, in den ästhetischen Entwürfen der zweiten

Beethoven in der Natur um 1804, Ölgemälde von Willibrord Joseph Mähler (Ausschnitt)

Jahrhunderthälfte im System der Künste ernst genommen zu werden, und dies erst recht, wenn es sich um reine wortlose (und das hieß für nicht wenige Ästhetiker: ideen- und gedankenlose) Instrumentalmusik handelte. Die Entdeckung eines eigenständigen Kunstwerts der (Instrumental-)Musik ist verwoben in die Geschichte ihrer mühsamen ästhetischen Emanzipation, die auch um 1800 noch nicht erfolgreich abgeschlossen war.[2]

Daraus ergeben sich für unseren Zusammenhang zwei Fragen, die jede Interpretation von Beethovens Musik zu beantworten versuchen müsste. Die erste richtet sich auf die Aussagekraft und den Gehalt der reinen Instrumentalmusik, die ihre Bedeutung im oben genannten Sinne ja ohne Beihilfe eines erklärenden Textes (und meistens auch ohne einen hinweisenden Titel) zu realisieren hat. Das wird uns, soweit das bisher nicht ohnehin schon deutlich wurde, später noch intensiv beschäftigen. Die zweite, eigentlich viel näher liegende Frage könnte sich dementsprechend zunächst einmal um die Texte kümmern, die Beethoven seiner Vokalmusik zugrunde gelegt hat: In welchem Ausmaß sind die sichtbar gewordenen, vor allem die selbständig und ohne Auftrag vorgenommenen Textwahlentscheidungen als »Bruchstücke einer großen Konfession«[3] zu verstehen? Und was sagen sie, wenn man sie in den größeren Kontext dessen stellt, was man von Beethovens literarischen Vorlieben überhaupt zu fassen bekommen kann?

Um zu verstehen, dass diese Frage weniger leicht zu beantworten ist, als es auf den ersten Blick erscheint, genügt eine einfache Beobachtung. Denn offenbar gibt es bei Beethoven zwischen der affektiven Identifikation mit Literatur und den Auswahlkriterien für die Texte seiner Vokalmusik keine einfache Korrelation. Wäre das nämlich so, dann müssten sich seine Vertonungen – was indessen keineswegs der Fall ist – in erster Linie auf zwei Namen stützen: Goethe und Schiller. »Diese zwei Dichter sind meine Lieblings Dichter«, ließ Beethoven im August 1809 seinen Verleger wissen,[4] hatte aber zu diesem Zeitpunkt so gut wie nichts von ihnen vertont. Die Schauspielmusik zu *Egmont* sollte erst ein Jahr später folgen, und die geradezu ikonische Vertonung der *Ode an die Freude* lag damals in noch weit größerer Ferne. Die wenigen Goethe-Lieder, die Beethoven über sein ganzes Leben hinweg komponierte, bilden im Vergleich zu denjenigen des um eine Generation jüngeren Franz Schubert einen geradezu verschwindend kleinen Werkausschnitt.[5] Während ihm aber die Musik-Affinität der Lyrik Goethes aufgefallen sein wird, hatte er andererseits für die besonderen Probleme der Schiller-Vertonung ein feines Gespür. So soll er sich gegenüber Carl Czerny 1811 geäußert haben: »Schillers Dichtungen sind für die Musik äußerst schwierig. Der Tonsetzer muß sich weit über den Dichter zu erheben wissen. Wer kann das bei Schiller? Da ist Göthe viel leichter.«[6] Und Anfang 1824 (mitten in der Arbeit am Finale der 9. Sinfonie) heißt es in einem Brief, dass man bei der Vertonung von Homer, Klopstock und eben Schiller enorme »Schwierigkeiten zu besiegen« habe.[7] Dass man sich über Schiller (musikalisch) kaum »erheben« könne, kann nur bedeuten, dass es dem Komponisten gar nicht in erster Linie um die poetische Qualität als solche, sondern um den weltanschaulichen Gehalt von Dichtung zu tun war. Das aber ist es, wie auch Zeitgenossen beklagten, was die Gedankenlyrik Schillers so ideell attraktiv wie musikalisch schwierig erscheinen ließ.

Beethoven scheint ein leidenschaftlich nach Identifikation suchender Leser gewesen zu sein.[8] Gerade der so schwer vertonbare Schiller diente ihm häufig zur privaten Bezeugung seiner weltanschaulichen Konfession. Der als Zeuge durchaus glaubwürdige Karl Holz, der als zweiter Geiger des Schuppanzigh-Quartetts der beste musikalische Vertraute von Beethovens späten Jahren war, behauptete Jahre nach Beethovens Tod: »Er hatte in Schillers Gedichten alles angestrichen was sein Glaubensbekenntnis war.«[9] Durch die Lücken in Beethovens nachgelassener Bibliothek ist das zwar nur schwer überprüfbar. Aber man kann es wohl glauben. Mehrere kalligraphisch niedergeschriebene Sinnsprüche aus Schillers Aufsatz *Die Sendung Moses* zierten eingerahmt und unter Glas in den letzten Jahren Beethovens Schreibtisch.[10] Und schon bald nach seiner Ankunft in Wien ahmte er nach, was Freunde ihm 1792 beim Abschied aus Bonn bereits ins eigene Stammbuch geschrieben hatten: die Beschwörung einer geistigen Gemeinschaft mit Versen aus Schillers

Don Carlos. So fügte Beethoven im Mai 1793 im Stammbuch der Theodora Johanna Vocke den Versen 1050–1054 aus dem zweiten Akt von Schillers Drama einen Kommentar hinzu, den er selbst ausdrücklich als »Symb[olum]« – also als Glaubensbekenntnis – bezeichnete: »*Wohltuen*, wo man kann / *Freyheit* über alles lieben, *Wahrheit nie*, (auch sogar *am Throne nicht*,) *verläugnen*.«[11]

Damit hat der junge Beethoven Schlüsselworte genannt, die auch die Textwahl seiner Lieder aus der Bonner Jugendzeit gesteuert haben dürften. Das Chor-Lied *Der freye Mann* auf ein Gedicht von Gottlieb Conrad Pfeffel (WoO 117), in erster Fassung 1792 entstanden, ist ein Hymnus an den Leitbegriff des Zeitalters, mit dem sich der junge Beethoven fraglos identifizieren konnte: »1. [Chor:] Wer, wer ist ein freyer Mann? [Eine Stimme:] Der, dem nur eigner Wille, / Und keines Zwingherrn Grille / Gesetze geben kann; / Der ist ein freyer Mann! 2. [Chor:] Wer, wer ist ein freyer Mann? [Eine Stimme:] Der das Gesetz verehret, / Nichts thut, was es verwehret, / Nichts will, als was er kann; / Der ist ein freyer Mann!« Die hier zitierten ersten beiden Strophen zeigen, wie Beethoven vielleicht auch erkannte, eine lose Verbindung zu Kants Moralphilosophie, ohne allerdings so signifikant zu sein, dass man eine direkte Abhängigkeit behaupten möchte. Aber die Idee eines Willens, der sich selbst das Gesetz gibt, im Verein mit einem Verhalten des Menschen, der gemäß der auf diese Gesetzlichkeit gegründeten vernünftigen Rechtsordnung »nichts will, als was er kann«, könnte zumindest im geistigen Umfeld der Bonner Universität und der Lesegesellschaft als Reflex der inzwischen intensiv diskutierten *Grundlegung zur Metaphysik der Sitten* (1785) und der *Kritik der praktischen Vernunft* (1788) verstanden worden sein. Die Bonner Fassung ist 1794 in Wien umgearbeitet worden und gehört somit wahrscheinlich zu den Gegenständen, auf die sich der Kompositionsunterricht bei Haydn bezog. Ob Beethoven bei der Vertonung an alle zehn Strophen des Gedichts gedacht hat (seine beiden Autographe enthalten jeweils nur die erste), ist unklar; die 1808 bei Simrock in Bonn ohne Opuszahl erschienene Erstausgabe gibt eine Auswahl von sieben Strophen wieder.

Das neben der »Freiheit« andere prominente Schlüsselwort liegt als gedankliches Substrat einer weiteren wichtigen Bonner Vertonung zugrunde: die »Wahrheit«. Diese nämlich ist es, die in dem sechsstrophigen Klavierlied *Feuerfarb'* nach einem Gedicht von Sophie Mereau besungen wird, weil die titelgebende »Feuerfarb'« im Unterschied zum Rot der Rose, zum Blau des Himmels oder zum Weiß des Schnees als ideelle »Farbe der Wahrheit« nie sich trüben und nie verbleichen kann. Das 1792 kurz vor der Abreise nach Wien entstandene Lied (das dann in Wien um 1794/95 überarbeitet und 1805 zusammen mit anderen Beethoven-Liedern unter der Opuszahl 52 publiziert wurde) ist jene bereits erwähnte Komposition, die der aus Jena als überzeugter Kantianer nach Bonn zurückgekehrte junge Jurist Bartholomäus Fischenich an Schillers Frau Charlotte geschickt hat, um diese und ihren Gatten für das Genie des gerade zu Haydn entsandten Bonner Nachwuchstalents zu begeistern. Eine Reaktion Schillers ist leider nicht bekannt.

Das Lied liegt für einen damals jungen Mann natürlich ganz im Trend. Aus der *Don-Carlos*-Lektüre in seinem Bonner Freundeskreis wird ihm die feurige Farbe der Wahrheit ohnehin durch die Metapher vertraut gewesen sein, mit der sich der Marquis Posa auf seine berühmte Audienzszene vorbereitet, in der es gilt, wenigstens »eine Feuerflocke Wahrheit« in die despotische Seele Philipps II. zu werfen.[12] Auch Schillers Lied *An die Freude*, das Beethoven damals bereits kannte, kennt die Metapher von »der Wahrheit Feuerspiegel«.[13] Die abstrakte Idolisierung der Wahrheit ist charakteristisch für den (älteren) theoretischen Aspekt der Aufklärungsideologie, die erst in dem (neueren) Konzept Immanuel Kants so praktisch wird, wie es dann das 1792 vertonte Gedicht Pfeffels zur Geltung bringt. Die Licht-Metaphorik, mit der die Aufklärung auch im Bild der »Feuerfarb'« beschworen wird, prägt selbstverständlich ebenfalls die bereits erwähnte Trauerkantate auf Joseph II. (WoO 87), deren Textdichter Severin Anton Averdonk 1790 »die Menschen ans Licht« steigen lässt, so wie noch Jahre später Haydns Oratorium *Die Schöpfung* den von Gott befohlenen Anbruch des Lichts (»Und es ward Licht«) mit einem frenetischen C-Dur-Jubel feiern wird. Pfeffels

Gedicht hingegen ist, vorsichtig gesagt, weltanschaulich etwas weiter: moderner im Sinne einer, wie bei Kant zu sehen, praktisch werdenden Aufklärung, die nicht einfach nur die Erleuchtung durch die Vermehrung der theoretischen Wahrheit, sondern die praktische Realisierung einer auf moralische Autonomie gegründeten Gesellschaft ins Auge fasst (die in Kants rechts- und geschichtsphilosophischen späten Schriften der 1790er-Jahre dezidiert als eine republikanische, schließlich und zuletzt auch demokratische gedacht werden wird[14]). Das Lied *Feuerfarb'* erhielt 1794/95 bei der Umarbeitung, als auffälligste Veränderung, ein viertaktiges Nachspiel. Es lässt – ausschließlich hier, am Ende – mehrere leichte Eintrübungen hören, die mittels der Mollsubdominante und verminderter Septakkorde wie ein nachdenklicher Rückblick auf das vertonte Gedicht wirken, aber zugleich das lichte G-Dur des Schlussakkords um so nachdrücklicher erscheinen lassen. Es ist schwer zu entscheiden, ob hier eine gedankliche Vertiefung, ein eigener philosophischer Kommentar oder einfach nur eine signifikante musikalische Verbesserung vorliegt – wahrscheinlich von allem etwas.

* * *

Gegenüber allzu weitreichenden Schlüssen aus der komplexen Gemengelage von pragmatischen Textwahlentscheidungen, rekonstruierbaren Lektürevorlieben und kasuell notierten Lesefrüchten ist natürlich größte methodische Vorsicht geboten. Eine gewisse Belastbarkeit ist aber doch dem folgenden Fallbeispiel zuzugestehen, weil es positive Indizien für eine innere Beteiligung Beethovens in ungewöhnlicher Dichte enthält, wie sie für die Beurteilung der meisten übrigen Vertonungen fehlen. Es handelt sich um die Komposition des Liedes *An die Hoffnung* aus Christoph August Tiedges umfangreichem Lehrgedicht *Urania*, an dem sich für unsere Überlegungen einige günstige Voraussetzungen zeigen: Beethoven hat erstens das Lied innerhalb eines guten Jahrzehnts, was bei ihm sonst selten vorkommt, zweimal vertont und dabei auch genau auf die vom Dichter vorgenommenen Veränderungen reagiert, er hat zweitens ziemlich sicher auch den philosophischen Anspruch der Dichtung Tiedges, also den Kontext des vertonten Liedes, zur Kenntnis genommen, er pflegte drittens mit dem Autor einen zunehmend vertrauter werdenden persönlichen und brieflichen Umgang, und er besaß schließlich nachweislich ein eigenes Exemplar der gesamten *Urania*.

Christoph August Tiedge (1752–1841) gehört durch die enorme Verbreitung seiner Dichtungen zu den einflussreichsten Kant-Popularisierern seiner Epoche, wenn auch nicht zu den tiefsinnigsten. Sein großes Lehrgedicht *Urania*, an dem er 1792 zu arbeiten begann und das er erstmals 1801 als Ganzes veröffentlichte, wurde von einem späteren Biographen mit Recht als »eine poetische Behandlung der Kant'schen Philosophie« bezeichnet.[15] Damit sind die Vorzüge und die Nachteile des großen »lyrisch-didactischen Gedichts in sechs Gesängen« (so der Untertitel) treffend charakterisiert. Es sind zentrale Gedanken aus Kants *Kritik der praktischen Vernunft* und aus den letzten Paragraphen der *Kritik der Urteilskraft*, die hier in ein poetisch durchaus anspruchsvolles, aber dennoch eingängiges Format gegossen werden – die komplizierten Argumentationsketten und Deduktionen des Originals bleiben, durch das Genre fast notwendig bedingt, weitgehend auf der Strecke. Kants Ethik und die sich aus ihr als Postulat ergebende Moraltheologie werden mit leichter dichterischer Hand präsentiert wie ein Stück gefälliger Erbauungsliteratur. Dennoch verdient es festgehalten zu werden, dass es trotz des Mangels an gedanklicher Stringenz häufig die distinkte Terminologie Kants ist, die Tiedge hier erfolgreich zu poetisieren versucht. In gewisser Weise leistet er damit, was Kant selbst in der *Kritik der Urteilskraft* als Möglichkeit des poetischen Kunstwerks beschworen hat: »Der Dichter wagt es, Vernunftideen [...] zu versinnlichen«, und er vermag diese der Erfahrung eigentlich unzugänglichen Ideen mittels seiner produktiven Einbildungskraft, wie Kant das singuläre Vermögen des Genies nennt, »in einer Vollständigkeit sinnlich zu machen, für die sich in der Natur kein Beispiel findet«.[16]

Entsprechend umreißt Tiedge 1801 in seiner Vorrede als Ziel des Gedichts, die »wichtigen Gegenstände der Speculation« – das sind eben die Kant'schen Vernunftideen – »müßten aus den höheren

Regionen der Vernunft in den Mondschein der Phantasie hineingetragen, durch eine gewisse Individualisirung den Herzen näher gebracht werden können«.[17] Die Umsetzung dieser Absicht drückt sich tatsächlich in der dichterischen Bilderwelt der über 3 000 Verse umfassenden sechs Gesänge aus, mehr noch aber in einer Besonderheit, die dem Autor angesichts seiner philosophischen Ambition wohl dringend geboten schien: Jedem der sechs Gesänge ist eine (von Auflage zu Auflage wachsende) ausführliche Inhaltsangabe in ganz unmetaphorischer Prosa vorangestellt, und diese sechs nüchternen Inhaltsangaben lesen sich wie ein kleiner Lehrgang in Kant'scher Moralphilosophie, angewendet auf die Gemütslage eines nach dem Tod seiner geliebten Gattin an allem Trost irregewordenen Zweiflers, der erst am Ende seiner seelischen Odyssee den nunmehr auf eine solide philosophische Basis gestellten Glauben an Freiheit, Gott und Unsterblichkeit wiedergewinnt. In den ersten Auflagen heißt das Gedicht denn auch *Urania / über Gott, Unsterblichkeit und Freiheit* (das sind exakt die drei Postulate der praktischen Vernunft).[18] Es ist reizvoll sich vorzustellen, dass Beethoven beim Zugriff auf das Lied auch diese Texte aufmerksam gelesen haben könnte (dazu unten mehr). Ein Indiz dafür ist, dass er den Titel seines Liedes (*An die Hoffnung*) nur der Inhaltsangabe des ersten Gesanges und nicht etwa dem fortlaufend gedruckten Gedichttext selbst entnommen haben kann. Nur in die Inhaltsangabe nämlich ist die Überschrift ausdrücklich als »Lied an die Hoffnung« (V. 166–183) eingestreut, und zwar seit der dritten Auflage (Halle 1803); in der ersten (Halle 1801) war dieser Hinweis noch nicht vorhanden, das später so genannte Lied hat hier einen abweichenden Anfangsvers, und ihm fehlt noch die mittlere der drei Strophen. Das ist also ein klarer Hinweis auf die von Beethoven benutzte Ausgabe – falls er das Lied nicht aus den 1804 in Amsterdam erschienenen *Gesängen aus Tiedges Urania* des preußischen Hofkapellmeisters Friedrich Heinrich Himmel übernommen hat, denen dieselbe dritte Auflage zugrunde liegt.[19]

Wie dem auch sei (angesichts der ungeheuren Popularität der *Urania* ist es nicht einmal unwahrscheinlich, dass Beethoven vielleicht sogar schon die erste Auflage, Halle 1801, gekannt hat):

Spätestens bei der Neuvertonung hat ihm Tiedges Werk in jener letztmals erweiterten Auflage vorgelegen (Halle [4]1808), die sich auch in seinem Nachlass befand.[20] Inzwischen hatte er zudem den Autor bei einem sommerlichen Kuraufenthalt in Teplitz persönlich kennengelernt (August 1811), und von ihm erbat er sich auch die offenbar im Gespräch erwähnte Neuauflage, aus der er dann 1814 das unveränderte »Lied an die Hoffnung« zusammen mit der ihm neu vorangestellten Eröffnungsstrophe übernahm. Ein kurzer Blick auf die durch ein Jahrzehnt voneinander getrennten Vertonungen ist erhellend. Sie zeigen zunächst den reifen Komponisten auf dem Höhepunkt seines Schaffens (parallel mit der *»Waldstein«*-Sonate, der *»Appassionata«* oder den *»Rasumowsky«*-Quartetten) und dann beim allmählichen Übergang in den Spätstil (kurz vor dem Liederzyklus *An die ferne Geliebte,* den Cellosonaten op. 102 und der Klaviersonate op. 101).

1805 vertonte Beethoven Tiedges Gedicht, so wie auch schon bei den erwähnten Liedern nach Pfeffel und Mereau, noch als einfaches Strophenlied. Mehr als bei diesen beiden wird das gattungstypische Prinzip hier aber zum Problem, weil die Musik eigentlich nur zur ersten Strophe richtig passt. Im Umkehrschluss zeigt dies jedoch, wie sehr sich Beethoven kompositorisch in den Text hineingedacht hat: »Die du so gern in heil'gen Nächten feierst, / Und sanft und weich den Gram verschleierst, / Der eine zarte Seele quält, / O Hoffnung! laß, durch dich emporgehoben, / Den Dulder ahnen, daß dort oben / Ein Engel seine Tränen zählt!« Das Lied – genauer: die Vertonung der ersten Strophe – ist ein kleines Meisterwerk. Die Musik macht aus dem metrisch anspruchsvollen Gebilde (sechs Verse in zweimal 5/4/4-hebigen Jamben mit je zweimal klingender und einmal stumpfer Kadenz) mit scheinbar leichter Hand drei liedgemäße Achttakter, die mit geradzahligen Vor-, Zwischen- und Nachspielen in perlenden Triolenfiguren voneinander separiert bzw. miteinander verbunden sind. Auskomponiert ist ein weiter Spannungsbogen: In jenes feierlich-erhabene Es-Dur, das dem Komponisten zwei Jahre zuvor auch als Grundtonart für seine *Sinfonia eroica* passend erschienen war, wird die Strophe nur an ihren Rändern

(Anfangs- und Schlussworte) eingebettet; ansonsten wird die Tonika vermieden. Die Kadenz am Ende der ersten Hälfte verweist, halbschlüssig endend, eindeutig auf c-Moll (T. 12), das jedoch überraschenderweise nicht eintritt, sondern der Evokation der »Hoffnung« einen Auftritt in leuchtendem C-Dur überlässt (T. 15/16). Dieses aber trübt sich zum Wort »Dulder« doch noch zum c-Moll ein (T. 17/18), um sich dann am Ende des vierten Verses vorübergehend auf der Doppeldominante der Haupttonart festzusetzen (T. 22 ff.: F^7). Erst die von dort aus ansetzende Wiederholung der zweiten Strophenhälfte (die abermals den »Dulder« mit einer chromatischen Eintrübung versieht: T. 26) senkt sich dann in einem langen Bogen zu einem befriedigenden Schluss auf der Tonika. Die Überleitung zwischen den beiden Intonationen der zweiten Strophenhälfte ist mit diesen metrisch so verschränkt, dass sich im Resultat die reizvolle Irritation einer ungeraden Taktmenge (33 statt $4 \times 8 = 32$) ergibt. Das Lied ist 1805, wie damals bei Einzelliedern üblich ohne Opuszahl, in Wien erschienen (die Opuszahl 32 wurde ihm erst 1819 durch Artarias »Catalogue des Œuvres« nachträglich zugewiesen).

Demgegenüber fällt es auf, dass die 1816 ebenfalls in Wien erschienene Neuvertonung, anders als bei Einzelliedern üblich, eine eigene Opuszahl (op. 94) erhielt. Beethoven hat sich ausweislich der Skizzen um die Jahreswende 1814/15 mit ihr befasst; das Autograph trägt die eigenhändige Datierung »Februar 1815«. Diesmal lag dem Komponisten nicht nur eine erweiterte Textgrundlage vor, sondern hier wurde nun auch das störende Moment der starren Strophenliedvertonung im dreifachen Wortsinne aufgehoben: überwunden, verbessert und doch auf raffinierte Weise beibehalten. Dem dreistrophigen Gedicht ist nun der von Tiedge in die vierte Auflage neu eingefügte Fünfzeiler aus fünfhebigen Trochäen vorangestellt: »Ob ein Gott sey? ob er einst erfülle, / Was die Sehnsucht weinend sich verspricht? / Ob, vor irgend einem Weltgericht, / Sich dieß räthselhafte Seyn enthülle? / Hoffen soll der Mensch! er frage nicht!« Musikalisch realisiert Beethoven diesen neuen Beginn als Rezitativ, das nicht nur zwei Tempobereiche (»Poco sostenuto«, »Allegro«) überspannt, sondern auch harmonisch offen von b-Moll nach D-Dur schweift (T. 22) und sich mit dem Anruf des letzten Verses dann doppeldominantisch zur ersten Liedstrophe hin öffnet. Diese erste Strophe des »Liedes an die Hoffnung« wird nun, konsequenter als in der ersten Vertonung, als tonartlich stabiles »Lied« vertont (»Larghetto«, G-Dur), dafür aber metrisch komplexer gestaltet als dort. Am Ende der ganzen Komposition wird, um das Gesamtgebilde zu schließen, diese komplette Liedstrophe mit minimalen Varianten wiederholt (T. 71 ff.), sodass innerhalb dieses festen Rahmens nun für die beiden anderen Strophen, anders als in der früheren Fassung, eine je eigene passgenaue Musik komponiert werden kann, die sich wie das Eingangs-Rezitativ weit ausgreifendes harmonisches Schweifen erlaubt. Am Ende, nach der wiedergekehrten ersten Strophe, wird das Lied durch die als kleine Coda angehängte Interjektion »o Hoffnung!« im Pianissimo mit einer Geste von ungemein anrührender Innigkeit beschlossen.

Mit diesem Opus 94 liegt eine ingeniöse Neuvertonung vor, die mehrere einander eigentlich ausschließende Eigenschaften paradox verschränkt: Die Großform ist die einer opernhaften Szene aus harmonisch offenem Rezitativ und tonal geschlossener Da-Capo-Arie; die inhaltlich wichtigste erste Strophe wird als in sich gerundetes »Lied« vertont; die übrigen Strophen erhalten eine eigene Musik im Sinne des durchkomponierten Liedes; und die schließende Wiederkehr der ersten Strophe betont nicht nur deren Bedeutung (aus der sich auch der neue Zusatz eines Schlusses auf »o Hoffnung!« ergibt), sondern macht das Ganze auch erst zu einem harmonisch geschlossenen Gebilde. Es dürfte kein Zufall sein, dass diese Idee wenig später in dem großen Liederkreis *An die ferne Geliebte* op. 98 weitergetrieben wird, indem dort die sechs harmonisch differenzierten Lieder des Zyklus so übergangslos miteinander verknüpft werden, wie es im Opus 94 auf der Ebene der Einzelstrophen realisiert ist. Das Werk ist damit der erste geschichtsmächtige, in seiner Form völlig singuläre Liederzyklus der Musikgeschichte geworden – mit einer Fernwirkung in alle folgenden Generationen hinein. Und die Neuvertonung des Liedes *An die Hoffnung* gehört, konzeptionell betrachtet, zu seiner Genese hinzu.

Es ist darüber hinaus, worauf die Herausgeberin der Lieder in der Neuen Gesamtausgabe hingewiesen hat,[21] nicht belanglos, dass beide Vertonungen von Tiedges Lied jeweils im Umkreis von Beethovens Beschäftigung mit seiner einzigen, weltanschaulich hochambitionierten Oper entstanden sind: die erste 1805 parallel zur *Leonore*, die zweite 1814 zeitgleich mit deren Umarbeitung zur letzten Fassung des *Fidelio*. Ob gar ein kausaler und nicht nur zeitlicher Zusammenhang besteht, lässt sich zwar nicht entscheiden. Fest steht aber, dass alle Werke, das große Bühnendrama wie das kleine Lied, auf ihre je eigene Weise ein Stück »Weltanschauungsmusik«[22] darstellen (und zugleich zu den in Beethovens Œuvre seltenen Kompositionen zählen, von denen überhaupt mehrere signifikant voneinander unterschiedene Werkfassungen vorliegen). Das »Lied an die Hoffnung« muss ihm, so wie die ganze *Urania* und zumal seit der persönlichen Vertrautheit mit dem Dichter, viel bedeutet haben. Daher lohnt es sich, abschließend noch einen Blick auf dessen Kontext in Tiedges Lehrgedicht zu werfen. Gemeint ist die bereits erwähnte Einbettung der sechs Gesänge in die jeweils vorangestellten »philosophischen« Inhaltsangaben. Dass Beethoven sie schon bei der ersten Vertonung wahrgenommen haben könnte, ist nur zu vermuten, bei der Neuvertonung hingegen so gut wie sicher. Nach dem persönlichen Treffen in Teplitz erbat sich der Komponist ein Exemplar der Neuauflage vom Autor selbst (den er um diese Zeit bereits vertraulich duzte),[23] und der gemeinsamen Bekannten Amalie Sebald gegenüber bekannte er ein Jahr später: »In Tiedge will ich blättern.«[24] Wohl aus diesem »Blättern« heraus, mit dem eine regelmäßig gepflegte Erbauungslektüre gemeint sein dürfte, ist dann gute zwei Jahre später die Neuvertonung entstanden.

Die von Beethoven offenbar überaus geschätzte *Urania* ist ein Lehrgedicht, das komplizierte Sachverhalte in populäre Bilder gießt. Tiedge selbst hat sie in der Widmungsvorrede an Gleim als »Lied von Gott und der Unsterblichkeit« bezeichnet.[25] Zugrunde liegt ein philosophisch-poetisch-didaktisches Programm. Das meiste davon verdankt sich der Kant-Lektüre und der Absicht ihrer Popularisierung, die indessen einer oft bedenklichen Komplexitätsreduktion unterliegt. Die dem ersten Gesang vorangestellte Betonung »der, dem Menschen zugeschriebenen, sittlichen Freiheit und der, davon herfließenden, Verdienstlichkeit und Zurechnungsfähigkeit moralischer Erscheinungen« (S. 5)[26] gibt tatsächlich Kants moral- und rechtsphilosophische Terminologie angemessen wieder. Die Auffassung von einer Natur hingegen, »wo die Erscheinungen der physischen Welt auf eine Gottheit hindeuten« (S. 2), verfehlt in ihrer kurzschlüssigen Direktheit die Pointe von Kants neuem moralischem (und eben nicht physikotheologischem) Gottesbeweis vollkommen. Es fällt überhaupt auf, dass Tiedge immer dort, wo schließlich die Lösung aller Zweifel im Glauben an einen personalen Gott gipfelt, von Kants kritischer Argumentation ins Dogmatische hinein abweicht, obwohl er dem eigentlichen Gedankengang Kants zwischendurch immer wieder sehr nahe kommt: so etwa, wenn er betont, es sei »die Tugend, die uns nöthigt, einen Gott zu glauben« (S. 35). So ist es in der Tat bei Kant: Moral kann nicht aus dem Glauben begründet werden, sondern genau umgekehrt dieser nur aus der vernunftbasierten Moral. Das und nichts anderes ist mit der Autonomie der Sittlichkeit gemeint (die eben nicht heteronom und insofern auch nicht theonom begründet ist). Im Sinne Kants ist es auch angemessen, wie Tiedge dies zunächst tut, die »Fortsetzung unseres Daseyns«, also die Unsterblichkeit, als Postulat der praktischen Vernunft anzunehmen (S. 164). Mit der Betonung der für alle Kant-Rezipienten von Schiller über Fichte bis zu den Romantikern skandalösen Kluft zwischen Freiheit und Natur paraphrasiert er zudem exakt jenes Problem, um dessen Lösung Kants späte Philosophie kreist: »Die Art des Zusammenhanges der geistigen Kraft mit der sinnlichen Organisation begreifen wir nicht« (S. 121). An der Frage, ob der Weg zu ihrer Überbrückung dann in der Kunst, im Glauben, in einer neuen Grundsatzphilosophie oder im Entwurf einer subjektiven Teleologie und Vernunftreligion liegt, haben sich indessen um 1800 die Geister scharf geschieden. Tiedge kennt die Prämissen, verdünnt aber die Resultate.

Also nur im Ergebnis eines zweifelsfreien Glaubens an einen personalen Gott und einer positiven Gewissheit der eigenen Unsterblichkeit fällt der Kantianer Tiedge versöhnlich hinter den »alles zermalmenden« Kant zurück.[27] Gerade das dürfte allerdings ein entscheidender Grund für die immense zeitgenössische Popularität der *Urania* sein. Der gedankliche Weg dorthin aber, nämlich der Ausgang von dem unveräußerlichen Faktum der menschlichen Vernunftautonomie, wird über weite Strecken hin konsequent abgeschritten. »Unendlich erhaben ist die Bestimmung des Menschen« (S. 164): Das ist sehr emphatisch im Sinne Kants gesagt und dürfte auch Beethovens uneingeschränkten Beifall gefunden haben. Stets wird die sinnlich-geistige Doppelnatur des Menschen bedacht (S. 211), und der empirisch nicht belegbaren Freiheit – dem Kerngedanken der gesamten kritischen Philosophie – wird ganz korrekt eine nur aus dem moralischen menschlichen Handeln heraus erschließbare Realität zugestanden: Es ist »die Stimme der gebietenden Vernunft, die uns zur sittlichen Freiheit beruft« (S. 212). Die komplizierte Argumentation, durch die Kant 1788 in der *Kritik der praktischen Vernunft* die in der *Grundlegung zur Metaphysik der Sitten* (1785) noch geforderte »Deduktion« der Freiheit ersetzte,[28] hat Tiedge also verstanden. Und nicht weniger entscheidend ist in diesem Zusammenhang auch, dass bei ihm trotz aller Verkürzung die durch Kant erneuerte (und in dieser Weise auch für Schiller verbindliche) Fassung des Erhabenen als eines Phänomens der geistigen Selbstbehauptung ziemlich korrekt wiedergegeben wird: »Diese Freiheit ist es, die den Menschen, wenn er, den erhabensten Auftritten der Natur gegenüber, wie in ein Nichts sich verliert, kräftig erhebt. Erhebung ist das Wesen der Vernunft« (S. 214). Das wird dann in den einschlägigen Versen des sechsten Gesangs, ganz im Sinne des berühmten »Beschlusses« von Kants zweiter Kritik, am Phänomen des gestirnten Himmels poetisch demonstriert (S. 255 ff.), der den Menschen in seiner Unendlichkeit zunächst zwar erschreckt, ihn dann aber in der Selbsterhebung zu moralisch-vernünftiger Autonomie seine Teilhabe an einer übersinnlichen Welt entdecken lässt. Es ist bemerkenswert, dass Beethoven, wovon an Ort und Stelle noch zu reden sein wird, viele Jahre später das hier von Tiedge prosaisch paraphrasierte und poetisch ausgemalte Kant'sche Original selbst entdecken und dann mit dem emphatischen Wiedererkennungssignal dreier Ausrufezeichen versehen wird: »Kant!!!«

In der von Beethoven für die zweite Fassung des Liedes benutzten Ausgabe brachte Tiedge schließlich auch ein vorsichtiges Lob für die Französische Revolution (natürlich unter Verurteilung ihrer terroristischen Auswüchse) unter, und zwar als weiteren schlagenden Beweis für die Kraft des sittlichen Freiheitsstrebens (S. 211) – ganz ähnlich wie Kant, der 1798 in einer seiner letzten publizierten Schriften die Sympathie des europäischen Publikums mit der Revolution (und nicht etwa diese selbst) als ein aus der moralischen Entwicklung der Menschheit nicht mehr zu verlierendes »Geschichtszeichen« begrüßt hatte.[29] Man könnte also zuspitzen, dass Tiedge die dritte der drei berühmten Kant'schen Fragen (»Was darf ich hoffen?«[30]), aus der auch die praktische Philosophie hervorgeht, zum Ausgangspunkt seiner *Urania* gemacht hat (dort ist denn auch das von Beethoven vertonte »Lied an die Hoffnung« untergebracht), dann weiterhin der Problemexposition von Kants Ethik und Rechtsphilosophie folgt, am Schluss aber deren kritische Resultate ins gefällig Erbauliche einer nun zwar philosophisch unterfütterten, aber doch dogmatisch gefassten Glaubensgewissheit verbiegt.

Wie soll man sich nun Beethoven als Leser und als Gesprächspartner Tiedges vorstellen? Vielleicht stellt die Auswahl eines einzigen, freilich gedanklich entscheidenden Gedichts aus dem ersten Gesang der *Urania* schon eine gewisse Stellungnahme dar. »Hoffen soll der Mensch! er frage nicht!«, heißt es im Opus 94; ein Gegenstand des theoretischen Wissens kann das Dasein Gottes jedenfalls nicht sein. Andere der von Tiedge ausdrücklich als lyrische Formen gekennzeichneten Texte hat er aus der *Urania* nicht übernommen, auch nicht den schließenden »Hymnus an die Unsterblichkeit« (V. 683–702, S. 214). Von Interesse ist daher auch, was in dem erhaltenen Schriftverkehr zwischen Beethoven, dem bewundernden Leser, und Tiedge, dem geschätzten Autor, in teils recht burschikosem Ton verhandelt wird. Ein auf den ersten Blick unscheinbares Beispiel mag genügen. In seinem ersten Brief aus Teplitz, wo er Tiedge im Sommer 1811 persönlich kennengelernt hatte, berichtet der am Kurort allein zurückgebliebene Beethoven von seinen Mittags- und Abendmahlzeiten, »wo ich das was nun einmal das menschliche Thier zu sich nehmen muß, um das Geistige hervorzubringen, gerne in einiger Gesellschaft zu mir nehme«.[31] Sicherlich eine Reminiszenz an den gesprächsweise gepflegten Umgangston, drückt diese bemerkenswerte Formulierung nicht etwa, wie man meinen könnte, Sarkasmus oder gar Zynismus aus, sondern sie ist eine erstaunlich genaue Nachbildung jenes weithin als anstößig empfundenen Sprachgebrauchs, mit dem Immanuel Kant das antike »animal rationale« drastisch in sein Konzept des Menschen als eines sinnlich-geistigen Doppelwesens und damit eines (freilich vernunftbegabten) Tiers überführt hatte. Beethoven mag dies aus den Gesprächen mit Tiedge aufgegriffen haben, dem der Kant-Bezug zweifellos bewusst war: Jedenfalls bedient er sich hier wissend oder unwissend eines Grundaxioms der kritischen Anthropologie, dem dann auch Schillers *Briefe über die ästhetische Erziehung des Menschen* (1795) und die späteren Auflagen von Sulzers vielgelesener *Allgemeiner Theorie der Schönen Künste* verpflichtet sind. Schiller wie Sulzer erhoffen allerdings die Überbrückung der Kluft zwischen Sinnlichkeit und Vernunft in einer ästhetischen Mittelsphäre, gleichsam als Erziehung zur Sittlichkeit durch Kunst (so wie man es auch Beethoven unterstellen kann).[32] Sie ziehen damit eine utopisch-versöhnliche Konsequenz aus Kants Ansatz, der unerbittlich auf die Verpflichtung des seiner Vernunft bewussten Menschen zur vernünftig-moralischen Selbstbestimmung gezielt hatte und auch nach 1790 keineswegs das Konzept einer ästhetischen Erziehung, sondern die teleologische Idee einer als zweckmäßig zu beurteilenden Weltordnung verfolgte, in der moralisches Handeln geboten ist, aber auch gelingen kann. Folgerichtig formuliert Kant die anthropologischen Prämissen im Vergleich zu Schiller viel grundsätzlicher und schroffer (so wie Beethoven in dem zitierten Brief). Seine in der *Kritik der Urteilskraft* entworfene Teleologie fasst die Menschen unverblümt »als Tiere«, wenngleich »als vernünftige Tiere (in wie niedrigem Grade es auch sei)« auf,[33] die zwar im Rahmen einer sinnvoll zu denkenden Natur als vernunft- und moralbegabte Sinneswesen zu kulturerzeugender Geselligkeit gelangen sollen, aber ihre problematische Doppelnatur weder verleugnen noch gar ablegen können. Die späten geschichtsphilosophischen Schriften führen diesen Gedanken weiter aus.

In Beethovens zitiertem Satz blitzt mit der derben Formulierung vom »menschlichen Thier« ein launig-witziges Konzentrat dieser Argumentation als Sympathie mit deren anthropologischen Grundlagen auf. Die solche Gedankengänge popularisierenden, wenn auch sprachlich mildernden Formulierungen aus Tiedges *Urania* kannte er ohnehin und durfte folglich damit rechnen, dass sein Korrespondenzpartner den Bedeutungshof seiner Formulierung erkennen würde. Aus solchen Passagen speist sich Beethovens besonderer Humor, über den noch ausführlich nachzudenken sein wird. Das seiner selbst als Geisteswesen sehr bewusste Genie spricht mit einer gehörigen Portion Selbstironie in einem wahrhaft umfassenden Sinne als realer Mensch. Das Bild Beethovens gewinnt dadurch an Tiefenschärfe: Paradoxerweise ist er mit seinem künstlerischen Gesamtprogramm faktisch zwar näher bei dem pädagogischen Optimismus Schillers und Sulzers, mit seiner drastisch-derben Formulierung aber ganz dicht bei dem hierin völlig illusionslosen Kant (der allerdings der Erfahrung des Schönen, wie noch zu zeigen sein wird, durchaus eine besondere Leistung zutraut). Freilich kennt Beethoven auch die freundlicher formulierte idealistische Vorstellung »wir endliche mit dem unendlichen Geist«[34] – dies wird bezeichnenderweise aber einer Dame gegenüber geäußert (seiner vertrauten Korrespondenzpartnerin Marie von Erdödy). Sein Selbstverständnis erhält damit ein unverwechselbares Profil, und für die Interpretation seiner Musik wird das im Auge zu behalten sein.

* * *

Beethoven hat keinerlei Neigung verspürt, umfangreiche weltanschauliche, religiöse oder politische Bekenntnisse zu Papier zu bringen. Höchstens exzerpierte er ihn ansprechende Literaturstellen mehr oder weniger ausführlich in seinem zeitweilig geführten Tagebuch. Auch das Briefeschreiben, das er nach Möglichkeit auf pragmatische Mitteilungen beschränkte, war ihm oft so lästig, dass er Korrespondenzpartner in wenig dringlichen Angelegenheiten nicht selten ein Jahr oder länger auf Antwort warten ließ. Es gibt indessen ein einziges umfangreiches Dokument, das man in gewisser Hinsicht doch als die Niederschrift einer Konfession im weitesten Sinne bezeichnen kann: das von der Nachwelt so genannte »Heiligenstädter Testament«, das Beethoven am 6. und 10. Oktober 1802 am Ende seines sommerlichen Erholungsaufenthaltes auf dem Lande verfasste und danach sorgfältig im Schreibtisch verwahrte.[35] Das »Testament« (in juristischer Hinsicht ist es ein solches nur in seinem knappen zweiten Teil) zeigt eine für Beethovens Verhältnisse geradezu kalligraphische Erscheinungsform;[36] es ist zudem sorgfältig konzipiert und strukturell so disponiert wie ein kleines sprachliches Kunstwerk. Diese hochgradige Artifizialität macht es ganz unwahrscheinlich, dass es sich um einen spontanen emotionalen Ausbruch handelt: Wie in der gerade erst komponierten *»Mondschein«*-Sonate oder in der bald darauf zu komponierenden *»Appassionata«* ist dieser Ausbruch vielmehr sorgfältig stilisiert.

Das Schreiben, das von einer tiefen Lebenskrise zeugt, ist zwar formell an die beiden jüngeren Brüder Kaspar Karl und (den nicht namentlich genannten) Johann gerichtet, beginnt aber, die Sphäre des Privaten mit großer pathetischer Geste rhetorisch sogleich überschreitend, mit der universalen Anrede: »O ihr Menschen die ihr mich für Feindseelig störisch oder Misanthropisch haltet«, um dieser so angesprochenen Gemeinschaft dann die »geheime ursache« dieser missverstandenen Charakterzüge zu erklären. Diese von Beethoven bisher verborgen gehaltene Ursache entpuppt sich als die seit Jahren schwelende und nunmehr in ein kritisches Stadium getretene Ertaubung, die den jungen Komponisten von der Teilnahme an der Geselligkeit allmählich abzuschneiden drohe (dieser Aspekt des Leidens erscheint ihm sogar gravierender als dessen für den Musiker eigentlich zerstörerische professionelle Konsequenz). Er sei »mit einem feurigen Lebhaften Temperamente gebohren« und, so betont er gegen den irreführenden Augenschein, »selbst empfänglich für die Zerstreuungen der Gesellschaft«, in die der zunehmend Schwerhörige sich aber kaum noch traue. Der mehrmonatige Landaufenthalt, auf Anraten der Ärzte angetreten, hatte die Heilung durch größtmögliche Schonung des Gehörs in der Natur bringen sollen, ohne dass sich jedoch ein greifbarer Erfolg eingestellt hätte. Nachträglich wird das Bekenntnis abgelegt, dass es sogar suizidale Anfechtungen zu überwinden gegolten habe (»es fehlte wenig, und ich endigte selbst mein Leben«). Das ist ein erstaunlicher Punkt, denn als Gegenmittel zur Überwindung dieser Anfechtungen erscheint weder eine religiöse Überzeugung noch das von Kant so prominent begründete Selbstmordverbot,[37] sondern allein die eigene Musik: »Nur sie die *Kunst,* sie hielt mich zurück, ach es dünkte mir unmöglich, die Welt eher zu verlassen, bis ich das alles hervorgebracht, wozu ich mich aufgelegt fühlte, und so fristete ich dieses elende Leben.« Der weitere Gedankengang beschwört die »Geduld« als »führerin«, und der Schreiber beklagt, er habe sich »schon in [s]einem 28 Jahre gezwungen Philosoph zu werden«. Gegen Ende kehrt der Gedanke des Einstiegs machtvoll wieder mit der Reprise und Verstärkung des Appells an die Nachwelt: »O Menschen, wenn ihr einst dieses leset, so denkt, daß ihr mir unrecht gethan, und der unglückliche, er tröste sich, einen seines gleichen zu finden, der trotz allen Hindernissen der Natur, doch noch alles gethan, was in seinem Vermögen stand, um in die Reihe würdiger Künstler und Menschen aufgenommen zu werden.« Auch der überwundene Suizidgedanke tritt refrainartig wieder ein, diesmal aber unter Einführung eines weiteren Gegenmittels neben der Kunst: »*Tugend,* sie nur allein kann glücklich machen, nicht Geld, ich spreche aus Erfahrung, sie war es, die mich selbst im Elende gehoben, ihr Danke ich nebst meiner Kunst, daß ich durch keinen selbstmord mein Leben endigte.« Erweiterte und variierte Wiederkehr am Ende des ersten Teils – darin liegt ein beachtliches formbildendes Moment des fast musikalisch strukturierten Textes.

Trotz seiner Künstlichkeit, die an literarische Vorbilder wie etwa Goethes *Werther*-Roman denken lässt, wirkt das Dokument durch seinen Gehalt natürlich erschütternd. Bemerkenswert ist die Freizügigkeit der zweimaligen Erwähnung einer überwundenen Suizidanfechtung (beim zweiten Mal kommt mit der »Tugend« nun doch noch etwas Kant ins Spiel), die an eine Passage in Tiedges *Urania* denken lässt. Das Dasein sei dem Menschen zu seiner Verfügung »in die Hände gegeben«, formuliert Tiedge in der Inhaltsanzeige zum sechsten Gesang (hier in der lakonischeren Formulierung der ersten Auflage von 1801, die natürlich als einzige infrage kommt, falls man bereits dem Beethoven des »Heiligenstädter Testaments« eine Kenntnis der *Urania* unterstellen will): »Er kann es von sich werfen. – Ob er es je, wie eine Bürde, abwerfen sollte: ist eine andere Frage, die nicht hier her gehört – er kanns, weil er frei ist.«[38] Unerheblich ist aber, ob Beethoven hier wirklich schon als Leser der *Urania* spricht; wichtiger ist die Beobachtung, dass er sich später zu weiten Teilen in ihr wiedererkennen konnte.

Eine gravierende Differenz jedoch besteht, von Anfang an und dauerhaft, in der Äußerungsform der Religiosität. Der Gott, den Beethoven hier anruft, ist nicht anthropomorph, sondern er wird rhetorisch in einem Kollektivsingular aufgehoben: »Gottheit du siehst herab auf mein inneres, du kennst es, du weist, daß menschenliebe und neigung zum Wohlthun drin Hausen.« Es gibt bis jetzt nur wenige Versuche, Beethovens Religiosität systematisch und genetisch zu beschreiben.[39] Als frommen Katholiken wird man Beethoven nicht bezeichnen können; der Kirche als Institution begegnete er in seiner Wiener Zeit eher mit kritischer Distanz, und während der Arbeit an der *Missa solemnis* musste er sich später von seinem Neffen den Ablauf des Rituals eigens erklären lassen (was für jemanden, der in seiner Jugend als Hoforganist regelmäßig die Messliturgie begleitet hatte, erstaunlich ist). Andererseits ist festzuhalten, dass es sich bei seiner aufgeklärten Religiosität auch nicht, wie der in dieser Materie offenbar wenig kenntnisreiche Biograph Anton Schindler später behauptete, um eine Erscheinungsform des »Deismus« handeln kann.[40] Die habituelle Rede von der »Gottheit« – das berühmteste Beispiel wird später der »Heilige Dankgesang eines Genesenen an die Gottheit« aus dem Streichquartett op. 132 sein – ist ein Indiz dafür, dass abweichend vom weltabgekehrten Gott des Deismus durchaus eine ansprechbare und handlungsfähige Instanz vorausgesetzt wird, aber anders als in Tiedges populärer *Urania* als

Adressat kein personaler Gott infrage kommt. Manchmal wird diese Instanz auch einfach als »der höchste« bezeichnet.[41] Man wüsste gern, ob Beethoven als Jugendlicher etwas vom Beginn der aufklärerischen Religionsdebatte mitbekommen hat, die Friedrich Heinrich Jacobi 1785 mit seiner Schrift *Über die Lehre des Spinoza in Briefen an den Herrn Moses Mendelssohn* ausgelöst hatte. Diese publizistische Debatte, in die sich nacheinander Mendelssohn, Goethe, Herder, Kant und viele andere einschalteten, kann hier nicht ansatzweise dargestellt werden.[42] Aber ihr Resultat zeigt doch, dass die Intellektuellen des späten 18. Jahrhunderts ein breites Spektrum von Gottesvorstellungen ausbildeten, das vom außerweltlichen persönlichen Gott (bei Jacobi, dem Auslöser der Debatte, selbst; dann, wie dargestellt, auch bei Tiedge) über einen mit dem Ganzen der Natur zusammengedachten immanenten Welturheber (bei Herder, der Jacobi brieflich mit leichter Ironie als »lieber, bester extramundaner Personalist« adressierte,[43] und bei Goethe) bis hin zu einer moralisch begründeten Gottesinstanz als Postulat der praktischen Vernunft (Kant) reichte. Als dann, gleichsam auf einer zweiten Entfaltungsstufe der Debatte, in den 1790er-Jahren Kant von der preußischen Zensur drangsaliert wurde und in Jena der sogenannte »Atheismusstreit« zur Entlassung Fichtes führte, war Beethoven bereits in Wien – wiederum liegt kein Zeugnis darüber vor, ob er das alles von dort aus zur Kenntnis genommen hat. Um ihn versuchsweise in dieser diskursiven Gemengelage zu positionieren, bietet sich abschließend noch einmal ein kurzer Blick auf Liedtexte und Lesefrüchte an.

* * *

Kurz vor dem Heiligenstädter Aufenthalt, nämlich im März 1802, hat Beethoven die Vertonung seiner Gellert-Lieder abgeschlossen, die schließlich im August 1803 bei Mollo in Wien erschienen. Die hohe Opuszahl 48 erhielten sie erst später (1819 in Artarias »Catalogue des Œuvres«). Obwohl alle signifikanten Quellen (unter anderem die erhaltenen Autographe der letzten beiden Lieder) aus der Zeit um 1802 stammen, gibt es Skizzen-Hinweise auf eine erste Beschäftigung mit den Texten aus den Jahren 1798/99. Ob es von dort bis zur Fertigstellung eine kontinuierliche Arbeit an den Liedern gab, ist nicht zu ermitteln. Jedenfalls hat dieser Umstand begreiflicherweise die Gewohnheit gefördert, die Gellert-Lieder mit der um 1798 einsetzenden Ertaubungskrise in Verbindung zu bringen, die kurz nach der Vollendung der Sammlung im »Heiligenstädter Testament« ihren ersten Höhepunkt erreichte.

Es handelt sich um eine Auswahl von sechs Liedern aus Christian Fürchtegott Gellerts Sammlung *Geistliche Oden und Lieder,* die 1757 in Leipzig erschienen waren und bereits ein Jahr später von Carl Philipp Emanuel Bach vollständig, also alle 54 Lieder umfassend, vertont wurden. Obwohl Gellerts Lieder noch bis gegen 1800 eine gewisse Popularität genossen, wofür etwa die Komposition eines Einzellieds durch Joseph Haydn (1799) ein letztes Zeugnis ist, hat Beethoven hier doch erstmals eine fast anachronistisch anmutende Textwahlentscheidung getroffen. Ob sie in Kenntnis der Vertonung des verehrten Bach, also als Gestus einer willentlichen Einreihung in eine Tradition, oder auf der Grundlage einer der vielen Textauflagen erfolgte, ist nicht zu klären. Entscheidend ist jedenfalls, dass Beethoven die Anordnung der sechs ausgewählten Lieder offenbar sehr intensiv durchdachte und damit die erste geschlossene Liedersammlung seines Œuvres vorlegte. Gellerts *Geistliche Oden und Lieder* sind Texte für die häusliche Andacht, und ihr Gegenstand ist, angesichts ihrer Entstehungszeit auch gar nicht anders denkbar, ein persönlicher, ansprechbarer und als gütig, allmächtig und gerecht vorauszusetzender Gott. So markiert es gleich das von Beethoven zweifellos mit Bedacht an diese Position gesetzte Eröffnungslied: »Gott, deine Güte reicht so weit, / So weit die Wolken gehen; / Du krönst uns mit Barmherzigkeit, / Und eilst, uns beyzustehen, / Herr, meine Burg, mein Fels, mein Hort, / Vernimm mein Flehn, merk auf mein Wort; / Denn ich will vor dir beten!« Es ist also diese hier annoncierte Gebetshaltung, die pragmatisch das Nachfolgende bestimmt. Beethovens Musik zeichnet sich, um es paradox auszudrücken, insgesamt durch raffinierte Schlichtheit aus: Die Worte werden in streng syllabischer Vertonung präsentiert, in gleichmäßig getragenem Rhythmus, in akkordischer Klangfülle, die aber subtil mit der Selbständigkeit polyphoner Stimmführung verflochten wird bzw. sich aus dieser zwanglos ergibt. Harmonisch wird nicht sehr weit ausgegriffen, wobei dann aber doch die mediantischen Rückungen in der Mitte des zentralen Liedes *Die Ehre Gottes aus der Natur* als ausgesprochen bedeutungstragend ins Ohr fallen: Nach dem »majestätisch und erhaben« und fortissimo vorzutragenden C-Dur-Eingang der ersten Strophe (»Die Himmel rühmen des Ewigen Ehre«) erhält durch eine erste Rückung von C- nach E-Dur, nun piano, die Lobpreisung (»Ihn rühmt der Erdkreis«) eine gänzlich andere Farbe (T. 11), und nach Wiedererreichung der Dominante der Haupttonart (G-Dur) schwebt dann die Folge rhetorischer Fragen (»Wer trägt der Himmel unzählige Sterne?« etc.) im geheimnisvollen Pianissimo über einem Klangband von Akkordrepetitionen in Es-Dur. Diese beiden terzverwandten Tonarten, die im C-Dur des Liedes wie Intarsien wirken, sind mit den Haupttonarten zweier anderer Lieder verzahnt: mit dem feierlichen E-Dur des ersten Liedes (ausdrücklich »feierlich und mit Andacht« vorzutragen) und mit dem andächtig-erhabenen Es-Dur des zweiten. Solche Tonartencharakteristik fällt durchaus auf: so auch das erstaunlich dissonant eingeleitete fis-Moll des dritten Liedes (*Vom Tode*: »Meine Lebenszeit verstreicht, / Stündlich eil ich zu dem Grabe«), eine von Beethoven als Tonika einer ganzen Komposition nur selten verwendete Tonart, die hier die Intonation des »Denk', o Mensch, an deinen Tod!« besonders schauerlich hervorhebt.

Das fragmentarisch erhaltene Autograph zeigt, dass Beethoven mit der zyklischen Anordnung bis zuletzt experimentiert hat, denn in seinem Manuskript erscheinen die Lieder 5 und 6 (so die Originalausgabe) noch in umgekehrter Nummerierung. Es mag sein, dass für die endgültige Anordnung rein musikalische Gründe verantwortlich waren, denn das *Bußlied* Nr. 6, als einziges durchkomponiert und eine Entwicklung von Moll nach Dur vollziehend (a-A), eignet sich von allen am besten als großes »Finale« des Zyklus, obwohl es nach vielen passionierten Aufschwüngen ganz still endet (decrescendo, piano). Dass Beethoven das lapidare *Gottes Macht und Vorsehung* (endgültig Nr. 5) ursprünglich als Schluss des Zyklus vorgesehen hatte, leuchtet aber ein; es ist ein machtvoll-knappes Loblied in strahlendem C-Dur und korrespondiert auf diese Weise mit dem zentralen *Die Ehre Gottes in der Natur.* In der endgültigen Reihenfolge endet der Zyklus mit dem weitaus längsten Lied und mit dem Gestus der Demut und Nachdenklichkeit. Damit korrespondiert der schließende Indikativ der Aussage »Der Herr erhört mein Flehen, / Und nimmt sich meiner Seele an« mit dem Imperativ der Bitte »Herr! meine Burg, mein Fels, mein Hort, / Vernimm mein Flehn, merk auf mein Wort« aus dem Eröffnungslied.

Die Idee des geschlossenen Zyklus lässt offenbar mehrere plausible Dispositionen zu. Eine in Leipzig bei Hoffmeister & Kühnel erschienene Ausgabe (Ende 1803) ordnet die Lieder so, dass ihre Tonartenfolge plausibler erscheint als in der Wiener Originalausgabe: 1 (E-Dur), 5 (C-Dur), 2 (Es-Dur), 3 (fis-Moll), 4 (C-Dur), 6 (a-Moll / A-Dur). Ob dies mit Beethovens Beteiligung oder eigenmächtig geschah, lässt sich nicht klären. Ähnliches gilt für eine zum selben Zeitpunkt publizierte Edition bei Beethovens altem Bonner Bekannten Nikolaus Simrock, die auf ein ganz anderes Problem verweist: Hier sind, entgegen dem Autograph und der Originalausgabe, bei allen Liedern sämtliche Strophen Gellerts mitabgedruckt, wodurch etwa das nur 18 Takte umfassende Lied Nr. 5 vom kürzesten zum nahezu längsten aufsteigt (es hat in Simrocks Ausgabe 15 Strophen). Dass, wie in Beethovens Autograph der Fall, in Kompositionsmanuskripte nur die erste Strophe eingetragen wurde (zu der die Musik dann eigentlich und vor allem passt), gehört zu den Gepflogenheiten der Zeit, und die Originalausgabe folgt ihr ebenfalls. Das schließt aber keineswegs aus, dass die Benutzer der Ausgabe die weiteren Strophen aus ihrer Kenntnis der Textvorlage ergänzen. Eine wichtige Quelle aus Beethovens Umkreis, eine mit »Montags den 8^{t} Martz 1802« datierte Abschrift, stellt zum Beispiel der Musik jedes Liedes die folgenden Textstrophen separat nach. Dass allerdings die Ausführung aller Lieder in ihrer strophischen Vollständigkeit den nur bei lakonischer Einstrophigkeit wahrnehmbaren Zyklusgedanken stark tangiert, liegt auf der Hand. Eindeutig zu lösen ist das Problem nicht.

Die Gellert-Lieder haben ihr spezifisches Gewicht als Bekenntniswerk im Kontext einer Lebenskrise. Eine den *Oden und Liedern* Gellerts vergleichbare Erbauungspoesie hat Beethoven offenbar auch später noch gleichermaßen geschätzt, obwohl er diesmal nichts davon vertonte: Christoph Christian Sturms *Betrachtungen der Werke Gottes im Reiche der Natur* (1772), von denen ebenfalls Carl Philipp Emanuel Bach etliche in Musik gesetzt hat (1781). Beethoven besaß eine Ausgabe von Sturms *Betrachtungen* wohl spätestens seit 1815 (das ist übrigens kurz nach der Neuvertonung von Tiedges *An die Hoffnung*), und bald darauf finden sich Exzerpte daraus in dem von 1812 bis 1818 geführten Tagebuch. Auch die zahlreichen Anstreichungen in seinem Nachlass-Exemplar von Sturms Werk sind seither mehrfach untersucht worden.[44] Belegen sie aber wirklich, dass Beethoven »eine personale Gottesvorstellung hatte und an ein transzendentes Gegenüber geglaubt hat, dem er sich vertrauensvoll nahte«?[45] Das Tagebuch macht klar, dass die exzerpierende Lektüre Sturms abermals, wie im Fall der Gellert-Lieder, im Kontext einer Lebenskrise steht: dem aufreibenden juristischen Kampf um die Vormundschaft für seinen Neffen Karl. Sturms Erbauungsbuch hat Beethoven offenbar über einen längeren Zeitraum hinweg begleitet. So enthält das Tagebuch noch an der Stelle, an der es im Frühjahr 1818 abbricht, das folgende Sturm-Exzerpt: »Gelassen will ich mich also allen Veränderungen unterwerfen und nur auf deine unwandelbare Güte o Gott! mein ganzes Vertrauen setzen. Dein[,] Unwandelbarer, Deiner soll sich meine Seele freuen. Sey mein Fels, mein Licht, ewig meine Zuversicht!«[46] Dem entspricht sprachlich wie inhaltlich, wenige Seiten vorher, der fragmentarische Eintrag: »Gott Gott mein Hort mein Fels o mein.«[47] Das allerdings ist, womit der Bogen sich rundet, nichts anderes als eine Reminiszenz an das anderthalb Jahrzehnte zuvor vertonte Gellert-Lied *Bitten* (op. 48, Nr. 1). Dort hieß es: »Herr! meine Burg, mein Fels, mein Hort«.

Die Gellert-Lieder wie die Sturm-Exzerpte sind Momentaufnahmen aus zwei Lebenskrisen. So belastbar wie die genau zwischen ihnen liegenden beiden Tiedge-Vertonungen mit ihrer quellengestützten »circumstantial evidence« sind sie aber nicht. An Beethovens Gottvertrauen ist generell zwar kaum zu zweifeln. Die persönlich-vertrauliche Anrede »Gott« gehört allerdings, wie dargestellt, nicht zu seinem eigenen Sprachgebrauch, der vielmehr meist die »Gottheit« adressiert, die manchmal aber auch – wie schon die unmittelbare Umgebung der oben zitierten Stelle im Tagebuch zeigt – im selben erhabenen Stilregister mit der Periphrase »du Allmächtiger« oder als »Unaussprechlicher« angerufen wird.[48] Die Textwahlentscheidung für Gellert wie die spätere Lektüre Sturms sind beide auf merkwürdige Weise anachronistisch. Den empfindsamen Lesefrüchten aus Gellerts oder aus Sturms Erbauungsdichtungen im »genus humile« stehen in Beethovens geistigem Haushalt oft ganz andere, überkonfessionelle, synkretistische und sogar interreligiöse Konfessionsbruchstücke im »genus sublime« gegenüber, die vor allem dann von Gewicht sind, wenn sie – wie das oben erwähnte und später noch genauer zu analysierende Exzerpt aus Schillers *Sendung Moses* – einen Ehrenplatz auf dem Schreibtisch erhielten.[49] Literaturzitate sind mit größerer Vorsicht zu behandeln als die Eigenformulierungen des Komponisten selbst. Die größeren Interpretationsprobleme bereitet indessen ohnehin die entscheidende andere Dimension solcher »Eigenformulierungen« in der dem Komponisten »eigentlichen« Sprache: der Musik. Und unter ihnen bietet nach wie vor die stärkste Herausforderung, der sich das folgende Kapitel stellen will, die reine textlose Instrumentalmusik.

Selbstbehauptung und Naturschönheit: Ein sinfonisches Werkpaar

Beim Blick auf Beethovens Klaviersonaten leuchtet es ein, dass sie zur Gesprächskultur des Salons gehören, auch wenn sie heute weltweit auf den Podien riesigster Konzertsäle zelebriert werden. Seine Sinfonik hingegen gilt ganz selbstverständlich als Gattung für die Öffentlichkeit. Man braucht nur an Adornos musiksoziologisches Diktum zu erinnern, Beethovens Sinfonien seien »Volksreden an die Menschheit«.[50] Das meint zwar weniger ihren realen Aufführungsort als vielmehr ihre auf Massenwirkung berechnete Faktur, doch ist hier Vorsicht geboten. In Beethovens Wien bildete sich – anders als in Haydns London – eine musikalische Öffentlichkeit erst allmählich heraus. Selbst für die großen Sinfonien ist sie gegen die Sphäre der Salongeselligkeit nicht scharf abgegrenzt, wie etwa die Erstaufführungen der *Eroica* und wohl auch der 5. wie der 6. Sinfonie durch fürstliche Hauskapellen zeigen, die mehr als nur Durchspielproben waren. Man sollte also damit rechnen, dass auch Beethovens Sinfonien, selbst wenn sie sich schließlich an das breite Publikum der gut besuchten Akademien richten, fein genug gedacht und gearbeitet sind, um auch Kenner so hintergründig anzusprechen, wie es etwa die im kleinen Kreise gespielten, gehörten und diskutierten Klaviersonaten tun. Für seine *Eroica* hat sich der Komponist, wenn auch vergeblich, eine kleinformatige Partiturausgabe gewünscht, die ausdrücklich dem Studium der Kenner dienen sollte.[51] Auch die Sinfonien also vertragen die Rezeptionshaltung einer an Kammermusik geschulten Konzentration. Erst die letzte von ihnen, die Neunte, wird diesen immer noch intimen Rahmen grundsätzlich sprengen.

Unter allen Sinfonien Beethovens stellen die Fünfte und die Sechste einen besonderen Fall dar, denn bei keinen anderen Gattungsbeiträgen seines Œuvres ist ihre paarige Zusammengehörigkeit so evident wie hier. Die Idee sinfonischer »Werkpaare« bei Beethoven ist zwar immer wieder diskutiert worden,[52] aber mit wechselnden Ergebnissen, und traurige Schule hat vor allem die schon im 19. Jahrhundert aufgekommene Gewohnheit gemacht, aus diesen wirklichen oder vermeintlichen Paaren die Werke mit ungerader Nummerierung herauszulösen und als die »eigentlichen« Beethoven-Sinfonien gegen die weniger packenden Werke mit geraden Ordnungszahlen zurückzusetzen. So galt und gilt auch die *Sinfonia pastorale* vielfach als die ästhetisch harmlosere kleine Schwester der geradezu paradigmatischen »Schicksalssinfonie«. Zumindest diese denkfaule Rezeptionsgewohnheit wäre erheblich erschwert worden, wenn Beethoven an seiner ursprünglichen Idee, die beiden Werke in umgekehrter Reihung zu zählen, konsequent festgehalten hätte. Warum er im letzten Moment, bei der Drucklegung, von ihr abwich, wird noch zu überlegen sein.

Beide Sinfonien sind entstehungsgeschichtlich »untrennbar miteinander verbunden«.[53] Sie sind spätestens im Sommer 1807 begonnen und um die Mitte des Jahres 1808 vollendet worden, erfuhren dann aber noch bis zur gemeinsamen Drucklegung im Frühjahr 1809 diverse Veränderungen. Wohl schon im Juni 1808 standen sie wahrscheinlich vorab dem Fürsten Franz Joseph Maximilian Lobkowitz, dem sie auch gewidmet wurden, für seine Hauskapelle zur Verfügung. Erste Skizzen für beide Werke reichen zwar möglicherweise einige Jahre zurück und sind, oft genug allerdings nicht zweifelsfrei identifizierbar, seit dem Sommer 1803 vage greifbar, ohne damals aber weit ausgeführt worden zu sein. Wichtig ist nur, dass mit der Aufnahme der kontinuierlichen Arbeit 1807 die Entstehungsgeschichten beider Werke sogleich eng verflochten sind. Im Spätsommer 1808 wurde Beethoven mit dem Leipziger Verlag Breitkopf & Härtel handelseinig und übersandte ihm Partiturkopien als Grundlage für die Publikation (die im Mai 1809, wie zu dieser Zeit üblich, nicht als Partiturdruck, sondern ausschließlich in Stimmen erfolgte). In seinen Autographen und in dem Ende 1808 hergestellten Aufführungsmaterial arbeitete der Komponist aber an beiden Werken weiter. Am 22. Dezember 1808 wurden die beiden Sinfonien – in der Reihenfolge F-Dur und c-Moll – gemeinsam mit anderen neuen Werken Beethovens in einer großen vorweihnachtlichen Akademie im Theater an der Wien zu Gehör gebracht, und einige aus diesem Konzert sich ergebende Revisionen wurden dem Leipziger Verlag noch im Frühjahr 1809 mitgeteilt. Nun erst legte Beethoven die von der Uraufführung abweichende Abfolge fest, indem er der c-Moll-Sinfonie die Nummer 5 sowie die Opuszahl 67 und dem Schwesterwerk in F-Dur die Nummer 6 mit der Opuszahl 68 zuwies. Beide Werke wurden zwei wichtigen Mäzenen gewidmet: dem Fürsten Lobkowitz und dem Grafen Andreas Kyrillowitsch Rasumowsky. Dass dabei die Widmungsträger nicht etwa, was leicht machbar gewesen wäre, auf die beiden Werke verteilt wurden, sondern jeweils gemeinsam auf den Titelblättern beider Sinfonien erscheinen, unterstreicht nochmals deren enge Zusammengehörigkeit.

Beide Sinfonien sind also in ungewöhnlich dichter Verflechtung parallel konzipiert worden, und Beethoven hat sie offenbar mit großem Bedacht auch im selben öffentlichen Konzert gemeinsam zur Erstaufführung gebracht. So drängt sich der Eindruck auf, hier seien die Gedanken eines umfassenden Ideenkomplexes sorgfältig auf zwei Werke verteilt worden, die sich in ihrer Verschiedenheit komplementär zueinander verhalten. Sie bilden ein sinfonisches Gesamtprojekt. Tatsächlich teilen sie einige äußerlich erscheinende Eigenschaften miteinander. Beide beginnen, in Beethovens Sinfonik singulär, mit einem mottoartigen Anlauf, dessen Impetus sich sogleich in einer Fermate staut (die im Kopfsatz der Fünften sogar noch durch einen nachträglich eingefügten Takt verlängert wird[54]); dadurch bleibt die Frage, was im distinkten Sinne »Thema« ist und was »Entwicklung«, von Anfang an reizvoll in der Schwebe. Vor der Folie dieser Gemeinsamkeit beider Kopfsätze tritt ihre charakterliche Differenz dann freilich um so plastischer hervor, weil aus dieser Stauung höchst unterschiedliche Konsequenzen gezogen werden. Aufs Ganze gesehen, folgen beide Werke, ebenfalls im sinfonischen Œuvre Beethovens singulär, einer zyklischen Disposition, die das Finale jeweils zäsurlos aus dem voranstehenden Satz hervorgehen lässt. In beiden Fällen hat diese Disposition leicht verstehbare programmatische Implikationen. Und ebenfalls gemeinsam ist ihnen, dass das Instrumentarium für diese Schlusskonzeption bedeutsam aufgestockt wird: durch Posaunen und durch die Piccoloflöte, wobei im Finale der Fünften auch noch das Kontrafagott hinzutritt. Zwar mag die Ähnlichkeit des erweiterten Instrumentariums ganz pragmatisch der Tatsache geschuldet sein, dass seine Beschäftigung im Rahmen derselben Konzertaufführung einfach nahelag; aber sie hat darüber hinaus auch zutiefst mit der ideellen Konzeption des jeweiligen Werks zu tun.

Es liegt nahe, bei der näheren Betrachtung der beiden Sinfonien auf die für längere Zeit gültige Reihenfolge der Wiener Uraufführung zu achten. Die F-Dur-Sinfonie erschien auf dem Konzertzettel der Akademie unter dem Titel »Pastoral-Symphonie, (No. 5) mehr Ausdruck der Empfindung, als Malerey«.[55] So teilte Beethoven dem Verlag im März 1809 auch den endgültigen deutschen Wortlaut des Titels mit: »Pastoral-Sinfonie oder Erinnerung an das Landleben, Mehr Ausdruck der Em[p]findung als Mahlerey«.[56] Da war allerdings das Titelblatt mit dem heute geläufigen Titel *Sinfonia pastorale* offenbar bereits gestochen und wurde auch nicht mehr geändert; in der dem Verlag 1808 übersandten Partiturkopie hatte das Werk noch »Sinfonia pastorella« geheißen. Beethovens zu spät kommunizierten authentischen Titel unterschlug der Verlag zwar nicht, setzte ihn aber mitsamt den leicht gekürzten Satzüberschriften kurzerhand auf die Rückseite des Titelblatts. In der Rezeption hat sich von Anfang an der Verlagstitel *Sinfonia pastorale* durchgesetzt. Im eigenen Sprachgebrauch des Komponisten blieb das Werk aber weiterhin seine »Pastoral-Sinfonie«.[57] Die Idee einer musikalischen Hommage an die Natur und das Landleben gehört schon zu den frühesten Arbeitsskizzen von 1807 (»Sinfonia pastorella«), und 1808 tritt eine aufschlussreiche Gattungsbezeichnung hinzu: »Sinfonia caracteristica«, zusammen mit der erstmaligen Nennung des Untertitels (»oder Erinnerungen an das Landleben«). Damit handelt es sich nicht im herkömmlichen Sinne um Programmmusik: »Man überlaß es dem Zuhörer sich selbst die situationen auszufinden,« notierte sich Beethoven unter seinen Entwürfen.[58]

Weil diese im Laufe des Kompositionsprozesses ungemein sorgfältig ausgearbeitete Idee in Beethovens Sinfonik so einmalig wie bedeutsam ist, verdient sie eine nähere Erörterung auch im Blick auf ihre Wirkungsgeschichte. Dass die ursprünglich erste der beiden Sinfonien von der Konzeption her eine »charakteristische« ist und zudem eine ausdrücklich bis in die Überschriften der Einzelsätze hinein betitelte, hat ihrer Wertschätzung durch die Nachwelt nicht etwa deshalb geschadet, weil sich später die Gattungsgeschichte der Sinfonie zunehmend an der Idee der absoluten Musik auszurichten begann. Vielmehr konnte schon im Uraufführungskonzert, ja musste vielleicht sogar nach dem Vorlauf einer Programmsinfonie das ohne Titel auftretende c-Moll-Schwesterwerk zunächst eben-

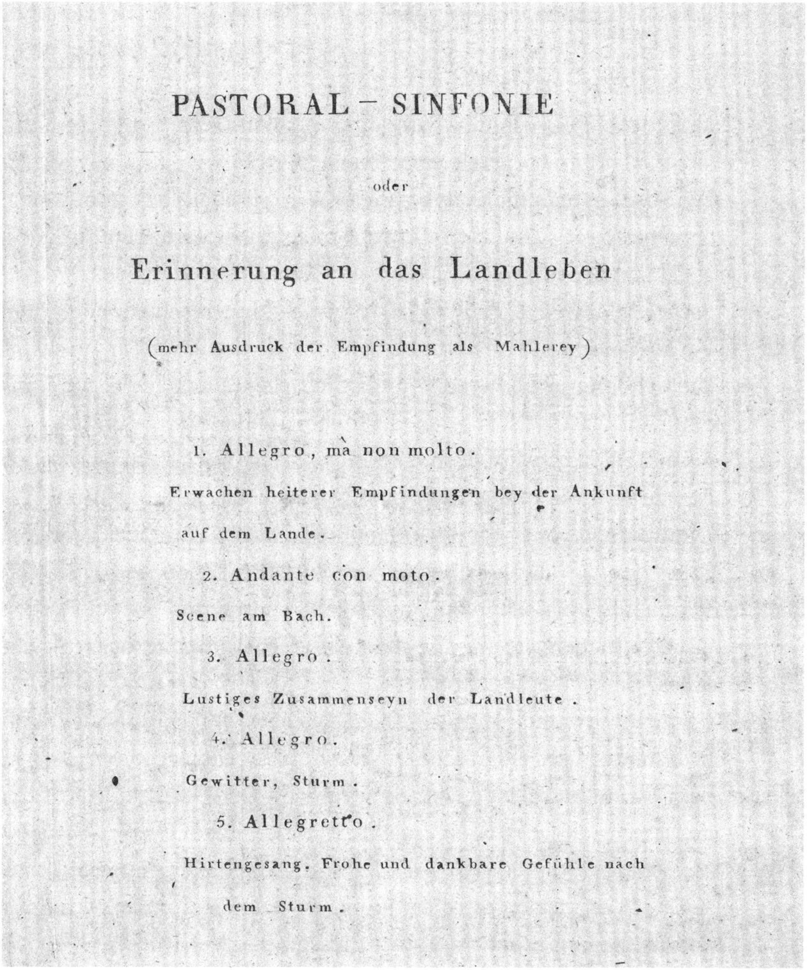

PASTORAL – SINFONIE

oder

Erinnerung an das Landleben

(mehr Ausdruck der Empfindung als Mahlerey)

1. Allegro, mà non molto.

Erwachen heiterer Empfindungen bey der Ankunft auf dem Lande.

2. Andante con moto.

Scene am Bach.

3. Allegro.

Lustiges Zusammenseyn der Landleute.

4. Allegro.

Gewitter, Sturm.

5. Allegretto.

Hirtengesang. Frohe und dankbare Gefühle nach dem Sturm.

Pastorale, Erstausgabe, Innentitel des Stimmendrucks

Der hier gezeigte Innentitel des Stimmendrucks der 6. Sinfonie op. 68 mit dem Inhaltsverzeichnis des Werks zeigt, wie der Verlag (Breitkopf & Härtel) im letzten möglichen Moment der Bitte Beethovens um die Wiedergabe seines recht komplexen Wunschtitels nachkam (der aber eben nicht mehr auf den bereits fertig gestochenen Außentitel gelangte). Das Werk heißt hier »Pastoral-Sinfonie oder Erinnerung an das Landleben (mehr Ausdruck der Empfindung als Mahlerey)«.

falls aus einer programmatischen Perspektive gehört werden; ihm ist denn auch in der Rezeptionsgeschichte relativ früh der nicht authentische Titel einer »Schicksalssinfonie« zugewachsen. Es ist also nicht etwa die wirkliche oder vermeintliche Programmatik selbst, sondern lediglich deren Sujet, das die *Pastorale* im Vergleich zur Fünften als inhaltlich belangloser erscheinen ließ, zumal sie – entgegen dem warnenden Hinweis »mehr Ausdruck der Empfindung als Malerei« – offenkundig doch der Versuchung zu naiver musikalischer Bildlichkeit nicht widerstehen zu können schien: Vogelrufe, Bachesrauschen, Sturm und Donner sowie ländliche Tanzgeselligkeit scheinen sie einerseits, inhaltlich, der reinen Idyllik und andererseits, ästhetisch, einer doch eher schlicht umgesetzten Programmatik zuzuweisen. Hier soll nun gezeigt werden, dass dies eine gerade in ihrer Langzeitwirkung beklagenswerte Fehldeutung ist. Die auf die Idylle hörende Anhänglichkeit der naiven Liebhaber beruht ebenso wie die ästhetisch begründete Skepsis der blasierten Kenner auf einem fundamentalen Missverständnis, das schließlich ungewollt auch auf die Einschätzung der Fünften zurückschlagen muss. Beide Werke, die *Pastorale* wie die *»Schicksalssinfonie«*, sind musikalisch nicht nur vollkommen gleichen kompositorischen Ranges, sondern sie bilden ein eng zusammengehöriges Werkpaar in dem Sinne, dass jedes von ihnen nur in der Beleuchtung durch das jeweils andere angemessen verstanden werden kann. Sie sind Meisterwerke eines seiner Sache und seines Könnens spätestens seit der *Sinfonia eroica* vollkommen sicheren Sinfonikers. Und sie können gemeinsam zeigen, worum es ihm eigentlich ging.

* * *

Wenige Jahre nach der Lehrzeit bei Haydn hat Beethoven das neue große Oratorium seines Lehrers gehört. Es ist nicht zu bezweifeln, dass er nicht anders als der Rest des Publikums überwältigt war. Ob das 1798 bei der Erstaufführung der *Schöpfung* im Kreis der »Assoziierten Kavaliere« geschah, zu dem Beethoven allenfalls als ehemaliger Meisterschüler des Komponisten Zutritt gehabt haben könnte, oder erst ein Jahr später bei der Aufführung für die breite

Wiener Öffentlichkeit, ist ungewiss, aber auch unerheblich. Im März 1808 wurde Haydn zu Ehren eine Aufführung des inzwischen allseits bewunderten Werks in der alten Aula der Universität als Festakt organisiert, mit dem der alte und bereits hinfällige Haydn seinen Abschied vom Wiener Publikum nahm. Von diesem Anlass ist eine anrührende Szene glaubhaft überliefert: Beethovens Kniefall vor dem Meister und sein Handkuss, durch den er seine tiefe Verehrung Haydns öffentlich bezeugte.[59] Haydn, der in den Metropolen Paris und London als Sinfoniker zu europäischem Ruhm gelangt war, hatte die Idee für diese neue Gattung aus London mitgebracht. Ihn hatten dort die großbesetzten Aufführungen der »Handel Commemorations« beeindruckt, weil sie die ungebrochene Lebendigkeit eines seit fast einem halben Jahrhundert nicht mehr lebenden Komponisten so eindrucksvoll bezeugten, dass Haydn zu der Überzeugung gelangte, nur mit dieser von Händel in London entwickelten neuen Version des Oratoriums – und nicht etwa mit der zwar für London, aber nicht für Wien geeigneten Sinfonik – würde ein über den Tod hinausreichendes Denkmal seiner selbst zu errichten sein.[60] Er konnte dabei an eine bereits in den 1780er-Jahren begonnene Wiener Händel-Pflege anknüpfen, für die der Librettist der *Schöpfung*, der Baron Gottfried van Swieten, wesentlich mitverantwortlich gewesen war.

Die *Schöpfung* gehört bis heute zu den wirkungsvollsten Werken des mit 65 Jahren immer noch in unverwüstlicher Frische schaffenden Altmeisters. Niemand, der sie je gehört hat, wird ihre spektakuläre Eröffnung wieder vergessen können: die Erschaffung des Lichts. Nach der einleitenden »Vorstellung des Chaos« – einer kompositorischen Quadratur des Zirkels mit der Darstellung des Formlosen in einer ingeniös erfundenen Form – wird durch das erzählende Rezitativ der Schöpfungsakt berichtend eingeleitet und findet dann, mit dem Eintritt des Chors, vor den Ohren und Augen des Publikums in aller Drastik und Unmittelbarkeit statt. »Und es ward Licht« – dieser berühmte Satz mündet nach dem düsteren Beginn des chaotisch-strukturierten, über die ganze Einleitung hinweg lastenden c-Moll in einen C-Dur-Jubel, dessen Klangpracht und

Dauer zum Überwältigendsten gehört, das die Musikgeschichte bis dahin aufzuweisen hatte. Die Abfolge der Tonarten c-Moll / C-Dur hat spätestens seitdem etwas Topisches, und Beethoven wäre der Letzte gewesen, der das nicht sofort begriffen hätte. Seine eigenen großen c-Moll-Konzeptionen, allen voran das Klaviertrio op. 1,3, die Klaviersonate op. 10,1, das Streichquartett op. 18,4, und vor allem die charakteristisch-programmatische *Sonate pathétique* op. 13, hatten bis dahin stets das so bedeutungsvolle Moll kompromisslos bis zu einem (nur in op. 10,1 ephemer aufgelichteten) dunklen Schluss geführt. Der grandiose Beginn von Haydns *Schöpfung* hingegen hat dieses Konzept im programmatischen »Licht« der metaphorisch mitgemeinten Aufklärung schlagartig umcodiert und zudem einen Wirkungsgrad erreicht, wie er wohl nur der großbesetzten Musik zur Verfügung steht. Sollte es denkbar sein, dass von hier aus Beethovens Idee zur Dramaturgie seiner 5. Sinfonie ihren Ausgang nahm, dann hätte er schließlich – nach mehrjähriger Inkubationszeit – aus Haydns überwältigender Initialidee eine nicht minder überwältigende Finalidee generiert.

Die Durchbruchskonzeption der 5. Sinfonie, ihr Gang aus dem Dunkel zum Licht, ist so schlagend, dass sie hier nicht noch einmal kommentiert werden muss. Es lohnt sich aber doch ein Blick auf die subkutane Subtilität, mit der die an der Oberfläche so plastische Dramaturgie ästhetisch umgesetzt wird. Die Idee, den Gang von c-Moll nach C-Dur (der in Haydns *Schöpfung* nur die ersten beiden Nummern überspannt) über eine ganze viersätzige Sinfonie hinweg zu führen, bietet denn auch einige kompositorische Probleme, die man beim Hören von Beethovens restlos plausibel erscheinender c-Moll-Sinfonie leicht vergisst. Die beiden Ecktonarten dürfen nicht zu früh verlassen (c-Moll) und nicht zu früh erreicht (C-Dur) werden. Sie müssen in der Zwischenzeit zur Vermeidung jeglicher Monotonie um weitere Tonarten ergänzt werden, andererseits darf jedoch ihre Hauptrolle in dem Kaleidoskop der anderen Farben nicht aus den Augen verloren werden. Beide sind also gleichermaßen der aufmerksamen Wahrnehmung ständig präsent zu halten. Der finale, als Befreiung, Erlösung und Durchbruch inszenierte Auftritt der

Tonart C-Dur darf allerdings nicht durch Vorwegnahmen um seine alles entscheidende Wirkung gebracht werden. Die Lösung dieser Probleme bestimmt in Beethovens Fünfter die Proportionen. Dem bei weitem kürzesten Kopfsatz seiner Sinfonik entspricht am Ende das (mit Ausnahme der inkommensurablen Neunten) umfangreichste Finale. In allen vier Sätzen sind die Protagonisten c-Moll und C-Dur zu wechselnden Anteilen miteinander verschränkt: Im c-Moll des Kopfsatzes hat die Durvariante bereits einen kurzen Auftritt an der regulär dafür vorgesehenen Stelle in der Reprise des Seitenthemas (das in der Exposition in Es-Dur erklungen war), und im C-Dur-Kontext des Finalsatzes kehrt umgekehrt das c-Moll des dritten Satzes wieder, um bei der C-Dur-Reprise den Eindruck des Durchbruchs vom Beginn des Satzes nicht nur zu wiederholen, sondern noch zu verstärken und nun endgültig zu befestigen. Im langsamen Satz erscheinen mehrere C-Dur-Fanfaren, die aber erstens vor dem Hintergrund von dessen Tonika As-Dur nicht die Wirkung einer modalen Aufhellung haben können und zweitens, viel wichtiger, durch starre und entwicklungslose Gleichförmigkeit dem Eindruck einer zielstrebigen Prozessualität entzogen werden. Das ist der tiefe Sinn der bisweilen kritisch monierten bloßen Reihungsform dieses Satzes, der die paradigmatische motivische Dynamik des Kopfsatzes mit der Statik eines nur angedeuteten Variierens konfrontiert. In das c-Moll wiederum, das mit dem dritten Satz als Tonika in den Werkverlauf zurückkehrt, ist eine C-Dur-Episode eingelassen, die aber keineswegs die Erwartung eines Dur-Trios in einem Moll-Scherzo einlöst, weil dieser düstere dritte Satz kein Scherzo ist und weil das Trio, weit entfernt von der üblichen schlichten Faktur eines solchen, mit einer geradezu bizarr aus der Bassregion aufsteigenden Kontrapunktik aufwartet, von der die überaus homophone Sinfonie ansonsten ganz frei ist.[61] Wichtig ist, dass Beethoven die Wiederkehr des Moll-Abschnitts nach dem kontrapunktischen Mittelteil, also den A'-Abschnitt der dreiteiligen A-B-A'-Form, als Übergang in den C-Dur-Ausbruch des Finales auskomponiert; es ist diese Musik, die dann im Zentrum des Finalsatzes als retardierende Reminiszenz noch einmal wiederkehrt und dieselbe Funktion nun auf einem höheren, weil von hier ab ungefährdet erfolgreichen Niveau erfüllt. Wie dieses lange Finale der Gefahr eines ermüdenden C-Dur-Dauerjubels entgeht, verdient eine besondere Würdigung. Obwohl nämlich der Durchbruch nach C-Dur von Anfang an den Ton des Satzes bestimmt, sorgt die umsichtige Behandlung seiner Struktur dafür, dass er erst ganz zum Schluss als erreicht und befestigt gelten kann. Das liegt nicht nur an dem unerwarteten c-Moll-Einbruch am Ende der Durchführung, sondern vor allem daran, dass das Hauptthema des Satzes lediglich aus einem Vordersatz ohne schließenden Nachsatz besteht. Und weiterhin erreicht der um C-Dur zentrierte Gesamtvorgang sein endgültiges Ziel erst durch die in jeder Sonatenform strukturell wichtige Kadenz bei der Reprise des Seitensatzes, die in diesem Satz aufgrund der harmonisch-syntaktischen Eigenschaften der Themen so weit nach hinten rückt, dass eine wirkliche Befestigung der Tonika C-Dur bis auf den letzten möglichen Moment zu warten hat.[62] Diese interne Staffelung der Entfaltungsstufen eines reinen C-Dur rechtfertigt die exorbitante Länge des Satzes, die für das dramaturgische Gesamtkonzept ihrerseits dringend benötigt wird. Entsprechend plastisch wirkt daher der Kontrast zu der Kompaktheit des Kopfsatzes, der seinerseits schon immer als Vorzeigemodell einer unerbittlich vorwärtsstrebenden, ökonomisch mit einem einzigen Motiv auskommenden Sonatenform galt und insofern das Paradigma jener aus dem Detail heraus »dynamisch sich entfaltenden Totalität« darstellt, die von späteren Kommentatoren, etwa Adorno, zu Beethovens privilegiertem Kompositionsprinzip stilisiert worden ist: »Die Totalität, das Ganze, das den Chemismus seines Werks beherrscht, ist kein Oberbegriff, der die Momente schematisch subsumiert, sondern der Inbegriff jener thematischen Arbeit und deren Resultat, das Komponierte, ineins.«[63]

* * *

Der Kopfsatz der *Pastorale* hingegen wurde auch deshalb gern für harmlos gehalten, weil ihm das Beethoven'sche Markenzeichen der motivisch-thematischen Arbeit vollständig zu fehlen scheint.[64] So hat es spätestens Paul Bekker 1911 in seiner einflussreichen Beethoven-Monographie auf den Punkt gebracht. Beethoven sehe in diesem Satz »von einer thematischen Entwicklung im Sinn der vorangehenden Werke ab«, heißt es dort, und zwar zugunsten einer nur »losen Verknüpfung der Gedanken, die sich wellenförmig ausbreiten, ohne eine der Art des bisherigen Symphonieaufbaues entsprechende Steigerung zu erfahren«.[65] Dem Komponisten gehe es hier lediglich um »koloristische Effekte« und nicht um »streng logische Weiterbildung«.[66]

Es entbehrt daher nicht der Ironie, wenn Bekkers publizistischer Gegner August Halm zwei Jahre später ausgerechnet dem Beginn der *Pastorale* seine wortgewaltigste Darstellung von Beethovens motivisch-thematischem Entwicklungsverfahren gewidmet hat. Außerdem weist er darauf hin, dass gerade die vermeintlich so idyllisch-kantable Pastoralsinfonie gar nicht mit einem eigentlichen »Thema« anhebt (eine Eigenschaft, die sie übrigens, wie angedeutet, mit dem c-Moll-Schwesterwerk teilt) und gerade deshalb als Paradigma eines analytischen kompositorischen Denkens dienen kann. In den ersten vier Takten des Werks (bis zu der erwähnten Fermate in T. 4) finden sich, so beobachtet Halm mit vollem Recht, diverse Einzelmotive planvoll zu einem »Aggregatzustand« vereint,[67] der später ohne Schaden »zerschnitten, zerfasert, zerhackt werden« kann.[68] Das zeigt sich besonders drastisch in der Durchführung, in der es, so Halm, fast »wie in einer Anatomie zugeht«.[69] Dort nämlich wird das eröffnende Gebilde »nicht etwa nur in seine motivischen Bestandteile zerlegt, sondern diese selbst [werden] wieder gespalten, und, was sehr zu bedenken ist: die Schnitte treffen bald diese, bald jene Stelle, so dass das Thema bald so, bald anders phrasiert ist«.[70] Alles Wesentliche der Durchführungsarbeit ist tatsächlich aus dieser »Betriebseinheit«[71] der ersten vier Takte gewonnen, wie jeder Hörer beim Vergleich der Takte 1–4 mit den Takten 139–150 am Beginn der Durchführung leicht nachvollziehen kann. Das am Beginn als Ganzes vorgestellte differenzierte Gebilde mag, so Halm, in der Durchführung »mit dem Auftakt beginnen, es mag gleich mit dem 2. Takt beginnen und den Auftakt verabschieden, oder der Auftakt mag sich frei machen und allein für sich gehen und sich treiben: das alles und noch mehr«.[72] Halm spricht hier keineswegs als Verteidiger des Werks, sondern als prinzipieller Kritiker eines Komponisten, dem es anders als Bach nicht um melodische Integrität gehe. Aber gerade das schärft den analytischen Blick. Beethovens Themen seien, damit sie sich dieser Behandlung unterziehen können, nicht der Inbegriff eines »wirklich Lebendigen«. Bei der durchführenden Aufspaltung des *Pastorale*-Themas, so konstatiert Halm, »fliesst kein Blut«. »Als wir es leblos nannten, meinten wir eben dies sein Unorganisches.«[73]

Die Hellsicht der Kritiker ist wertvoller als jeder apologetische Eifer. Bekkers Tadel an der Entwicklungslosigkeit des Tonsatzes und Halms Empörung über die Seelenlosigkeit der motivisch-thematischen Dynamik ergeben erst zusammen ein schlüssiges Bild. Der für den Kopfsatz der *Pastorale* charakteristische Satzbau, der mit guten Gründen gleichzeitig für statisch wie für dynamisch gehalten werden kann, bietet in der Tat nicht den Eindruck eines pflanzenhaften Wachstums, mit dem in der idealistischen Ästhetik das Kunstwerk gern identifiziert wird, sondern weit eher das kunstvoll gestaltete Bild der Kontaktstelle zwischen der anorganischen und der vegetabilischen Natur: Landschaft als Inbegriff des Naturschönen. Damit bringt der Satz überzeugend das »Erwachen heiterer Gefühle bei der Ankunft auf dem Lande« zum Ausdruck (so lautet seine Überschrift). Das für diesen Eindruck entscheidende Ineinander von Statik und Dynamik tritt aber besonders offenbar zutage, wenn man sich vor Augen führt, wie raffiniert Beethoven ihn dem paradigmatischen Strukturmuster des Prozessualen abgewinnt: der Sonatenform. Zwei Attraktionspunkte, die diesem Strukturmodell gemeinhin zur Dynamik verhelfen (wie sie eben auch der Kopfsatz der Fünften modellhaft demonstriert), seien hier hervorgehoben. Der wichtigere von ihnen, der Beginn der Reprise, ist bei Beethoven üblicherweise der Punkt einer spektakulär inszenierten Thema-Wiederkehr auf erhöhter dynamischer Stufe (oft im Fortissimo) und nach lang ausgehaltener Dominantspannung, die sich dann in der wieder erreichten Tonika befreit. In der *Pastorale* ist es anders.

Hier tritt das motivisch differenzierte thematische Anfangsgebilde nicht etwa laut aus einem spannenden Dominantorgelpunkt, sondern still aus dem Schatten der Subdominante hervor[74] (T. 275–282), und seine stauende Fermate vom Werkbeginn löst sich hier nun auf in einer frei über der Leere schwebenden Figuration der ersten Violinen (T. 283–288). Es ist bemerkenswert, dass im Kopfsatz der Fünften an derselben Formstelle das lange klagende »Adagio«-Melisma der Solo-Oboe erklingt (dort T. 268). Einen unmerklicheren Repriseneintritt als den im Kopfsatz der *Pastorale* hat Beethoven in seiner gesamten Sinfonik nicht komponiert. Dem entspricht aber, und das ist der zweite der hier genannten formalen Attraktionspunkte, der Kern der Durchführung. Dessen übliche Dynamik wird hier dadurch mit dem Eindruck der Flächigkeit verschmolzen, dass ein ungewöhnlich langes, nämlich zwölftaktiges Modell (T. 151–162), das zudem entgegen dem Üblichen nicht moduliert, durch eine einfache harmonische Rückung in ein anderes Licht gestellt und nicht etwa, wie üblich, sequenziert wird (T. 163 ff.). Dieser überdimensional viel Raum einnehmende Vorgang wird dann, nun mit anderen Tonarten, in voller Länge sogleich wiederholt (T. 197–208, dann T. 209 ff.). Bekker hat durchaus recht, wenn er hier »dynamisch koloristische Wirkungen« konstatiert,[75] täuscht sich aber, wenn er Beethovens Intention als die eines reinen Impressionismus missversteht. Tatsächlich liegt in der Koloristik eine Dynamik ganz anderer Art, deren Bedeutung darin besteht, dass Richtung und Reihenfolge der beiden Terzrückungen (beim ersten Mal aufwärts von B- nach D-Dur, beim zweiten Mal abwärts von G- nach E-Dur) genau den oben besprochenen Mediantrückungen im Zentrum des Gellert-Liedes *Gottes Ehre aus der Natur* entsprechen (dort aufwärts von C- nach E-Dur, dann abwärts von G- nach Es-Dur). Darauf, dass Beethoven eine Verbindung seiner *Pastorale* zu den Gellert-Liedern selbst ausdrücklich angedeutet hat, wird noch zurückzukommen sein.

Lässt der erste Satz die in sich bewegte Ruhe der anorganischen und der vegetabilischen Natur imaginieren, so tritt das animalische Leben hörbar erst in der »Szene am Bach«, am Ende des zweiten Satzes hervor, in den Stimmen der Vögel, deren Namen Beethoven ausdrücklich jeder Instrumentalstimme beigefügt wissen wollte.[76] Prompt ist ausgerechnet diese für die Konzeption des Gesamtgebildes so wichtige Stelle als bloßer »Spaß«[77] empfunden worden. Kaum ein Kritiker hat diesen vermeintlichen Rückfall in die musikalische Naturnachahmung unerwähnt gelassen, stets nicht ohne eine gewisse Portion Herablassung. Wenige Stellen bei Beethoven sind indessen krasser missverstanden worden als diese. Ein solches Missverständnis kann aber überhaupt nur eintreten, wenn die Vogelrufe als unvorbereiteter Tribut an die im Werktitel eigentlich programmatisch verworfene »Mahlerey« gehört werden. Das sind sie aber nicht. Der Satz folgt ebenfalls dem Strukturmodell der Sonatenform und nicht dem für ein bloßes Naturbild viel angemessener scheinenden Muster der dreiteiligen Liedform. Es scheint, als habe Beethoven mit der Abfolge der ersten beiden Sätze die Eignung der Sonatenform zur ästhetischen Umsetzung des Undynamischen bis an die Grenze ausreizen, vielleicht sogar mit einer gewissen Ostentation demonstrieren wollen. Das ungewöhnliche Metrum des Satzes, ein langer $^{12}/_{8}$-Takt, scheint vorderhand dem Fließen des Baches dienen zu sollen. Am Ende aber, genau im Auftritt der Vogelstimmen, enthüllt sich die eigentliche Pointe dieser metrischen Idee. Man achte darauf, dass bereits seit dem siebten Takt des Satzes, zusammenfallend mit der ersten Kadenz des Themas, der Begleitsatz eine synkopierte Tonwiederholung ins Spiel bringt (T. 7 ff.: Hörner), die, als solche kaum wahrnehmbar, dem akustischen Bild der wogenden Bachwellen zur Erscheinung verhilft. Am Schluss des Satzes aber zeigt sich dessen eigentlicher struktureller Sinn (T. 129): Exakt in dieser die Taktpositionen 1, 6, 9 und 12 betonenden Synkopierung, die vorher tief im Tonsatz verborgen war, tritt auf einmal das in einen Triller[78] mündende Flöten der »Nachtigall« hervor und schwebt über der nun plötzlich eingetretenen Stille, bis es durch die auftaktig punktierte »Wachtel« und den abtaktig sekundierenden »Kuckuck« um weitere rhythmische Positionen des komplexen Metrums ergänzt wird. Zugleich stellen die drei Vogelstimmen die Quinte (Nachtigall), die Terz (Wachtel) und den Grundton (Kuckuck) des tonikalen B-Dur-Klangs bereit, in den sich dann das zum Abschluss wieder einsetzende Orchester betten kann. Daher erhält der sinfonische Kuckuck, anders als der reale, die große (und nicht die kleine) Terz zugewiesen, denn seine strukturelle Funktion ist wichtiger als sein realistisches Klangbild. Dieses simultane Interagieren der drei gefiederten Sänger, die sonst nur zu ganz unterschiedlichen Tageszeiten aktiv sind, ist nichts als die reine Imagination eines ästhetischen Subjekts, das als empirisches zu diesem Zeitpunkt weder die Hirtenflöte noch den fernen Vogelgesang mehr richtig wahrzunehmen in der Lage war. So jedenfalls beklagt es dramatisch das wenige Jahre zuvor verfasste »Heiligenstädter Testament«, und so berichtet es auch sein Schüler Ferdinand Ries.[79] Um die Naturmusik überhaupt hören zu können, muss alles andere schweigen. Solches Schweigen darf sich der Orchesterapparat indessen erlauben, weil all jene für die Dauer eines beseligten Augenblicks nun frei erscheinenden Elemente in ihm bereits tief eingebettet waren. Das macht die ingeniöse akustische Beschwörung des organischen Lebens am Ende der Bachszene so anrührend wie überwältigend, so schlüssig wie tiefsinnig. Seine ästhetische Stilisierung durch Einbettung in die dem Satz von Anfang an inhärente Synkopierung ist raffiniert, denn – so sah es auch die zeitgenössische Ästhetik – »der Gesang der Vögel, den wir unter keine musikalische Regel bringen können, scheint mehr Freiheit und darum mehr für den Geschmack zu enthalten, als selbst ein menschlicher Gesang, der nach allen Regeln der Tonkunst geführt wird: weil man des letztern, wenn er oft und lange Zeit wiederholt wird, weit eher überdrüssig wird«.[80]

Doch ist der menschliche Gesang dem Finalsatz vorbehalten, und zwar gerade – ohne dass man seiner »überdrüssig« wird – in der Forcierung des unersättlichen Wiederholens durch Einfügung in eine Rondostruktur. Das ganze Werk besteht, einmalig in Beethovens Sinfonik, aus fünf Sätzen. Die letzten drei Sätze gehen ineinander über, und ihr Gegenstand ist das sinnlich-vernünftige Doppelwesen Mensch, erst lustig tanzend, dann andächtig betend. Zugunsten dieser Dramaturgie des Übergangs erfindet Beethoven, ähnlich wie in der Fünften, für das Scherzo (»Lustiges Zusammensein der Landleute«) eine singuläre, vom üblichen A-B-A-Schema abweichende Entwicklungsform. In ihrer Gesamtheit bilden die drei Sätze die Brücke vom Schönen der Natur über die Erfahrung des Erhabenen zur sittlichen Haltung der Freude und der Dankbarkeit. Das in die Mitte eingefügte musikalische Unwetter, das nun die Posaunen und die Piccoloflöte zum Einsatz bringt, ist nach den Vogelstimmen der »Szene am Bach« zum zweiten Ansatzpunkt für die geläufige ästhetische Kritik am bloß Malerischen des Werks geworden. Wie schon am Ende des langsamen Satzes ist es aber auch hier genau dies nicht. Seine Zwischenstellung zwischen den Sätzen 3 und 5 macht es zum Bindeglied zwischen zwei ästhetischen Erfahrungen des menschlichen Gemüts: der des Schönen, in der die Erkenntniskräfte sich in lustvoll-harmonischer Balance befinden, und der des Erhabenen, in der, wie Kant es ausgedrückt hat, infolge der moralischen Selbsterhebung »die Menschheit in unserer Person unerniedrigt bleibt, obgleich der Mensch jener Gewalt unterliegen müßte«.[81] Es geht auch hier, gerade in der äußerlich scheinenden Beschwörung von Blitz und Donner, die in einer langen musikalischen Tradition steht, in letzter Instanz um das Innere des menschlichen Gemüts, das Ganze ist also in der Tat mehr Empfindung als Malerei und entgeht damit jener spitzzüngigen Kritik, die Friedrich Schlegel einmal an Friedrich Heinrich Jacobis *Woldemar*-Roman geübt hat: dass nämlich in unpoetischen Naturschilderungen »oft mehr die Geschichte des Wetters, als des Herzens«[82] zu finden sei. Das grandiose musikalische Unwetterbild der *Pastorale* ist in diesem Sinne fraglos eine sehr poetische Angelegenheit. An seinem Ende erklingt die Intonation eines fiktiven Chorals, der von fernher an das Kirchenlied »O dass ich tausend Zungen hätte« erinnert, aber derart kunstvoll verfremdet ist, dass die Assoziation so deutlich wird wie flüchtig bleibt. Dieser »Choral« ist zudem in der melodischen Kontur seines Beginns (T. 146–149) nichts anderes als die doppelte Augmentation des Satzanfangs, der die Unruhe vor dem Sturm in die Figur der Staccato-Achtel der Violinen bringt (T. 3). Der Beginn des Satzes steht in f-Moll, der Schluss dann wieder in der Haupttonart der Sinfonie F-Dur, allerdings so, dass er deren realen Eintritt für das Finale aufspart und daher auf der Dominante C-Dur verharrt. Es ist also ausgerechnet dieser, gemessen am Standardmodell überzählige Satz, der die dramaturgische Agenda der 5. Sinfonie gleichsam im Kleinen nachvollzieht (oder vielmehr, im Dezember 1808 an den Beginn des Konzertprogramms gesetzt, vorbereitet).

Dass die Choralintonation die musikalische Brücke zum Finale darstellt, rechtfertigt dessen Überschrift. Im Erstdruck lautet sie, auf den Innentitel der Violinstimme gedruckt: »Hirtengesang. Frohe, dankbare Gefühle nach dem Sturm«. Beethoven selbst hatte indes nicht an diese gleichsam intransitive Äußerungsform der Dankbarkeit gedacht, sondern in seinem Autograph jene Formulierung bevorzugt, die auch auf dem Programmzettel des Uraufführungskonzerts erschien: »Wohlthätige, mit Dank an die Gottheit verbundene Gefühle nach dem Sturm«. Das entspricht dem Sprachgebrauch des »Heiligenstädter Testaments«, und er wird sich als »Heiliger Dankgesang an die Gottheit« noch 1825 im langsamen Satz des Streichquartetts op. 132 wiederholen. Der auskomponierte Übergang, der ihn aus dem Dankchoral hervorgehen lässt, verleiht dem Beginn des Finalsatzes eine harmonische Ambivalenz, die bei jedem Auftreten des Hauptthemas wiederkehrt: In die aus dem vierten Satz herüberklingende Dominante der Klarinetten, Hörner und Bratschen hinein (T. 1–8) wird in sanfter Reibung die Quinte *F–c* der Celli gesetzt (T. 5–8), bis die leichte Spannung sich mit dem Eintritt des Hauptthemas zugunsten der solchermaßen antizipierten Tonika F-Dur löst. Weil es sich bei dem Satz um ein Sonatenrondo handelt, ist diese Überblendung zweier Stufen mit ihrem charakteristischen Hornruf nicht weniger als dreimal zu hören (T. 1–8, 58–64, 109–117); erst beim letzten, diesmal variierten Auftritt des Themas am Beginn der Coda (T. 206) hat sich der Konflikt entspannt. In den letzten fünf Takten des Satzes erklingt dann jener C-Dur-Hornruf, der vorher stets den Themeneinsatz harmonisch verschleiert hatte, endlich in der Tonika, aber durch die Reduktion auf nur noch ein Instrument und durch den Einsatz des Dämpfers bereits in eine traumhafte Ferne entrückt (T. 260 ff.), was einer der frühen Hörer des Werks sehr nachvollziehbar als einen fast »eine Art von Heimweh weckenden« Ausklang empfand.[83] Mit der Rückkehr des Schönen nach dem Gewitter klingt das Werk aus. Im Erhabenen erfährt der Mensch seine moralisch begründete Unabhängigkeit von der Natur, die ihn physisch vernichten kann, aber nur im Schönen ahnt er ihr sinnverbürgendes Entgegenkommen.

* * *

Es ist nicht schwer zu verstehen, dass die 5. Sinfonie eine musikalische Feier der »Freiheit« ist und die 6. Sinfonie eine der »Natur«. Das bindet sie zusammen, und ihre gemeinsame Konzertdarbietung im Dezember 1808 hat das noch betont. Es lohnt sich also, darüber nachzudenken, was die enge Zusammengehörigkeit dieser sinfonischen Schwesterwerke für ihre Interpretation bedeutet. Nimmt man ihre Parallelität ernst, dann ist die *Pastorale* mehr als das nur genrehafte Klangbild einer idyllischen Natur, und die Fünfte verliert das ihr historisch zugewachsene hohle Pathos eines bloß vordergründig inszenierten Triumphs. Die gesetzlichen Ordnungen der Natur und der Freiheit sind zwar völlig verschieden und auf den ersten Blick ganz unkompatibel. Von diesem die Architektonik von Kants System bestimmenden Grundgedanken gehen alle Leser Kants aus, die ihn zu erweitern oder zu verbessern suchten, unter ihnen als der für Beethoven wohl wichtigste Schiller in seiner Ästhetik. Jedoch sind sie alle, oft ohne die dort waltende methodische Umsicht, der schon von Kant selbst in seiner dritten Kritik entworfenen Lösung verpflichtet, die in dem Prinzip der »Zweckmäßigkeit« die Möglichkeit zur Vermittlung der beiden Gesetzlichkeiten erkennt. Diese Zweckmäßigkeit der Natur (die von Kant im Begriff der Teleologie erfasst wird) ist als fundierendes Prinzip indessen nicht objektiv zu erweisen, sondern nur subjektiv zu unterstellen – von einer Urteilskraft, die deshalb nicht bestimmend, sondern reflektierend heißt und ihre Naturansicht in der Abfolge eines ästhetischen und eines teleologischen Zugriffs entfaltet. So wie Zweckmäßigkeit in den ästhetischen Phänomenen des Naturschönen und der schönen Kunst subjektiv anschaulich zu werden vermag, so kann sie durch die Beobachtung der Organismen, also der lebendigen Natur, als wirklich vorhanden postuliert und von dort aus schließlich für den

Zusammenhang des Natur- und Weltganzen erhofft werden. Darin liegt ein Sinnversprechen, das von der reflektierenden Urteilskraft erschlossen werden kann. »Die Schöne[n] Dinge zeigen an, daß der Mensch in die Welt passe«, hat Kant in einer privaten Notiz festgehalten.[84] In der subjektiv vorausgesetzten »Zweckmäßigkeit« der Natur für menschliches Erkennen wie für menschliches Handeln scheint die nicht-empirische Perspektive einer Vereinigung von Natur und Freiheit (statt ihrer schroffen Gegensätzlichkeit) in ästhetischer Erfahrung und in sittlicher Praxis auf. Das Ausmaß, in dem Kant-Leser wie Schiller, Schelling oder die Romantiker ihre Auffassung der komplexen Beziehung von Ästhetik und Ethik der *Kritik der Urteilskraft* verdanken, ist kaum zu überschätzen – und das gilt in einem objektiven Sinne, ohne dass ihr Urheber diese dritte Kritik gelesen oder im Detail verstanden haben müsste, auch für das Werkpaar der c-Moll- und der F-Dur-Sinfonie, das sich als Paar am besten vor eben diesem Hintergrund begreifen lässt.

Ohne dass Beethoven dies präzis beabsichtigt haben müsste, ähnelt die »ästhetische Idee« der 6. Sinfonie dem Gedankengang von Kants *Kritik der Urteilskraft*. Die Natur-Imago der *Pastorale* hat viele Facetten, aber sie ist weder der Gegenstand einer theoretischen Erkenntnis noch das Objekt einer musikalischen Abbildung. Als Resonanzraum einer gegen die »Malerei« programmatisch gestärkten »Empfindung«, die von der Heiterkeit bei der Ankunft auf dem Lande bis zu finaler Freude und Dankbarkeit reicht, ist sie der Anlass einer nicht darstellenden, sondern ungegenständlichen Nachbildung. Diese Art der Naturerfahrung ist also zunächst eine ästhetische: als Erfahrung des Schönen, dann aber zusätzlich des Erhabenen – und durch diese hindurch schließlich auch eine praktische: als dankbar empfundene Gewissheit eines in moralischer Selbstbehauptung zugänglichen Sinnhorizonts. Wenn sich der Mensch, so formuliert es auch Kant, »umgeben von einer schönen Natur, in einem ruhigen heiteren Genusse seines Daseins befindet, so fühlt er in sich ein Bedürfnis, irgend jemand dafür dankbar zu sein«.[85] Als ein sinnvoll auf den Menschen hin organisierter Zusammenhang erscheint die Natur in ästhetischer Ansicht zunächst nur symbolisch, in teleologischer Perspektive dann jedoch auch im Licht vernünftiger menschlicher Praxis. In der ästhetischen Naturerfahrung, in der sich bereits die Aussicht auf die Moralisierung der menschlichen Gattung andeutet, vollzieht sich »die wahre Auslegung der Chiffreschrift« der schönen Natur,[86] sowie, ergänzt um die Begegnung von Naturerscheinung und menschlichem Gemütsvermögen in der Erfahrung des Erhabenen, schließlich auch die Aussicht auf deren »übersinnliches Substrat«.[87] So treten Freiheit und Natur aus einer polaren Gegensatzbeziehung in ein komplexes Vermittlungsverhältnis, aus dem sich die Hoffnung auf den Sinn moralischen Handelns überhaupt nur begründen lässt. Natur, in theoretischer Perspektive der Inbegriff einer notwendigen Kausalgesetzlichkeit, und Freiheit, in praktischer Perspektive einer aus reiner Vernunft entstammenden Gesetzesordnung angehörig, lassen sich im Licht der reflektierenden Urteilskraft als miteinander versöhnbar erahnen. Die Suche nach ihrem imaginären »Vereinigungspunkt«[88] führt in der systematischen Entfaltung von Kants kritischer Philosophie zur vernunftbegründeten Moraltheologie als dem notwendigen Sinnhorizont moralischer Praxis.[89] Sie ist also von der sittlichen Selbstbestimmung aus entworfen, mit ihrer Fundierung im moralischen Gesetz. Im Nachvollzug dieses Gedankengangs liegt der metaphysische Sinn der *Pastorale,* der sich aber nicht religiös als Gebet, sondern ästhetisch als »Choral« und »Hirtengesang« erfüllt (der ganz zuletzt, T. 237–244, in die Haltung tiefer Andacht übergeht und das Werk zu einem wundersam stillen Ende führt). Das hier ästhetisch zu erlebende »moralische Gefühl« besteht ausdrücklich in »der Dankbarkeit und der Verehrung gegen die uns unbekannte Ursache«, die sich bei näherer Überlegung in der »Vorstellung eines vernünftigen Welturhebers«[90] erfüllt und folgerichtig in Beethovens originaler Satzüberschrift als »Gottheit« adressiert wird.

Anfang Dezember 1808, als er den Programmablauf seiner großen Akademie skizzierte, machte sich Beethoven offenbar nochmals Gedanken zu den Satztiteln seiner *Pastorale* und hielt dabei fest: »Gellerts lieder könnten dabey gute Dienste thun.«[91] Wohl kaum die empfindsame Frömmigkeit der kurz zuvor vertonten Gellert-Texte selbst, sehr wohl aber deren Überschriften (etwa »Die Ehre Gottes aus der Natur«) konnten dienliche Modellformulierungen bieten. Ein gleichsam sakrales Naturerleben war Beethoven durchaus geläufig, wie eine Notiz aus den frühen 1810er-Jahren belegt (»[...] ist es doch als wenn jeder Baum zu mir spräche auf dem lande[:] heilig! heilig!«[92]). Weder jedoch geht es dabei um jene pantheistische »Naturvergötterung«, die Friedrich Heinrich Jacobi in seiner Auseinandersetzung mit Herder und Goethe später als Gottesleugnung brandmarken sollte,[93] noch dürfte Beethoven einfach den »Tempel der Natur« im Auge gehabt haben, den Christoph August Tiedge in seiner *Urania* zur Basis eines aus kritischer Perspektive heillos naiven Gottesbeweises gemacht hatte.[94] Wie stets in Beethovens Sprachgebrauch ist es auch in der *Pastorale* die »Gottheit«, die aus der Begegnung des moralisch autonomen Vernunftwesens Mensch mit der inneren und äußeren Natur als postulierte und dankbar adressierte Sinnstiftungsinstanz hervortritt. Das alles ist, wissentlich oder intuitiv, weit näher bei Kant als bei Gellert oder bei Tiedge. Die mögliche Kongruenz der als lebendiges Ganzes zu denkenden Natur mit dem Menschen, der erkennend und handelnd in sie eingebettet ist, kann nicht empirisch erfahren, wohl aber vernünftig postuliert und – das ist hier entscheidend – ästhetisch imaginiert werden. Beethovens Kunst besteht also, in der Terminologie von Kants *Kritik der Urteilskraft*, in der musikalischen Versinnlichung praktischer Vernunftideen.[95]

Nun wird auch vollends klar, dass der Nachdruck auf dem »Ausdruck der Empfindung« mehr sein will als lediglich die Stellungnahme in einer musikästhetischen Streitfrage durch die Distanzierung von malerischer Programmmusik. Zwar wird mit der Empfindung das modernere Moment gegenüber der altmodischen Technik musikalischer Malerei betont, die inzwischen zum Gegenstand auch der Kritik an Haydns *Jahreszeiten* geworden war. Beethovens 6. Sinfonie erschöpft sich aber nicht in einer empfindsamen Reise durch das Gefühlsleben des Erholung suchenden Städters, der gern die Sommermonate auf dem Land verbringt. Man kann vielmehr das Gesamtkonzept der *Pastorale* als ein philosophisches auffassen. Die ausdrückliche Privilegierung der »Empfindung« gegenüber der »Malerei« bringt nicht einfach eine Skepsis gegen das ausgediente Konzept der Mimesis zum Ausdruck, sondern sie stellt gleich zu Beginn etwas Entscheidendes klar: Die *Pastorale* ist, um Schillers berühmtes Begriffspaar zu bemühen, nicht »naiv«, sondern »sentimentalisch«, denn sie verdankt sich nicht dem Gefühl einer paradiesischen Geborgenheit des Menschen in der Natur, sondern der beunruhigenden Erfahrung einer geschichtlich längst eingetretenen Distanz. Ihre in der »Erinnerung an das Landleben« beschworene Natur ist kein Sehnsuchtsort eines »retour à la nature«, sondern sie erscheint als Objekt des modernen Bewusstseins, das aus der Überwindung der zivilisatorischen Opposition zwischen Natur und Kultur eine optimistische Perspektive für die Zukunft gewinnt, denn – um es mit Schiller zu sagen – »unsere Kultur soll uns, auf dem Wege der Vernunft und der Freyheit, zur Natur zurückführen«.[96] Das ist ein utopisches Projekt, kein nostalgisch-retrospektives.

Die *Pastorale* kann aus eben diesem Grund keine Naturschilderung sein, nicht einmal in der Idylle der Bachszene oder der Drastik des Gewitters, »denn Schönheit ist kein Begriff vom Objekt«[97] (sondern eine vom Subjekt vollzogene Erfahrung), und »das Erhabene [ist] nicht in den Dingen der Natur, sondern allein in unseren Ideen zu suchen.«[98] Die keineswegs harmlose, musikalisch subtil durchgestaltete *Pastorale* entfaltet ein wahres Spektrum von philosophischen Ansichten der Natur. Ihr gedankliches Panorama ist undramatischer, aber ungleich weitgespannter als das vergleichbare der eng auf sie bezogenen 5. Sinfonie. Dass in dieser Letzteren das Programm gelingender sittlicher Selbstbehauptung zu überwältigender klingender Realität wird, verdankt sie ihrer schlüssigen strukturellen Organisation. Dass dieses Programm aber als eingebettet zu denken ist in den Sinnzusammenhang einer als zweckmäßig organisiert erscheinenden Natur, erweist sich erst in der ästhetischen Gesamterfahrung *beider* Werke. Ihre Tiefendimension erhalten sie in wechselseitiger Spiegelung. Warum also bei der Uraufführung die Sechste die Folie für die auf sie folgende Fünfte zu bilden hatte, leuchtet ein. Das Konzertprogramm wiederholt den Weg, den wenige Jahre zuvor schon das »Heiligenstädter Testament« reflektiert hatte, demzufolge zwar die äußere Natur nicht die erhoffte Heilung zu erbringen, wohl aber den Raum für die Überwindung aller Anfechtungen bereitzustellen vermochte. Wie sehr dies von Beethoven als moralischer Sieg über die innere Natur empfunden worden sein mag, drückt sich in der berühmten Formulierung seines Briefs an den Jugendfreund Gerhard Wegeler aus, der erstmals die Krise anspricht, deren vorläufige Lösung ein knappes Jahr später dann das Heiligenstädter Dokument thematisiert: »Ich will dem schicksaal in den rachen greifen, ganz niederbeugen soll es mich gewiß nicht.«[99] Die Einseitigkeit, mit der solche Äußerungen im Verein mit hinzuerfundenen Anekdoten des Biographen Anton Schindler später ausschließlich der Hermeneutik der 5. Sinfonie gedient haben (»So klopft das Schicksal an die Pforte«[100]), hat dem angemessenen Verständnis der nur wechselseitig sich erhellenden sinfonischen Schwesterwerke schon bald einen Riegel vorgeschoben.

So unauflöslich aber ihre Zusammengehörigkeit ist, so flexibel erscheint ihre Abfolge. Bildete ihre ursprüngliche Anordnung bei der Erstaufführung noch subjektiv den Erfahrungsweg des Heiligenstädter Landaufenthalts vom Sommer und Herbst 1802 nach, so entspricht ihre endgültige Umgruppierung, ohne dass Beethoven dies explizit zu machen brauchte, objektiv dem systematischen Entfaltungsgang von Kants letzten beiden kritischen Hauptschriften. Die Nr. 5 in c-Moll ist, so gesehen, eine Sinfonie der praktischen Vernunft, die Nr. 6 in F-Dur eine Musik der ästhetisch-teleologischen Urteilskraft. Das Publikum der Uraufführung hatte die Möglichkeit erhalten, diese Bezüge nachzuvollziehen[101] – wiederholt hat sich diese Chance zu Beethovens Lebzeiten nie, weder in Wien noch auswärts. Beide Werke gingen (und gehen bis heute) fast von Anfang an getrennte und seither auch labyrinthisch in sich verschlungene Wege der Rezeption.

* * *

Der Gedankengang der beiden äußerlich so verschiedenen Werke zielt auf denselben Punkt. Sie entspringen, mit einem schönen Begriff der theoretischen wie praktischen Philosophie, einem gemeinsamen »focus imaginarius«.[102] Natur und Freiheit haben einen nicht empirischen, sondern übersinnlichen »Vereinigungspunkt«.[103] Was sie zusammenspielen lässt, liegt ihnen auf eine »unerklärliche Art« zugrunde.[104] Ohne den intelligiblen »Vereinigungspunkt«, den nur die reflektierende Urteilskraft als subjektives Prinzip vorauszusetzen vermag, wäre alles, wie etwa Tiedge im ersten Gesang der *Urania*, der ausdrücklich den »Klagen des Zweiflers« gewidmet ist, drastisch formulierte, »nichts, als eine räthselhafte, finstre Ansicht des Zirkelganges von Entstehen und Verschwinden«.[105] Der Kantianer Tiedge paraphrasiert damit eine berühmte Stelle aus der *Kritik der Urteilskraft*, die das Schreckbild einer sinnleeren Natur zeichnet, in der die Menschen »allen Übeln des Mangels, der Krankheiten und des unzeitigen Todes, gleich den übrigen Tieren der Erde, unterworfen« sind, »bis ein weites Grab sie insgesamt (redlich oder unredlich, das gilt hier gleichviel) verschlingt, und sie, die da glauben konnten, Endzweck der Schöpfung zu sein, in den Schlund des zwecklosen Chaos der Materie zurück wirft, aus dem sie gezogen waren«.[106] Ohne die subjektiv-praktische Voraussetzung einer Zweckmäßigkeit des Ganzen würde das jeden Menschen zur Verzweiflung bringen. So wie der zweitrangige Poet Tiedge in seiner *Urania*, so hat erst recht der wohl sprachgewaltigste Ausleger dieser Kant-Passage, Jean Paul, poetische Visionen entworfen, die man mit Recht als »Experimentalnihilismus« bezeichnet hat[107] – am berühmtesten in seiner *Rede des toten Christus vom Weltgebäude herab, daß kein Gott sei* (1796).[108] Lediglich experimentell (und nicht bitter ernst) wird der Nihilismus nur dadurch, dass am Ende der Schreckensvision das Szenario sich als Albtraum enthüllt, aus dem sich schließlich erwachen lässt. Bei Kant ist dieser Albtraum nur abzuwehren durch die vernünftig gebotene Annahme eines allmächtigen, gerechten und gütigen Welturhebers; darin liegt sein moralischer Gottesbeweis (eigentlich: kein Beweis, sondern ein Gottespostulat). Ohne diese Aussicht, die auch die Entstehung von Kants später Geschichtsphilosophie begleitet, wäre die »zwecklos spielende Natur« nur ein »trostloses Ungefähr«.[109]

Beethoven muss solche Anwandlungen gekannt haben; spätestens das »Heiligenstädter Testament« lässt dies vermuten. Als desolat, trostlos im wörtlichen Sinne, und bedrohlich konnte dem melancholisch-skeptischen Blick alles rein Natürliche erscheinen: der sinnleere Kreislauf von Werden und Vergehen, die Furchtbarkeit des inneren Abgrunds im Getriebe der sinnlichen Leidenschaften, die stets zu gewärtigende Gebrechlichkeit des eigenen Körpers. Der von Kant 1790 beschworene »Schlund des zwecklosen Chaos der Materie« ist das dunkle Reversbild jenes Chaos, aus dem 1798 Haydns *Schöpfung* allen Sinn erst hervorgehen lässt. So finster wie der sinnleer in sich kreisende Abgrund der Schreckensvisionen bei Kant, Tiedge oder Jean Paul ist Haydns »Chaos« aber nicht, denn aus ihm bricht unmittelbar durch ein göttliches Machtwort das »Licht« hervor. So zeigt sich der Unterschied der Aufklärungsphasen in der Gewissheit eines ungebrochenen Gottvertrauens und dem aus moralischen Gründen lediglich postulierbaren Vernunftglauben, der den bittersten weltanschaulichen Anfechtungen abzutrotzen ist. Am Ende von Kants dritter Kritik heißt er denn auch ausdrücklich »Zweifelglaube«.[110] Denkbar also, dass Beethovens 5. Sinfonie in ihrem ersten Teil beide Vorstellungen amalgamiert und dann im Finale den Ausgang aus dem Schreckbild der Sinnlosigkeit nicht durch Erwachen aus einem Traum, sondern als moralisch autonome Tat der heroischen Selbstbehauptung des Subjekts inszeniert. Denn es bleibt, auch bei Kant, »wohl nichts übrig als der Wert, den wir unserem Leben selbst geben«[111] – und zwar im autonomen sittlichen Handeln.

Geht man von der Bewunderung Beethovens für die beiden großen Oratorien seines Lehrers, vor allem durch die *Schöpfung*, aus, dann wird deutlich, inwiefern er an dessen Weg zu wiederholten Malen und in mehrfacher Hinsicht angeknüpft hat.[112] Der Erfolg stellte sich allerdings nicht auf dem Gebiet der beiden großen vokalen Gattungen ein, zu deren fast exklusiver Pflege Haydn nach seiner Rückkehr aus London überging. Beethoven mag am Ende seines ersten Wiener Jahrzehnts den Anschluss an Haydn auf dem Gebiet des Streichquartetts und der Sinfonie für erreicht gehalten haben. Auf dem Gebiet des Oratoriums aber hatte er Haydn nicht überbieten können. Das musste Beethoven nach seinem *Christus am Ölberge* (1803, später als op. 85 publiziert) selbstkritisch einsehen, denn auch die großartigste Musik kann ein schwaches dramaturgisches Konzept nicht retten. Auch seine erste große Messe (C-Dur, op. 86) hatte er 1807 – für denselben Kontext wie die späten Messen Haydns, nämlich den Namenstag der Fürstin Esterházy, und wahrscheinlich sogar von diesem selbst dafür empfohlen – noch im vollen Bewusstsein von Haydns Superiorität konzipiert,[113] allerdings auch mit erheblich gewachsenem Selbstvertrauen und dem Mut zu einer vollkommen eigenständigen Lösung. Das 1808 uraufgeführte sinfonische c-Moll- / F-Dur-Werkpaar schließlich ist ein neuer Versuch Beethovens, die Auseinandersetzung nun auf seinem spätestens seit der *Eroica* ureigensten Gebiet, der sinfonischen Idealmusik, aufzunehmen. Wenn die Fünfte, wie eingangs angedeutet, den Eklat des Durchbruchs vom c-Moll-»Chaos« ins C-Dur-»Licht« aus dem Beginn der *Schöpfung* auf den Verlauf einer ganzen Sinfonie überträgt, sollte man zusätzlich bedenken, dass auch schon Haydns Vorbild ein eigenes großes C-Dur-Finale enthält. Nur steht dieses nicht am Schluss des Werks, sondern am Ende des ersten Teils. Der Chor »Die Himmel erzählen die Ehre Gottes, / Und seiner Hände Werk zeigt an das Firmament« schließt diesen ersten Teil mit einem fast 200 Takte umfassenden feierlichen C-Dur-Jubel, und in einer sehr viel kleineren Dimension der Vokalmusik hatte sich Beethoven darauf wohl schon mit seiner Gellert-Vertonung »Die Himmel rühmen des Ewigen Ehre« (op. 48,4, ebenfalls in C-Dur) bezogen. In diesem Zusammenhang muss man das Finale der c-Moll-Sinfonie also ebenfalls sehen. Bei Beethoven freilich, der anders als Haydn nicht den Schöpfer-Gott bemüht, tritt gewissermaßen der seiner moralischen Autonomie gewisse Mensch auf den Plan, als sei dies ein musikalischer Ausfluss von Immanuel Kants revolutionärer neuer Moralphilosophie. Angesichts der Tatsache jedoch, dass Beethoven bei der Formulierung des Programmzettels für die Uraufführungsakademie auf »Gellerts lieder« zurückzugreifen gedachte, zeigt sich dieser C-Dur-Schluss nun auch als Brücke zur Naturfeier der *Pastorale*. In der 5. Sinfonie geht es nicht mehr nur um das Anbrechen des Lichts, sondern um die Selbstbefreiung des Subjekts aus der Unmündigkeit seiner Naturverfassung. Die *Pastorale* ihrerseits imaginiert die Natur als Ermöglichungsraum für diese Selbstbewusstwerdung. Der Erleuchtungsmetapher der älteren Aufklärung entspricht das Pathos der eigenen Tat im neuen Menschenbild. So zeigt sich zwischen Haydn und Beethoven zuletzt auch der Unterschied der Generationen. So gesehen, sind die 5. Sinfonie und die *Pastorale* sinfonische Antworten auf Haydns *Schöpfung* und *Jahreszeiten*. In ihnen geht es nicht mehr, im Sinne des älteren Aufklärungsbegriffs, um den Anbruch einer epochalen Morgenröte (*Schöpfung*) und die Feier der Natur im göttlich geordneten Jahreslauf (*Jahreszeiten*), sondern um die ästhetische Demonstration moralischer Selbstbestimmung (Fünfte) und einer damit kompatiblen Naturerfahrung (*Pastorale*). Im Hintergrund beider Sinfonien steht indessen die Idee einer erhofften sinnstiftenden Welturheber-Instanz, deren Existenz nicht mehr theoretisch bewiesen, sondern nur – im Sinne Kants – praktisch postuliert werden kann. Das verbindet die beiden Werke. Die letzte Pointe aber erhält ihre Vereinigung im selben Konzert erst durch den denkwürdigen Abschluss der Akademie vom Dezember 1808.

Dieser Abschluss ist in der ersten Skizze, die sich Beethoven Anfang Dezember für den Programmablauf machte, noch gar nicht bedacht. Es heißt dort zunächst, in großzügigem Layout über ein ganzes Blatt verteilt: »Pastoral Sinfonie Worin keine Malerey sondern die Empfindungen ausgedrükt sind / welche der Genuß des Landes im Menschen hervorbringt / Wobey einige Gefühle des / Landlebens geschildert werden // Ruhm sey Gott in der höh / im Kirchenstil / heilig im Kirchenstil // flauto piccolo – Schuppanzig // statt pleni sunt coeli Es jauchzen die / Himmel / die Erde / statt osanna amen // Gellerts lieder können dabey gute / Dienste thun.«[114] Dieser Rohentwurf des Programmzettels sieht also bereits die eröffnende 6. Sinfonie im Verein mit zwei Sätzen aus der C-Dur-Messe vor, wobei das Gloria und das Sanctus, für die in Wien im Rahmen einer säkularen Aufführung die Gattungsbezeichnung »Hymne« vorgeschrieben war, mit deutschem Titel erscheinen. Es hat den Anschein, als ob Beethoven vorübergehend sogar mit der Idee einer deutschen Textparaphrase spielte, wofür dann in erster Linie die Gellert-Lieder heranzuziehen gewesen wären. Beethovens Entwurf bringt jedenfalls die das Konzert eröffnende *Pastorale* zusammen mit den beiden »Hymnen« in eine im Layout sichtbare (nicht nur räumliche) Nachbarschaft zu den Gellert-Vertonungen. Es dürfte also nicht unerheblich sein, dass diese Idee der Nukleus zu sein scheint für ein im Resultat dann schließlich doppelt so langes Programm.

Dieses mehrstündige Konzert, für das ihm der Saal des Theaters an der Wien zur Verfügung gestellt wurde, war Beethovens dritte Akademie auf eigene Rechnung. Die erste hatte, wie erinnerlich, am 2. April 1800 im Burgtheater noch Werke Mozarts und Haydns mit eigenen Werken, vor allem der 1. Sinfonie (C-Dur, op. 15), zu einer Demonstration des großen Wiener Komponisten-Dreigestirns zusammengestellt, während die zweite am 5. April 1803 im Theater an der Wien bereits ausschließlich eigene Werke präsentierte (1. und 2. Sinfonie, Klavierkonzert Nr. 3 c-Moll, Oratorium *Christus am Ölberge*). Die dritte große Akademie nun fand am 22. Dezember 1808 statt, und ihr Programmablauf verrät ein Höchstmaß an rationaler Planung: Erste Abteilung: 1) Sinfonie F-Dur, 2) Szene und Arie *Ah perfido* für Sopran und Orchester, 3) Hymne (= »Gloria« aus der C-Dur-Messe), 4) Klavierkonzert Nr. 4 G-Dur (Solist: Beethoven selbst); Zweite Abteilung: 1) Sinfonie c-Moll, 2) Heilig (= »Sanctus« aus der C-Dur-Messe), 3) Fantasie (Improvisation) auf dem Klavier (Beethoven), 4) Fantasie für Klavier, Solostimmen und Chor (Solist: Beethoven selbst). Das abschließende Werk, die heute so genannte »Chorfantasie« (später als op. 80 gedruckt), entwarf Beethoven erst im letzten Moment, wahrscheinlich sogar unter nur angedeuteter Notierung seiner eigenen Klavierstimme. Auch der Text, der nach heutigen Erkenntnissen wohl von dem seinerzeit bekannten Wiener Schriftsteller und Beamten Christoph Kuffner stammt, traf möglicherweise erst ein, als das Werk bereits weitgehend skizziert war. Das mag seine geringe Qualität erklären ebenso wie den Umstand, dass Beethoven dem Verlag später freie Hand bei einer möglicherweise neuen Textunterlegung lassen wollte. Dennoch ist er gerade in seiner poetischen Unbeholfenheit aufschlussreich für die eigentliche Idee dieses Konzertschlusses.

Es handelt sich um eine Hymne an die Kunst, die alle Gegensätze überwindet und alle Widrigkeiten heilt. »Nacht und Stürme werden Licht«, heißt es dort, als sei von einer Miniaturversion der 5. Sinfonie die Rede, und schließlich, stärker noch die finale Wendung vom Ethischen ins Ästhetische betonend: »Doch der Künste Frühlings Sonne / Lässt aus Leiden Licht entstehn.« Zwar wird durch den gedanklich eher schlichten Text die Doppelprogrammatik des sinfonischen Werkpaars nivelliert, das ganze Konzert aber zu einem erbaulich optimistischen Abschluss gebracht: »Nehmt denn hin ihr schönen Seelen, / Froh der Gaben schöner Kunst! / Wenn sich Lieb und Kraft vermählen, / Lohnt dem Menschen Götter Gunst.« Diese auch musikalisch mit großer C-Dur-Emphase überhöhten Schlussverse ziehen die Bilanz aus dem Abendprogramm. So sehr Beethoven dem Verlag bei den späteren Verhandlungen über die Drucklegung des Werks die Unterlegung eines anspruchsvolleren Textes anheimstellte, so sehr legte er doch Wert auf die Erhaltung des Wortes »Kraft«[115] – und zwar aus musikalischen Gründen. Dort nämlich erfolgt mit spektakulärer Wirkung die zweimalige harmonische Rückung von Es-Dur nach C-Dur (T. 509–518, 569–578), die nicht nur an die Mediantrückungen in der Durchführung der *Pastorale* erinnert, sondern als finaler Aufhellungseffekt auch den Gesamtverlauf der 5. Sinfonie in Erinnerung ruft. Ohnehin ist der harmonische Cursus der Chorfantasie derselbe. Beginnend mit einer großen quasi-improvisatorischen Klavierintroduktion in c-Moll, entwickelt sich das Werk mit der zunächst rein instrumentalen Einführung des späteren Chorthemas in C-Dur zudem ähnlich wie später das Finale der 9. Sinfonie. In den Weg von c-Moll nach C-Dur, der über eine Reihe freier Variationen über das Chorthema verläuft, sind Rückblicke auf die Tonarten der vorangegangenen Programmpunkte eingebettet: c-Moll (T. 185 ff., 5. Sinfonie), A-Dur (T. 291 ff., Sanctus aus der C-Dur-Messe), F-Dur (T. 322 ff., *Pastorale*). Das Thema selbst ist einem mehr als zehn Jahre alten Lied auf zwei

Gedichte Gottfried August Bürgers entnommen, das erst postum als Doppellied (*Seufzer eines Ungeliebten und Gegenliebe*, WoO 118) veröffentlicht wurde. Die freundliche Weise der »Gegenliebe« gibt nun auch der Chorfantasie ihr melodisches Profil. Nicht zufällig hatte sich das »Doppellied«, der Vorgabe des Textes folgend, seinerseits schon von c-Moll nach C-Dur entwickelt, sodass sich vor diesem Hintergrund zeigt, warum Beethoven problemlos auf dieses Lied zurückgreifen konnte, aber auch, wie sich für ihn um 1808 die Konnotation des Weges vom Dunkel ins Licht vom Privaten des Liebesschmerzes und Liebesglücks ins Universale der menschlichen Selbstbefreiung geweitet hat.

Die Programmpunkte der Akademie vom Dezember 1808 fügen sich in diese Agenda bruchlos ein, auch die beiden Messe-Sätze (Gloria in C-Dur, Sanctus in A-Dur) und auch die hinreißende große Arienszene *Ah perfido* (C-Dur, c-Moll, Es-Dur), die Beethoven bereits 1796 in Prag für die Sopranistin Josepha Duschek geschrieben hatte und nun erstmals dem Wiener Publikum präsentierte. Dass Beethoven dann allerdings nicht das eigentlich perfekt passende c-Moll-Klavierkonzert Nr. 3 op. 37 einfügte, sondern stattdessen die Novität des 4. Klavierkonzerts G-Dur op. 58 präsentierte, ist natürlich – als Sieg des kommerziellen Pragmatismus über den ästhetisch-didaktischen Idealismus – völlig verständlich.

Die Chorfantasie vereinigt im Konzertschluss alle für die Akademie aufgebotenen Kräfte – den Orchesterapparat, den Chor, die Solisten und den Pianisten Beethoven selbst – zu einer auf den ersten Blick hybrid erscheinenden neuen Gattung. Gerade in dieser Eigenschaft aber konnte sie später von Beethoven als ein Schritt auf dem Weg zur 9. Sinfonie beansprucht werden.[116] Auch die oft bemerkte Ähnlichkeit ihres Hauptthemas mit der »Freude«-Melodie der Neunten ist keineswegs als ein Zufall zu werten. Neben dem pragmatischen Aspekt einer finalen Bündelung der Kräfte kommt ihr aber auch die Funktion eines zusammenfassenden Rückblicks auf das lange Konzertprogramm zu.[117] Man hat sogar das Konzept der Akademie vom 22. Dezember 1808 nicht zu Unrecht als ein Gesamtkunstwerk avant la lettre bezeichnet.[118] Wie in den beiden vorangegangenen Akademien bildet die Konstellation der einzelnen Programmpunkte eine Aussageschicht für sich, und das wird sich 1824 in der letzten großen Akademie mit den Wiener Erstaufführungen der 9. Sinfonie und Teilen der *Missa solemnis* noch einmal eindrucksvoll wiederholen. Die künstlerische Intention der großen vorweihnachtlichen Akademie des Jahres 1808 tritt am Ende als Selbstthematisierung reflexiv zutage im Text der Chorfantasie, die sich als das feiert, was sie selbst postuliert. Seit diesem Konzertprogramm wird kein großes zyklisches Beethoven-Werk, das in einer Molltonart beginnt, in dieser mehr enden (wie noch kurz zuvor die berühmte *Appassionata*). Der Durchbruch nach Dur, und sei es auch im allerletzten Moment, gehört von nun an zu den unverhandelbaren Grundlagen von Beethovens Ästhetik. Was das geduldig ausharrende Wiener Publikum – darunter auch so kundige Gäste wie der gerade in Wien weilende Komponist und Publizist Johann Friedrich Reichardt – an diesem langen, leider keineswegs reibungslos verlaufenden Abend »in der bittersten Kälte«[119] zu hören bekam, war in einem sehr buchstäblichen Sinne das »ad aures« demonstrierte Programm einer »ästhetischen Erziehung des Menschen in einer Reihe von Werken«, ganz im Sinne von Schillers berühmtem Aufsatztitel.

Ideenkunstwerke: Erscheinungsformen des Heroischen

In den meisten Beethoven-Monographien werden die Jahre zwischen 1800 und 1810 als die »heroische« Epoche seines Schaffens bezeichnet.[120] Geläufig ist auch die Rede vom »heroischen Stil« dieser Periode.[121] Es ist kaum zu bezweifeln, dass dafür Beethovens eigene Titulierung seiner 3. Sinfonie das entscheidende Stichwort und die nötige Legitimation geliefert hat. Zudem ist diese *Sinfonia eroica* – bereits in der Wahrnehmung der Zeitgenossen – ein epochales Ereignis, das die Gattungsgeschichte förmlich in eine Phase vor und eine nach ihr teilt. Sie scheint daher, gemeinsam mit diversen parallel entstandenen Werken anderer Gattungen, in idealer Weise den »neuen Weg«[122] zu markieren, den Beethoven um 1803 selbst ins Auge gefasst haben soll. Dem in ihr vermeintlich zum Ausdruck kommenden Heldentum lässt sich dann schließlich zwanglos auch Beethovens Auseinandersetzung mit den Heroen und Heroinen des Musik- und des Sprechtheaters an die Seite stellen, deren berühmteste Resultate allesamt in dieses Jahrzehnt fallen. Der Begriff des Heroischen wird daher aus der Beethoven-Literatur nicht mehr fortzuschaffen sein[123] – aber man kann sich doch fragen, was er eigentlich zur Erkenntnis der Werke dieser Periode beizutragen vermag. Am vernünftigsten wird es sein, dafür mit einem Blick auf die Namengeberin dieser Werkgruppe zu beginnen.

Wie heute feststehen dürfte,[124] entwarf Beethoven seine große Es-Dur-Sinfonie, die er bereits im Herbst 1802 plante, vom Ende her, denn er begann die Arbeit offenbar mit dem Finale. Dieses komplexe Finale ist eine sehr frei gebaute, mit dichten Durchführungspassagen durchsetzte Variationenfolge, und deren Thema entnahm Beethoven seinen kurz zuvor beendeten Es-Dur-Klaviervariationen op. 35, denen er (gemeinsam mit dem F-Dur-Schwesterwerk op. 34) erstmals in seinem Variationen-Œuvre eine Opuszahl zuerkannte und sie damit zu einem regulär gezählten »Werk« erhob. Seinem Verleger gegenüber hatte er sie stolz als »auf eine wircklich ganz *neue Manier* bearbeitet«[125] angepriesen, und zwar unter anderem deshalb, weil der Es-Dur-Variationenzyklus nicht sogleich mit dem Thema beginnt, sondern dieses auf spannende Weise erst langsam enthüllt, indem zunächst nur der mit vier Stütztönen (*es-b-B-es*) einsetzende »Basso del tema« erklingt, dann schrittweise weitere Stimmen eingefügt werden (»a due«, »a tre«, »a quattro«) und erst ganz zuletzt als Oberstimmenmelodie das »eigentliche« Variationenthema hinzutritt. Dieses aber hat ebenfalls eine eigene Geschichte: Es entstammt dem Ballett *Die Geschöpfe des Prometheus* op. 43 von 1800/01, um dessen Musik Beethoven von Salvatore Viganò, dem jungen Ballettmeister der Hoftheater, gebeten worden war. Hier erklingt es unmittelbar und ohne Vorbereitung als Eröffnungsmelodie des großen Finales (Nr. 16). Die spektakuläre und »wircklich ganz neue«

Idee, es Schritt für Schritt vom Bass her aufzubauen, realisiert Beethoven erst in den Klaviervariationen und macht exakt diese Idee dann auch zum Ausgangspunkt der neuen Sinfonie, von deren Finalsatz aus. Dieser verfährt in ähnlicher Weise wie das Klavierwerk, indem ebenfalls (hier aber nach einer schroffen und wilden Einleitung, die das Finale mit den vorangehenden drei Sätzen verbinden soll) erst der Bass, dann die kontrapunktischen Gegenstimmen und zuletzt das Thema exponiert werden. Das Thema selbst hat – seiner Herkunft aus einem Ballett gemäß – etwas tänzerisch Beschwingtes, und so verwundert es nicht, dass Beethoven es 1802 ein weiteres Mal verwendete: für einen Kontretanz innerhalb einer Sammlung, die er aus älteren Kompositionen und eben dem neuen Es-Dur-Tanz zu einer populären Tanzfolge zusammenstellte (*Zwölf Kontretänze* WoO 14, daraus die Nr. 7). Beim Druck der Klaviervariationen op. 35 wünschte sich Beethoven die Herkunft des Themas aus dem *Prometheus*-Ballett auf dem Titelblatt ausdrücklich angegeben,[126] was der Verlag jedoch versäumte, sodass heute an dem Werk der unautorisierte Name *»Eroica«*-Variationen haftet.

Diese bequeme Assoziation bedient sich natürlich des weitaus prominenteren Werks. Die Sinfonie, deren Kopfsatz erst nach dem Finale skizziert wurde, hieß um diese Zeit aber noch gar nicht die »Heroische«. Dass auch das Hauptthema ihres Kopfsatzes genetisch den Ecktönen des »Basso del tema« aus dem Finalsatz entstammt, ist evident (*es-b-B-es* sind die Randtöne des Themas im Finale wie im Kopfsatz), und dieses Thema stammt, wie gesagt, aus dem Ideenkomplex des *Prometheus*-Balletts, dessen Szenario sich heute übrigens nur noch in Ansätzen rekonstruieren lässt. Im Laufe der Entstehung aber scheint Beethoven daran gedacht zu haben, das fertige Werk dem Ersten Konsul der jungen Französischen Republik, Napoleon Bonaparte, zu widmen: ein klares, in Österreich zudem nicht ungefährliches politisches Statement. Nach Napoleons Selbstermächtigung zum Kaiser der Franzosen soll Beethoven das entsprechende Titelblatt jedoch wütend zerrissen haben.[127] Überprüfbar sind diese Nachrichten aus zweiter Hand nicht, denn das Autograph ist verschollen. Jedoch existiert eine Kopie, auf deren Deckblatt unter einer heftigen Rasur noch schwach der Titel »Sinfonia grande / intitolata Bonaparte« und (in Beethovens Handschrift) die nachträglich eingefügte Bleistift-Bemerkung »geschrieben auf Bonaparte« zu lesen sind. Auch der Verlagsbriefwechsel legt nahe, dass Napoleon vom ursprünglichen Träger einer Widmung allmählich zum Gegenstand eines geplanten Titels mutierte.[128] Gedruckt wurde die 1803 vollendete Sinfonie dann im Oktober 1806 allerdings mit dem endgültigen Titel »Sinfonia eroica / composta per festeggiare il sovvenire di un grand Uomo«, und zwar entgegen Beethovens ursprünglichem Wunsch nicht als Partitur,[129] sondern wie üblich in Stimmen, als Opus 55 und mit einer Widmung an einen seiner Hauptgönner, den Fürsten Lobkowitz. Da hier nun also namenlos das »Andenken« eines »großen Mannes« gefeiert werden soll, kann der »Held« der Sinfonie nicht mehr der um diese Zeit noch lebende Napoleon sein, und schon gar nicht dürfte er den Anlass des erschütternden Trauermarsches bilden, der die Stelle des sonst üblichen langsamen Satzes vertritt. Allein schon diese grandiose »Marcia funebre« in c-Moll, die ebenso wie der Trauermarsch der 1801 vollendeten As-Dur-Sonate op. 26 (»sulla morte d'un eroe«) Beethovens Kenntnis charakteristischer Intonationen der französischen Revolutionsmusik belegt, zeigt das Innovationspotential des Werkes an. Der Satz spannt einen riesigen dramaturgischen Bogen; am Ende jedoch zerfällt er überaus eindrucksvoll in seine Einzelmotive. Es ist einer der überwältigendsten musikalischen Rückbildungsprozesse, die die Musikgeschichte kennt, gewissermaßen die radikale Inversion einer Apotheose.

Ist hingegen die Sinfonie als Ganzes eine positive Apotheose, wie es die Konnotation des Heroischen nahelegen könnte? Man zögert mit der Antwort, denn weder hat das Finale ein so triumphales Ende, wie man es dann in der 5. Sinfonie erleben wird, noch mündet der Kopfsatz in einen monumentalen Schluss. Zwar wird hier, im ersten Satz, das eigentümlich offene, weil nie zu einer geschlossenen Gestalt gelangende Hauptthema in der Coda endlich zu einer melodischen Steigerung und einer scheinbar festen, mehrfach wiederholten achttaktigen Form geführt (T. 635 ff.), aber bei der letzten Wiederholung, just als die Trompeten klangmächtig in den Steigerungsprozess mit einstimmen (T. 659 ff.), ziehen sie sich aus dem anhebenden Jubel sogleich wieder zurück und überlassen die so triumphal begonnene Apotheose des (syntaktisch-harmonisch übrigens weiterhin offen bleibenden) Themas dem Orchester-Tutti, in dem sie eher verschwimmt als zu einem wirklichen Höhepunkt gelangt (ein Rückzug, den viele Dirigenten des 19. und 20. Jahrhunderts bezeichnenderweise durch Retuschierung der Trompetenstimmen zu negieren versuchten[130]). Die eigentliche thematische Erfüllung des Werkprozesses muss bis zum Finale warten, wo sie aber eher der »prometheischen« Kontretanz-Melodie gilt, aus der alles hervorgegangen ist. Man tut also gut daran, neben den energisch vorwärtsstrebenden auch die nachdenklichen und die elegischen Züge dieser Musik wahrzunehmen.

Den Begriff des Heroischen konnte Beethoven, worauf bereits Arnold Schmitz aufmerksam gemacht hat,[131] in Sulzers *Allgemeiner Theorie der Schönen Künste* auf sehr besondere Weise charakterisiert finden. Jenseits der in der späteren Rezeption aufgerufenen Vorstellungen des Kämpferisch-Kriegerischen (für die sicherlich die bekannten Anekdoten um die geplante Widmung an Napoleon mitverantwortlich sind) eröffnet sich hier nämlich eine künstlerisch zur Darstellung zu bringende Dimension sittlichen Handelns und moralischer Größe, mit der sich Beethoven stark identifiziert haben dürfte: »Das Heroische besteht aber nicht blos in kriegerischen Thaten, oder in Ausführung kühner Unternehmungen; es gibt stille heroische Tugenden. Alles, wozu eine außerordentliche Stärke des Geistes, eine ungewöhnliche Kraft des Gemüths erfordert wird, ist heroisch.«[132] Es ist also leicht vorstellbar, dass Beethoven solche Überlegungen, sollte er sie gekannt haben, zwanglos verbinden konnte mit der berühmten Definition der Tugend als »moralische Gesinnung *im Kampfe*« aus Kants *Kritik der praktischen Vernunft*,[133] deren Grundgedanken ihm seit seiner Bonner Jugend vertraut gewesen sein dürften. Das »festeggiare il sovvenire di un Grand Uomo« der *Sinfonia eroica* muss also, selbst wenn Beethoven dabei vorübergehend Bonaparte ins Auge gefasst haben sollte, nicht zwingend einen Helden des Schlachtfeldes meinen. Man vergleiche etwa den Wortlaut des handschriftlichen Entwurfs, den der erschütterte Kant-Schüler Johann Friedrich Reichardt am 23. Februar 1804 nach dem Eintreffen der Königsberger Todesnachricht zu Papier brachte, um mögliche Textdichter für eine Memorialkomposition anzuwerben (wozu es nicht gekommen ist): »Gerne drückte ich dies Gefühl der Wehmuth und Dankbarkeit, so stark ich es nur irgend vermag, durch meine Kunst aus«; das nämlich hätte ihm zugleich die Gelegenheit gegeben, »in dem Andenken des edlen Mannes die Wahrheit und ächte Mannestugend zu feiern«.[134] Trauerndes Eingedenken des »edlen Mannes« also und zugleich ästhetische Propaganda für die »stillen heroischen Tugenden« der praktischen Aufklärung: Warum sollte Beethovens 1806 auf den Titel der Druckausgabe gesetztes »sovvenire di un Grand Uomo« nicht ebenso gut wie die geplante Komposition Reichardts dem Andenken des 1804 verstorbenen Kant oder – eine kaum weniger naheliegende Möglichkeit – des 1805 gestorbenen Schiller gegolten haben?

Die Wahrheit dürfte allerdings darin liegen, dass die Suche nach einer persönlichen Identifizierung des »großen« Mannes müßig ist. Das seinerzeit viel diskutierte *Eroica*-Buch von Constantin Floros drückt zwar in seinem Bemühen um die semantische Entschlüsselung des Werks ein nachvollziehbares Ungenügen an »rein formalistischen« Betrachtungen aus.[135] Auf dasselbe Unbehagen reagieren mit ihrer Monographie auch Martin Geck und Peter Schleuning, die als einen möglichen Bezugspunkt der »Marcia funebre« den 1806 im Kampf gegen Napoleon gefallenen Prinzen Louis Ferdinand von Preußen ins Spiel bringen.[136] Auch an den ehemaligen Dienstherrn Beethovens, den resigniert nach Wien zurückgekehrten und dort 1801 verstorbenen Bonner Kurfürsten Maximilian Franz, wurde neuerdings gedacht.[137] Es bleibt jedoch zu überlegen, was für das Verständnis der Sinfonie gewonnen wäre, wenn die Frage nach einem konkreten »Helden« als dem Gegenstand des Werks sich überhaupt beantworten ließe. An Beethovens Musik wird sich eine angemessene Werkerkenntnis wohl nur über den Nachvollzug der »Form« im weitesten Sinne gewinnen lassen, denn sie erst ist es, die das Material zur Kunst und dadurch zum ästhetisch erfahrbaren Inhalt werden lässt. In gewisser Weise wird das durch Beethovens musikalisches Denken geradewegs erzwungen. Damit begegnet man der schwierigsten und anspruchsvollsten Dimension seiner Musik. Auch an den »heroischen« Ouvertüren seiner Theatermusik lässt sich dies exemplarisch zeigen.

* * *

Die großen Ouvertüren, die Beethoven hinterlassen hat, sind – 1801 beginnend mit der Ouvertüre für das Ballett *Prometheus* – mit einer Ausnahme, der Ouvertüre *Zur Namensfeier* op. 115 (1815), als Einleitungen zu Bühnenwerken geschrieben worden. Selbst das letzte Werk dieser Gattung unterhält, obwohl nur auf ein Gelegenheitsstück bezogen, als Musik bei der Neueröffnung des Josefstädter Theaters noch den Bezug zur Bühne (*Die Weihe des Hauses* op. 124, 1822). Geschichte gemacht haben die meisten von ihnen indessen, von ihrem Ursprungskontext abgelöst, als Gründungsdokumente einer neuen Gattung: der selbständig lebensfähigen Konzertouvertüre.

Von besonderem Interesse sind dabei die vier Ouvertüren für Beethovens einzige Oper, und zwar – gerade weil sie sich alle auf dasselbe Werk beziehen – durch ihre Verschiedenheit. Ihre Vierzahl ist dadurch bedingt, dass es von dieser Oper mindestens drei verschiedene Fassungen gibt. Für die folgende Darstellung empfiehlt es sich, dem Vorschlag der Herausgeberin der Werke in der neuen Gesamtausgabe zu folgen, angesichts der verwirrenden Inkonsequenz schon der zeitgenössischen Titulierung alle frühen Fassungen der Oper (und entsprechend die zu ihnen gehörenden Ouvertüren) als *Leonore* und erst die letzte Version als *Fidelio* zu bezeichnen.[138] Die lange Zeit umstrittene Reihenfolge der Ouvertüren, die mit der eingebürgerten (und daher weiterhin beizubehaltenden) Zählung nicht korreliert, ist heute restlos aufgeklärt:[139] *Leonore II* (1805), *Leonore III* (1806), *Leonore I* (1807), *Fidelio* (1814). Die ersten beiden (II und III) sind den Aufführungen der *Leonore* im Theater an der Wien (November 1805, März 1806) zuzuordnen, die dritte (I) einer geplanten, aber nicht zustande gekommenen Produktion am Prager Stände-

Theater an der Wien, Zuschauerraum, kolorierte Radierung, um 1820
Das 1801 errichtete Theater an der Wien war das größte der drei Wiener Vorstadttheater und wurde unter wechselnden Pächtern betrieben. Hier wurden im Herbst 1805 und im März 1806 die ersten Fassungen von Beethovens Oper *Fidelio* aufgeführt. Am 22. Dezember 1808 fand ebendort die legendäre große Akademie mit der Erstaufführung von Beethovens 5. und 6. Sinfonie, seines 4. Klavierkonzerts und der Chorfantasie op. 80 statt.

theater (1807) und die vierte der Neufassung des Werks, die, nun endgültig unter dem Namen *Fidelio,* am 23. Mai 1814 im Theater am Kärntnertor zur Aufführung kam, für die sie allerdings nicht rechtzeitig fertig wurde und zunächst durch die Ouvertüre zu August von Kotzebues Schauspiel *Die Ruinen von Athen* (op. 113) ersetzt werden musste. Bei dieser Wiederaufnahme seines *Fidelio* hatte Beethoven mit dem neuen Hoftheatersekretär Joseph Schreyvogel zu tun.[140] Dieser gehörte, wie sein Tagebuch zeigt, ebenso wie später der Dichter Franz Grillparzer zu den von der Zensur unbeeindruckten Kantianern in Beethovens Umgebung: »Ich lese zu meiner Belehrung und Erbauung Kants moralische Schriften. Zur Genesung meines Kopfes hat Kant vor zwanzig Jahren viel beigetragen. Aber wie geschah es, daß seine Moral, die ich ziemlich kannte und begriff, so wenig Einfluß auf mein Betragen hatte?«[141] Vermutlich hätte auch Beethoven von sich sagen können, dass er Kants Moralphilosophie »ziemlich kannte und begriff«, obwohl er sie kaum so intensiv studiert haben dürfte wie der akademisch ausgebildete Jurist Schreyvogel. Ob ihm dessen Kantianismus aber überhaupt bewusst war und ob dieser zwischen den beiden bei Gesprächen über die Oper zum Gesprächsthema wurde, lässt sich nicht ermitteln. In dem aufs Geschäftliche konzentrierten Briefwechsel spielt er keine Rolle.[142]

Beethovens einzige vollendete Oper hat zum Thema, wie ihr Librettist Joseph Sonnleithner gegen die drohende Zensur eigens geltend machte, den »Heroismus der weiblichen Tugend«.[143] Es ist in der Tat die Figur der als Fidelio verkleideten Leonore, nicht die ihres im Kerker leidenden Gatten Florestan, die das Heroische des Sujets bestimmt. Für ein Verständnis der Ouvertüren aber heißt das nichts. Männlicher und weiblicher Heroismus sind gegeneinander austauschbar: Der stilisierte Trauermarsch der As-Dur-Sonate op. 26 (»sulla morte d'un eroe«) konnte bei Bedarf zur Funeralmusik für eine weibliche Bühnenfigur arrangiert werden (Schauspielmusik zu Friedrich Dunckers *Leonore Prohaska*, WoO 96, 1815).[144] Dennoch ist Beethovens Faszination gerade für das Phänomen der »weiblichen Tugend« (wie sie auch im *Don Carlos*, einem seiner Lieblingsdramen, beschworen wird[145]) bemerkenswert. Wohl kaum ohne sein Zutun gingen entsprechende Literaturzitate (»Wer ein holdes Weib errungen« aus Schillers Freuden-Ode, Egmonts Kerker-Vision »Und steigt zu meiner Rettung ein Engel nieder«[146]) in das Libretto seiner Oper ein. Die Suche nach einem konkreten Gegenstand ist beim Blick auf die Ouvertüren allerdings so müßig wie im Fall der *Sinfonia eroica*. Ein stillschweigender Konsens setzte zwar in der Diskussion um die *Leonore*-Ouvertüren stets ein klar bestimmbares Verhältnis des Eröffnungsstücks zum nachfolgenden Bühnenwerk voraus. Diese Praxis ist um 1800 aber keineswegs die einzige verbindliche gewesen; allein schon Beethovens vierte Ouvertüre, die zum *Fidelio* von 1814, die ohne evidenten motivischen Bezug auf die Musik der Oper auskommt, ist dafür der schlagendste

Beweis. Die drei ersten Ouvertüren allerdings, das ist zuzugeben, greifen Material aus der Oper auf. Auch dass sie alle drei in C-Dur stehen, ist dabei bereits von Belang, denn C ist auch die Tonika des gesamten Werks, das in der ersten Fassung mit Marzellines Arie »O wär' ich schon mit dir vereint« in c-Moll beginnt und mit dem Finalchor »Wer ein holdes Weib errungen« in C-Dur endet. Es wird sich zeigen lassen, dass in dieser fast selbstverständlich, ja geradezu trivial scheinenden Verbindung zwischen Ouvertüre und Oper, der gemeinsamen Werktonika C, bereits ein wichtiger Schlüssel für Beethovens unablässige Weiterarbeit an der Konzeption des Eröffnungsstücks liegt.

Beethoven fühlte sich bei der schwierigen Wahl eines Opernstoffs, wie er im Januar 1804 selbst sagte, »durch *das Licht* der gescheiden und Sinnigen französischen opern«[147] angezogen und entschied sich denn auch für die aus dem Französischen übersetzte Vorlage der Rettungsoper von Jean-Nicolas Bouilly und Pierre Gaveaux. Die auffällige Licht-Metapher in dieser Formulierung dürfte kaum ein Zufall sein, und auch in der Opernhandlung selbst spielt das Licht eine große Rolle, sei es als lang entbehrtes »warmes Sonnenlicht« im Gefangenenchor des ersten Akts, sei es durch seine qualvolle Abwesenheit in der Kerkerszene des zweiten Akts (»Gott! welch Dunkel hier«).[148] Man kann daher auch die drei *Leonore*-Ouvertüren als ästhetische Gestaltungen der Licht-Metapher verstehen, und ein weiteres Mal drängt sich, wie schon am Beispiel der 5. Sinfonie dargelegt, der Gedanke an Beethovens Bewunderung für Haydns *Schöpfung* mit ihrem Beginn »Und es ward Licht« auf. Das C-Dur am Ende, stabiles und gefeiertes Ziel, wird in jeder der drei Ouvertüren auf einem anderen Weg erreicht. Wichtig ist, dass es ein »Weg« ist – ein Prozess.

Der sinnfälligste Bezug auf die Oper ist in den Ouvertüren *Leonore II* und *Leonore III* die Integration des Trompetensignals, das später in der Opernhandlung die erlösende Ankunft des Ministers annonciert, aber ebenso auffallend ist die Differenz seiner Platzierung innerhalb des Werks. In der *Leonore II* (1805) erklingt es in Es-Dur auf dem Höhepunkt der harmonischen und motivisch-thematischen Verwicklungen, die das Stück am Ende der Durchführung zu einer Kumulation in einem geballten c-Moll-Komplex geführt haben, wie eine buchstäblich von außen in das Stück hineinragende Ankündigung zu deren Auflösung (T. 392 ff.). Danach folgt, bereits in C-Dur (und nicht mehr im originalen As-Dur der Kerkerszene, das auch in der Einleitung der Ouvertüre erklungen war), die Reminiszenz an Florestans Arie »In des Lebens Frühlingstagen« (T. 426 ff.). Statt der zur Formerfüllung erwarteten Reprise bricht daraufhin eine bis zum Presto sich steigernde Stretta los, die das Stück zu einem strahlenden Ende in C-Dur führt. Wenn man so will, sind hier also zentrale musikalische Motive der Oper zu einer Miniaturhandlung vereinigt worden, deren Weg vom originalen As-Dur des Florestan-Zitats (Einleitung) über die c-Moll-Ballungen der Durchführung bis zum erlösenden C-Dur der Florestan-Arie (Übergang zur Stretta) mit ihrer Vorbereitung durch die Trompetenfanfare verläuft. Die für die Wiederaufnahme des revidierten Bühnenwerks von 1806 entstandene *Leonore III* hingegen ist auf der Grundlage fast desselben Materials eine vollständige Neukonzeption. Der Unterschied der Länge ist nur vordergründig eine Differenz; ihre Berechnung in Taktzahlen führt sogar in die Irre: Die *Leonore II* hat 530 Takte, die *Leonore III* hingegen nicht weniger als 638. Sie scheint also ihren gängigen Namen (die »große«) zu Recht zu tragen. In Wirklichkeit ist sie von der Substanz her gar nicht eigentlich größer, sondern sogar wesentlich straffer. Der Grund dafür ist paradox: Die *Leonore II* ist eine weit ausladende Sonatenform, die aber – in Beethovens Œuvre völlig singulär – auf eine Reprise verzichtet, also nach der Durchführung sogleich in eine Coda (bzw. Stretta) übergeht. Die *Leonore III* hingegen prägt eine vollausgebildete Sonatenform aus, mit Exposition, Durchführung und Reprise, und hat scheinbar nur aus diesem Grunde zwangsläufig mehr Takte. Sie ist dennoch der Aufführungsdauer nach nur etwa gleich lang wie die *Leonore II*. Das liegt daran, dass Beethoven die Ergänzung der Formstruktur durch die in der *Leonore II* auffällig fehlende Reprise durch andere Maßnahmen kompensiert hat: durch Kürzung der riesigen Adagio-Einleitung um 20 Takte und der Exposition um

44 Takte; die ganz neu komponierte Durchführung der *Leonore III* ist sogar um 66 Takte kürzer als die ihrer Vorgängerin. Nur durch die Reprise und die Neukonzeption der Coda überwiegt sie diese schließlich quantitativ.[149] Für den Eindruck der nicht größeren Länge sind denn auch die Tempo-Proportionen verantwortlich: Gekürzt sind die langsamen Teile (Einleitung, Vorbereitung der Stretta), die Modulationspartie der Exposition ist stark gestrafft, und die hinzugetretenen Partien der Coda sind erheblich beschleunigt (Presto). Was aber ist der Grund für diese Neuanlage, in der sich Straffung und Erweiterung eigentümlich paradox verschränken?

Beethoven kann die erste Ouvertüre (*Leonore II*), äußerlich gesehen, aus mindestens zwei Gründen für revisionsbedürftig gehalten haben: Sie ist formal extrem unorthodox (sie hat keine Reprise), und sie ist für eine Opernouvertüre außergewöhnlich ausladend (über 500 Takte). Doch ist schwer vorstellbar, dass sich Beethoven, der Formexperimentator schlechthin, nur durch die schlechte Presse der Uraufführung zur Rücknahme einer gewagten Strukturinnovation genötigt fühlte. Vielmehr kann man davon ausgehen, dass die strukturellen Änderungen an der Sonatenform kaum äußerliche, sondern in erster Linie innerliche Gründe haben. Es geht um nicht weniger als um die intrinsische Logik und damit um die Dramaturgie des Stücks. In der *Leonore II* bildet die schon zitierte Trompetenfanfare das Ziel eines Prozesses; es beendet die turbulente Durchführung und leitet als ein »deus ex machina« zur Auflösung aller Verwicklung in der kurzen Coda über. In der *Leonore III* hingegen bildet sie (nunmehr in B-Dur) ziemlich genau das geometrische Zentrum des Stücks. Auch hier geht sie zwar aus der Durchführung hervor, aber sie ist nicht im selben Sinne deren Ziel, sondern eine formimmanente Vorbereitung der Reprise. Damit hat sich der Sinn des gesamten Stücks verändert. Die Differenz zwischen den beiden Ouvertüren lässt wie sonst an nur wenigen Stellen einen tiefen Einblick in Beethovens Verständnis von der strukturellen Semantik der Sonatenform zu.

Das neben der Fanfare zweite wichtige Motiv, das Beethoven aus der Oper in die Ouvertüre übernimmt, ist der Beginn von Florestans

Arie »In des Lebens Frühlingstagen / Ist das Glück von mir geflohn'n«. In der Adagio-Einleitung beider Ouvertüren erklingt das zauberhaft schöne Thema, nur fünf Takte lang, in der originalen Tonart As-Dur. In beiden Werken gelangt die harmonische Bewegung auf geradezu abenteuerlichem Wege dorthin: Vom scharf herausgehobenen Dominantton *g* aus sinkt die Musik um eine Oktave (in *Leonore II* zweimal, in *Leonore III* nur einmal) und unterschreitet diese sogar noch bis zum Leitton *fis*; aus diesem – als neuer Dominante – geht dann zunächst h-Moll hervor. Viele Kommentatoren wollten hier das Hinabsteigen in die nahezu grundlose Finsternis des Kerkers hören, was nicht von der Hand zu weisen ist, denn in dieser Umgebung erklingen nun alsbald, durch einen Trugschluss herbeigeführt, die fünf Takte der Florestan-Arie in As-Dur. Über die semantischen Konnotationen dieses Beginns – Erinnerung an vergangenes Glück im schroffen Kontrast zur aktuellen Misere – braucht man also nicht lange nachzudenken. Von hier aus arbeitet sich die bisher tonartlich noch nirgends verankerte Musik der langsamen Einleitung durch die düstere Sphäre eines stets nur umschriebenen c-Moll zum Allegro-Hauptthema in C-Dur durch, das nach dieser spannungsvollen Vorbereitung zunächst pianissimo einsetzt und dann erst, bei seiner Wiederholung, endlich in einen Fortissimo-Jubel von unerhörter Wucht ausbricht (*Leonore II*: T. 89; *Leonore III*: T. 69). Bedeutsam ist der Umstand, dass danach das Seitenthema (so wie in der kurz zuvor entstandenen C-Dur-Klaviersonate op. 53) nicht in der Dominante, sondern in der Mediante E-Dur erscheint (*Leonore II*: T. 156 ff.; *Leonore III*: T. 120 ff.). Es ist, ohne direkt zu zitieren, aus dem Kopf des Florestan-Themas gewonnen, und über den vagen motivischen Bezug hinaus verweist es auf dieses zusätzlich indirekt auch durch seine Tonart: Sie liegt nämlich eine große Terz über der Tonika C-Dur, während das Florestan-Thema der langsamen Einleitung eine große Terz unter ihr gelegen hatte. Aber erst in der zweiten Komposition erschließt sich dem Thema sein ganzes affektives Potential, indem die melodische Linie seines Beginns, die absteigende Terz, nun buchstäblich in Hornquinten erklingt (*Leonore III*:

T. 120–122): Beethoven, der das Werk in beiden Fassungen mit vier Hörnern besetzt, überlässt in der *Leonore III* nun diese Stelle den zwei E-Hörnern ganz allein. Die zärtlich-nostalgisch anmutende Hornquinten-Semantik wird kurz darauf am Beginn der Klaviersonate op. 81a wiederkehren. In den beiden ersten *Leonore*-Ouvertüren reicht sie weit über den ersten Auftritt des Seitenthemas hinaus und färbt auch den Schluss des Stücks (vgl. den Kopf des Stretta-Themas im Bläsersatz: *Leonore II*: T. 462 f., auch T. 510 f. und 514 f.; *Leonore III*: T. 554 f.).

Die beiden ersten *Leonore*-Ouvertüren sind so wie Haydns *Schöpfung* und die eigenen Sinfonien seit der *Eroica* ambitionierte Ideenkunstwerke, und sie stehen offensichtlich auf halbem Wege des von nun an systematisch verfolgten Projekts, aus Haydns fulminanter und nie mehr übertroffener Initialidee eine schlüssige Finalkonzeption zu machen, die ein ganzes Werk zu umgreifen in der Lage ist. Eben das geschieht wenig später in der 5. Sinfonie mit ihrem Weg vom eröffnenden c-Moll zum jubelnd ausbrechenden C-Dur des Finalsatzes. Für die Oper und ihre Ouvertüren entsteht daraus jedoch ein nicht leicht zu lösendes Problem. Wenn der programmatische Ausbruch des C-Dur-Jubels bereits zu Beginn der Ouvertüre stattfindet, durch den sorgfältig inszenierten Übergang aus der Kerker-Atmosphäre der Einleitung in das strahlende Licht des Hauptthemas, dann fragt es sich, wie eine Dramaturgie solcher C-Dur-Epiphanien sinnvoll gestaltet werden kann, ohne den Effekt zu verbrauchen und ihn dadurch zu lähmen. Die Lösung der ersten Ouvertüre, der *Leonore II*, liegt im konsequenten Verzicht auf die Reprise, in der sonst dieser Vorgang unvermeidlich wiederkehren würde. Erst der Schluss der Oper selbst wird die Lösung bringen (auf die am Ende der *Leonore II* lediglich eine jubelnde Coda, nicht aber eine die Form abrundende Reprise vorausverweist) – das ist der Sinn dieser ebenso kühnen wie zwingend logischen Form, die, um existieren zu können, auf das nachfolgende Bühnenwerk angewiesen ist. Die Sonatenform, die mit Beethoven auf den Gipfel ihrer strukturellen wie inhaltlichen Reflektiertheit gelangt ist, ist in der *Leonore II* – freilich absichtlich –

beschädigt. Harmonisch ist damit die Spannung gelöst, strukturell hingegen kaum. Das Gegenwicht der fehlenden Reprise wird erst durch die Oper hergestellt.

Das mag der Grund für die Neukonzeption als vollausgebildete Sonatenform im Frühjahr 1806 gewesen sein. Denn eine Kürzung war ersichtlich nicht das Ziel. Die *Leonore III* ist die Antwort des Sinfonikers Beethoven auf die offene Frage der *Leonore II*. Sie ist denn auch nicht »besser«, sondern »anders«. Es geht, um es lapidar zu sagen, um den Ausgleich von Funktion und Form. Die Reprise der *Leonore III* setzt ungewöhnlicherweise dominantisch ein, mit der Solo-Flöte in G-Dur (T. 330). Dadurch wird der Eintritt des C-Dur, das erst mit der Fortissimo-Wiederholung des Hauptthemas (und nur kurz) erklingt (T. 378 ff.), von der Last der Tonika-Wiederkehr befreit und umfunktioniert zur Vorbereitung der eigentlichen Lösung: Die Reprise geht rasch, nun in befriedigender Erfüllung der formalen Erwartung, in den Seitensatz über (T. 404). Somit erklingt hier nun also das Florestan-Thema endlich in der Tonika des Werks. Dadurch erübrigt sich auch das wörtliche Zitat der langsamen Einleitung am Ende, mit dem die *Leonore II* die Abrundung herbeizuführen suchte. Die drei Stufen der Epiphanie von C-Dur – Hauptthema, Seitensatz-Reprise und Jubel-Stretta – sind in der *Leonore III* so über das Stück verteilt, dass sie ihren eigenen Sinn aus der Dramaturgie der Form beziehen und nicht als simple Wiederholungen wirken. Vor allem aber ist es gut verständlich, dass die *Leonore III* eine Laufbahn als selbständiges Orchesterstück antreten konnte, während sie für die Oper (so wie auch schon die *Leonore II*) wohl nach wie vor zu gewichtig erschien. Die Zeitgenossen jedenfalls waren überfordert. Der Rezensent der Leipziger *Allgemeinen musikalischen Zeitung* kommentierte lakonisch: »Die Ouvertüre besteht aus einem *sehr* langen, in alle Tonarten ausschweifenden Adagio, worauf ein Allegro aus C dur eintritt, das ebenfalls nicht vorzüglich ist.«[150] Dem Kritiker der *Wiener Theater-Zeitung* missfiel sie sogar »wegen der unaufhörlichen Dissonanzen und des überladenen Geschwirres der Geigen fast durchgehends«, und er sah in ihr »mehr eine Künsteley als wahre Kunst«.[151]

Jedenfalls hat Beethoven für eine weitere Aufführungsmöglichkeit, diejenige in Prag (1807), eine dritte Ouvertüre komponiert. Diese *Leonore I* nun hebt die Probleme, vor denen auch schon ihre Vorgängerinnen gestanden hatten, durch eine zunehmende Ablösung vom »heroischen« Ideenkomplex der Oper auf. Das Werk ist mit seinen 366 Takten im Vergleich zu den Vorgängerinnen tatsächlich »klein«, aber es ist in dieser Konzentration von höchster Raffinesse. Auch die *Leonore I* steht – natürlich, möchte man sagen – in C-Dur. Ihre langsame Einleitung beginnt wieder mit dem Dominantton *g*, aber dieser löst nun statt eines Abstiegs eine aufsteigende Bewegung aus. Und das darauf folgende c-Moll hat nichts mehr von der pathetischen Düsterkeit der Kerkerszene, sondern es präfiguriert eher die Eröffnungsarie der Marzelline, ohne sie indessen zu zitieren. Sie ruft nur gleichsam deren Atmosphäre auf. (Marzelline ist eine Nebenfigur auf der unheroischen Genre-Ebene der Opernhandlung, und sie bleibt – was auf den hochfliegenden Idealismus des Librettos einen beträchtlichen Schatten wirft – am Ende düpiert zurück.[152]) Die klein dimensionierte Sonatenform dieser Ouvertüre führt zu einem Expositionsschluss in der Dominante auf dem strukturellen Grundriss der von Haydn her bekannten »continuous exposition«[153] und prägt daher keinen regelrechten Seitensatz aus. Ihre Anlage überkreuzt sich zudem mit einem geläufigen anderen Typus der Opernouvertüre, indem sie an der Stelle einer Durchführung einen kurzen langsamen Mittelteil integriert. Dieser zitiert, so wie die beiden ersten Ouvertüren in ihrer Einleitung, die Florestan-Arie aus der Kerkerszene (allerdings nicht im originalen As-Dur, sondern in Es-Dur, weil die Mitte des Stücks in einer G-Dur-Umgebung steht). Bemerkenswert an dieser neuen Ouvertüre ist, dass dem so ins Zentrum gerückten Beginn der Florestan-Arie am Ende des Stücks indirekt auch ihr Schluss gegenübergestellt wird: In der Schluss-Stretta, die es auch hier gibt, erklingt viermal eine C-Dur-Formel in jeweils etwas anderer Rhythmisierung, die unweigerlich – sogar in derselben Tonart – an Florestans schließende Vision erinnert: »ein Engel, Leonoren, / der Gattin so gleich« (*Leonore I*, T. 336 ff.). Ein Einwand liegt nahe: Dieser

Arienschluss ist eine Neuerfindung erst der Fassung von 1814; es kann sich also in der Ouvertüre um kein Zitat handeln. Doch spricht umgekehrt nichts dagegen, dass sich Beethoven 1814 bei der Komposition der gründlich erneuerten Kerkerszene an den hymnisch-ekstatischen Schluss der *Leonore I* von 1807 erinnert haben könnte. Am Ende der Coda erklingt eine kurze Reminiszenz an das Hauptthema der Ouvertüre, die nach wenigen Takten im Pianissimo versickert. Mit vier Akkordschlägen schließt sie danach lakonisch ab. Für ihren eigentlichen Zweck ist sie viel besser geeignet als ihre monumentalen Vorgängerinnen: Die Oper kann beginnen, ohne schon im Vorfeld erdrückt worden zu sein. Als die erst nach Beethovens Tod wieder zum Vorschein gekommene *Leonore I* Jahre später postum publiziert wurde, erhielt sie durch ihren Verleger Tobias Haslinger, der sie aufgrund ihres geringeren Umfangs für die früheste hielt, die höchste, weil letzte noch an ein Werk Beethovens vergebene Opuszahl: op. 138.

Als Beethoven jedoch nach den gescheiterten Versuchen der Etablierung des Werks auf dem Theater an dessen Publikation ging, hat er sich für die »große« *Leonore III* entschieden. Sie erschien 1810, wie üblich in Stimmen, als selbständiges Orchesterstück bei Breitkopf & Härtel und gehörte schon bald zu Beethovens bekanntesten Orchesterwerken. Die Oper selbst wurde, wie die Ouvertüre unter dem Titel *Leonore,* im selben Jahr als Klavierauszug (ohne Ouvertüre und ohne die beiden Ensemble-Finali) publiziert. Die übrigen Ouvertüren wurden erst nach Beethovens Tod bekannt, auch die vierte, die 1814 für die Wiederaufnahme des grundlegend revidierten *Fidelio* komponiert wurde. Diese vierte Ouvertüre hat mit den drei C-Dur-Werken nur wenig gemein. Sie ist vom Umfang her die bei weitem kleinste und erfüllt mit ihrer meisterlich gehandhabten Sonatenform die Ansprüche an eine Opernouvertüre perfekt. Motivisch-thematisch hat sie mit der Oper nichts zu tun, und sie steht nun in E-Dur, weil Beethoven die letzte Fassung des *Fidelio* mit dem Duett Marzelline / Jaquino (»Jetzt, Schätzchen, jetzt sind wir allein«) beginnen lässt, das in A-Dur steht und durch die neue Ouvertüre eine dominantische Vorbereitung erhält. Die drei

Vorgängerinnen, die von den Themenzitaten bis hin zu ihrer Grundtonart C-Dur vielfältige Beziehungen zur Oper unterhalten, wurden nun allesamt nicht mehr gebraucht. Sie markieren aber in der Biographie ihres Komponisten bedeutende Scharnierstellen. Beethoven hat mit diesen drei Meisterwerken, deren Resultate wenig später durch die experimentellen Ouvertüren zu *Coriolan* und zu *Egmont* weitergeführt wurden, das gesamte Spektrum der Gattungsproblematik zwischen Formanspruch und Funktionalität ausgeschritten.

* * *

Was Beethoven für die Auslotung jener Gattung geleistet hat, aus der im 19. Jahrhundert die Konzertouvertüre, vielleicht sogar die Sinfonische Dichtung hervorgegangen ist, lässt sich also aus dem gründlichen Studium seiner *Leonore*-Ouvertüren lernen. In ihren Umkreis gehören auch die beiden Schauspielouvertüren zu Heinrich von Collins *Coriolan* (op. 62) und zu Johann Wolfgang von Goethes *Egmont* (op. 84). Die erste steht für sich allein, die zweite hingegen ist Teil einer groß angelegten Schauspielmusik, die – neben den zeitüblichen Zwischenakten – sich genau an die Stellen hält, die Goethe selbst für den Einsatz der Musik in seinem Drama vorgesehen hatte.[154] Obwohl Beethoven sich angeblich lieber der Musik für Schillers *Wilhelm Tell* gewidmet hätte,[155] mit deren Komposition aber im selben Jahr sein Konkurrent Adalbert Gyrowetz beauftragt wurde, muss ihn bei näherer Beschäftigung mit Goethes Stück genau dieser ungewöhnliche Aspekt fasziniert haben. Denn in einem bisher nicht dagewesenen Ausmaß hat Goethe auf dem katastrophalen Höhepunkt der Handlung die für das Verständnis wesentlichen Vorgänge willentlich der Sprache entzogen und sie, unterstrichen jeweils durch Musik, der reinen Symbolik anvertraut: so den Moment von Klärchens Tod, der nur durch das Verlöschen einer einsam auf der Bühne zurückgelassenen flackernden Lampe angezeigt wird, sowie das jenseits der Handlung in historischer Ferne liegende gute Ende in der sichtbar werdenden Traumvision des im Gefängnis seiner Hinrichtung entgegenschlafenden Egmont, die selbst der wohlwollende Schiller als »Salto mortale in eine Opernwelt«[156] kritisiert hatte. Als Beethoven das Trauerspiel für die Inszenierung am Wiener Burgtheater (Mai 1810) mit Musik ausstattete, fand er gerade für diese beiden Stellen faszinierende Lösungen. Am Ende des Stücks wird vom Dichter abermals das eigentliche Wort der reinen Musik überlassen, denn hier ist nach den Schlussworten des zur Exekution abgeführten Helden bei bereits fallendem Vorhang der wahre, nämlich positive Ausgang in der Utopie einer »Siegessymphonie«[157] zu erleben, die Beethoven dann auch für den Schluss seiner Ouvertüre übernommen hat. Wie schon in der *Leonore II* und *III* scheint sich damit also wieder das Problem einer die Spannung gefährdenden Vorwegnahme der Bühnenhandlung durch die alles bereits verratende Ouvertüre zu stellen. Gerade aber in Beethovens kompositorischem Umgang mit diesem Problem zeigt sich das Niveau seiner künstlerischen Intelligenz.

Die *Egmont*-Ouvertüre ist wie fast alle Beiträge Beethovens zu dieser Gattung ein Sonatensatz. Ganz offensichtlich ist die Sonate die für Beethovens Verständnis am besten geeignete Denkform zur musikalischen Umsetzung eines Ideenkonzepts. Ein solches nämlich liegt hier vor, denn ein aktiver Held (wie der ursprünglich favorisierte Wilhelm Tell) ist Egmont nicht; eher sogar wäre hier, wie schon in der *Leonore*, an der wichtigen Figur Klärchens abermals der »Heroismus der weiblichen Tugend« zu studieren. Aber es geht im Verlauf der Ouvertüre weder um Charakterporträts noch um Handlungselemente, sondern um die Konfrontation des Leidens mit der Erlösung, der Despotie mit der Befreiung. Das klagende Hauptthema (f-Moll), das sich nach der lastenden langsamen Einleitung Bahn bricht, mündet in ein Seitenthema (As-Dur, T. 82 ff.), das aus dem Rhythmus des Einleitungsmotivs gewonnen ist. Dieser reguläre Tonartenplan wird erst in der Reprise problematisch, weil Beethoven hier zwei Standardverfahren der Repriseneinrichtung absichtsvoll miteinander verschränkt. Der Seitensatz wird eine Quinte abwärts transponiert, was bei dominantischen Themen in Dur-Sätzen üblich, weil erforderlich ist, hier aber zu einem falschen Resultat führt: Das Seitenthema erscheint in der Reprise in Des-Dur (T. 225 ff.); das hier eigentlich erwartete und zur Lösung der formübergreifenden Spannung benötigte F-Dur bleibt aus. Es ist also völlig berechtigt, hier von einem der in der Geschichte der Sonatenform extrem seltenen Fälle einer »failed recapitulation« zu sprechen.[158] Diese verfehlte, verpasste oder sogar gescheiterte Lösung ist aber, wie leicht einzusehen ist, ein konstitutiver Bestandteil des dramaturgischen Konzepts. Die eigentliche Lösung ereignet sich buchstäblich außerhalb der Form, im »paragenerischen«[159] Raum: Sie erklingt in der ausdrücklich so bezeichneten »Siegessymphonie« des Dramenschlusses, die auch dort außerhalb der eigentlichen Bühnenhandlung steht. Beethoven hat also genau dieses höchst ungewöhnliche Strukturmerkmal von Goethes Drama auf seine Ouvertüre übertragen, die damit eigentlich so wie die *Leonore II* auf das nachfolgende Stück angewiesen, aber dennoch aufgrund ihrer autonomen Struktur so wie die *Leonore III* als eigenständige Komposition lebensfähig ist. Eine subtile Verbindung der Ouvertüre mit der ganzen Schauspielmusik liegt nicht zuletzt darin, dass ihre Tonart f-Moll auch diejenige der ersten Nummer der Bühnenmusik ist (Klärchens Auftrittslied »Die Trommel gerühret«, Nr. 1). Und nicht nur das: Die auffällige Instrumentation der schließenden »Siegessymphonie« korrespondiert exakt mit derjenigen dieses Auftrittslieds, denn nirgends sonst kommt in der gesamten Musik die Piccoloflöte zum Einsatz (und zwar mit derselben aufwärtsschießenden Schleiferfigur). Neben der *Leonore III* und der *Coriolan*-Ouvertüre ist diejenige zu Goethes *Egmont* für die spätere Entwicklung der selbständigen Konzertouvertüre modellhaft geworden. Sie »realisiert sich ästhetisch in der Transformation von Inhalt in Form«, wie Carl Dahlhaus treffend formuliert hat.[160]

Vor ihrem Hintergrund würde es sich lohnen, auch über die ungewöhnliche Sonatenform der 1807 für Heinrich von Collins Trauerspiel komponierten *Coriolan*-Ouvertüre op. 62 nachzudenken. Jedenfalls ist ihr für Beethoven ungewöhnlicher düster-resignativer Schluss ein weiterer Beitrag zur Erkundung der großen C-Dur- und c-Moll-Konzeptionen dieser Zeit, und ihr überaus konsequenter Mollcharakter (der zu einer drei Tonarten umfassenden Exposition führt, die zwischen die Tonika c-Moll und die abschließende Moll-

Dominante g-Moll eine nur flüchtige Seitensatzepisode in Es-Dur einfügt) ist ebenso auffällig wie die neben dem resignativen Schluss bei Beethoven ebenfalls einzigartige Tatsache einer subdominantischen Reprise (T. 152 ff.). Alle hier besprochenen Ouvertüren leisten sich kalkulierte Normverstöße, wie man sie in den Kopfsätzen der Sinfonien nicht finden kann. Theodor W. Adorno hat sie wegen ihrer kleineren Dimensionen einmal als »Symphoniesätze für Kinder«[161] zu charakterisieren versucht. Drastischer kann man sie eigentlich kaum missverstehen.

* * *

Wenn man abschließend etwa, was mit guten Gründen möglich ist, Beethovens vielleicht berühmteste Klaviersonate ebenfalls als eine Ikone des »heroischen Stils« auffassen will, dann zeigt sich, wie subtil auch hier mit der Aussagefähigkeit der Form gearbeitet wird, weil ein nochmals anderes Modell der verfehlten Resolution ins Spiel gebracht wird, das durch seine Tonart wieder in den Umkreis der großen *Leonore*-Ouvertüren zurückverweist. Die *»Waldstein«*-Sonate op. 53, die bekanntlich mit unablässig pochenden C-Dur-Dreiklängen beginnt, exponiert damit dennoch nicht, entgegen der weit verbreiteten Ansicht, die Tonika C-Dur, sondern sie vermeidet diese vielmehr geradezu ostentativ. Die Etablierung der Grundtonart wird zugleich (scheinbar) erfüllt und (in Wirklichkeit) unterlaufen. Das C-Dur des Anfangs ist, wie schon gleich der erste Kadenzvorgang zeigt, eindeutig die Subdominante der Dominanttonart G-Dur (die dadurch auch als Seitensatztonart bereits verbraucht ist und an Ort und Stelle, T. 36 ff., durch die Mediante E-Dur ersetzt werden wird), und entsprechend wird durch sämtliche weiteren Operationen dieses Satzbeginns die Bestätigung von C-Dur stets verfehlt. Nur einmal, wenn sich die Kadenz nicht mehr umgehen lässt (T. 12/13), wird *c* in der Tat zum Grundton, aber nun von c-Moll und nicht etwa der Dur-Tonika. Die ausgeklügelte, den Satz vollständig übergreifende Strategie eines beständigen Aufschubs von C-Dur kann hier nicht umfassend dargelegt werden.[162] Nicht einmal in der Reprise, dem letzten dafür möglichen Ort innerhalb der

Form, wird die harmonische Einrichtung des mediantischen Seitenthemas zur endlichen Gewinnung der Tonika genutzt (aus dem E-Dur der Exposition wird in der Reprise A-Dur: T. 196 ff.). Der Kopfsatz (dessen zweite Hälfte, Durchführung und Reprise, ursprünglich sogar noch wiederholt werden sollten, um diesen Aufschub zu prolongieren) braucht daher, genau wie aus anderen, aber vergleichbaren Gründen derjenige der *Eroica,* zwingend eine auf die gescheiterte Reprise folgende große Coda, in der erst alle Spannung sich löst so wie auch in der »Siegessymphonie« der *Egmont*-Ouvertüre. Denn erst hier darf das choralhafte Seitenthema in seiner originalen Gestalt endlich zur Tonika des Werks gelangen (T. 284 ff.). Der Finalsatz (die Sonate besteht aufgrund der Herauslösung des ursprünglichen Mittelsatzes, des jetzigen *Andante favori* WoO 57, aus zwei Sätzen) exponiert dann folgerichtig, nach einer langen Introduktion, die klangschöne Epiphanie des reinen C-Dur als grandiose Erfüllung der anfangs gesetzten und den ganzen Formprozess überwölbenden Aufgabe.

All diese Werke können insofern als Dokumente des »neuen Weges« gelten, als sie eine neuartige musikalische Prozesslogik artikulieren. Sie alle aber auf denselben Pauschalbegriff des »Heroischen« zu bringen, verbietet sich angesichts der Individualität der Werkgestalten eigentlich von selbst. Ganz falsch ist die Konnotation zwar nicht. Jedoch ist das Heroische, wenn man an dem Begriff festhalten möchte, eine weit ausgreifende ethische Idee, die sich von konkreten politischen oder sozialen Handlungsfeldern ebenso löst wie von einfachen Geschlechterzuschreibungen. Am ehesten kann man sie vielleicht als reich facettierten musikalischen Ausdruck einer Selbsterfahrung verstehen, die in der Überwindung der im »Heiligenstädter Testament« dokumentierten (und ihrerseits wiederum stark stilisierten) Krise einen neuen Weg gesucht hat, um das Konzept der Tugend als einer »moralischen Gesinnung im Kampfe« zu anschaulicher Realität zu bringen. Sie tragen diesen »Kampf« gewissermaßen als ein Drama in Tönen aus, gleichviel ob man dieses als ästhetische Vorstellung einer mitreißenden Aktion, als aufwühlendes inneres Seelendrama oder überhaupt nur als einen wortlosen Diskurs mit den technischen Mitteln spezifisch musikalischer Logik verstehen will. Das mag dem Komponisten am besten gelungen sein im selbstbezüglichen Bezirk der reinen Instrumentalmusik, während es ihm bei der Vergegenständlichung zu einer sichtbaren Handlung unterlaufen konnte, dass eine anrührende Figur wie die unwillentlich – aber ganz gegen die berühmte Zweck-Mittel-Formulierung des kategorischen Imperativs[163] – ausgenutzte Marzelline am Ende sang- und klanglos aus dem Lichtkegel der Anteilnahme verschwindet. Heroisch ist an diesem ethischen Idealismus nur das konsequente künstlerische Bemühen um eine weder schlecht abstrakte noch rein formale, vielmehr ästhetisch intensiv erlebbare, der Natur nicht widersprechende musikalische Wirklichkeit, die das aus krummem Holz geschnitzte Sinnenwesen Mensch an seine moralische Pflicht zur Teilhabe am intelligiblen Reich der Vernunft erinnert.

Im Zenit: Musikalisches Denken

Geistfähiges Material: Zwischen Phantasie und Besonnenheit

Im Frühjahr 1810 vollendete Beethoven das Werk mit dem wohl bemerkenswertesten Titel aller Kompositionen seines Œuvres: die Es-Dur-Klaviersonate, die später die gleichfalls merkwürdige Opuszahl 81a zugewiesen bekam[1] und heute unter dem Namen *»Les Adieux«* bekannt ist. Beethoven stand in seinem 40. Lebensjahr. Was heutzutage für Männer als exakter Zeitpunkt einer Midlife Crisis oder, produktiv gewendet, als Anlass einer Selbstbesinnung und Neuorientierung gilt, muss nicht gleichermaßen damals und schon gar nicht speziell für Beethoven gegolten haben. Dass aber eine solche Rückprojektion sich nicht von vornherein eines unverzeihlichen Anachronismus schuldig macht, zeigen zeitgenössische Überlegungen wie etwa diejenigen aus Immanuel Kants 1798 veröffentlichten Vorlesungen zur Anthropologie. Dort ist der 40. Geburtstag (wenn nicht bereits eine längere mentalitätsgeschichtliche Tradition aufgreifend, so sie dann doch von diesem Zeitpunkt an wirkungsvoll begründend) als eine in vieler Hinsicht bedeutsame lebensgeschichtliche Zäsur exponiert: »Der Mensch, der sich seines Charakters in seiner Denkungsart bewußt ist, hat ihn nicht von der Natur, sondern muß ihn jederzeit *erworben* haben. [...] Vielleicht werden nur wenige sein, die diese Revolution vor dem 30sten Jahre versucht, und noch wenigere, die sie vor dem 40sten fest gegründet haben.«[2] Wohl nicht von ungefähr benutzt Kant hier den Begriff, den er 1787, in der B-Auflage der *Kritik der reinen Vernunft,* auch

Beethoven um 1815, Gemälde von Willibrord Joseph Mähler

schon für die Charakteristik seines eigenen kritizistischen Gesamtunternehmens in Anspruch genommen hatte: den der »Revolution«. Das ist ein starker zeitgenössischer Beleg für die empfundene Bedeutung der biographischen Zäsur »um die 40«, hat aber durchaus eine andere Anmutung als deren moderne, uns heute vertraute Mystifikation zu einer »Krise«. Die, so Kant, dem Menschen spätestens im 40. Lebensjahr gelingende Begründung »seines Charakters in seiner Denkungsart« eröffnet eher eine feste Perspektive in die eigene Zukunft als einen rückblickenden Zweifel am Sinn des bisherigen eigenen Tuns. Was dies für den Beethoven der Jahre um 1810 bedeutet haben mag, kann also durchaus eine interessante Frage sein, und sie lässt sich überraschenderweise gerade an der »*Les-Adieux*«-Sonate entfalten.

Die Sonate erschien im Juli 1811 bei Breitkopf & Härtel in Leipzig (und vorher bei Clementi in London bereits im Januar 1811). Im Verlagsbriefwechsel bezeichnet Beethoven sie als »große karakteristische Sonate«,[3] legt also nahe, sie wie vorher letztmals die »*Waldstein*«-Sonate als »Grande Sonate« einzustufen (was bei der Publikation aber nicht geschah). Ihre gedruckte Widmung an den Erzherzog Rudolph beruhte allerdings auf einem Fehler des Verlags, der Beethovens zugegebenermaßen unorthodoxe Intention vollkommen missverstand. Beethoven hatte das Werk nämlich dem Erzherzog, der als Mitglied der kaiserlichen Familie seit kurzem Beethovens einziger Kompositionsschüler war, gar nicht widmen, sondern es mit seinem Namen betiteln wollen. Die Sonate ist im Frühjahr 1810 vollendet worden und blickt auf die Ereignisse des Vorjahres zurück: Unter dem Ansturm der napoleonischen Truppen hatte sich im Mai 1809 die kaiserliche Familie für einen ungewissen Zeitraum in Sicherheit bringen müssen. Der von Beethoven auf dem Deckblatt fixierte Anlass des Werks wurde aber vom Verlag aus dem Titel entfernt und eigenmächtig in eine einfache Widmung an den Erzherzog umgewandelt. Das Autograph des Kopfsatzes nennt als vollständigen (bei der Druckausgabe aber nicht umgesetzten) Titel eigentlich die folgende ausführliche Formulierung: »das Lebe Wohl / Vien am 4ten May 1809 / bey der Abreise S. Kaiserl. Hoheit / des Verehrten

Erzherzogs / Rudolf«, während die eigenhändige Überschrift der von Beethoven überprüften Abschrift der Sätze 2 und 3 entsprechend (und in der Druckausgabe ebenfalls nicht berücksichtigt) fortfährt: »Vien 1810 am 30ten Jenner / Geschrieben bey der Ankunft / Seiner Kaiserl. Hoheit / Des Verehrten Erzherzogs Rudolf / von / Ludwig van Beethoven«.[4] Selbst in Beethovens näherem Umfeld wurde der vom Verlag verstümmelte Titel später nicht mehr richtig verstanden. Ende 1825 trug sein vertrautester musikalischer Gesprächspartner Karl Holz ins Konversationsheft ein: »Sind die Sonaten: Abschied, Erinnerung, und Wiedersehen in Bezug auf irgend etwas geschrieben?«[5] Über Beethovens mündliche Antwort auf diese schriftliche Frage kann man nur spekulieren.

In der 1811 publizierten Form heißt also das dreisätzige Werk »Lebewohl, Abwesenheit und Wiedersehn« (in einer früheren Fassung noch: »Abschied, Abwesenheit, das Wiedersehn«[6]). Die französische Version wollte Beethoven, wie er Breitkopf eigens brieflich einschärfte, nur als Alternative auf einem zweisprachigen Titelblatt dulden: »Französisch und Deutsch, ja nicht Französisch allein«.[7] Das markiert eine fundamentale Differenz zur bisherigen Praxis der Publikation: Alle vorangehend im deutschen Sprachraum publizierten Beethoven-Sonaten von Opus 2 bis Opus 79 waren, außer den italienisch betitelten »Fantasie«-Sonaten op. 27, mit ausschließlich französischen Drucktiteln erschienen. Darüber, dass Breitkopf & Härtel nun in eigenmächtiger Umdeutung von Beethovens Anweisung zwei Ausgaben veranstaltet hatten, eine mit deutschem und eine mit französischem Titelblatt, war der Komponist erbost, und sein Beschwerdebrief an den Verlag wirft zugleich ein bezeichnendes Licht auf die Umbenennung des Kopfsatzes von ursprünglich »Abschied« zu »Lebewohl«: »Eben erhalte ich das Lebe wohl *etc* ich sehe daß sie doch auch andre *E.*[xemplare] Mit französischem Titel, warum denn, lebe wohl ist was ganz anders als *les adieux* das erstere sagt man nur einem Herzlich allein, das andere einer ganzen Versammlung ganzen Städten.«[8]

Dieses so bedeutsame »Lebewohl« ist denn auch, abgesehen von seiner enormen emotionalen Aufladung, der dreisilbige Text, den

Beethoven dem dreitönigen Hauptmotiv des Kopfsatzes unterlegt. Und so trägt, in Beethovens Gesamtwerk ganz singulär, der Beginn der Notenniederschrift ein nur im Geiste mitzuskandierendes Text-Incipit: »Le-be wohl«. Es handelt sich um eine langsame Einleitung (Adagio), die das über dem Fundament dreier Hornquintenklänge aus drei sinkenden Tönen bestehende »Lebewohl«-Motiv exponiert und es dann zunächst sehr überraschend in einen Trugschluss nach c-Moll münden lässt. Aber auch bei der Wiederholung des Vorgangs wird die Tonika Es-Dur nicht erreicht, sondern der Trugschluss führt nun sogar noch weiter in die Ferne, nach Ces-Dur. Im weiteren Satzverlauf erweist sich das Hornquinten-Terzfall-Initial als zentrales Motiv: Am Ende der Allegro-Exposition erklingt es, durch den Modulationsgang begründet, mit dem Zusatz »espressivo« in der Dominante B-Dur (T. 50–56), am Ende der Reprise wird es entsprechend in die Tonika Es-Dur zurückgeholt, nun mit der Anweisung »dolce« (T. 197 ff.). Erst an dieser Stelle, im letzten Moment des Satzes, erklingt es also in der Grundtonart, und zwar mit einem regulären Schluss und nicht mit einer trugschlüssigen Kadenz. In der Coda wird das durch seine Vortragsanweisungen als zärtliche Geste konnotierte Motiv dann dem berühmt gewordenen »bitonalen« (in Wirklichkeit zwei Stufen, Tonika und Dominante, beständig überblendenden) Klangzauber eines Entschwindens ins Pianissimo ausgesetzt. So spannt sich vom Beginn des Satzes über seinen Verlauf hinweg ein großer Bogen bis zu seinem Schluss, der sich auf eine kleine Keimzelle von nicht mehr als drei Akkorden stützt.

Der Bezugspunkt dieses musikalisch ingeniös inszenierten Abschieds soll also nach Auskunft des Autographs der Mai 1809 sein, der Monat der erzwungenen Flucht des Erzherzogs mit seiner Familie aus Wien. Man hat sich später oft gefragt, warum Beethoven ausgerechnet dem jungen Rudolph, den er gerade erst, mehr oder weniger widerwillig, als seinen einzigen Kompositionsschüler angenommen hatte, eine solche musikalische Hommage hat zukommen lassen. Möglicherweise gibt es einen Zusammenhang mit dem von Rudolph maßgeblich unterstützten Vertrag über 4.000 Gulden Jahresrente, der Anfang 1809 zwischen Beethoven und einigen fürst-

Klaviersonate »*Les Adieux*«, Erstdruck
Dem Beginn des Kopfsatzes seiner Klaviersonate op. 81a unterlegte Beethoven syllabisch ein nur im Geist mitzudenkendes Text-Incipit. Wem der ausdrücklich auf den Mai 1809 sich beziehende Satz dieses »Lebe wohl« nachruft, scheint durch die Widmung an den Erzherzog Rudolph vordergründig klar zu sein, es bleibt aber für weitere Assoziationen durchaus offen.

lichen Gönnern ausgehandelt worden war, um ihn von der Annahme der Kapellmeisterstelle bei Napoleons Bruder Jérôme Bonaparte abzubringen und in Wien zu halten. Das enge persönliche Verhältnis, das freilich 15 Jahre später zur Widmung der *Missa solemnis* führen sollte, konnte sich um diese Zeit noch kaum entwickelt haben, und auf die ihm aufgezwungene Übernahme des ungeliebten Kompositionsunterrichts scheint Beethoven anfangs sogar überaus ärgerlich reagiert zu haben. Dies jedenfalls berichtet glaubwürdig der Schweizer Komponist Franz Xaver Schnyder von Wartensee, der Beethoven 1811 in der (vergeblichen) Hoffnung auf Kompositionsunterricht aufgesucht hatte: »Beethoven: (mit erhöhter Stimme und sehr entschieden, jedoch nicht unfreundlich): *Nein! nein! Ich habe nur noch einen Schüler, und den kann ich nicht loswerden, so gern ich auch möchte.* Schnyder dachte, das sei wohl ein armer talentloser Junge, der ihm etwa vom Fürsten Lobkowitz, vom Fürsten Rassumovsky oder sonst von einem Hochstehenden, dem Beethoven Verbindlichkeiten schuldig war, auf den Hals geladen worden, in der Meinung, der Junge habe bedeutendes musikalisches Talent und Beethoven müsse jetzt aus dem krummen Klotz einen Apollo schnitzeln. Der betrübte Schnyder fing an, den glücklichen Buben innerlich zu beneiden, sich an seine Stelle zu wünschen, und frug: *Wer ist denn Ihr Schüler?* Darauf brüllte Meister Beethoven mit grimmigem Gesicht und indem er heftig mit dem Fuß auf den Boden stampfte: *Ach! der Erzherzog Rudolph!* – Schnyder verstummte.«[9]

Nun war allerdings in diesem Mai des Jahres 1809, auf den die »Lebewohl«-Sonate ausdrücklich zurückblickt, noch etwas ganz anderes geschehen, das Beethoven nicht unberührt gelassen haben kann. Im selben Monat der Belagerung und des Beschusses der Stadt Wien durch die Franzosen war sein verehrter Lehrer Joseph Haydn gestorben; der Kompositionsunterricht bei Haydn war bekanntlich für den jungen Beethoven seinerzeit der Anlass für die Übersiedelung nach Wien gewesen. Schon zwei Monate zuvor, im März desselben Jahres, hatte zudem Beethovens anderer Kompositionslehrer, Johann Georg Albrechtsberger, das Zeitliche gesegnet, sodass Beethoven im Frühjahr 1809 vor der bemerkenswerten Situation stand, mit einem Schlag seine eigenen beiden wichtigsten Lehrer betrauern zu müssen und gleichzeitig mit der Erfüllung des Ansinnens der kaiserlichen Familie selbst in die (zeitlebens ungeliebte) Rolle des Lehrers zu wechseln, für die er das Material aus dem eigenen früheren Unterricht sorgfältig neu aufbereitete.[10]

Könnte im Hintergrund der »Lebewohl«-Sonate also nicht auch der Abschied von Joseph Haydn mitschwingen? Erwägenswert ist nämlich, aus mehreren Gründen, ein hintergründiger Bezug auf Haydns Orchesterwerk *Die sieben letzten Worte unseres Erlösers am Kreuze* (Hob. XX:1A), das dieser 1786 als Meditationsmusik für eine Passionszeremonie im Auftrag des Domkapitels von Cádiz komponiert hatte. Dieses Werk, das, eingerahmt von einer Introduktion und einem Finale, aus sieben Instrumentalsätzen besteht, die Haydn als »Sonaten« (im Sinn von »Klangstücke«) bezeichnet, wurde trotz seiner Bestimmung für das ferne Spanien umgehend auch im deutschen Sprachraum so populär, dass nicht nur zahlreiche Abschriften im Umlauf waren und das Werk sofort im Druck erschien, sondern Haydn selbst eine Streichquartettfassung erarbeitete, die ebenfalls bis heute zu seinen bekanntesten Werken gehört (Hob. XX:1B). Alle sieben Sonaten dieses Instrumentalwerks nun sind von Haydn mit einem Text-Incipit versehen, das sich auf die Eröffnungsmelodie des jeweiligen Satzes mitdenken lässt. Die letzte dieser sieben Sonaten, die über das lateinische »In deine Hände, Herr, befehle ich meinen Geist« (»In manus tuas, Domine, commendo spiritum meum«) meditiert und diesen Satz dem Eröffnungsmotiv der ersten Violine Silbe für Silbe unterlegt, steht in derselben Tonart Es-Dur wie Beethovens Klaviersonate. Sie exponiert zudem, und zwar buchstäblich in den exponiert erklingenden Stimmen der beiden Hörner (T. 8/9), dieselben Hornquinten, mit denen auch Beethoven beginnt.

Immerhin hatte Haydn kurz zuvor seinen Abschied aus der musikalischen Öffentlichkeit selbst nicht ohne tiefgründig humoristischen Hintersinn ästhetisch inszeniert: Sein letztes Streichquartett, mit dem er nie fertig wurde und das daher schließlich als Torso aus zwei Sätzen im Jahre 1806 unter der letzten Opusnummer 103 erschienen war, ergänzte die Violinstimme mit einer für alle Käufer des Werks unmissverständlichen Erklärung dafür, dass von nun an aus Haydns Händen nichts mehr zu erwarten war. Diese Erklärung ließ sich Haydn auch als Visitenkarte drucken. Es handelt sich um das Text- und Melodie-Incipit einer früheren Gleim-Vertonung: »Hin ist alle meine Kraft, / alt und schwach bin ich …«[11] Das alles macht es also sehr wahrscheinlich, dass man Beethovens »Lebewohl«-Sonate in einem dichtmaschigen Netz intertextueller Verflechtungen zu sehen hat. Nicht nur scheint hinter dem nur vorübergehenden »Lebewohl« an Rudolph der endgültige Abschied von Haydn auf, sondern möglicherweise will auch das Es-Dur des Werks, das sich nicht zuletzt auf das Es-Dur der letzten von Haydns »Letzte-Worte«-Sonaten beziehen dürfte, mit seiner Darstellung der durch Napoleon erzwungenen Flucht des Erzherzogs dasselbe Es-Dur der (ursprünglich Napoleon gewidmeten) *Sinfonia eroica* mit allem Nachdruck bestätigen. Es holt die Tonart aus der größten Gattung, der Sinfonie, in die intimste, die Klaviersonate, zurück. Das »sovvenire di un Grand Uomo«, das schon in der *Eroica* einen breiten Bedeutungshorizont entfaltete, gilt nun unausdrücklich auch dem von der Bühne abgetretenen Joseph Haydn. Die »Lebewohl«-Sonate markiert aber zugleich auch einen Beginn: nämlich genau den Zeitpunkt, zu dem, eben mit dem Ableben Joseph Haydns, das verpflichtende Erbe des größten Komponisten des deutschen Sprachraums (wenn nicht gar Europas) nun endgültig auf den dafür seit langem vorbereiteten Beethoven überging.[12]

* * *

Ebenfalls im Frühjahr 1810 erblickte ein anderes Chef-d'œuvre des knapp 40-jährigen Komponisten das Licht der Welt. Im März dieses Jahres erschien die Wiener Originalausgabe der im Frühjahr 1809 vollendeten (und im Sommer bereits bei Breitkopf & Härtel in Leipzig gedruckten) zwei Klaviertrios op. 70. Gewidmet sind sie in beiden Ausgaben der Gräfin Marie von Erdödy, in deren Haus Beethoven ein gern gesehener, bisweilen sogar dauerhaft wohnender Gast war. Diese Dedikation hatte der Komponist freilich im letzten Moment durch eine anderslautende Widmung an den Erzherzog Rudolph ersetzen wollen, über den Beethoven dem Verlag schrieb, er selbst »habe einigemal bemerkt, daß eben, wenn ich andern etwas widme, und er das Werk liebt, ein kleines Leidwesen sich seiner Bemächtigt, diese Trios hat er sehr liebgewonnen«.[13] Dieser Brief traf allerdings in Leipzig zu spät für die von Beethoven gewünschte Umwidmung ein. So erhielt sein kaiserlicher Schüler, wie zum Ausgleich, nicht einfach nur die Zueignung der nächsten Klaviersonate (*»Les Adieux«*), sondern er hätte der ursprünglichen Idee nach – wie eben dargestellt – auf dem Titelblatt sogar als der Auslöser und Gegenstand des in ihr ausgedrückten Empfindungsverlaufs erscheinen sollen. Wie auch immer: Die Widmung der beiden Trios op. 70 an die Gräfin Erdödy ist mit Sicherheit eine persönlich motivierte, eine besondere Zuneigung signalisierende Dedikation Beethovens an eine einfühlsame und intime Kennerin seiner Musik. Aber nicht nur der Erzherzog und die Gräfin hatten die beiden Trios »sehr liebgewonnen«, sondern beeindruckt zeigte sich auch Johann Friedrich Reichardt, der sie bei einem Besuch im Salon der Gräfin Erdödy zu hören bekam.[14]

Die beiden Werke, deren Leipziger Ausgabe von keinem Geringeren als dem an der Leipziger *Allgemeinen musikalischen Zeitung* zu dieser Zeit gerade erst debütierenden Kritiker Ernst Theodor Amadeus Hoffmann begeistert besprochen wurde, markieren nach den drei *»Rasumowsky«*-Quartetten einen Gipfel kompositorischer Konzentration und zugleich neben den drei Klaviersonaten op. 78, 79 und 81a den Ausgriff in eine neue Qualität gesanglicher Expression, die zum Beispiel dem kundigen Reichardt (insbesondere an dem für Beethovens Verhältnisse ungewöhnlich kantabel erscheinenden Allegretto-Satz des Es-Dur-Trios) sofort aufgefallen ist. Wie beides zusammenzudenken ist, zeigt exemplarisch der Kopfsatz des D-Dur-Trios, mit dem die Sammlung beginnt. Sein Hauptthema ist in auffälliger Weise gespalten, in zwei schroff voneinander separierte Passagen unterschiedlichster Charakteristik: heftig, laut und impulsiv die eine (T. 1–6), leise, zart (»dolce«) und gesanglich die andere (T. 7 ff.). Hinzu tritt noch die – bei Beethoven immer strukturelle Konsequenzen zeitigende – Anomalie, dass die erste Phrase bei ihrem Abschluss merkwürdig »verrutscht«: Sie zielt auf ein einsam stehenbleibendes, skalenfremdes *f* des Cellos (T. 5), das im schließenden sechsten Takt, noch seltsamer, mit einem *b* des Klavierbasses unterlegt wird. Danach beginnt freilich im Takt 7 die zweite, die lieblich-kantable Phrase des Themas mit dem nun aufwärts »korrigierten« Terzton *fis* im Cello über dem kadenzierenden Quartsextakkord der Tonika D-Dur. Das *b* im Bass hat sich also als Vorhalt vor dem Dominantgrundton erwiesen; die zu erwartende mediantische Ausweichung bleibt hier noch aus. In der Reprise ist das exakt gleich (T. 157–162), aber dann, nach ihrem regulären und vertrauten Beginn tritt plötzlich die durch die »Anomalie« des Taktes 6 angekündigte strukturelle Konsequenz in Kraft, sodass sich also bis hierhin ein nun aufzulösender Spannungsbogen wahrnehmen lässt. Der Kopf des Hauptthemas (Phrase 1) wird wiederholt (T. 167 ff.), aber nun in d-Moll, sodass die Ausweichung in das einsam stehenbleibende Cello-*f* zum ersten Mal »integriert« erscheint. Nun wird, weil der Klavierbass diesen Ton, anders als zu Beginn, mit einem *f* unterlegt (T. 172), tatsächlich mit dem Hauptthema (Phrase 2) in B-Dur fortgefahren: Der Takt 6 des Beginns erweist sich retrospektiv als Ankündigung einer mediantischen Ausweichung mehr als 150 Takte später. In der Reprise erklingt also das zweigeteilte Hauptthema zweimal, und die Folge davon ist, dass wie zum proportionalen Ausgleich auch der Seitensatz (in der Exposition: T. 43 ff.) zweimal vorgetragen wird: zunächst überraschend in der Subdominante G-Dur (T. 215 ff.), dann endlich regulär in der Tonika (224 ff.). Diese unerwartete Expansion der Reprise wird noch dadurch gesteigert, dass ausgerechnet für sie die (um diese Zeit bereits aus der Mode gekommene) Teilwiederholung gefordert wird. In der Coda wird resümierend die Phrasenfolge des Hauptthemas umgedreht: Die gesangliche Phrase 2 erklingt zuerst, und zwar wiederum in der Subdominante (T. 250 ff.), und die heftig artikulierte Fortissimo-Phrase 1 schließt den Satz lapidar ab.

Für diese Logik, die zu einer unerwarteten Dehnung des Satzes führt, schürzt sich der Knoten im Zentrum der Durchführung. Das geschieht, indem aus den beiden Hauptthema-Phrasen je ein motivischer Kern isoliert und dann in dieser Vereinzelung ins Spiel gebracht wird: aus der Phrase 1 der erste Takt (zunehmend sogar ohne die erste Achtelnote), aus der Phrase 2 deren zweiter Takt (drei Viertel, die eine fallende Sexte mit anschließend aufsteigender Sekunde umschreiben). Sie werden zuerst, wie in der Exposition, nacheinander vorgestellt, dann aber in höchster Intensität simultan kombiniert. Das geschieht durch das Signal einer vierstimmigen Engführung des Motivs 2 im Abstand eines Viertels (T. 119/120), durch die eine ungemein spannungsvolle kontrapunktische Verdichtung beider Motive ausgelöst wird. Sie führt nach mehr als 20 Takten intensiver polyphoner Durchführungsarbeit zu einer schließlich im Pianissimo versinkenden Erschöpfung auf dem 10 Takte lang gehaltenen Orgelpunkt der Dominante (T. 140–149) und zu einer Reduktion des motivischen Materials auf nur noch drei Töne des Motivs 2 – ein geradezu klassischer, mustergültig beim späten Haydn vorgebildeter Vorgang, den Erwin Ratz in seiner Formenlehre plastisch als »Liquidation« beschrieben hat.[15] Bei Beethoven ist er allerdings nur ein strategisches Mittel neben anderen innerhalb einer vielspurigen Gesamtdramaturgie. Danach muss der Anlauf zur Reprise durch viermalige Beschwörung der Hauptthema-Phrase 1 fast gewaltsam neuen Schwung holen. Das Spektrum dieses zweiten (zur Wiederholung vorgeschriebenen) Formteils ist breit: Die Durchführung zelebriert eine intensiver kaum denkbare Verdichtung des Kernmaterials, die Reprise löst diese angespannte Kumulation mit ungemein gelassener Geste dann wieder ins Sukzessive auf. Die Spaltung des Hauptthemas, die sezierende Analyse seiner beiden Hälften, ihre Verdichtung wie ihre finale Ausbreitung führen in diesem Satz eine in ihrer Schlüssigkeit nicht zu übertreffende gemeinsame Regie. Diese auffällige Pointe einer thematisch verdoppelten Reprise wird übrigens auf dem gewissermaßen gegenüberliegenden Ende des Opus 70 geistreich beantwortet, aber mit einer anderen strukturellen Begründung versehen: im Finale des Es-Dur-Trios op. 70,2 nämlich, das auf die Tatsache eines mediantischen Seitensatzes (G-Dur statt B-Dur) so reagiert, dass dieser in der Reprise zunächst ordnungsgemäß (freilich bei diesem Tonartenplan ganz unnötig) quintabwärts transponiert wird (C-Dur) und erst danach nochmals, und nun richtig in Es-Dur, in voller Länge erscheint. Die Reprise des Hauptthemas balanciert diese Expansion aus, indem sie ihrerseits expandiert: durch eine mit überraschenden harmonischen Ausweichungen bewirkte Dehnung auf den anderthalbfachen Umfang ihrer Präsentation in der Exposition.

Wenige Jahre später wird diese spannungsvolle Balance von motivischer Ökonomie und struktureller Expansion abermals in einem Klaviertrio auf die Spitze getrieben; wieder ist es, und nun tatsächlich und ohne Dedikations-»Pannen«, dem Erzherzog Rudolph gewidmet (was ihm seinen Beinamen »*Erzherzog*«-Trio eingebracht hat). Dieses B-Dur-Klaviertrio op. 97 gilt in der Kommentarliteratur weithin als ein Werk der erfüllten Kantabilität. Das ist es aber nur scheinbar, und ein genauer Blick kann die Konsequenz enthüllen, mit der Beethoven diesen Eindruck mit seinem motivisch-thematischen Arbeitsverfahren zu vermitteln versteht, das dazu in großer Spannung steht. Das sonore Hauptthema, dolce und piano zunächst vom Klavier allein vorzutragen, ist gar nicht die Kantilene, für die es oft ausgegeben wird: Es darf sich an keiner Stelle aussingen, sondern endet stets auf einem Halbschluss, an den sich sechs Takte (cantabile) einer Rückleitung zu seiner Wiederholung anfügen. Man hört also nur einen Vordersatz, für den sich ein Nachsatz an keiner Stelle des Werkes findet. Das Überraschende an der Durchführung des Satzes ist dann aber, dass deren motivisches Material exakt aus dieser »Kantilene« entnommen wird: aus ihren Tönen 2–4, die übrigens stark der Phrase 2 aus dem Kopfsatz des Trios op. 70,1 ähneln (T. 115 ff.). Im Unterschied aber zum Vorgängerwerk wirkt das B-Dur-Trio weiträumig und entspannt. Es genügt allerdings ein kurzer Vergleich seines Kopfsatzes mit jenem der in derselben Tonart stehenden letzten Klaviersonate Franz Schuberts (D 960), um den fundamentalen Unterschied des kompositorischen Zugriffs zu verdeutlichen: bei Schubert das schwelgerische Aussingen eines unersättlichen melodischen Stroms, bei Beethoven trotz der scheinbaren Anmutung entspannter Kantabilität in Wirklichkeit eine nicht nachlassende motivische Konzentration. Das 1811 in zeitlicher Nähe zu den Trios op. 70 komponierte und sie weiterdenkende, aber erst fünf Jahre später veröffentlichte B-Dur-Klaviertrio ist ein Dokument des folgerichtigen Experimentierens. Manchmal wird es sogar unter Anlegung einer nicht ganz unproblematischen teleologischen Perspektive als ein charakteristisches Werk des Übergangs empfunden: Die stilistischen Merkmale einer immer weiter ausgreifenden Gesanglichkeit wie der zugleich stets zunehmenden gedanklichen Verdichtung, die Carl Dahlhaus pointiert als »Relation zwischen Kantabilität und Abstraktheit« bezeichnet hat,[16] werden zu prägenden Eigenschaften des sogenannten Spätstils werden.

* * *

1812 begann Beethoven das bereits erwähnte Tagebuch zu führen.[17] Dass es mit dem Frühjahr 1818 abbricht, könnte daran liegen, dass ein Teil seiner Funktionen danach von den um diese Zeit begonnenen Konversationsheften übernommen wurde, die dem zunehmend schwerhörigen Komponisten seit dem Februar 1818 die Aufrechterhaltung der Kommunikation ermöglichten. Anders als der geläufige literarische Typus des Diariums enthält nämlich das »Tagebuch« nicht etwa hauptsächlich Zeugnisse einer Selbstaussprache oder Reflexionen über Tagesereignisse, ist also kaum als zweckvolle Dokumentation einer inneren oder äußeren Biographie gedacht. Beethoven versammelt darin vielmehr – genau wie dann auch weiterhin in den Konversationsheften – alltägliche Erinnerungsnotizen und Kompositionspläne[18] ebenso wie Lesefrüchte und Literaturzitate. Es stellt also ein sehr heterogenes Gemisch aus pragmatischen Niederschriften unterschiedlichster Funktion und Provenienz dar. Neben Herder- und Schiller-Zitaten begegnen Sinnsprüche aus lateinischen und griechischen Klassikern oder Exzerpte aus verschiedenen Schriften zur indischen Philosophie und aus Sturms *Betrachtungen über die Werke Gottes im Reiche der Natur und der Vorsehung*, andererseits aber auch zahlreiche praktische Überlegungen zur Haushaltsführung und spontane Exklamationen im Zusammenhang mit dem gerichtlichen Streit um die Vormundschaft für den Neffen.

In diesem Sammelsurium fällt eine über einige Seiten hinweg sich erstreckende Passage auf, die aus mehreren Gründen von besonderem Interesse ist: Sie übertrifft die meisten anderen Eintragungen an Umfang, sie dokumentiert eine intensive Beschäftigung mit Immanuel Kant, und sie erlaubt in ihrer auf den ersten Blick befremdlichen Systematik eine ziemlich genaue Rekonstruktion der Art, in der Beethoven schwierige Bücher gelesen (oder ausgewertet) hat. Es handelt sich um mehrere wohl im Spätsommer 1816 eingetragene Exzerpte aus verschiedenen Kapiteln von Kants *Allgemeiner Naturgeschichte und Theorie des Himmels*, deren Originalauflage von 1755 dem Konkurs des Verlegers zum Opfer gefallen war und die erst am Ende des 18. Jahrhunderts durch Nach- und Neuauflagen bekannt wurde.[19] Beethoven benutzte ein Exemplar der Ausgabe Zeitz 1798, die sich auch in seinem Nachlass befand. Beethovens Interesse an dem Buch ist wenig verwunderlich, denn Kant war für ihn seit seiner Bonner Jugend ein positiv besetzter Autor, und seine lebenslange Anteilnahme an Fragen der Kosmologie und Astronomie ist durchweg gut dokumentiert. Man wüsste gern, ob er sich darüber im Klaren war, welch glücklichen Griff er mit der Auswahl gerade dieses Buchs getan hatte. Die *Allgemeine Naturgeschichte und Theorie des Himmels* ist die zweite Monographie des jungen Kant; sie entstammt seiner sogenannten »vorkritischen« Phase und steht deshalb nur am Rande der aktuellen philosophischen Kant-Diskussion. Ihrer Bedeutung wird das nicht gerecht: Es handelt sich um einen kühnen kosmogonischen Entwurf, der seinem Autor, selbst wenn er nichts anderes mehr geschrieben hätte, »einen unverlierbaren Platz in der Geschichte der Astronomie«[20] gesichert hätte. Beethoven hielt mit dem Buch eine revolutionäre, auch von späteren Erkenntnissen nicht überholte spekulative Theorie der Weltentstehung in Händen, die für nicht wenige heutige Physiker und Kosmologen, etwa Stephen Hawking, als Kants bedeutendste Leistung und für manche sogar als »the essence of modern models« gilt.[21] Die eigentliche und zu seiner Zeit nicht nur für die theologische Orthodoxie anstößige Pointe von Kants spekulativer Hypothese zur Entstehung des Universums ist die der Natur immanente Dynamik, die Kants Theorie dem ewigen Kreislauf von Genese, Untergang und ständiger Neuentstehung im Bild eines »Phönix der Natur«[22] faktisch zugrunde legt. Provokant heißt es in der Vorrede: »Mich dünkt, man könne hier in gewissem Verstande ohne Vermessenheit sagen: *Gebet mir Materie, ich will eine Welt daraus bauen!* das ist, gebet mir Materie, ich will euch zeigen, wie eine Welt daraus entstehen soll.«[23]

Beethovens nicht immer genaue, stets aber sinngemäß korrekte Exzerpte sind der Vorrede, dem achten Hauptstück des zweiten Teils und dem aus einem einzigen Kapitel bestehenden dritten Teil des 200 Seiten umfassenden Buchs entnommen. Das bedeutet aber nichts anderes, als dass er der Leseanweisung des Autors exakt gefolgt ist: In der Vorrede empfiehlt Kant, der theologischen Sprengkraft wie der naturwissenschaftlichen Ambition seiner Theorie bewusst, dem skeptischen Leser den Beginn der Lektüre mit dem achten Hauptstück des mittleren Teils, das die Essenz seiner Spekulation unter Absehung von fachlicher physikalischer Terminologie zusammenfasst.[24] Dass Beethoven die Vorrede tatsächlich studiert hat, ergibt sich, obwohl ein Zitat aus eben dieser Vorrede erst den Abschluss der Exzerpte bildet, schon allein aus der Tatsache der gezielten Selektion. Aus dem umfangreichen achten Hauptstück entnimmt Beethoven – man möchte fast sagen: mit sicherer Hand – den Kerngedanken von Kants Theorie, der auf die der Materie immanenten, gesetzlich statt zufällig wirkenden »Kräfte« abzielt, die gleichwohl nicht zwingend den atheistischen Atomismus der antiken Kosmogonie nahelegen, sondern auch die Annahme einer verständigen Weltursache erlauben: »Nicht der ohngefähre Zusammenlauf der Atomen des *Lukrez* hat die Welt gebildet«, heißt es bei Kant, sondern »eingepflanzte Kräfte und Gesetze, die den weisesten Verstand zur Quelle haben, sind ein unwandelbarer Ursprung derjenigen Ordnung gewesen, die aus ihnen nicht von ohngefähr, sondern notwendig abfließen mußte.«[25] Entsprechend hat Beethoven, der die Stelle mit wenigen, vielleicht durch das Abschreiben bedingten Änderungen übertrug, viele Seiten weiter die zentrale Zwischenbilanz aufgespürt, die beide Ansichten der Weltentstehung, die physikalisch-natürliche wie die theologisch-providentielle, auf die gleiche Konsequenz hinauslaufen lässt: »[Der eine Schluß ist ganz richtig:[26]] Wenn in der Verfassung der Welt Ordnung und Schönheit hervorleuchten, so ist ein Gott. Allein, der andere ist nicht weniger gegründet: Wenn diese Ordnung aus allgemeinen Naturgesetzen hat herfließen können: so ist die ganze Natur notwendig eine Wirkung der höchsten Weisheit.«[27] Man kann Beethovens Exzerpte als zwar minimalistische, aber durchaus kundige Auswertung eines in der Originalausgabe 26 Druckseiten umfassenden Kapitels bezeichnen. Bei der Fortsetzung der Lektüre ist er dann wesentlich pragmatischer und gröber, wenngleich nicht verkehrt, vorgegangen. Aus dem Schlusskapitel, in dem sich der junge Kant in fast poetischer Sprache eine Spekulation über ein mögliches Fortleben auf anderen Planeten gestattet, übernimmt Beethoven, damit also einfach den Hinweisen des Textlayouts folgend, kurzerhand die drei Passagen, die auch bei Kant durch Sperrdruck hervorgehoben sind.[28] Am Schluss der Exzerpte findet sich dann – von den anderen Stellen räumlich getrennt durch eine private Notiz über eine mit dem Kürzel »T.« chiffrierte weibliche Person – eine Stelle aus der langen Vorrede, die wiederum den sicheren Zugriff auf den eigentlichen Kern der Theorie verrät (bei Beethoven leicht umgestellt): »Ich habe, nachdem ich die Welt in das einfachste Chaos versetzt, keine andere Kräfte als die Anziehungs- und die Zurückstoßungskraft zur Entwickelung der großen Ordnung der Natur angewandt, zwei Kräfte, welche beide gleich gewiß, gleich einfach und zugleich ursprünglich und allgemein sind.«[29]

Kants dynamischer Kosmogonie, die vor allem zur Vermeidung theologisch motivierter Sanktionen mit den gängigen metaphysischen Gottesbeweisen kompatibel gemacht ist, hat Beethoven also zwei Kernideen entnommen: erstens die dynamische Explikation der Weltgenese aus lediglich zwei einfachen naturimmanenten Kräften, zweitens deren mögliche Vereinbarkeit mit dem Glauben an einen verständigen Welturheber. Dass ihn der aufregende Gedanke eines schöpferischen Antagonismus von Attraktions- und Repulsionskräften auch als Künstler fasziniert haben könnte, vermag man sich gut vorzustellen, und dass in dieser vorkritischen Schrift, anders als bei dem scheinbar »alles zermalmenden« Kant der Jahre nach 1781, der göttlichen Allmacht für die Physik noch eine metaphysische Bedeutung jenseits theologischer Orthodoxie zugestanden wird, dürfte ebenfalls sein zustimmendes Interesse geweckt haben. Angesichts des Synkretismus, den man dem in diesem Tagebuch über die Jahre hinweg dokumentierten Spektrum religiöser Überzeugungen attestieren muss, ist es bemerkenswert, was Beethoven mit einiger Treffsicherheit aus Kants kosmogonischer Monographie herausgelesen hat. Den »Beschluss« des Werks hingegen lässt er unberücksichtigt. Angesichts der Tatsache, dass dort mit Folgerichtigkeit der »bestirnte Himmel« zum Anlass einer geradezu schwärmerisch formulierten Meditation genommen wird,[30] ist das erwähnenswert, denn einige Jahre später sollte Beethoven auf das Bild des gestirnten Himmels erneut stoßen: auf Kants »Beschluss« seiner *Kritik der praktischen Vernunft*.[31] Während ihn an dem letzteren Text, wie an späterer Stelle auszuführen sein wird, dessen komplexe moralphilosophische Implikationen interessiert haben dürften, kann ihn der für Kants Verhältnisse ungewöhnlich poetische »Beschluss« der *Allgemeinen Naturgeschichte* durchaus kaltgelassen haben; dieser hat denn auch inhaltlich weit weniger, als meistens behauptet wird, mit dem berühmten Schluss der zweiten Kritik zu tun, mit dem er – bei gänzlich anderen Schlussfolgerungen – lediglich das Bild des Sternenhimmels teilt.

Fest steht allerdings, dass Beethoven sich den in Kants Bild des Sternenhimmels (in allen Fassungen) aufbewahrten Gedanken der kosmischen Nichtigkeit des irdischen Lebens zu eigen gemacht zu haben scheint. Es fällt nämlich auf, dass in zeitlicher Nähe zu den Kant-Exzerpten des Tagebuchs in einem Brief an seine vertraute Briefpartnerin Marie von Erdödy von dem »kleinen *Nebelfleck der Erde*« die Rede ist[32] – eine merkwürdige Formulierung, deren Rätselhaftigkeit sich auflöst, wenn man erstens den Satzbestandteil »der Erde« trotz der fehlenden Kommata als Apposition liest und zweitens die Nähe des Gedankens zu der von Kant in seiner *Allgemeinen Naturgeschichte und Theorie des Himmels* entfalteten »Nebularhypothese«[33] (Kant-Laplace-Theorie) erkennt. Damit ist die 1796 auch von Pierre Laplace vorgetragene Annahme gemeint, die Planeten seien aus der Verdichtung loser Materie entstanden und hätten sich um solare Gravitationszentren herum zu in sich dynamischen Milchstraßensystemen gefügt, deren es im Kosmos eine unermessliche Anzahl gebe. Kant selbst nennt im ersten Teil seines Werks die Konsequenz dieser Hypothese, die von einer radikalen Neuinterpretation der sogenannten »neblichten Sterne« als in Wirklichkeit weit entfernter Galaxien ausgeht, eine »erhabene Vorstellung«,[34] mit der sich »ein Abgrund einer wahren Unermeßlichkeit, worin alle Fähigkeit der menschlichen Begriffe sinket«, auftut.[35] Dieser vorkritische Begriff des Unermesslich-Erhabenen wird später, in der kritizistischen Phase, eine im Bild des »bestirnten Himmels« neu gefasste (und von Beethoven wahrgenommene) moralphilosophische Pointe erhalten. Im

Brief an die chronisch kranke, durch den Verlust eines Kindes zusätzlich leidgeprüfte Gräfin Erdödy nutzt Beethoven, kurz vor der Niederschrift seiner Kant-Exzerpte im Tagebuch, das Bild der Erde als eines bloßen »Nebelflecks« für die Relativierung alles empirischen Leidens und damit unausdrücklich, aber ganz im Sinne von Kants *Kritik der praktischen Vernunft*, zur emphatischen Aufrufung vernunftbegründeter sittlicher Freiheit.[36]

Das eigentliche Faszinosum, das aus den Kant-Exzerpten des Tagebuchs hervorscheint, könnte für Beethoven also jene Idee einer »systematischen Verfassung des Weltbaues«[37] auf der Grundlage reiner Zentrifugal- und Zentripetalenergie gewesen sein, die der junge Kant in die Parole zu fassen gewagt hatte: »Gebt mir nur Materie, und ich will euch eine Welt daraus bauen.«[38] Es ist die spekulative Innenansicht einer dynamischen Schöpfung aus dem unablässigen Wechsel von Verdichtung und Entspannung und damit die zugespitzte Paradoxie einer Zurückführung der unfasslichen Überfülle der Erscheinungen auf das Prinzip strengster materialer Ökonomie. Nichts anderes aber ist es, was die Kommentarliteratur besonders des späteren 20. Jahrhunderts mit zunehmender Subtilität auch aus Beethovens Kompositionen herausgelesen hat. Das ist mit vollem Recht so geschehen, bezeichnet allerdings nur die eine Seite der Medaille. Um der Gefahr einer einseitigen Reduktion von Beethovens Arbeitsprinzip auf diesen freilich wahren Kern zu entgehen, sollte man den Reichtum der Ideen, die harmonische Universalität und die Weiträumigkeit der melodischen Entfaltung dieser Musik nicht aus dem Auge verlieren. Ihre weitere Entwicklung zeigt bis in das Spätwerk hinein eine kontinuierliche Zuspitzung der dialektischen Beziehung von Verdichtung und Expansion, von strengster Kontrolle und ausschweifendster Phantasie. Für sie gilt ebenfalls, was Kant in seiner Vorrede eigentlich der unermüdlich schöpferischen »Natur« attestiert hatte: dass sie »auch selbst im Chaos nicht anders als regelmäßig und ordentlich verfahren kann«.[39]

Nicht von ungefähr hat schon ein aufmerksamer zeitgenössischer Kritiker an der Wurzel von Beethovens Kreativität eine ganz neue Art der Rationalität entdeckt. Der bereits erwähnte E.T.A.

Hoffmann, der die beiden Klaviertrios op. 70 am 31. März 1813 in der Leipziger *Allgemeinen musikalischen Zeitung* ausführlich rezensierte, exemplifizierte an ihnen mit eindrucksvoller Expertise und begrifflicher Präzision den »überschwenglichen Reichtum des genialen Meisters«, der »einem einzigen Gedanken von ein paar Takten so viele Motive entsprießen« lässt, dass daraus ein in seiner gedanklichen Fülle kaum ausschöpfbares Stück entsteht.[40] Reichtum also und Ökonomie: Ein winziger Kern, ein einziges Motiv, genügt als Ausgangspunkt, wie sich schon gleich – wie oben auch geschehen – an dem Eröffnungssatz des D-Dur-Trios op. 70,1 demonstrieren lässt (es gilt jedoch, wie Hoffmann mit Nachdruck betont, für »jeden Satz«). »Ein einfaches, aber fruchtbares, zu den verschiedensten kontrapunktischen Wendungen, Abkürzungen etc. taugliches, singbares Thema liegt jedem Satz zum Grunde, alle übrigen Nebenthemata und Figuren sind dem Hauptgedanken innig verwandt, so daß sich alles zur höchsten Einheit durch alle Instrumente verschlingt und ordnet.«[41] Was den genau analysierenden Rezensenten nun maßlos fasziniert, ist die weitreichende, eine ganze Dimension der Musikästhetik schlagartig neu beleuchtende Entdeckung, dass diese Eigenschaft der Musik nur damit zu erklären sei, dass Beethoven in der Komposition im doppelten Sinne des Worts (im Akt des Schaffens wie in dessen Resultat) »sein Ich von dem innern Reich der Töne trenne und darüber als unumschränkter Herr gebiete«.[42] In solcher ungeheuren Spannung von kreativer »Genialität« und kontrollierter »Besonnenheit«[43] wird die Musik zu einem überwältigenden Modus ästhetisch artikulierter Rationalität. »Der Geist versteht nur die Sprache des Geistes«, heißt es später bei Hoffmann.[44] Mit dieser Entdeckung hat sich nicht nur die Sprache der Beethoven-Kritik, sondern überhaupt die Art des Sprechens über Musik verändert. Der Musikästhetiker Eduard Hanslick hat das Komponieren einmal als »Arbeiten des Geistes in geistfähigem Material« bezeichnet;[45] auch schon für ihn war Beethoven dessen paradigmatischer Anwendungsfall.

Sprachwandel der Musikkritik: Die »ästhetische Idee« als hermeneutischer Ernstfall

Anfangs wurde Beethoven von der öffentlichen Musikkritik keineswegs verwöhnt. Von den mutmaßlich positiven und verständnisvollen Reaktionen in seinem näheren Umfeld wichen deren Urteile oft erheblich ab; schon allein das zeigt, in welchem Ausmaß das frühe Beethoven-Verständnis wohl auf persönlichen Kontakt und gesellige »Unterhaltung« angewiesen war. Schon die Besprechung der Sonaten op. 10 in der gerade neu gegründeten Leipziger *Allgemeinen musikalischen Zeitung,* dem für lange Zeit wichtigsten Rezensionsorgan überhaupt, beanstandet 1798 die (in den Wiener Adelssalons vielleicht gerade mit Begeisterung begrüßte) Manier des Komponisten, »Gedanken wild aufeinander zu häufen und sie mitunter vermittelst einer etwas bizarren Manier dergestalt zu gruppieren, dass dadurch nicht selten eine dunkle Künstlichkeit oder eine künstliche Dunkelheit hervorgebracht wird, die dem Effekt des Ganzen eher Nachtheil als Vortheil bringt«.[46] Spätestens um 1800 war selbst in den wohlwollendsten Besprechungen der untergründig stets mitschwingende Vorwurf der »Bizarrerie« zum Topos der Beethoven-Kritik geworden, dessen Ausstrahlung bereits im frühen 19. Jahrhundert bis in weit vom kritischen Tagesgeschäft abliegende Dokumente reicht.[47] Jedenfalls ließ diese Musik niemanden gleichgültig, und sie setzte sich zunehmend durch. Die *Sinfonia eroica* gehört zweifellos zu den Schwellen- und Schlüsselwerken auf diesem Weg. Der irritierten Feststellung der *AmZ* von 1805, das Werk enthalte, ganz abgesehen von der unzumutbaren Länge, »des Grellen und Bizarren allzuviel«,[48] steht bereits zwei Jahre später in derselben Zeitung die enthusiastische Würdigung der Sinfonie als »dieses merkwürdige und kolossale Werk, das weitläufigste und kunstreichste unter allen, die Beethovens origineller, wunderbarer Geist geschaffen hat«, gegenüber.[49] Damit markiert die Leipziger *Allgemeine musikalische Zeitung,* das tonangebende Rezensionsorgan ihrer Zeit, einen allmählichen Wandel der Bewertung in den Jahren nach 1806. Allerdings war Beethovens Musik um diese Zeit auch ein Verlagsartikel von Breitkopf & Härtel geworden, bei denen die Zeitung erschien.

Zwar ist Beethovens gespielte Gelassenheit gegenüber den (meist anonymen) Rezensenten der *AmZ* dokumentiert, die »gewiß niemand durch ihr Geschwäz unsterblich machen, so wie sie auch niemand die Unsterblichkeit nehmen werden, dem sie von *Apoll* bestimmt ist«,[50] doch ist dieser vom 15. Januar 1801 datierende Ausdruck stolzen Selbstbewusstseins vor dem Hintergrund einer umfangreichen Publikationsofferte an den noch zögernden Verleger Franz Anton Hoffmeister zugleich als Strategie des ermunternden Zuspruchs durchschaubar. In welchem Ausmaß der Komponist sich tatsächlich ärgerte, zeigt im April desselben Jahres sein erster Brief an Breitkopf & Härtel, den Verlag der *Allgemeinen musikalischen Zeitung*, in dem er sich einerseits bitter über »das Geschrey ihres Rezensenten« beklagt, andererseits aber auf das Ansuchen des Verlags um geschäftliche Beziehungen bereitwillig eingeht.[51] Diese kamen zwar erst nach längeren Verhandlungen zustande, wurden dann aber für beide Seiten vorübergehend zu einer überaus lukrativen Angelegenheit.[52]

Vor diesem Hintergrund ist die berühmteste aller Beethoven-Rezensionen zu bewerten, die je in der *AmZ* erschienen sind. Sie stammt aus der Feder des Musikers, Juristen und Schriftstellers Ernst Theodor Amadeus Hoffmann, der ebenfalls gerade erst Beziehungen zu Breitkopf & Härtel aufgenommen hatte, und gilt als ein Textzeugnis, das gleich in mehrfacher Hinsicht Epoche gemacht hat: als nachdrückliche Transformation der vormaligen Beethoven-Skepsis in rückhaltlosen Enthusiasmus und, weit darüber hinaus, als herausragender Beleg einer neuartigen Musikauffassung und innovativen Beschreibungssprache, die ihm den Ruf eines Gründungsdokuments der romantischen Musikästhetik eingebracht hat.[53] Ob diese Bewertung den Kern der Sache trifft, sei zunächst dahingestellt. Es lohnt sich jedenfalls, die Strategie dieses wichtigen Textes etwas genauer zu prüfen.

Hoffmann, der zu dieser Zeit als Theaterkapellmeister in Bamberg wirkte, hatte dem Verlag schon häufiger seine Kompositionen unterbreitet, stets ohne Erfolg, und es dann mit musikschriftstellerischen Versuchen probiert, nun erfolgreich. Der Redakteur der *AmZ*, Friedrich Rochlitz, nahm Hoffmanns erste Erzählung *Ritter Gluck* 1809 in die Zeitung auf (ihr Autor firmierte unter dem Kürzel »...nn«). Damit war der Weg zu Hoffmanns Mitarbeit an der *AmZ* gebahnt: Am 17. Mai 1809 erschienen dort seine ersten musikalischen Kritiken. Schon deren erste (über die 5. Sinfonie des Würzburger Hofkapellmeisters Friedrich Witt) zeigt den enormen literarischen Ehrgeiz Hoffmanns, der in der Einleitung zu einer grundsätzlichen Programm-Ansage ausholt, die wenig später auch den Tonfall seiner ersten Beethoven-Rezension bestimmen wird: »Daß die Instrumentalmusik jetzt zu einer Höhe gestiegen ist, von der man vor gar nicht langer Zeit wohl noch keinen Begriff hatte; daß ferner die Sinfonie insonderheit durch den Schwung, den Haydn und Mozart ihr gaben, das Höchste in der Instrumentalmusik – gleichsam die *Oper* der Instrumente geworden ist: all dieses weiß jeder Freund der Tonkunst.«[54] In der Würdigung der vollständigen Emanzipation der Instrumentalmusik, wie sie nach 1790 mit dem Aufstieg der idealistischen Ästhetik einsetzte, gehört Hoffmann zweifellos zu den Wegbereitern; immerhin aber ist in dieser Einleitungspassage Beethoven noch gar nicht erwähnt. Bereits seine dritte Rezension (nach einer weiteren zu Witt) galt jedoch Beethoven. Der Verlag hatte ihn mit der Besprechung der (ein Jahr zuvor bei Breitkopf & Härtel erschienenen) c-Moll-Sinfonie op. 67 betraut, die er – ehrlich begeistert – umgehend zur weiteren Ausbreitung seines ästhetisch-literarischen Programms zu nutzen verstand. Sie geriet so lang, dass sie auf zwei Nummern der Zeitung verteilt werden musste (4. und 11. Juli 1810), und die Überschreitung der »Grenzen der gewöhnlichen Beurteilung« wurde von Hoffmann zu Beginn eigens thematisiert und begründet.[55]

Dann folgen gleich die seither vielzitierten Eröffnungsworte: »Wenn von der Musik als einer selbständigen Kunst die Rede ist, sollte immer nur die Instrumentalmusik gemeint sein, welche, jede Hülfe, jede Beimischung einer andern Kunst verschmähend, das eigentümliche, nur in ihr zu erkennende Wesen der Kunst rein ausspricht. Sie ist die romantischste aller Künste – fast möchte man sagen: allein *rein* romantisch.«[56] Tatsächlich liefert wirklich erst diese Passage den eigentlich schon 1809 anvisierten Panegyrikus auf die reine, konsequent selbstbezügliche Instrumentalmusik, in der das Wesen aller Kunst nur deshalb unverdeckt zum Vorschein kommt, weil es von allen Hilfsmitteln wie Worten oder Bildern frei erscheint. Von ihrer nicht ganz glücklichen Charakterisierung als einer »*Oper* der Instrumente« aus der ersten Witt-Rezension hat sich Hoffmann inzwischen also gelöst. »Die Musik«, so heißt es in der Beethoven-Kritik weiter, »schließt dem Menschen ein unbekanntes Reich auf; eine Welt, die nichts gemein hat mit der äußern Sinnenwelt, die ihn umgibt, und in der er alle durch Begriffe bestimmbaren Gefühle zurückläßt, um sich dem Unaussprechlichen hinzugeben.«[57] Weil Beethoven in diesem Text nun als Dritter in die Reihe mit Haydn und Mozart gestellt wird, bietet er zwangsläufig die Gipfelerscheinung der Entwicklung zu einer, wie Hoffmann sagt, erst in der Musik sich erfüllenden »Romantik«: »Beethoven ist ein rein romantischer (eben deshalb ein wahrhaft musikalischer) Komponist, und daher mag es kommen, daß ihm Vokalmusik, die unbestimmtes Sehnen nicht zuläßt, sondern nur die durch Worte bezeichneten Affekte als in dem Reich des Unendlichen empfunden darstellt, weniger gelingt und seine Instrumentalmusik selten die Menge anspricht.«[58] Es ist folgerichtig, dass in dieser Formulierung, die am Ende einen Seitenhieb gegen den bis vor kurzem auch noch in der *AmZ* geläufigen Beethoven-Tadel enthält, der Vokalmusikkomponist gegen den Komponisten der Instrumentalmusik herabgesetzt wird: In deren unreinem Bereich nämlich, der mit dem Text und dem Drama musikfremde Hilfsmittel einmischt, meldet Beethoven keinen eigenen Anspruch an und braucht auch keine Nachsicht (wie sich an Hoffmanns einschlägigen Kritiken, etwa der *Egmont*-Musik oder der C-Dur-Messe, durchaus erkennen lässt), weil sein Genie aus programmatischen Gründen lediglich auf dem eigentlichen Feld der rein instrumentalen Musik unüberbietbar zu sein hat. Das wirft aber auch ein Licht auf den vielfach missverstandenen Begriff des »Romantischen«, den Hoffmann hier scheinbar gegen jede stilgeschichtliche Vernunft dem Komponisten zuerkennt. Gemeint ist jedoch weder ein Stilnoch gar ein Epochenbegriff, sondern lediglich der Sachverhalt, dass die Musik dem von allem Empirischen gereinigten Ideal des Ästhetischen unter allen Künsten am nächsten kommt. Das »Romantische« aller Kunst, also ihr Inbegriff rein geistiger ungegenständlicher Schönheit, ist für Hoffmann das Musikalische (während dieses generische Substrat in den ästhetischen Entwürfen der Idealisten, etwa Schellings, meist das Poetische genannt wird[59]).

Am Schluss des umfangreichen programmatischen Eröffnungs-Passus wird dann die Pointe formuliert, auf die es dem Autor eigentlich ankommt: »Tief im Gemüt trägt Beethoven die Romantik der Musik, die er mit hoher Genialität und Besonnenheit in seinen Werken ausspricht.«[60] Denn erst aus dieser Verbindung des unerklärbar Irrationalen mit dem nachvollziehbar Vernünftigen, der Synthese der »Genialität« mit der »Besonnenheit«, entsteht die eigentümliche ästhetische Macht von Beethovens Musik. Diese ihm wichtige, offensichtlich aus der Genie-Theorie Jean Pauls übernommene »Besonnenheit« zu betonen, ist Hoffmann ein Anliegen, das auch in den späteren Beethoven-Rezensionen immer wieder hervortritt. Damit wird in präziser Beschreibung eine Produktionslogik entworfen, die sich jenseits reiner Psychologie als eine rationale Ontologie des Kunstschaffens verstehen lässt: »Er trennt sein Ich von dem innern Reich der Töne und gebietet darüber als unumschränkter Herr.«[61] Musik ist, gerade als »romantischste aller Künste«, in ihrer Erscheinungsweise als Instrumentalmusik von Beethoven ein ganz besonderer Modus ästhetischer Rationalität; das ist der Sinn der von Hoffmann mit solchem Nachdruck betonten »Besonnenheit«. In der bahnbrechenden ersten Kritik führt diese Überzeugung zu einer Eigenschaft des Textes, die zu der programmatischen Erläuterung des »Romantischen« scheinbar in einer schwer auflösbaren Spannung steht. Der Text präsentiert nämlich in reicher Fülle Detailanalysen, die er mit ungewöhnlich umfangreichen Notenbeispielen illustriert. Sie sollen zeigen, »wie der Meister das Ganze mit allen den charaktervollen Zügen nicht allein im Geist auffaßte, sondern auch durchdachte«.[62] Später, in der Rezension der *Coriolan*-Ouvertüre op. 62 (5. August 1812), betonte Hoffmann ausdrücklich, er habe durch die beispielgesättigte analytische Präzision sich »bemüht, eine deutliche Idee von der innern Struktur des Meisterwerks zu geben«,[63] und brachte damit sein eigentliches kunstphilosophisches Anliegen auf den Punkt. Die »bestimmte Idee« der Ouvertüre, nämlich die Erweckung der Vorstellung, »eine große, tragische Begebenheit werde der Inhalt des folgenden Stücks sein«,[64] lässt sich über diese vage Andeutung hinaus nicht in Worte fassen, und Hoffmann widersteht der zwar naheliegenden, aber seinen Prämissen widersprechenden Versuchung, den Handlungsverlauf des Collin'schen Dramas in der Musik der Ouvertüre wie einen Erzählfaden aufzuspüren. Die Idee des Stücks ist vielmehr nur aufzufinden in »der innern Struktur« der Musik. Dieses Verfahren im Umgang mit der wortlosen Instrumentalmusik hat Schule gemacht.

In der Rezension der 5. Sinfonie fädelt Hoffmann die Schlüsselwörter aus der programmatischen Einleitung (»Sehnsucht«, »Ahnung«, »Geisterreich« etc.) immer wieder in die Analyse ein, ohne sie aber weiter konkretisieren zu können (bzw. zu wollen). Denn das Wesen der auf diese Weise von ihm bestimmten Tonkunst ist es, sich dem beschreibenden Begriff zu entziehen. In hermeneutischer Hinsicht bleibt daher der Text unterbestimmt. Lediglich an einer Stelle, beim Blick auf den Übergang ins Finale, begegnet ein anschauliches Bild: Die Formulierung, das C-Dur am Beginn des Finale trete ein »wie ein strahlendes, blendendes Sonnenlicht, das plötzlich die tiefe Nacht erleuchtet«,[65] hat damit zugleich einen folgenreichen Topos für die Rezeption der 5. Sinfonie installiert. Doch selbst diese Metapher enthält sich jeglicher begrifflichen Objektivierung, und sie zielt auch keineswegs auf eine semantische Entschlüsselung des Werks. Damit aber macht Hoffmann in präziser Weise Ernst mit dem ihm vertrauten Gedanken der »ästhetischen Idee« aus Immanuel Kants *Kritik der Urteilskraft*, der für die gesamte weitere Entwicklung der Ästhetik folgenreich geworden ist.

»Ideen« sind bei Kant jene für den Zusammenhang des Erkennens notwendigen begrifflichen Entwürfe der Vernunft (etwa die Einheit des denkenden Selbstbewusstseins in der Idee der »Seele«, die Gesamtheit der Naturerkenntnis im Begriff der »Welt«, die unabdingbare Voraussetzung einer vernünftigen Weltursache in der Vorstellung von »Gott«), denen aber keine Anschauung entsprechen kann. Eine Auffassung dieser Ideen als Objekte der Erkenntnis (wie in der alten Metaphysik) würde die Vernunft nur in unauflösbare Widersprüche verwickeln. Sie weisen vielmehr als rein intellektuelle Gebilde über jede Möglichkeit der Erfahrung hinaus und bezeichnen nicht theoretisch erkennbare Gegenstände, sondern praktische Aufgaben der Vernunft. Mit dem folgenreichen Konzept der ästhetischen Idee hingegen entdeckt Kant 1790 noch eine weitere Art der theoretischen Uneinholbarkeit, die diesmal nicht vom Denken, sondern von der Anschauung ausgeht, dafür nun aber begrifflich nicht erfasst werden kann. Sie ist, in Kunstwerken als Hervorbringungen des Genies zur Erscheinung gelangend, »diejenige Vorstellung der Einbildungskraft, die viel zu denken veranlaßt, ohne daß ihr doch ein bestimmter Gedanke, d. i. *Begriff* adäquat sein kann, die folglich keine Sprache völlig erreicht und verständlich machen kann«.[66] Die Einbildungskraft (als ausdrücklich so genanntes »produktives Vermögen«) reagiert auf Eigenschaften des Kunstobjekts, »die mehr denken lassen, als man in einem durch Worte bestimmten Begriff ausdrücken kann; und [diese] geben eine *ästhetische Idee,* die jener Vernunftidee statt logischer Darstellung dient, eigentlich aber, um das Gemüt zu beleben, indem sie ihm die Aussicht in ein unabsehliches Feld verwandter Vorstellungen eröffnet.«[67] Die generelle Eigenschaft der »Idee«, die Grenzen der Erkenntnis virtuell zu überschreiten, teilt also auch die anschauliche, jedoch unbegriffliche »ästhetische Idee«. In den Grenzen der empirischen Erfahrung, also beim theoretischen Erkennen, ist es »eben so notwendig, seine Begriffe sinnlich zu machen (d. i. ihnen den Gegenstand in der Anschauung beizufügen), als seine Anschauungen sich verständlich zu machen (d. i. sie unter Begriffe zu bringen)«.[68] Insofern nun die den Horizont der Erfahrung übersteigenden »Ideen« (vernünftige oder ästhetische) von der einen oder anderen Seite her (Anschaulichkeit, Begrifflichkeit) diese Voraussetzung stets verfehlen, sind sie in diesem präzisen Sinne immer »überschwenglich«. Deshalb nennt Kant folgerichtig »die ästhetische Idee eine *inexponible* [nicht begrifflich erfassbare] Vorstellung der Einbildungskraft, die Vernunftidee aber einen *indemonstrablen* [nicht zur Anschauung zu bringenden] Begriff der Vernunft«.[69]

Kants philosophisches Interesse am Schönen und an der Kunst ist daher auch gar nicht das einer Kunstliebe um ihrer selbst willen, sondern das einer paradoxen Interessiertheit am Zustand der ästhetischen Interesselosigkeit, die das Schöne der Kunst (als Gesamtheit ästhetischer Ideen) zum »Symbol des Sittlich-Guten«[70] werden lässt. Das bedeutet indessen keine Unterwerfung der Kunst unter die Moral, sondern meint, dass die ästhetische Erfahrung auf der Grundlage der ästhetischen Urteilskraft eine fundamentale systematische Funktion erfüllt. In der wenig gelesenen, von Kant nicht publizierten ersten Einleitung zur *Kritik der Urteilskraft* ist sogar ausdrücklich davon die Rede, dass die reflektierende Urteilskraft »eine Lücke im System unserer Erkenntnisvermögen ausfüllt«[71] und so eine »viel verheißende Aussicht in ein System aller Gemüthskräfte« eröffnet. Damit eröffnet sie aber zugleich einen wenigstens analogischen (bei Hoffmann dann: ahnungsvollen) Kontakt mit dem sonst jeder Erfahrung unzugänglichen, wenngleich notwendig zu postulierenden »übersinnlichen Substrat der Menschheit«.[72] In dessen Sphäre aber liegt der systematische Ort für den Zentralbegriff von Kants gesamter Philosophie: der Freiheit.

Man kann auf dieser Basis Hoffmanns Auffassung der reinen Musik rekonstruieren. In einem etwas späteren kleinen Text findet sich die Formulierung, die Musik als »die romantischste aller Künste« lasse »dem Menschen sein höheres Prinzip ahnen«[73] – was sich erstens wohl nur verstehen lässt als eine Paraphrase des zentralen Gedankens von Kants Moralphilosophie (an den auch Schiller anknüpft) und zweitens jenen Gegenstand der »unnennbaren Sehnsucht« präzisiert, die Beethovens Instrumentalmusik so ahnungsvoll erregt. Das von Hoffmann mehrfach beschworene »Geisterreich«, das dem Menschen durch die Musik erschlossen wird, ist eine Verdeutschung des Kant'schen »mundus intelligibilis«, der Verstandeswelt, an der der Mensch im praktischen Vernunftgebrauch nicht als sinnliches, sondern als moralisches Wesen eine unverbrüchliche

Teilhabe genießt – zunächst einmal, im streng Kant'schen Sinne, nicht etwa ein geheimnisvoller Raum des Übergangs in die Irrationalität, sondern im Gegenteil der eigentliche, wenngleich den Sinnen entzogene Ursprungsort der reinen praktischen Vernunft. Hoffmann allerdings, der hier zunehmend die Thematik seiner eigenen schriftstellerischen Tätigkeit entdeckt, wird später dieses den Sinnen entzogene »Geisterreich« als Objektbereich einer ausschweifenden Phantastik poetisch kultivieren und mit dieser Grenzüberschreitung berühmt werden. Man könnte also sagen, dass er als Dichter den »mundus intelligibilis« auf raffinierte und geradezu unheimliche Weise ontologisiert, während er als rational argumentierender Musikästhetiker dessen konstitutive Unbeschreibbarkeit konsequent respektiert. Bis zu bildlicher Konkretisierung rücken Hoffmanns generelle Beschreibungen der übersinnlichen Bedeutung der Musik denn wohlweislich auch nie vor. Er bleibt darin dem Kant'schen Ansatz verbunden. Auch wenn es bei ihm immer wieder heißt, dass Beethovens Musik »die Hebel des Schauers, der Furcht, des Entsetzens, des Schmerzes« errege,[74] dann ist mit diesem Rückgriff auf das Vokabular des Erhabenen für »jene unendliche Sehnsucht, die das Wesen der Romantik ist«, der Anknüpfungspunkt an die Moralität genau benannt. Eine »Metaphysik der Instrumentalmusik«, deren Erfindung man Hoffmann gern unterstellt,[75] ist seine Theorie keineswegs in der Manier eines romantischen Aufstiegs ins Transzendente und Absolute, sondern sie ist es höchstens in dem transzendentalphilosophischen Sinne, in dem die kritische Philosophie eine Metaphysik der Sitten anvisiert. Weil dieses Absolute bei Hoffmann, anders als bei Schlegel, Novalis oder Schelling, überhaupt keine Rolle spielt, ist seine Theorie auch keine Ästhetik der absoluten Musik. Seine vermeintliche Nähe zur Musikästhetik der Frühromantik ist das Resultat der Herkunft aus denselben Wurzeln, aber die Differenzen sind nicht weniger wichtig als die Gemeinsamkeiten.

Was Hoffmann als Kritiker allerdings ernsthaft und mit hohem Mut zum Risiko durchführt, ist der konsequente Versuch einer performativen Demonstration der Paradoxie der ästhetischen Idee. Alle sprachlichen Bemühungen führen mit hohem Anspruch zum gezielten Versagen des Begriffs, weil sie auf letztlich ermüdende Weise in die immer wieder gleiche Metaphorik münden. Hoffmann strapaziert gleichsam die ästhetische Idee, indem er deren konstitutive verbale Unbeschreibbarkeit poetisch scheinbar doch zu zwingen sucht und das Unternehmen an der Grenze der Sprachmöglichkeit dem Scheitern aussetzt. Dass die von ihm beschworene Sehnsucht »unnennbar« sei, sagt er paradoxerweise mehrfach selbst; aus Kants begrifflich nicht einholbarem Sinnüberschuss der ästhetischen Idee wird unter seinen Händen eine erste Formulierung des für die Musikästhetik später so wichtigen Unsagbarkeitstopos. Hoffmann führt das Wesen der ästhetischen Idee, durch Begriffe nicht auslotbar zu sein, drastisch vor, verbindet es aber doch stets mit dem Verweis auf die unverzichtbare Basis ihrer Erkenntnis in der Struktur des selbstbezüglichen musikalischen Kunstwerks. Darin liegt für ihn die zum Verständnis Beethovens entscheidende Eigenschaft der »Besonnenheit«. Dass Hoffmann, durch den Erfolg seines eigenen musikliterarischen Schaffens beflügelt, wenig später die programmatischen Teile seiner Beethoven-Rezensionen unter Auslassung der umfangreichen (und eigentlich unverzichtbaren) Analysen in eine Sammlung von Prosatexten übernommen hat, mit der er 1814 als Dichter auf den Markt getreten ist, hatte zur ungewollten Folge, dass sie als isolierter Teil einer eigentlich integralen Musikauffassung ins nahezu Irrationale, als eine Einladung zur Ontologisierung des übersinnlichen »Geisterreichs« umgedeutet werden konnten – nicht ganz unbegründet, weil sich Hoffmann als Dichter, wie erwähnt, von dieser Basis aus später immer stärker der Auffassung des Unbewussten im Sinne der romantischen Naturphilosophie anschloss. Diese in der Einleitung bezeichnenderweise als »humoristische Aufsätze«[76] bezeichneten *Fantasiestücke in Callots Manier*, für die Hoffmanns Verleger keinen Geringeren als Jean Paul zum Schreiben eines Vorworts zu bewegen vermochte, versammeln die ersten Texte und Erzählungen Hoffmanns, in denen auch seine Kunstfigur Johannes Kreisler das Licht der Welt erblickt. Über den mit ihnen wie mit dem Vorredner Jean Paul bezeichneten eigentümlichen Humorbegriff wird an späterer Stelle noch weiter nachzudenken sein.

Seinen unglücklichen Kapellmeister Kreisler lässt Hoffmann feststellen: »Unser Reich ist nicht von dieser Welt, sagen die Musiker«,[77] denn die völlige Ablösung von empirischer Gegenständlichkeit war schon in der ersten Beethoven-Rezension das Auszeichnende der Instrumentalmusik. Dass der Satz ein Diktum Jesu aus dem Johannes-Evangelium paraphrasiert (Joh 18,36), erklärt auch den Vornamen dieser Kunstfigur. Johannes Kreisler wird später in den unvollendeten *Kater-Murr*-Roman eingehen, und noch der junge Brahms wird mit Entzücken die Identität der Vornamen bei der Anlage seines »Schatzkästleins des jungen Kreisler« feststellen. Dass die Musik nicht von dieser Welt sei, macht Hoffmanns Ästhetik zu einer Art von präsentischer (eben johanneischer) Eschatologie. Folgerichtig stattet er die Musik (und ihre »wahren« Anhänger) mit allen Zügen einer »unsichtbaren Kirche« aus, wie sie schon Kant 1793 in seiner Religionsschrift in das Bild einer »Herzensvereinigung«[78] gebracht hatte. Diese Vorstellung einer arkanen »ecclesia invisibilis« aller Musikverständigen[79] prägt für ihn daher auch die Beethoven-Kennerschaft: »Wie ist es aber«, so hält Hoffmann noch 1814 der kompakten Majorität der Beethoven-Kritiker entgegen, »wenn nur *eurem* schwachen Blick der innere tiefe Zusammenhang jeder Beethovenschen Komposition entgeht? Wenn es nur an *euch* liegt, daß ihr des Meisters dem Geweihten verständliche Sprache nicht versteht, wenn euch die Pforte des innersten Heiligtums verschlossen blieb?«[80] Hoffmanns »romantische« Charakterisierung der Musik als eine »in Tönen ausgesprochene Sanskrita der Natur«,[81] die das zeitübliche Interesse an indischer Religion und Mythologie (das übrigens auch Beethoven teilte) in eine originelle Metapher umsetzt, fand bald schon Eingang in die Beethoven-Literatur. Als »geheimnißreiche Sanscrittsprache, deren Hieroglyphen nur der Eingeweihte zu lösen ermächtigt ist«, bezeichnete Beethovens Freund Ignaz von Seyfried 1832 dessen Musik.[82] Darin dürfte sich die Reichweite von Hoffmanns Schriften durchaus spiegeln.

* * *

Dass Hoffmann sich stärker, als in der bisherigen Literatur angenommen wurde, auf Kant bezieht, könnte bezweifelt werden. Er hat als gebürtiger Königsberger zwar am Beginn seines Jura-Studiums selbstverständlich auch das obligatorische Propädeutikum bei Kant absolviert, soll sich jedoch so oft wie möglich darum gedrückt haben. Die jugendliche Aversion gegen die vermeintliche Abstraktheit der Transzendentalphilosophie scheint aber später einer zunehmenden Offenheit für ihre kaum zu ignorierende Bedeutung gewichen zu sein. In seinen erstmals in der *Allgemeinen musikalischen Zeitung* (29. Juli 1812) publizierten *Gedanken über den hohen Wert der Musik* wird allen geselligen Zusammenkünften sarkastisch zu musikalischer Unterhaltung geraten, »da die Musik, wie man in allen Konzerten und musikalischen Zirkeln zu bemerken Gelegenheit haben wird, das Sprechen ungemein erleichtert«.[83] Darauf folgt der Satz: »Kant, der dies nur von der Tafelmusik behauptet, ist einseitig, wie der gute Mann öfters war«[84] – den Hoffmann zwei Jahre später bei der Übernahme des Aufsatzes in die *Fantasiestücke* entfallen ließ. Eine Vertrautheit mit den Grundgedanken der *Kritik der Urteilskraft*, zumindest mit der Genie- und Kunsttheorie der §§ 43–54, ist also vorauszusetzen. In der Tat hatte Kant dort der Tafelmusik, aber – wie Hoffmann richtig sieht – auch nur dieser, den Kunstrang aberkannt.[85] Später, als Jurist am Berliner Kammergericht, berief sich Hoffmann in einem Gutachten sogar ausdrücklich auf Kants Rechtslehre, um den zentralen Gedanken einer unbedingten moralischen Zurechnungsfähigkeit aller menschlichen Handlungen gegen neuere Theorien der geistigen Umnachtung zu verteidigen.[86] Das wirft nachträglich nochmals ein helles Licht auf seine Theorie des von der Musik erschlossenen »Geisterreichs«, auch wenn Hoffmann sich zu dessen Konkretisierung später zunehmend auch der naturphilosophischen Theoreme Johann Wilhelm Ritters oder der 1808 erschienenen *Ansichten von der Nachtseite der Naturwissenschaft* des Schelling-Schülers Gotthilf Heinrich Schubert bediente. Musik jedoch bleibt für Hoffmann, der das Kompositionshandwerk selbst auf hohem Niveau beherrschte, eine Angelegenheit ästhetischer Rationalität.

Seine Kant-Kenntnis dürfte er, wenn nicht durch eigene Lektüre, durch seinen Königsberger Kompositionslehrer Johann Friedrich Reichardt bezogen haben. Dass dieser, wie es in einer neueren Reichardt-Monographie heißt, mit Kants Philosophie »im Grunde wenig anzufangen wußte«,[87] trifft wohl eher für deren Autor, ganz gewiss aber nicht für deren Gegenstand zu. Reichardt, wie Hoffmann in Königsberg geboren und aufgewachsen, gehörte vielmehr zu Kants vertrautesten Studenten, von dem der große Philosoph bei der Abfassung seiner dritten Kritik nicht nur seine musikalische Beratung erhielt, sondern von dem er sich auch die weitere Anwendung seiner Überlegungen auf die Ausarbeitung einer Musikästhetik erhofft zu haben scheint.[88] Bei der Übersendung der *Kritik der Urteilskraft* an Reichardt ließ er diesen an seinen systematischen Überlegungen zu einer Verbindung von praktischer Vernunft und ästhetischer Urteilskraft teilhaben, die darin liege, »daß ohne Sittliches Gefühl es für uns nichts Schönes und Erhabenes geben würde«, und äußerte die Hoffnung, dass »die Grundzüge, die ich von dem so schweer zu erforschenden Geschmacksvermögen entworfen habe, durch die Hand eines solchen Kenners der Producte desselben, mehrere Bestimmtheit und Ausführlichkeit bekommen könnten«.[89] Reichardt sorgte umgehend für eine musikpublizistische Rezeption der *Kritik der Urteilskraft* und druckte Auszüge aus dem Werk in seinem viel gelesenen *Musikalischen Kunstmagazin* nach.[90] Der Ausarbeitung eines eigenen musikästhetischen Entwurfs war er freilich nicht gewachsen. Er ist aber derjenige, der schon vor Hoffmanns berühmter Beethoven-Rezension von 1810 (oder wenigstens gleichzeitig mit ihr) das Dreigestirn Haydn / Mozart / Beethoven in eine teleologische Reihe brachte: In den Berichten über seinen Wien-Besuch von 1808/09, bei dem er auch intensiven Umgang mit Beethoven pflegte, findet sich die (in der Wertung freilich fragwürdige) Charakterisierung ihrer Kompositionen als »Gartenhaus«, »Palast« und »Thurmbau«.[91]

Jedenfalls hatten sich spätestens mit der Rezensionstätigkeit Hoffmanns nicht nur der Ton der Beethoven-Kritik, sondern vor allem die ihr verfügbare Sprache geändert. Auch seine analytische

Genauigkeit erwies sich als einflussreich. An der nächsten Kritiker-Generation ist das deutlich abzulesen. Für sie steht exemplarisch eine Zeitschriften-Neugründung, die ebenfalls bei einem Beethoven-Verleger erschien: die *Berliner allgemeine musikalische Zeitung* (*BamZ*), die 1824 von Adolf Bernhard Marx als ihrem Chefredakteur im Verlag von Adolph Martin Schlesinger gegründet wurde. Sie erschien also gerade noch rechtzeitig genug, um das als schwierig geltende Spätwerk Beethovens publizistisch zu begleiten.[92] Dem ersten Jahrgang der Zeitschrift stellte Marx, ebenso wie Hoffmann selbst ein ambitionierter Komponist, einen ausführlichen programmatischen Leitartikel voran. In der neuen Art der Musikkritik, wie sie ihm vorschwebte, sollte es weniger auf die technische Detailkritik, sondern vielmehr auf die ästhetische Einsicht ankommen. Diese sei erreicht, »wenn man die Idee eines einzelnen Kunstwerkes, das Wesen, den Charakter eines Künstlers erkannt hat«.[93] Aus den Beethoven-Rezensionen der *BamZ* stechen die von Marx (die oft nicht namentlich gezeichnet sind) hervor, aber sie sind bei weitem nicht die einzigen, die dem schwierigen Spätwerk gegenüber einen enthusiastischen, wenn auch nie unkritischen Ton anschlagen. Die *BamZ* brachte beispielsweise die ersten Rezensionen der drei letzten Klaviersonaten. Hier liefert Marx eigens eine Rechtfertigung der Renaissance der Fugentechnik, die das Publikum an Beethovens späten Werken irritierte. An der Schlussfuge der As-Dur-Sonate op. 110 demonstriert er deren Legitimität: »An der Fuge endlich mag das Vorurtheil – als sei diese Form gesucht, erkünstelt, unfrei, oder doch blos für den Verstand, für den unterrichteten Musiker interessant, scheitern. [...] Für jetzt beweise diese Fuge, wie angemessen, naturgemäß und nothwendig die Form im allgemeinen, ja selbst in den seltenern Gestaltungen der Umkehrung und Vergrößerung ist.«[94] In der raffinierten Formverschachtelung des Satzes, der paradoxen Verschränkung einer strengen (mit den Techniken der Inversion und der Augmentation arbeitenden) Fuge mit dem ganz freien »Arioso dolente«, erkennt Marx vielmehr die ideale Realisierung formaler Freiheit und daher die glänzende Rechtfertigung der nur scheinbar anachronistischen Technik. Seine Rezension enthält, ganz wie früher diejenigen Hoffmanns, zahlreiche Notenbeispiele, und auf die Aporien der Beschreibungssprache wird am Schluss des Textes eigens reflektiert: »Wie ganz unzulänglich muss am Ende alles erscheinen, was man über ihn gesagt hat! Der Verstand schleicht an der Krücke der Sprache Schritt für Schritt bedächtig nach, wenn die Ahnung auf dem Fittich der Töne die Wolken überfliegt, und von Stern zu Sternen eilt.«[95] Deutlicher als ein Jahrzehnt zuvor bei Hoffmann, der für die Formanalyse noch dieselbe traditionelle Terminologie verwendet, in der sich auch Beethoven in seinen Skizzen artikuliert, ist nun die Struktur einer Komposition ausdrücklich mit dem Terminus der Form erfasst. Es ist daher auch kein Zufall, dass ausgerechnet in der *BamZ* zum ersten Mal der Begriff der »Sonatenform« in seiner heutigen Bedeutung begegnet, und zwar zutreffend zur Charakterisierung des Prestissimo-Satzes der E-Dur-Klaviersonate op. 109, der in ihr an zweiter statt an erster Stelle steht.[96] Ob der anonyme Text von Marx stammt oder nicht: Jedenfalls ist Marx derjenige, der den Begriff anderthalb Jahrzehnte später im Rahmen seiner großen Kompositionslehre endgültig in die Diskussion bringen wird.

Das Anliegen von Marx ist, vergleichbar der Intention Hoffmanns ein Jahrzehnt zuvor, über das Tagesgeschäft der Kritik hinaus ein grundsätzliches. Zum ersten Mal in der Musikanalyse thematisiert er den generativen Zusammenhang von »Form« und »Idee«, der das eigentliche Ziel der Kunsterfahrung bilde. Gemeint ist hier aber, ganz im Geist des den Jahrgang eröffnenden Leitartikels, die konkrete Form und die individuelle Idee des jeweils zu besprechenden Werks: »Man spricht überhaupt so viel von Form und scheint damit etwas ein für allemal Bestehendes, einen Typus für alle Geisteswerke zu bezeichnen. Ist denn die Form etwas selbständiges? Ist sie etwas anderes, als die Offenbarung der Idee, die Menschwerdung des Gedankens im Kunstwerke? Jede gereifte, gesunde Idee muss sich als solche, in gehaltener Form, offenbaren. Aber jeder [Idee] ist ja die Form identisch, oder wenn der haarspaltende Verstand nun einmal scheiden will und muss: jede Idee hat sich ihre eigene Form geschaffen, die wie sie selbst organisiert sein muss.«[97] Im Epilog zum ersten Jahrgang der Zeitschrift hebt er als neue Errungenschaft der zeitgenössischen Musik eigens die »Ideentiefe in Beethovens Kompositionen« hervor.[98] Diese Historisierung und Individualisierung der ästhetischen Erfahrung hat Folgen. Wiederum zum ersten Mal wird die auf geistigen Fortschritt zielende immanente Logik der Musikgeschichte zur Sprache gebracht, und auch hier wird diese als nur aus der individuellen Idee jeder Komposition erkennbar ausgegeben: »Denken wir denn noch so, wie vor fünfzig Jahren? Ist unser Ideenkreis, unsre Anschauung vom Menschen und der Welt noch dieselbe? Oder nicht vielmehr ein weit höherer und reicherer Ideengang eröffnet? Und in der Musik allein sollte der menschliche Geist stehen geblieben sein?«[99]

Damit ändert sich aber auch der Tenor der Beethoven-Kritik auf sehr bezeichnende Weise. Man kann ohne Übertreibung sagen, dass die Erfahrung von Beethovens Musik an der Wiege dieser neuen Rezeptionshaltung steht. Hatte 1814 schon Hoffmann das grassierende Unverständnis gegenüber Beethovens Schwierigkeiten »der subjektiven Imbezillität« (also der Geistesschwäche) der Rezipienten aufs Konto geschrieben, »die es nicht zuläßt, das Ganze in seinen Teilen zusammenzufassen und zu halten«,[100] so ändert sich die Haltung der *BamZ*-Rezensenten, erstmals in der Geschichte der Musikkritik, dem Komponisten gegenüber grundsätzlich in die Gewährung eines Vertrauensvorschusses, der möglicherweise erst in den nachfolgenden Generationen eingelöst werden kann. Charakteristisch für diese erstaunliche Beethoven-Hypostasierung ist die anonyme Besprechung der D-Dur-Cellosonate op. 102,2, deren fugiertes Finale bis heute Irritationen auszulösen vermag: »Wenn Rec. aber offenherzig gestehen soll, so kann er die Fuge nach dem fleißigsten Durchspielen nicht schön nennen, trotz dem, daß sie künstlich gearbeitet und originell ist. Vielleicht wird sie ihm nach jahrelanger [!] Bekanntschaft lieber.«[101] Marx seinerseits wagt diese Rezeptionshaltung, ersichtlich an Hoffmanns Idee einer »unsichtbaren Kirche« aller Beethoven-Kenner anknüpfend, sogar in die Worte des Matthäus-Evangeliums zu fassen (Mt 26,33–35): »Einige, wenn auch wenige, sagen dennoch: und wenn sich auch alle an dir ärgerten, so werde Ich dich doch nicht verläugnen.«[102] Diesen neuartigen, den Spieler wie den Hörer aufs Äußerste fordernden Rezeptionsmodus hat sich, so scheint es den Zeitgenossen nun, die Musik selbst empirisch erzwungen, wie es in paradigmatischer Weise auch Carl Czernys Brief vom 7. März 1825 an den Leipziger Verleger Heinrich Albert Probst formuliert: »Daß Beethovens Werke im *ersten* Augenblick selten übersehen u[nd] verstanden werden können, hat uns eine lange Erfahrung gelehrt, u[nd] gerade die, anfangs scheinbar unverständlichsten bewähren sich durch die Zeit als die vorzüglichsten.«[103] Gegenüber der ursprünglich als Finale des Streichquartetts op. 130 geplanten Fuge etwa dokumentieren die späten Konversationshefte die öffentliche Meinung, »das lezte Stück müße man öfters hören um es zu verstehn«.[104] Zwei Jahrzehnte zuvor hätte das völlige Nichtverstehen einer Komposition ihr sofortiges Ende bedeutet. Hier zeigt sich nun also, so hat man es sehr zutreffend formuliert, zum ersten Mal »Rezeptionsgeschichte als durch die Kompositionen definitiv auferlegte, ruhmgeschützte Geschichte des Verstehens«.[105] Ein angemessenes Beethoven-Verständnis ist damit endgültig zur Domäne einer intellektuellen Elite geworden, und gerade diese Tatsache hat sich später selbst in den populären Beethoven-Kult mit seinen breitgefächerten Mystifikationstendenzen eingefügt. Dass Beethoven schwierig sei, war leicht zu verstehen.

* * *

Beethoven selbst hat diese Tendenz aufmerksam verfolgt. Negative Kritik konnte ihn, wie eingangs erwähnt, stark verärgern. Selten allerdings äußert sich dieser Ärger so drastisch wie in einer Quelle, die allerdings auch nicht für die Öffentlichkeit bestimmt war. Sie findet sich in seinem Handexemplar des im Mainzer Schott-Verlag zeitgleich mit der *Berliner allgemeinen musikalischen Zeitung* gegründeten Musikperiodikums *Cäcilia*, und zwar in deren zweitem Jahrgang (1825) am Rande einer Besprechung seiner Schlachtsinfonie *Wellingtons Sieg oder Die Schlacht bei Vittoria* op. 91. Diese Kritik stammte aus der Feder des Chefredakteurs Gottfried Weber, der dem Werk begreiflicherweise das vorgeworfen hatte, was Beethoven sonst immer peinlichst zu vermeiden trachtete: Tonmalerei. Und selbst diese sei als solche misslungen, schreibt Weber, denn »van Beethovens Schlachtsinfonie ist nicht einmal ein Tongemälde«, sondern enthalte statt tonmalerischer Stilisierung »wirkliche, von entgegengesetzten Seiten anrückende Trommeln« und »wirklichen Kanonenschall, wirkliches Peloton- und Hecken-Feuer«. Das aber gleiche, so der Rezensent weiter, dem Verfahren eines Landschaftsmalers, »der, statt wie ein *Claude Lorrain* die aufgehende Sonne in sein Bild zu malen, ein rundes Loch in seinen Himmel schnitte, und die wirkliche Morgensonne oder sonst ein Licht durchscheinen liesse.«[106] Diese vernichtende Kritik an einem Werk, das während kurzer Zeit – in der Phase des Wiener Kongresses – sein überhaupt populärstes gewesen war, quittierte Beethoven mit der unflätigen Randbemerkung: »Ach du erbärmlicher Schuft, was ich scheiße ist beßer, als was du je gedacht –«.[107] Dazu passt, dass Beethoven auf Weber nie gut zu sprechen war. Dieser war verantwortlich für den lang sich hinziehenden sogenannten »Requiem-Streit«, den er im selben Jahrgang der *Cäcilia* mit seinen Zweifeln an der Echtheit von Mozarts Requiem auslöste.[108] Die Konversationshefte des Jahres 1825 zeigen, dass Beethoven, ein tiefer Verehrer des Mozart'schen Werks, die Debatte genau verfolgte und die Thesen Webers mit vergleichbarem Missmut bedachte wie dessen Kritik an seiner eigenen Schlachtsinfonie.[109]

Um so bedeutsamer erscheint es, dass Beethoven gerade seine beiden wichtigsten und gescheitesten Kritiker nicht nur zur Kenntnis nahm, sondern sich, für ihn ganz ungewöhnlich, die Mühe machte, sie ausdrücklich lobend in ihrer Tendenz zu bestätigen. Diese Quellen stellen daher zusammen mit den Texten der solcherart Gelobten wichtige Dokumente für Beethovens Selbstverständnis und für seine Musikauffassung dar. Die *AmZ*-Rezensionen seiner Werke aus der Feder Hoffmanns hat Beethoven mit Sicherheit gekannt, aber ihren Verfasser nicht identifizieren können, da sie anonym erschienen waren. Gesprächsnotizen in den Konversationsheften lassen erkennen, dass ihm wohl erst im Frühjahr 1820 angesichts der *Fantasiestücke in Callots Manier* die Identität des Verfassers zur Kenntnis gelangte.[110] Die ihn offenbar beeindruckenden *Fantasiestücke* waren ausweislich der Konversationshefte für Beethoven auch noch im Herbst 1825 ein Gesprächsthema, mit dem sprechenden Kommentar seines Gegenübers: »*Phantasie* ist für und in Österreich ein verbotenes Ding. ja gefährlich«.[111] Direkt nach der Entdeckung Hoffmanns als seines bis dahin emphatischsten Kritikers, am 23. März 1820, ließ Beethoven über einen Mittelsmann dem inzwischen in Berlin als Jurist tätigen Hoffmann einen Brief zukommen, dessen Beförderung ihm ein echtes Anliegen gewesen sein muss: »Ich ergreife die Gelegenheit durch Hr. *Neberich,* mich einem So geistreichen Manne, wie sie sind, zu nähern – / auch über meine wenigkeit haben sie geschrieben, auch unser *Schwache Hr. Starke* zeigte mir in Seinem Stammbuche einige Zeilen von ihnen über mich, Sie nehmen also, wie ich glauben muß, einigen Antheil an mir; Erlauben Sie mir zu sagen, daß dieses, von einem mit So ausgezeichneten Eigenschaften begabten Manne ihres gleichen, mir sehr wohl thut«.[112] Neben dem Wortspiel mit dem Nachnamen seines Freundes Friedrich Starke, durch das Beethoven dem ihm persönlich unbekannten, aber als witzig eingeschätzten Hoffmann möglicherweise auf humoristischer Augenhöhe begegnen wollte, drückt dieses auf den ersten Blick recht allgemein gehaltene Schreiben doch weit mehr als bloße Höflichkeit aus. Beethoven scheint sich, was immer er über die Rezensionen hinaus von Hoffmanns Texten gelesen haben mag, zutiefst verstanden gefühlt zu haben.

Noch deutlicher erscheint dies in einem nach der Lektüre einiger Nummern der *Berliner allgemeinen musikalischen Zeitung* an seinen Verleger Schlesinger gerichteten Brief vom 19. Juli 1825, der von diesem mit Sicherheit an seinen Redakteur weitergeleitet wurde: »Beym Durchblättern fielen mir einige Aufsätze in die Augen, die ich sogleich für Producte des geistreichen Herrn *Marx* erkannte; ich wünsche, daß er stets fortfahre, das Höhere u. Wahre im Gebiethe der Kunst immer mehr u. mehr aufzudecken; dieß dürfte das bloße *Silbenzählen* wohl nach u. nach in Abnahme bringen.«[113] Zu diesem ihm offenbar ebenfalls wichtigen Schreiben hatte sich Beethoven eigens einen Entwurf gemacht, in dem noch sehr viel deutlicher als im endgültigen Brief die Prosa des Chefredakteurs als »die geistreiche u für die Kunst nützliche Tendenz des H. *Marx*« erscheint.[114]

Der musikanalytische Scharfsinn von Marx scheint den Komponisten beeindruckt zu haben. Während eines Besuchs bei Beethoven im September 1825 kündigte Schlesinger an, dass bei seiner Rückkehr nach Berlin sofort das neue B-Dur-Streichquartett op. 130 probiert werden solle, »damit *Marx* es hört« – was Beethoven offenbar wichtig war.[115] Dass die Tendenz der Marx'schen Kritiken eine »für die Kunst nützliche« sei, findet sich expressis verbis nur im Entwurf des Schreibens; dass aber die beiden deutschen Rezensenten in den an sie gerichteten Briefen ausdrücklich als »geistreich« charakterisiert werden, drückt wohl nicht nur Beethovens höchste Wertschätzung, sondern auch sein kompositorisches Selbstverständnis exakt aus. Es geht, wie er selbst emphatisch formuliert, in der Tat um nicht weniger als um »das Höhere u. Wahre im Gebiethe der Kunst«.

Transzendentalmusik und Reflexivität: Vernachlässigte Hauptwerke

Der Neologismus »Transzendentalmusik« soll nicht abschrecken, sondern zum Nachdenken einladen. Auf weite Bereiche von Beethovens Schaffen ist er nämlich gut anwendbar. Er ist gebildet in Analogie zum Begriff einer »Transzendentalphilosophie«, mit dem Immanuel Kant das Konzept seiner Kritik der Erkenntnisvermögen bezeichnet wissen wollte.[116] Eine ähnliche Überlegung hat auch schon Friedrich Schlegel für seine »nach der Analogie der philosophischen Kunstsprache«[117] entworfene Idee einer »Transzendentalpoesie« genutzt, in der das Dichten mit der kritischen Frage nach seinen eigenen Voraussetzungen zusammenfällt.[118] Nun vermag man sich eine selbstreflexive Dichtung, da sie wie die Philosophie mit Worten und Begriffen operiert, durchaus vorzustellen.[119] Aber kann dasselbe auch im Bereich der per definitionem wortlosen Instrumentalmusik gelten? Kann sie, deren Mitteilungen jenseits der Wortsprache liegen, sich überhaupt in irgendeiner Weise selbst thematisieren? Der heuristische Begriff einer Transzendentalmusik will, ohne die poetologischen Implikationen von Schlegels Konzept zu übernehmen,[120] die Aufmerksamkeit auf einen einzigen zentralen Punkt lenken: So wie Kants Kritizismus »transzendental« vor allem deshalb heißt, weil er sich nicht auf *Gegenstände* richtet, sondern auf die *Bedingungen der Möglichkeit der Erkenntnis von Gegenständen*, so kann in Analogie dazu auch Beethovens Komponieren als ästhetisch dargestelltes Nachdenken über die Ermöglichung seiner Musik und die Bedingungen ihrer formalen Artikulation verstanden werden. Diese Eigenschaft erscheint in manchen seiner Kompositionen als zunehmend greifbare Reflexivität, die spätestens nach 1800 in gewisser Weise sogar den Motor einer stufenweise entfalteten Entwicklung darstellt: hin zu einer musikalischen Struktur, die im kompositorischen Vollzug einige ihrer Konstitutionsbedingungen sinnfällig infrage stellt und sie damit einer kritischen Reflexion aussetzt. Sie soll in ihrer Reichweite, ihrer Raffinesse und ihrer wachsenden Ausdrücklichkeit exemplarisch an Werken aus drei verschiedenen Jahrzehnten vorgestellt werden. Dass alle der folgenden Beispiele in der Tonart F-Dur stehen, muss nicht unbedingt (kann aber durchaus) ein Zufall sein; dass sie indessen allesamt nicht zu Beethovens populärsten Werken zählen, kommt ganz gewiss nicht von ungefähr. Wenn sie nicht unmittelbar gefällig sind, liegt das auch am Ausmaß der in sie eingegangenen Reflexion. Sie zwingen zum Nachdenken über die Grundlagen ihrer ästhetischen Erscheinungsform. Da sie aber gerade deshalb einen Schlüssel zum tieferen Verständnis Beethovens bieten, darf man sie als (sträflich vernachlässigte) Hauptwerke bezeichnen.

* * *

Die Klaviersonate op. 54 ist im Sommer 1804 entstanden und wurde 1806 im Wiener Kunst- und Industrie-Comptoir (Bureau des Arts et d'Industrie) ohne Widmung publiziert. Sie steht bis heute im Schatten zweier großer Nachbarwerke: der nach ihrem Widmungsträger unter diesem Namen eingebürgerten »*Waldstein*«-Sonate op. 53 und der heute so genannten »*Appassionata*« op. 57.[121] Dass die zwischen ihnen liegende kleine F-Dur-Sonate von der auf diesem Gebiet sonst so rührigen Nachwelt keines Beinamens gewürdigt wurde, ist bezeichnend als Symptom einer nur geringen Gunst des Publikums. Die drei höchst unterschiedlichen Werke haben, obwohl sie schließlich einzeln mit je eigener Opuszahl veröffentlicht wurden, der Idee nach viel miteinander zu tun. Beethovens briefliches Angebot an Breitkopf & Härtel, auf das der Verlag aber nicht einging, fasst sie im August 1804 noch lapidar als »drey neue *Solo Sonaten*« zusammen.[122] In dieser Trias, die Beethovens zwei wohl berühmteste Klaviersonaten enthält, ist die kleine F-Dur-Sonate op. 54 von geradezu skandalöser Unbekanntheit. Dabei ist gerade sie es, die das pathetische Gewicht der beiden benachbarten Monolithen in eine ästhetische Schwebe bringt. Sie wurde selten zureichend ernst genommen und ist doch, wie immer einmal wieder gesagt worden ist, eine der tiefsinnigsten Sonaten überhaupt.[123] Gerade diese Spannung macht sie schwierig. Sie hat zwei Sätze, von denen der erste in offensichtlicher Stilisierungsabsicht als »Tempo d'un Menuetto« bezeichnet ist und der zweite nichts anderes darstellt als ein rastlos durchlaufendes Bewegungskontinuum, das man dem Satztypus nach als Toccata beschreiben kann. Es sind zwei eigenartig altertümelnde Modelle, die hier zu einer modernen Klaviersonate zusammengespannt werden. Jedoch sollte gerade dieser Habitus Verdacht erregen.

Der Satz, mit dem das Werk beginnt, ist, wie allein schon seine Überschrift recht deutlich zu erkennen gibt, nicht wirklich ein Menuett, sondern allenfalls das kunstvoll verfremdete Zitat eines Menuetts. Die eigentliche Irritation liegt zunächst aber gar nicht im Satzcharakter selbst, sondern in der ihm zugemuteten Funktion der Werkeröffnung. Wohl in voller Absicht erzwingt Beethovens Sonate mit diesem Beginn einen Blick auf die Gattungsgeschichte, denn in den zweisätzigen Sonaten Haydns oder Mozarts, an die hier unwillkürlich zu denken ist, hatte das Menuett stets den Finalsatz gebildet (so wie ja auch in Beethovens eigener, kurz zuvor gedruckter Sonate op. 49,2, deren Entstehung aber ebenfalls noch ins 18. Jahrhundert gehört). Frappierend ist jedoch, wie der Kopfsatz der Sonate op. 54 nicht nur ein Menuett exponiert, das keines ist, sondern zugleich auch den Anschein einer Sonatenform zu erwecken vermag, ohne wirklich eine solche zu sein. Vom Beginn an präsentiert der Satz ein Vexierspiel, das zunächst beide Auffassungen zu erlauben scheint: Das im Takt 25 nach der Exposition des Hauptthemas in unablässig hämmernder Triolenbewegung einsetzende Oktaven-Gebilde ließe sich aus der Menuett-Perspektive in der Tat als Trio und aus dem Blickwinkel der Sonatenform tatsächlich als Seitenthema auffassen. Jedoch macht die Struktur dieses Kontrastteils bei näherem Zusehen beide Auffassungen obsolet: Er ist, anders als ein Trio, harmonisch nicht geschlossen und, anders als ein Seitenthema, ohne jede gestalthafte Kontur. Seine Anlage ist vielmehr die charakteristische einer Durchführung mit einem modulierenden Modell (T. 25–38), seiner anschließenden Sequenzierung (T. 39–54), der abspaltenden Liquidation des motivischen Materials (T. 55–61) und dem Verweilen auf der Dominante zur Vorbereitung der Reprise (T. 62 ff.). Irritierend ist jedoch wiederum, dass der hier durchgeführte Motivkomplex zuvor gar nicht exponiert worden ist und der Formteil mithin eine Durchführung nur seinem Habitus nach ist – dadurch freilich die Wiederkehr des Eröffnungsthemas mit der klaren Wirkung einer Reprise eintreten lassen kann (T. 70). Diese »Reprise« aber wiederum vollzieht sich nicht regulär, und eine erwartbare Form für ihren Ablauf kann es nach dem Voranstehenden auch gar nicht geben. Stattdessen wird nun als Formidee für den weiteren Satzverlauf ein Prozess erkennbar, der als zunehmender variativer Ausbau des Hauptthemas bei komplementärem allmählichem Rückgang des Kontrastteils verstanden werden kann. Während dieser nämlich beim ersten Auftreten an Umfang das Hauptthema noch um fast das Doppelte übertroffen hatte (45 gegenüber 24 Takten), ist sein zweiter Auftritt nach gleichbleibender Länge des Hauptthemas auf genau die Hälfte reduziert (12 Takte). Danach wird der dritte Einsatz des Hauptthemas (T. 106 ff.) auf 31 Takte erweitert und um eine 18-taktige Coda ergänzt, in der hingegen das triolische Kontrastmaterial nur noch als Erinnerungsrest im Orgelpunkt des Basses begegnet (T. 137 ff.), bevor es ein letztes Mal in der alten dynamischen Emphase, aber rasch sich wieder beruhigend, in der Schlusskadenz an die Oberfläche gelangt (T. 148–150). Der Satz wirkt wie ein analytisches Mikroskop, das die hier erwartete (und schließlich vorenthaltene) Sonatenform auflöst und in ihre Einzelfunktionen zerlegt.

Sie wird jedoch im zweiten Satz auf sehr eigentümliche Weise restituiert. Dieses Finale irritiert jeden Spieler und Hörer mit geradezu grotesken, aber schließlich doch nachdenklich stimmenden Proportionen, indem einer nur 20 Takte umfassenden Exposition, die regulär von der Tonika in die Dominante moduliert und auch wiederholt wird, eine 94 Takte umfassende riesige Durchführung folgt. Diese offenkundige Verzerrung der Sonatenform hat indessen Methode, denn sie stellt die Frage nach den Grundbedingungen dieser Form selbst, die sie bis auf die Fundamente zurückzubauen scheint: Die skurrilen Proportionen dieser beiden Teile scheinen eine Deutung als Sonatenform einerseits abzuweisen, die Teilwiederholungen jedoch und vor allem ihr musikalischer Inhalt lassen wiederum eben diese Deutung als am weitesten führende Erklärungsmöglichkeit erscheinen. In der Tat sind die ersten 20 Takte als die kürzestmögliche Version einer Exposition aufzufassen. Ein dreitaktiges Hauptthema, dessen Figuration eine aufsteigende F-Dur-Tonleiter zur Grundlage hat, wird dreimal wiederholt (T. 1–9), bevor es in eine modulierende Überleitung übergeht (T. 9–12), auf die ein fünftaktiges, durch leiterfremde Töne chromatisiertes Seitenthema in der Dominante C-Dur (T. 13–17) und eine dreitaktige Schlussgruppe (T. 17–19) sowie ein Rückleitungstakt folgen. Das überaus schlichte Hauptthema wird zu einer charakteristischen Gestalt eigentlich nur durch sein mit einem *sfp* hervorgehobenes Synkopenmotiv, das den ganzen Satzverlauf hindurch in linker und rechter Hand zwei leicht verschiedene Erscheinungsformen ausprägt. Die Einheitlichkeit der ohnehin knappen Exposition wird durch die Übernahme dieses Synkopenrhythmus im Bass des Seitenthemas betont, ferner durch die Tatsache, dass dieses Seitenthema sich als Derivat des Hauptthemakopfes, aber mit klarer motivischer Eigenständigkeit, darstellt. Wenn dieses Formgebilde also tatsächlich die Exposition einer Sonatenform sein sollte, dann kondensiert es deren Idee auf einen an Kürze fast nicht mehr zu unterbietenden Grundriss.

Diese Formdiagnose, die sich zwar im Blick auf die knappen Dimensionen und die bizarren Satzproportionen mit bedenkenswerten Argumenten bestreiten, aber kaum durch eine plausiblere Alternative ersetzen lässt, wird durch die präzise funktionelle Diversifizierung der einzelnen Expositionsbestandteile in der anschließenden Durchführung bestätigt. Denn um eine solche handelt es sich beim anschließenden Formabschnitt, wenngleich dessen Ausdehnung zum Vorangegangenen kaum zu passen scheint. Allein schon die aus dem Hauptthema gewonnene Einleitung dieser Durchführung hat für sich genommen fast die Länge der gerade erklungenen Exposition. In diesem Satz liegt Beethovens zweite wirklich groß dimensionierte Durchführung nach dem Kopfsatz der »*Waldstein*«-Sonate vor, dessen Durchführung hier sogar, mit 94 Takten, an Länge um einiges übertroffen wird. Vor allem aber ist die Durchführung im zweiten Satz der F-Dur-Sonate, was nach der knappen Exposition kaum zu erwarten war, von einer unerhörten Dramatik. Nach einer langen Einleitung, die im Takt 37 in einen schroffen Trugschluss und eine Modulation über chromatisch sinkendem Bass mündet, wird aus dem Hauptthema ein achttaktiges Modell gebildet (T. 45–52) und im anschließenden Verarbeitungsprozess durch eine der harmonisch gewagtesten Passagen in Beethovens gesamtem Werk geführt,[124] woraufhin eine zweite Phase (T. 75–98) den Kopf des Seitenthemas zunächst in Viertaktgruppen zwischen As-Dur und Des-Dur hin- und herpendeln und dann den Abspaltungsprozess in ein eintaktiges Gebilde münden lässt, das nach brüsker enharmonischer Umdeutung (T. 88: Des-Dur = Cis-Dur) konsequent in Quintschrittsequenzen fällt (T. 89 ff.: h-Moll, e-Moll, a-Moll, d-Moll, g-Moll, c-Moll, f-Moll). Beide Materialbereiche sind anhand ihrer Expositionsmerkmale klar voneinander unterschieden: In dem aus dem Hauptthema gewonnenen Durchführungsmodell verselbständigt sich das Charakteristikum der Synkopenfigur zu einer repetierenden Achtelbegleitung (sie wird in T. 45/46 als neues Motiv eingeführt), während in dem auf das Seitenthema bezogenen Modell ein anderes Charakteristikum, nämlich die Chromatik, auffällig vergrößert hervortritt. Mit dem Takt 99 ist dann das Ende der Durchführung auf der über 16 Takte hinweg gehaltenen Dominantposition erreicht.

Damit stehen 94 Takte Durchführung gegen gerade einmal 20 Takte Exposition. Zwangsläufig werfen diese seltsam anmutenden Proportionen Fragen auf. Konsequenterweise lenkt die provokante Dimension der Durchführung im F-Dur-Satz den Blick nicht nur auf die Exposition, sondern natürlich auch auf die Reprise, die sich begreiflicherweise nicht auf die Abmessungen der Exposition beschränkt. Ihr über dem Orgelpunkt der Tonika einsetzender Beginn (T. 115) fällt dadurch auf, dass er erstens durch das vollständig in der Dominanttonart zitierte Hauptthema in der Art einer »fausse reprise« vorbereitet worden ist (T. 99 ff.) und zweitens dem Hauptthema sein wichtigstes Charakteristikum, die scharf hervorgehobene Synkopenfigur, für sämtliche weiteren Auftritte nimmt – so, als sei es durch seine Vergrößerung in der Durchführungsarbeit nun verbraucht. Ohne diesen rhythmischen Widerhaken bewegt sich das Hauptthema, in drei piano ansetzende Crescendo-Wellen gegliedert, unaufhaltsam auf die Reprise des Seitensatzes zu, die aber hier nun, gegenüber der Exposition auf das Dreifache des ursprünglichen Umfangs erweitert, als Fortsetzung des in der Durchführung begonnenen Verarbeitungsprozesses erscheint, in regelmäßigen Sequenzen von C- über B- nach As-Dur sinkt (T. 134–145) und am Ende statt der Tonika wieder den Orgelpunkt der Dominante erreicht (T. 152–161). Angesichts der Länge des Formteils ist es ebenso überraschend wie auffällig, dass Durchführung und Reprise ausdrücklich zur Wiederholung vorgeschrieben sind. Die lange Coda (T. 163 ff.) ist nach dem merkwürdigen Reprisenverlauf zwingend nötig, um die dort verfehlte Tonika am Ende doch noch gehörig zu stabilisieren.

Mit der Wiederholung beider Formteile sanktioniert Beethoven scheinbar eine Maßnahme, die um diese Zeit eigentlich schon zum obsolet gewordenen Traditionsbestand gehört. Um so bemerkenswerter ist, dass er sie, wie aus Korrekturen im Autograph hervorgeht, kurz zuvor für den Kopfsatz der »*Waldstein*«-Sonate anfangs ebenfalls erwogen hatte.[125] Als Gegenstand eines intensiven Nachdenkens gerade in dieser Schaffensphase zeigen sich die Wiederholungsvorschriften weiterhin im Finale der folgenden Sonate op. 57, der *»Appassionata«*, der vergleichbare Überlegungen im Skizzenkonvolut der ersten beiden Sonaten des Opus 31 vorausgegangen waren (es steht dort die Notiz: »2da parte colla repetizione e la prima senza«[126]) – ein sehr deutliches Zeichen, dass sie keinen Konventionsrest, sondern vielmehr ein Moment der Formreflexion bedeuten. Die Trias, die durch die drei großen Sonaten op. 53 (*»Waldstein«*), op. 54 und op. 57 (*»Appassionata«*) gebildet wird, versammelt sämtliche Kombinationsmöglichkeiten: einen durchlaufenden Satz ganz ohne Wiederholung (op. 57, I), einen mit Wiederholung nur der Exposition (op. 53, I), einen mit Wiederholung beider Teile (op. 54, Finale) und einen mit der ungewöhnlichen Wiederholung nur des zweiten Teils (op. 57, Finale). Für die Sammlung der drei direkt im Anschluss entstandenen *»Rasumowsky«*-Quartette (op. 59) trifft nahezu dasselbe zu. Insofern gehört also die angesichts der Satzproportionen besonders merkwürdige Wiederholungsvorschrift im Finale der F-Dur-Sonate in den Kontext einer auf die Formbildung gerichteten Reflexivität. Als ein auskomponiertes Nachdenken über die Sonatenform erweist sich darüber hinaus aber der ganze Satz mit einer so knapp wie nur irgend möglich gehaltenen Exposition, einer geradezu expansiv wuchernden Durchführung und einer aus dieser hervorwachsenden Reprise, die mit der Metamorphose ihrer Themen erstaunliche Konsequenzen zieht. Schon allein aufgrund ihrer Abmessungen bildet die Durchführung das Zentrum des Satzes. Erstaunlicherweise sind aber die absurd verzerrten Proportionen der einzelnen Formteile in einem Gesamtgebilde von verblüffender Plausibilität aufgehoben, denn den 94 Takten der Durchführung steht exakt dieselbe Menge an Takten gegenüber, die Exposition (20) sowie Reprise und Coda gemeinsam (74) aufweisen; sie fügen sich zu einem Satz von 188 Takten Länge zusammen. Die auf den ersten Blick kaum zueinander passenden Teile sind Momente einer höheren Symmetrie. Als Sonatenform ist der Satz eher den Funktionen seiner Einzelglieder als deren Substanz nach anzusprechen. Das bedeutet jedoch nichts anderes, als dass er genau wie schon der sperrige Kopfsatz einzelne Eigenschaften der Sonatenform aus ihrem vertrauten Ordnungsgefüge nimmt und zu einem höchst ungewöhnlichen Gebilde neu zusammensetzt. Das Verfahren aber, vertraute Züge durch separate Beleuchtung, isolierte Hervorhebung und ungewohnte Kontextualisierung auf eine ganz neue Weise wahrnehmbar zu machen, kann man mit dem Mut zu anachronistisch vorgreifender Begrifflichkeit als Verfremdung bezeichnen.

So lässt sich wohl ohne Übertreibung sagen, dass die F-Dur-Sonate op. 54, in der Beethoven unter den Charaktermasken des Menuetts und der Toccata zwei der unschematischsten Formgebilde seines gesamten Sonatenwerks vereint, nichts Geringeres darstellt als die radikale Befragung der Sonate auf ihre strukturellen Voraussetzungen. Ihr vermeintlich minderer Anspruch, der jegliche ästhetische Ambition durch die schlichte Paarung zweier in der Hierarchie der Formen eher bescheidener Satzmodelle zu umgehen scheint, bewerkstelligt in Wirklichkeit die reflexive Erhöhung des »Kleinen« (Menuett, Toccata) in die Gipfelregion der »großen« Sonate. Zwischen den beiden großen Nachbarwerken wirkt ihre wenig beachtete kleine F-Dur-Schwester wie ein kritischer Kommentar, vor allem aber in Verbindung mit ihnen als deren reflektierte Legitimation. Man kann sie, um die Analogie zum Kritizismus Kants in Erinnerung zu rufen, als ein Stück hintersinniger Transzendentalmusik hören.

* * *

Die 8. Sinfonie hängt entstehungsgeschichtlich mit der Siebten zusammen, auf die sie unmittelbar folgt, wenn sie auch längst nicht so eng mit ihr verflochten ist wie die Sechste mit der Fünften. Im Mai 1812 hatte Beethoven an Breitkopf & Härtel berichtet: »Ich schreibe 3 neue sinfonien, wovon eine bereits vollendet«.[127] Das hier als »bereits vollendet« bezeichnete Werk war die Siebte, und aus derselben Zeit stammen erste Skizzen zur Achten, während sich für eine weitere Sinfonie nur wenige, nicht weiter ausgearbeitete Ideen (alle in d-Moll) im selben Skizzenbuch finden. Es entstanden also entgegen Beethovens ursprünglichem Plan nur zwei Werke, und zwar in klarer Aufeinanderfolge: die Siebte in A-Dur (vollendet Frühjahr 1812, erstaufgeführt Ende 1813) und die Achte in F-Dur (vollendet Frühjahr 1813, erstaufgeführt Anfang 1814). Gemeinsam erklangen beide Werke erstmals, zunächst noch nicht vor der breiten Öffentlichkeit, im April 1813 in den Räumen des Erzherzogs Rudolph in der Wiener Hofburg. Sie erschienen im Druck dann 1816 (Nr. 7, op. 92) bzw. 1817 (Nr. 8, op. 93) in Partitur und Stimmen bei Steiner in Wien. Der Verlag betonte dabei zwar, dass die Achte von der Siebten »unzertrennlich« sei, was allerdings vor allem eine Werbemaßnahme zur Gewinnung jener Subskribenten war, die auch schon die Siebte erworben hatten. Ihre genetische, freilich auch lose Zusammengehörigkeit demonstrierte die öffentliche Wiener Erstaufführung der Achten – mit einem ungewöhnlich groß besetzten Orchester[128] – am 27. Februar 1814 in Beethovens Akademie im großen Wiener Redoutensaal, in der sie als ausdrücklich neues Werk mit der (zuvor schon einmal öffentlich aufgeführten) 7. Sinfonie kombiniert wurde. Aus dem Konzertbericht der *Allgemeinen musikalischen Zeitung* geht hervor, dass erstens in der Tat das bislang nie gehörte Werk neben allen weiteren (außer der 7. Sinfonie auch noch das Terzett op. 116 und das programmatische Orchesterstück *Wellingtons Sieg bei Vittoria*) sehr klar als »das *neueste* Product der B.schen Muse« im Zentrum der öffentlichen Aufmerksamkeit stand, dass es dann aber zweitens die hohe Erwartung »nach *einmaligem* Anhören« doch »nicht hinlänglich befriedig[en]« konnte.[129] Das ist insofern interessant, als sich daran – trotz der optimistischen Prognose des eigentlich wohlwollenden *AmZ*-Kritikers – für sehr lange Zeit nicht viel geändert hat.

In der Rezeption teilt die Achte das Schicksal aller »geraden« Beethoven-Sinfonien, die nicht nur in der Wahrnehmung des Publikums, sondern sogar prominenter Interpreten wie etwa Hans von Bülow[130] im Schatten ihrer vermeintlich packenderen und aufwühlenderen »ungeraden« Schwestern standen (und bis heute stehen). Im Falle der Achten trägt aber noch eine besondere Eigenschaft zur allgemeinen Enttäuschung bei, die im Vergleich zur mitreißenden Siebten als Rückfall in eine längst überwunden geglaubte Konventionalität empfunden wurde. Diese betrifft in erster Instanz die beiden Mittelsätze, die anstelle eines tiefgründigen langsamen Satzes ein munteres »Allegretto scherzando« und statt eines energischen

Redoutensaal der Wiener Hofburg, aquarellierte Federzeichnung von Josef Schütz, 1812
Der zum Baukomplex der Wiener Hofburg gehörige große Redoutensaal war der Schauplatz vieler Bälle und Festlichkeiten. Er wurde fallweise aber auch für Konzerte genutzt. So gelangte hier 1812 Beethovens 8. Sinfonie (gemeinsam mit der bereits früher uraufgeführten 7. Sinfonie) zu ihrer Erstaufführung.

Scherzos ein behäbiges »Tempo di Menuetto« präsentieren. Beide Sätze scheinen die Erwartungen zu verfehlen und doch zugleich die hier erwarteten Satzcharaktere eigentümlich miteinander zu verschränken. Das hat indessen einen ausgesprochen subversiven Sinn, der die Selbstverständlichkeit der an dieser Stelle zu erwartenden Satzcharaktere subtil infrage stellt. Und tatsächlich ist, wie schon früher (nicht zuletzt an der eben besprochenen Sonate op. 54) zu sehen, die Konventionalitätsdiagnose angesichts eines Beethoven'schen »Tempo di Menuetto« ganz verfehlt. Es handelt sich bei diesem Satz, nicht anders als in vielen vorangegangenen Fällen, um eine raffinierte Stilisierung des Modells, die alle Ansprüche eines auskomponierten Nachdenkens über sich selbst erfüllt. In diesem Sinne hat schon vor einem halben Jahrhundert Carl Dahlhaus die 8. Sinfonie als »reflektierte Musik« und als Werk »der humoristischen Distanzierung« bezeichnet.[131] Wichtig ist die Überlegung, wie die kritisch-humoristische Stilisierung der Mittelsätze mit den beiden Ecksätzen eng zusammenhängt, für die – erst bei näherem Zusehen – mindestens dasselbe gilt: Sie sind zwar, erwartungsgemäß, Sonatensätze, dies aber auf einem Niveau der Reflexivität, das ihnen jeden Anflug der unmittelbaren Eingängigkeit nimmt. Insgesamt war, wie schon der bereits zitierte Rezensent der Erstaufführung bedauert, die Aufnahme der Sinfonie »nicht von jenem Enthusiasmus begleitet, wodurch ein Werk ausgezeichnet wird, welches allgemein gefällt; kurz, sie machte – wie die Italiener sagen – kein Furore«.[132] Vor allem aber, und das ist nicht weniger entscheidend, sollte die 8. Sinfonie entgegen dem von Beethoven im Mai 1812 anvisierten Plan für lange Zeit seine letzte bleiben. Die Ausarbeitung einer weiteren unterblieb, und man meint die Begründung dafür im Werktext der Achten finden zu können.

Der Kopfsatz der 8. Sinfonie präsentiert ein klar in drei Viertakter gegliedertes Hauptthema, dessen Kadenz (T. 12) mit dem Beginn einer energisch voranstrebenden Entwicklung zusammenfällt, die nach Absolvierung der Hauptstufen I-IV-V abermals kadenziert (T. 20) und danach in die hier zu erwartende Modulation übergeht. Diese ihrerseits scheint den Durchgang durch die Stufen I-IV-V wiederholen zu wollen, bleibt dabei eigenartigerweise aber schon auf der IV. Stufe stecken (B-Dur, T. 22 ff.): ausgerechnet auf der IV. Stufe, von der aus sich der erforderliche Aufschwung zur dominantischen Seitensatztonart gerade nicht bewerkstelligen lässt. Tatsächlich wird dieses unpraktische Verharren auf der IV. Stufe sogar noch dadurch bekräftigt, dass diese durch Einfügung ihrer Septime *as* dominantisiert wird (T. 24 ff.), was die Bewegung endgültig in eine völlig falsche Richtung, im Quintenzirkel abwärts statt aufwärts, lenkt. Das irritierende Verweilen auf der falschen Stufe wird als Feststecken in einer harmonischen Sackgasse mit großem Aufwand inszeniert: durch mehrfache Wiederholung, durch Abspaltung des Hauptmotivs und durch viermalige Ausstattung dieses Motivs mit einem gegen das Metrum gerichteten Sforzato, das wie ein vergeblicher Befreiungsversuch klingt und schließlich zum resignierten Abbruch in einer anderthalbtaktigen Generalpause führt (T. 32 f.). Das allein schon ist von großem Witz, dessen Sinn sich aber erst im Fortgang vollends erschließt. Das Verenden der Musik in der harmonischen Sackgasse wird nach der Generalpause kurzerhand durch eine einfache Halbtonrückung und durch die Herabstufung der Dynamik zum Piano korrigiert: Aus der (falschen, weil harmonisch abwärts führenden) Subdominantsexte *b-d* wird im Handstreich die in eine völlig andere Region des Quintenzirkels weisende Sexte *a-cis*. Damit zeigt sich der Formteil der Überleitung, was seine eigentliche Substanz angeht, auf ein absolutes Minimum reduziert; räumliche Ausdehnung (16 Takte) und musikalischer Inhalt (zwei chromatisch verschobene Intervalle) stehen in einem geradezu grotesken Missverhältnis. Zugleich wird durch die gesamte Inszenierung rhetorisch klargestellt, dass hier zweifelsfrei der entscheidende strukturelle Punkt der Sonatenexposition gemeint ist: die Mitten- oder Vermittlungszäsur (»medial caesura«),[133] die den in neuer Tonart eintretenden Seitensatz auszulösen hat. Aber nun liegt, durch die forcierte Schlichtheit der Rückung anstelle einer wirklichen Modulation noch betont, die erreichte Tonartregion abermals in einer falschen Gegend. Erwartet würde in einer F-Dur-Exposition die dominantische Seitensatztonart C-Dur; an ihrer Stelle jedoch erklingt der Seitensatz in der Medianttonart D-Dur (T. 38 ff.). Als würde sich indessen die Musik nach kurzem Anlauf über sich selbst wundern, gerät sie denn auch nach wenigen Takten erneut in das Stocken eines auffälligen Ritardando (T. 43), nimmt dann a tempo einen neuen Anlauf und erreicht in einer eleganten Korrektur doch noch die »richtige« Tonart C-Dur (T. 46 ff.), die in einem abermaligen Ritardando (T. 51) kurz geprüft und schließlich nach einem abenteuerlich langen Verharren auf dem doppeldominantischen verminderten Septakkord (T. 52–59) endlich bestätigt wird und in die Schlussgruppe führt (T. 70 ff.).

Lässt man diesen Ablauf im Geiste Revue passieren, dann bemerkt man einen auskomponierten Reflexionsprozess. Seine Pointe liegt darin, dass das Verunglücken der üblichen Modulationsbewegung und deren handstreichartige Korrektur zunächst in eine für Beethovens Standard um diese Zeit eigentlich gar nicht unübliche (in den Sinfonien bis dahin freilich noch nie verwendete) Medianttonart führen, die dann aber ohne eigentliche Not nachträglich zugunsten der konventionelleren Dominattonart berichtigt wird. Dieses eigentümlich inszenierte Ineinandergreifen »neuerer« und »älterer« Modelle zusammen mit ihrer auf plakative Weise simplen Herbeiführung sowie dem auskomponierten Nachdenken im zweimaligen Ritardando ist von einer Durchtriebenheit, die frappiert. Aber der Witz (im besten Sinne des Worts) verbirgt einen tiefen Ernst: Was hier plötzlich – und schockierend – auf einmal zur Disposition steht, sind die wichtigsten strukturellen Landmarken der sinfonischen Sonatenform, über die hier nicht nur der Urheber im Vortrag seiner Musik, sondern auch der aufmerksam den Vorgang verfolgende und mit einem Erwartungshorizont ausgestattete gebildete Hörer nachzudenken hat.

Es fällt auf, dass der Kopfsatz der Achten nach dieser (durch die vorgeschriebene Wiederholung doppelt zum Grübeln zwingenden) Exposition eine der knappsten, ökonomischsten und damit wirkungsvollsten Durchführungen des sinfonischen Gesamtwerks enthält. Wie in der (planvoll verunglückten) Überleitung der Exposition präsentiert nun die (effektvoll geglückte) Durchführung alle Techniken der Abspaltung, der Sequenzierung und der motivischen Liquidation, die am Ende in eine mit monumentalem *fff* einsetzende Reprise führen (T. 190 ff.), wobei diese allerdings durch die Verlegung des Hauptthemas in die klanglich nur schwer durch den Orchesterapparat dringende Bassregion kaum als solche wahrnehmbar ist. Wieder wird – wie schon bei der ausgedehnten Überleitung oder bei der Präsentation der Medianttonart des Seitensatzes – ein Beethoven'sches Standardverfahren modellhaft vorgeführt und gleichzeitig konterkariert.

Dass die Reprise den Expositionsverlauf spiegelnd wiederholt, liegt in der Natur der Sache, verdient aber noch eine Anmerkung. Das Ende der Überleitung, das zugunsten der harmonischen Repriseneinrichtung natürlich auf einer anderen Stufe stehen muss, führt wieder in den Abbruch einer langen Generalpause (T. 229 f.), liegt nun aber harmonisch keineswegs so verkehrt wie die analoge

Stelle der Exposition: Der verminderte Septakkord, auf dem sie endet, verhält sich zu der in der Reprise erwarteten Seitensatz-Tonika als Doppeldominante und könnte leicht über einen weiteren Quintfall sein Ziel erreichen. Das erfolgt scheinbar auch, indem die chromatische Rückung der entsprechenden Expositionspartie auch hier reproduziert wird, aber diese Rückung wird, als verfalle sie ihrer eigenen Gravitation, unversehens – und abweichend von der Exposition – um einen weiteren Schritt fortgesetzt (T. 232/233) und verfehlt damit die erwartete Tonart um eine ganze Quinte: Der Seitensatz erklingt in der Subdominante B-Dur (T. 235 ff.). Das rechtfertigt bzw. erzwingt die aus der Exposition bereits vertraute Maßnahme der reflektierten Korrektur (T. 240, T. 248). Geistreich führt dann die Coda, gleichsam im Rückblick auf die Tonartenordnung der Exposition, eine weitere auf die Tonika bezogene Terzrückung ein: Über dem Orgelpunkt *f* wird das Hauptthema in der Mediante Des-Dur rekapituliert (T. 304 ff.), die den Tonikagrundton nun als ihre Durterz benutzt. Zugleich ist damit, ganz am Ende des Satzes, der tiefste Punkt des Quintenzirkels erreicht, von dem aus ein überraschend kurzer chromatischer Aufstieg zur triumphalen Bestätigung der Haupttonart zurückführt. Jedoch versinkt das Ende im Pianissimo, und das letzte Wort ist identisch mit dem ersten: Es ist der vormals den Satz »con brio« eröffnende Zweitakter, der nun als ein besinnlich-leiser Schlusskommentar (und humoristisch-nachdenklicher Selbstkommentar) erklingt.

Nicht zufällig entfaltet der Finalsatz dasselbe Niveau der Reflexivität. Eher als Sonatenrondo denn als Sonatenform anzusprechen, zielt er in der Exposition, anders als der Kopfsatz, tatsächlich auf die erwartete Seitensatztonart C-Dur und bereitet diese aufwendig dominantisch vor (T. 42–47), verfehlt sie dann aber überraschend und ohne Not auf ebenso spektakuläre wie simple Manier: durch einen einfachen Trugschluss, der statt nach C-Dur nach As-Dur führt (T. 48). Ähnlich wie im Kopfsatz, aber auf andere Weise realisiert, erklingt also eine um diese Zeit für Beethoven zwar bereits »richtige« (allerdings aus der Sinfonik bisher konsequent ausgesparte) Seitensatztonart, eine Form der Mediante, die sich aber durch die Art ihrer Herbeiführung dennoch als »falsch« erweist. Entsprechend wird sie auch hier, wie im Kopfsatz, nachträglich zugunsten von C-Dur korrigiert, und zwar mit einem geradezu aberwitzig inszenierten Aufwand. Der Bass vollführt einen dreifachen simplen Quintfall, und weil die Seitensatztonart As-Dur als eine chromatische Variante der eigentlich gemeinten Stufe A interpretiert wird, beginnt dieser Quintfall mit einem bizarren Tritonus: *as-d-g-c*. Zugleich sind diese vier motivisch ansonsten völlig ereignislosen Quintfalltakte (T. 56–59) mit einem steil ansteigenden Crescendo ausgestattet, das aber in einer für Beethoven überaus charakteristischen Geste mit der Erreichung der Zieltonart in ein Subito piano führt (T. 60). Nicht so sehr der Umstand, dass das auskomponierte Nachdenken des Kopfsatzes über die Tonartenordnung hier abermals begegnet, ist erstaunlich, sondern die Tatsache, dass dieses sich hier mit demselben Effekt auf rhetorisch völlig andere Weise inszenieren lässt. In der Reprise des Satzes (T. 162 ff.) wiederholt sich dieser Vorgang naturgemäß, folgt dabei aber nicht einfach dem Naturgesetz der Formgeschichte (der Regel der Quintabwärtstransposition), sondern gewinnt diesem eine aufregende Pointe ab. Die halb »richtige«, halb »falsche« Seitensatztonart ist diesmal natürlich – eine Quinte tiefer – Des-Dur (T. 224 ff.), das wieder durch einen Trugschluss erreicht und danach durch die vertrauten vier Quintfalltakte (diesmal: *des-g-c-f*, T. 232–236) zugunsten der Tonika F-Dur korrigiert wird. Aber dieses der Formlogik nach scheinbar zwanglos gebotene Reprisen-Des-Dur, in dem übrigens das schon einmal aufgetretene Des-Dur in der Coda des Kopfsatzes gespiegelt wird, hat noch eine tiefreichende Nebenbedeutung, die es ganz der planenden Verfügung des strukturell denkenden Komponisten unterstellt.

Das Hauptthema des Finalsatzes integriert nämlich bei jedem seiner Auftritte einen schockierenden Effekt, von dem noch nicht die Rede war. Nach seiner über die Zwischenregion des »più piano« erreichten tiefsten dynamischen Stufe (*ppp*), die vom Halbschluss aus seine Wiederholung erwarten lässt, erklingt im plötzlichen Fortissimo nicht diese Wiederholung selbst, sondern ein völlig unerwartetes Unisono-*cis* des vollen Orchesters (T. 17/18), auf das dann erst, nun seinerseits überraschend, die eigentlich erwartete Wiederholung des Hauptthemas im klangmächtigen Tutti tatsächlich folgt. Dieses aus dem Tonsatz abrupt hervorbrechende *cis* wäre ein völlig isoliertes Ereignis, wenn es nicht – wie bei Beethoven üblich – gravierende strukturelle Folgen hätte. Dass es bei jedem Vorkommen des Hauptthemas wieder begegnet, versteht sich von selbst (so etwa in der Reprise, T. 178/179); dass es hingegen am Beginn des Mittelteils fehlt, der nach der zugrunde liegenden strukturellen Logik des Sonatenrondos ja eine ritornellartige Wiederbegegnung mit dem Hauptthema in der Tonika F-Dur ist, fällt auf. Dennoch wird es auch dort integriert, und zwar als Terzton einer Scheinreprise des Themas in A-Dur am Ende der Durchführung (T. 151 ff.), die dann erst, durch einfache Rückung bewerkstelligt, in die eigentliche Reprise übergeht. Die ultimative und restlos befriedigende Lösung für die strukturelle Störung, die das so unvermutet hereinplatzende *cis* am Satzbeginn bedeutet hatte, erfolgt aber erst am Schluss des Satzes.[134] Nachdem, wie erläutert, das Des-Dur der Seitensatz-Reprise den Ton zum zweiten Mal nach dem Durchführungsschluss in den Satzverlauf integriert hatte, wird nun der Sinn dieser Irritation in einer grandiosen Inszenierung der Coda enthüllt. Das Hauptthema kehrt am Beginn der Coda, wie durchaus üblich, in allerlei Varianten wieder, aber erst relativ spät reproduziert es auch seinen Störton *cis*, den man inzwischen schon fast vermisst hatte. Dieser tritt aber nun zuerst als *des* auf (T. 373/374) und wird erst danach zum orthographisch vertrauten *cis* transformiert. Dabei wird er nicht weniger als viermal hintereinander auf höchster dynamischer Stufe intoniert und erweist sich damit als Auslöser für die überwältigende Schlusspartie der Coda: Das *cis* ist die Dominante einer machtvollen Wiederkehr des Hauptthemas in fis-Moll (T. 380–391), die schließlich durch das inzwischen bekannte Gewaltmittel der chromatischen Rückung in das F-Dur der Grundtonart zurückgebogen wird (T. 392). Der Satz folgt also einer gleichsam doppelten Agenda: Er reflektiert seine eigenen strukturellen Voraussetzungen, aber er gewinnt zugleich – wie schon in der Halbtonreibung der Töne *c* und *des* im Kopfsatz der *»Appassionata«* – aus einem anfangs exponierten Detail die Legitimation für einen riesigen dramaturgischen Spannungsbogen. Für lange Zeit zum letzten Mal gelingt auf diese höchst prekäre Weise eine Sinfonie, bei deren Anhören dem Komponisten durch den Rezensenten der Uraufführung »jener eigenthümliche Geist, wodurch sich seine Originalität stets behauptet«,[135] mehr ahnend als begreifend klar bescheinigt wird. Dass diese sehr eigenwillig zur Erscheinung kommende »Originalität« dem Werk in der Publikumsgunst nicht viel geholfen hat, kann man nur bedauern.

* * *

Das Streichquartett op. 135 ist das letzte der fünf Quartette, mit denen Beethoven im Herbst 1826, wohl noch ohne Vorahnung seiner bald darauf ausbrechenden tödlichen Erkrankung, sein Gesamtwerk beschloss. Ob aber wirklich so gedacht oder nicht: Es ist objektiv ein Werk des Abschieds. Dennoch hat die Rezeption es keineswegs mit der in solchen Fällen üblichen sentimentalen Aura umgeben. Im Gegenteil: Die Mehrzahl der Kommentatoren kann den Ton einer leichten Enttäuschung nicht verbergen.[136] Das Werk gilt als Konzession an den Quartettstil Mozarts und Haydns, als sei dies bereits ein Grund zum Verdikt und nicht etwa zu einem Lob, und sein knapper äußerer Zuschnitt wird als Rückfall hinter die mit den vorigen Quartetten erreichten Dimensionen empfunden, als sei deren weitere Ausdehnung über die sieben Sätze des Vorgängerwerks (cis-Moll, op. 131) hinaus eine erwartbare Folge zwingender ästhetischer Logik gewesen. Das nach den fünf-, sechs- und siebensätzigen Vorgängern nur noch vier Sätze umfassende F-Dur-Quartett steht also ein weiteres Mal, wie die gerade besprochenen Werke, im Verdacht einer die Erwartungen unterlaufenden Konventionalität. Doch genau wie dort sollte allein das schon hellhörig machen: Es wird inzwischen deutlich geworden sein, dass diese oberflächlich unterstellte Traditionalität sehr leicht auf einem fatalen rezeptiven Missverständnis beruhen kann.

Weil hier der Chronologie weit vorgegriffen wird und das Quartett als ganzes erst im Kontext der Spätstil-Interpretation angemessen zu begreifen ist, soll einstweilen die Konzentration auf einen einzigen Satz – allerdings den exponiertesten: den letzten – genügen. Dieses Finale ist so hintergründig, dass man die oben referierten Verdachtsmomente in einem und demselben Zuge nachvollziehen und doch gerade *nicht* verstehen kann. Es kokettiert einerseits tatsächlich auf eine geradezu provozierende Weise mit formalen Konventionen. Seine Sonatenform organisiert ihre Tonartenordnung zwar, wie in Beethoven Werken bereits die Regel, als »modernes« Mediantverhältnis (F-Dur / A-Dur), aber ihre zwei Teile (Exposition / Durchführung und Reprise) sind, als hätte man ein Werk des längst vergangenen 18. Jahrhunderts vor sich, beide ausdrücklich zur Wiederholung vorgeschrieben. Andererseits aber bricht es mit den Konventionen des reinen Quartettstils durch eine ostentative Geste der Programmatik. Es trägt eine eigene Überschrift (»Der schwer gefaßte Entschluß«) und setzt der Musik eine mottoartige Textierung der beiden Hauptthemen voran (»Muß es sein?« für das Grave-Thema der langsamen Einleitung; »Es muß sein! Es muß sein!« für das Thema der F-Dur-Exposition).

In Beethovens Quartett-Œuvre entsteht dadurch eine bemerkenswerte Symmetrie. Ein ähnliches Verfahren hatte er am Ende eines Werkabschnitts schon einmal gewählt, indem er dem Abschluss seiner ersten Quartettsammlung – nämlich dem Finale des Streichquartetts op. 18,6 – ebenfalls einen Titel gab, der nicht für das ganze Stück, sondern nur für den letzten Satz relevant ist: »La Malinconia«. Eine vergleichbare Position besetzt aber auch das Quartett op. 135 am Ende der fünf letzten Werke. Ist Opus 135 also ein bilanzierender Blick zurück auf die Anfänge des Ringens um die Königsdisziplin der Kammermusik? Jedenfalls lädt die Formulierung der Satzüberschrift im Finale des F-Dur-Werks zu allerlei Assoziationen ein. Unwillkürlich denkt man vielleicht an Immanuel Kants berühmten »kategorischen Imperativ«, der als Ausdruck der Vernunftfreiheit von physisch-sinnlichen Wesen gleichwohl als beständige Nötigung empfunden wird. »Muss es sein? / Es muss sein!« – ist das etwa vor diesem Hintergrund zu verstehen? Sollte tatsächlich dieses Quartett-Finale ein weiterer musikalischer Beitrag sein zum moralphilosophischen Diskurs der Spätaufklärung – und damit überraschenderweise ein weiteres Stück Weltanschauungsmusik wie viele der oben besprochenen Werke auch? Bei Kant freilich appelliert der Imperativ vor dem Hintergrund vernünftig-gesetzlicher Notwendigkeit an die freie Selbstverpflichtung des »Sollens«, nicht an den heteronomen Zwang des »Müssens«.[137] Beethoven formuliert auffällig anders, wohl kaum ohne Grund. Zudem hat er die Antwort auf die Frage nach dem Gegenstand des »Es muss sein« nicht nur offengelassen, sondern ihre mögliche Richtung mit sichtlichem Vergnügen nachträglich sogar in die Irre geführt. Als der reiche Wiener Musikliebhaber Ignaz Dembscher im Sommer 1826 ein Beethoven-Quartett in seinem Hause aufführen lassen wollte und Beethoven für die Überlassung des Stimmenmaterials 50 Gulden verlangte, soll er, wie dem Komponisten zugetragen wurde, geantwortet haben: »Wenn es sein muss«. Wic als Antwort komponierte Beethoven im August 1826 einen seiner berühmten Scherzkanons (WoO 196): »Es muß sein, ja, ja, ja, heraus mit dem Beutel! Heraus, heraus, es muß sein!« Im Dezember 1826 finden sich schließlich im Konversationsheft die beiden Themen des F-Dur-Finales mit Noten und Text von Beethovens Hand und darunter die Worte seines Quartett-Primarius Ignaz Schuppanzigh: »Aber weiß er, daß mich der schmutzige Kerl darüber anfeindet?«[138]

Das alles ist weitaus trivialer als der kategorische Imperativ. Dennoch ist dieser damit nicht aus der Welt. Die Überschrift des Quartett-Finales markiert denn auch nicht den Inhalt des so schwer gefassten Entschlusses, sondern dessen bloße Form. Damit aber ist jene Dimension kongruent, ohne die beim Umgang mit Instrumentalmusik kein angemessenes Verständnis zu haben ist: eben die Form des Satzes. Beide Hälften dieser ungewöhnlich klaren Sonatenform sind, wie bereits erwähnt, zur Wiederholung vorgeschrieben. Das ist ein Konventionsrest von geradezu anachronistisch erscheinender Anmutung. Bei Haydn, bei Mozart und auch beim jungen Beethoven war die Wiederholung beider Hälften (also der Exposition mit ihrer strukturbestimmenden Modulation einerseits sowie der Durchführung plus Reprise mit ihrem Ausgleich des exponierten

Tonartengegensatzes andererseits) noch die gängige Praxis. Doch auch schon hier ist zu beobachten, dass zumindest die zweite Hälfte der Form (Durchführung und Reprise) vom Zwang zur Wiederholung zunehmend befreit wurde – wohl weil gerade sie als jener Formteil empfunden wurde, der die in der (weiterhin zu wiederholenden) Exposition etablierten harmonischen und thematischen Konflikte einer Entspannung zuführte und daher auch nur einmal erklingen durfte. Die Wiederholungsvorschrift für den zweiten Teil gab Beethoven schon früh auf, behielt sie aber gelegentlich als Möglichkeit umso auffälliger bei. Und nun ausgerechnet der letzte Satz des letzten Quartetts: Beethoven lässt nicht nur die Form nicht wiederholungslos sich entwickeln (wie es »modern« wäre und wie es im ersten Satz des Werks auch tatsächlich der Fall ist), sondern verlangt ausdrücklich die Wiederholung sogar beider Teile, als handle es sich um ein Quartett des 18. Jahrhunderts. Wie zum Ausgleich ist die Tonartenordnung des Satzes hingegen ausgesprochen modern: Dem Hauptthema (F-Dur) steht eine unorthodoxe Seitensatz-Tonart gegenüber (A-Dur), sodass der Satz ein innovatives Moment (Mediante statt Dominante) mit einem auffällig konservativen (zweite Teilwiederholung) verschränkt. Die überraschende Pointe offenbart sich erst am Schluss. Hieß es am Anfang noch: »Muss es sein?« / »Es muss sein!«, so steht am Ende des Satzes als Kommentar zur notierten Wiederholungsvorschrift für den zweiten Teil der merkwürdig geschraubt formulierte und der Sache nach spektakuläre italienische Satz: »Si repete la seconda parte al suo piacere« (T. 243). Das gibt es bei Beethoven sonst nie – und es entlässt zum guten Ende einen fundamentalen Aspekt der Formung, der Beethoven lebenslang beschäftigt hat, tatsächlich aus der Autorität des Komponisten explizit in die Freiheit der interpretierenden Musiker.

Der zweite Formteil – er kann also entweder wiederholt werden oder aber auch nicht – enthält die Durchführung und die Reprise des Satzes. Das schwere und düstere Frage-Thema der langsamen Einleitung bringt sich wieder in Erinnerung (T. 161 ff.), und das muntere Antwort-Thema wird dagegen in Stellung gebracht. Daraus entsteht, wenn auch in kleinsten Dimensionen, eine Durchführung ganz nach

Beethovens klassischem Muster, in der zwei kontrastierende Parameter in eine Auseinandersetzung geschickt werden, die sich dann vorläufig in der Reprise und schließlich erst in der Coda endgültig löst. Eine solche knappe resümierende Coda folgt denn auch nach dem (je nach Entscheidung des Ensembles wiederholten oder auch nicht wiederholten) zweiten Teil. Sie ist ein Meisterstück der geistreichen Sublimation: Noch ein letztes Mal wird das Tempo zu demjenigen der langsamen Einleitung gebremst (hier nun als »poco adagio«, T. 248/249). Es erklingt jedoch nicht das Motiv der bangen Frage »Muss es sein?«, sondern das der Antwort »Es muss sein!« – diese aber nun plötzlich ins Gewand einer intervallisch verzerrten Chromatik gekleidet. Es handelt sich denn auch tatsächlich um die präzise diastematische Inversion der Eingangsfrage, jedoch im Rhythmus der Antwort. Der diatonische Quartfall des ursprünglichen Antwort-Motivs kehrt noch einmal wieder durch letztmalige Zitierung des Seitenthemas (T. 250 ff.), das hier nun erst seinen vermittelnden Sinn erweist. Alles ist eigentümlich verfremdet: das Thema harmonisch zum Chromatischen und agogisch zum »poco adagio«, das Seitenthema schließlich klanglich zum »pizzicato«. Wenn danach aus dieser überraschenden Schlussgeste schließlich das in reinem Dur erklingende Antwort-Thema »Es muss sein!« hervorgeht (T. 266 ff.) und den Rest des Satzes beherrscht, dann lädt es zwar ein zum zwanglos-heiteren Mitskandieren, ermöglicht aber auch spätestens durch den Rhythmus der brüsken Schlusskadenz eine Interpolation: »Es | muss sein, es | muss sein, es | muss nicht | sein!« (T. 274–277). Am Ende ist alles aufgelöst in reinste Diatonik – ein Prozess der Sublimierung, der dem Satz eine ganz eigene ästhetische Anmutung verleiht. Dieses Sublime aber ist bei näherem Zusehen nichts anderes als ein besonderer Modus des Erhabenen.

Im ästhetischen Diskurs des 18. Jahrhunderts spielt das Erhabene eine zentrale Rolle, aber die für Beethoven verbindliche Qualität erhält es erst bei seiner radikalen Neudeutung im Kontext der transzendentalphilosophischen Freiheitskonzeption. Das Erhabene ist dort, wenn man Beethovens Gewährsmann Immanuel Kant folgt, das Resultat einer Selbstbehauptung des Ich angesichts der überwältigenden Übermacht der äußeren, der physischen Natur. In dem berühmten Beschluss der *Kritik der praktischen Vernunft*, den Beethoven kannte,[139] steht dafür der bestirnte Himmel, vor dessen Anblick das höchst zufällige und vergängliche Subjekt dem Erschrecken über seine kosmische Bedeutungslosigkeit die Gewissheit seiner Teilhabe an dem Bereich des Übersinnlichen durch das Bewusstsein des in ihm selbst verankerten moralischen Gesetzes entgegenzusetzen vermag. Daran knüpft bekanntlich Friedrich Schiller in seinem Tragödienkonzept an, das für Beethoven zweifellos ein eindrucksvolles Modell gebildet hat. Daran knüpft aber ebenso, weitaus weniger bekannt, auch Schillers und Beethovens Zeitgenosse Jean Paul mit seiner Theorie des Humors an. Dieser Humor ist ein philosophisches Konzept, das ebenfalls das Ich sich behaupten lässt, aber nicht etwa angesichts einer erschreckenden physischen Größe, sondern angesichts des scheinbar unzulänglichen Kleinen. Jean Paul wendet Kants Bild vom bestirnten Himmel kühn ins völlig Unpathetische um. Er nennt folgerichtig die moderne philosophische Haltung des Humors dezidiert das »umgekehrte Erhabene«[140] und entdeckt in der zugrunde liegenden Haltung die Verbindung »unserer dürftigen Endlichkeit mit dem Glanzsaale und Sternenhimmel der Unendlichkeit«.[141] Auch der Humor, der das Kleine und scheinbar Nichtige einer geradezu »anagogisch« zu nennenden, also für einen höheren Sinn sich öffnenden Deutung unterzieht,[142] hat also, genau wie das pathetisch-moralisch Erhabene, einen unerbittlich metaphysischen Hintergrund. So gesehen, ist Beethovens kleines Quartett-Finale nicht weniger erhaben als der riesige Schlusschor der 9. Sinfonie, aber eben als dessen präzise Inversion: nämlich humoristisch als das »umgekehrte Erhabene«.

Die Überschrift des Quartett-Finales markiert ohnedies nicht den Inhalt des so schwer gefassten Entschlusses, sondern nur, wie schon gesagt, dessen Form. »Was« eigentlich »sein muss«, bleibt offen. Ist es daher nicht vielmehr so, dass in diesem letzten Satz von Beethovens letztem Werk das syllogistische Korrelationsgefüge von banger Frage, kategorischer Antwort und praktischer Entscheidungsfreiheit aus der geforderten konkreten Bestimmtheit in die reizvolle semantische Unendlichkeit eines ästhetischen Gebildes überführt wird? Das allerdings wäre eine grandiose Leistung tiefsten philosophischen Humors. »Muss es sein?«, fragt der Finalsatz von Beethovens letztem Streichquartett in seiner vieldeutigen Überschrift. »Nein, es muss durchaus nicht sein – al suo piacere«, schlägt hingegen derselbe Satz an seinem Ende als Grundlage für eine interpretationspraktische Entscheidung vor. Der strengen produktionslogischen Gesetzlichkeit steht humoristisch eine mit hintergründiger Höflichkeit zugestandene performative Freiheit gegenüber. Geistreicher kann man sich die Aufhebung einer auf eindeutige Bejahung zugespitzten existentiellen Frage in den heiteren Bezirk ästhetischer Vieldeutigkeit kaum vorstellen. Kants kategorischer Imperativ appelliert an die sittliche Freiheit des Subjekts dadurch, dass er sich als beständige »objektive Nötigung«[143] geltend macht. Beethovens Musik hingegen, begriffen als beständige Einladung zur Anstrengung des Verstehens, formuliert keinen kategorischen, sondern einen ästhetischen Imperativ. Der aber eröffnet in der Reflexion auf die gesetzlichen Bedingungen dieser Musik die unergründliche Freiheit einer ästhetischen Mündigkeit und Rationalität. Das letzte Quartett ist weder harmlos, noch ist es simpel oder konziliant.

* * *

Alle drei Kompositionen, in denen sich das auskomponierte Nachdenken über formale Möglichkeiten besonders deutlich zum Ausdruck bringt, sind in gewisser Weise »letzte« Werke. Für das Streichquartett gilt das in einem ganz unmittelbaren und strikten Sinn: Es ist nicht nur Beethovens letzter Beitrag zu dieser Gattung, sondern sein letztes vollendetes Werk überhaupt. Für die zehn Jahre zuvor entstandene 8. Sinfonie hat dasselbe, jedenfalls in der Wahrnehmung der Zeitgenossen, immerhin über ein ganzes Jahrzehnt hinweg gegolten: Nach ihr, so konnte es scheinen, hatte der vorher in kurzen Abständen regelmäßig mit Sinfonien hervorgetretene Komponist seine Beschäftigung mit dieser Gattung aufgegeben, und wer intelligente Ohren hatte, konnte ihr vielleicht auch anhören, warum. Sie stellt die scheinbar sicheren, aber im Gang der Geschichte immer fraglicher gewordenen strukturellen Voraussetzungen der Gattung geistreich zur Disposition und scheint dieser auskomponierten Reflexion dann doch noch sich selbst als das letzte überhaupt mögliche Gattungsexemplar abzuringen.[144] Dasselbe aber trifft cum grano salis auch bereits für die wiederum ein knappes Jahrzehnt früher entstandene Klaviersonate op. 54 zu. Im Zentrum einer Trias von Werken, deren erstes und drittes als kanonische Beiträge zur Gattungsgeschichte der Klaviersonate schlechthin gelten, stellt es die grundsätzliche Frage nach deren Voraussetzungen. Die beiden monumentalen Repertoire-Glanzstücke, die *»Waldstein«*-Sonate wie die *»Appassionata«*, gewinnen ihren prekären Status am vorgeschobenen Rand der Gattungsgeschichte im kritischen Licht ihres gern vernachlässigten kleinen F-Dur-Schwesterwerks. Nicht zufällig trat nach dieser gigantischen Trilogie in Beethovens Sonatenschaffen erstmals eine längere Pause ein, bevor es auf einem neuen Niveau weiterging – ganz so wie, nun schon weitaus länger dauernd, nach der 8. Sinfonie auf dem Gebiet der großen zyklischen Orchestermusik. Beethovens Musik ist an entscheidenden Wegmarken ihrer Entwicklung, zurück- wie vorausblickend, so etwas wie ästhetischer Kritizismus. Als Transzendentalmusik reagiert sie in hoher Reflektiertheit auf die verstörende Geschichtlichkeit der Kunst, die gegen den impliziten Anspruch auf Überzeitlichkeit als tiefe Beunruhigung, aber auch als produktive Chance zum Fortschritt begriffen wird. In der offensiven Nutzung dieser Chance realisiert sie ihre ideelle Zeitgenossenschaft. Was aber die Logik dieser kompositorischen Entwicklung, immer deutlicher werdend, wie ein roter Faden durchzieht, ist der philosophische Tiefsinn eines selbstreflexiven Humors, der im ständig erneuerten Glauben an die rational begründbare Basis der kompositorischen Kreativität eine metaphysische Dimension gewinnt und schließlich im Spätstil des letzten Streichquartetts sein Ziel erreicht. Davon wird später an Ort und Stelle noch zu reden sein.

Erkundungen zum Spätstil: Lachen, Schmerz und Größe

Das Neue im Alten: Fuge und Variation

Nach 1815 begann sich Beethovens Produktion merklich zu verlangsamen. Auf einige Werke von tiefer Innigkeit und berührender Schönheit, die allesamt Solitäre und überdies bei ihm die jeweils letzten ihrer Gattung sind – die G-Dur-Violinsonate op. 96, das B-Dur-Klaviertrio op. 97, den Liederzyklus *An die ferne Geliebte* op. 98 –, folgen fast exakt mit dem Übergang zu den dreistelligen Opusnummern jene Werke, die man heute gern in einem emphatischen Sinne als das »Spätwerk Beethovens« bezeichnet. Sie gelten, als Ausprägung eines ausgesprochenen »Spätstils«,[1] bis heute als schwer verständlich. Ihre besondere Aura haben sie von Anfang an aus ihrer nicht leicht durchschaubaren Faktur, aber auch aus der Nähe zum Lebensende des Komponisten bezogen. Im Sinne einer relativen Chronologie liegen sie in der Biographie des Komponisten tatsächlich »spät«. Nun ist Beethoven allerdings – eine kuriose Koinzidenz – bereits in eben jenem Alter gestorben, in dem etwa Immanuel Kant überhaupt erst mit der Publikation jener Werke begann, denen er seinen Weltruhm verdankt. Man könnte diese Hauptschriften, einsetzend mit der *Kritik der reinen Vernunft* und durchgehend von ebenfalls beträchtlicher Schwierigkeit, mit gleichem Recht ein Spätwerk nennen, obwohl das kaum je getan wird. Warum dann bei Beethoven? Die Tendenz zur Mystifikation, die sich aus der schiefen Perspektive

Beethoven 1823, Ölgemälde von Ferdinand Georg Waldmüller

auf ein Alterswerk Beethovens leicht ergibt, hat schon vor Jahrzehnten einer seiner gescheitesten Kommentatoren kritisch infrage gestellt: »Beethoven ist nicht wie Goethe, Michelangelo und Tizian über 80 Jahre alt geworden, hat die Schwelle des Greisenalters nicht einmal in der Ferne erblickt.«[2] Wie Beethoven die von seinem Zeitalter durchaus als Zenit und Lebensmitte erfahrene Zäsur des 40. Geburtstags erlebt hat, für die etwa Kants *Anthropologie* einen beredten Beleg liefert,[3] ist unbekannt. Jedenfalls aber ist das, was man früher gern als den aus einer Krise hervorgegangenen Spätstil diskutiert hat, im Grunde genommen das Resultat der langen Besinnungsphase eines Mittvierzigers und nicht ein von Rückblick und Abschied geprägtes Alterswerk.

Längst nicht alle der Kompositionen mit dreistelliger Opuszahl sind späte Werke. Mehr als zuvor hat sich Beethoven – wohl auch bedingt durch die Verlangsamung seiner eigenen Produktion – im letzten Jahrzehnt darum bemüht, ältere, teils sogar sehr alte Stücke an die Öffentlichkeit zu bringen. Beispielhaft dafür stehen die *Bagatellen* op. 119 mit ihrer bezeichnenden Entstehungsgeschichte. Fünf von ihnen (in der endgültigen Zählung Nr. 7–11) sind 1820 entstanden, und zwar für die *Wiener Piano-Forte-Schule* seines Bekannten Friedrich Starke, der sie 1821 dort unter dem Titel »Kleinigkeiten« abdruckte und mit einer Fußnote versah, die zugleich auf ihren berühmten Verfasser wie auf ihren eigentümlichen Charakter verweist. Sie beginnen, für eine Klavierschule scheinbar geradezu prädestiniert, mit zwei Stücken in einfachem C-Dur, von denen dann aber das erste (in op. 119: Nr. 7) in seinem jäh ausbrechenden Schluss plötzlich alle zwölf Töne der chromatischen Skala exponiert, mit denen das nächste (Nr. 8) dann konsequent weiterarbeitet. Die Stücke sind kurz; zwei von ihnen umfassen lediglich 20 (Nr. 9) bzw. gut 10 Takte (Nr. 10). Den von Beethoven selbst gewünschten Titel »Kleinigkeiten« tragen diese konzentrierten Miniaturen, jedenfalls mit Blick auf ihren Umfang, also zu Recht. Danach entschloss sich der Komponist, die Beiträge für Starkes Klavierschule zu einer größeren Sammlung von Klavierstücken zu erweitern, in der sich auch ältere Kompositionen unterbringen ließen; die frühesten dieser Stücke

(Nr. 2 und 4) stammen aus der Zeit um 1794. Vorübergehend erwog er auch die Integration des Albumblatts *Für Elise* WoO 59, mit dessen Revision er sich 1822 ausführlich beschäftigte.[4] Das mittlere Stück (Nr. 6), das zwischen der jüngsten Schicht (Nr. 7–11) und der ältesten (Nr. 1–5) die Brücke bildet, komponierte Beethoven für die Sammlung neu. Es ist in seiner auffallenden Zweiteilung buchstäblich janusköpfig, erfüllt seine Scharnierfunktion zurück- und vorausblickend und zeigt schon allein durch seine bloße Existenz Beethovens klares Bewusstsein von der Notwendigkeit, aber auch der Möglichkeit einer die Stile miteinander versöhnenden Vermittlung. Als Beethoven diese neue Kollektion Anfang 1823 dem Leipziger Verleger Peters anbot, glaubte dieser an einen schlechten Scherz und wies das Werk zurück.[5] Erst Clementi in London druckte es im Juni 1823 unter dem Titel »Trifles«, mehrere Verlage in Berlin und in Wien folgten dann mit der Überschrift »Nouvelles Bagatelles« und unterschiedlichen Opuszahlen. Diese Praxis des Mehrfachverkaufs auf den getrennten Musikalienmärkten Englands, Deutschlands und Österreichs gehörte um diese Zeit längst zu den von Beethoven gern genutzten Möglichkeiten einer optimalen Verwertung seiner Werke.

Will man das letzte Jahrzehnt nach Kompositionsprojekten untergliedern, dann bietet sich mindestens eine Dreiteilung zwanglos an. Zu einem ersten Block gehören die Cello- und die Klaviersonaten op. 101, 102 und 106 (1815–1818), dann setzt, nach der Arbeit an den Auftragsarbeiten für den schottischen Verleger George Thomson (Volkslied-Variationen op. 107, Schottische Lieder op. 108) im Frühjahr 1819 die Arbeit an den »*Diabelli*«-Variationen op. 120 ein, verschränkt sich aber bis zu deren Fertigstellung im Frühjahr 1823 mit diversen anderen Plänen, 1824 folgen dann so unterschiedliche Projekte wie die 9. Sinfonie, die *Bagatellen* op. 126 und abschließend die fünf letzten Streichquartette. Der große mittlere Block zeigt, bedingt durch die neu hinzutretende, dann aber mehrfach unterbrochene Arbeit an der *Missa solemnis*, eine eigentümliche »Verschachtelung« der Arbeit an den Werken der Jahre 1819 bis 1823:

April (bis Juni) 1819: Konzeption der »*Diabelli*«-Variationen op. 120
April (Mai?) 1819: Beginn der Arbeit an der *Missa solemnis* op. 123
Frühjahr bis Spätherbst 1820: Klaviersonate E-Dur op. 109
bis zum 1. Januar 1821: fünf Bagatellen (= Nr. 7–11 des späteren Opus 119) für Friedrich Starkes *Wiener Piano-Forte-Schule*
zweite Hälfte des Jahres 1821: Klaviersonate As-Dur op. 110
Anfang 1822: Klaviersonate c-Moll op. 111
1822 bis Anfang 1823: Vollendung der *Missa solemnis* op. 123
Ende 1822 bis Frühjahr 1823: Abschluss der »*Diabelli*«-Variationen op. 120

In der Mitte des Jahrzehnts führte die Produktionsweise also zu einer fast unüberschaubaren Verflechtung parallelgeführter Arbeiten, die darin bestand, dass in das immer anstrengender werdende Projekt der großen Messe, für das die Variationen zunächst liegen blieben, nacheinander noch die drei letzten Klaviersonaten und in diese wiederum die *Bagatellen* eingeschoben wurden. Doch ist die Konsequenz dieser Verschränkung gerade auch für die folgenden Werke, auf die sich Beethoven dann jeweils wieder stärker konzentrieren konnte, erheblich. Ihre innere Zusammengehörigkeit (wie im Falle der Messe und der Sinfonie oder wie beim Rückblick der »*Diabelli*«-Variationen auf den Schluss der letzten Klaviersonate) ist ebenso zu bedenken, wie es auffällt, dass zwischen den späten Streichquartetten bis zuletzt Sätze hin- und hergetauscht, in einem Fall sogar nachträglich noch durch eine Neukomposition ersetzt wurden. Tatsächlich ist aber die in der Literatur stets betonte Zäsur um 1815/16 (op. 102 und op. 101) real. Auf der Ebene der zyklischen Anlage großer Werke nehmen die Experimente jetzt erst zu. Schon die C-Dur-Cellosonate op. 102,1, die aus zwei Satzpaaren in der Abfolge »Andante (teneramente)« / »Vivace« einerseits und »Adagio« / »Allegro vivace« andererseits besteht, trägt im Autograph die Bezeichnung »Freye Sonate«; im D-Dur-Schwesterwerk op. 102,2 gehen alle drei Sätze (der letzte ist eine überaus unorthodox gebaute Fuge) »attacca« ineinander über. In den Klaviersonaten, in denen zwischen Opus 101 und Opus 111 verschiedenste zyklische Anlagen begegnen, ist die experimentelle Tendenz zwar nichts Neues, weil Beethoven diese Gattung schon früh zum Gegenstand einschlägiger Erkundungen gemacht hatte, aber gänzlich ohne Vorbild ist dann schließlich die systematische Satzvermehrung in der gegen solche Tendenzen bisher völlig immunen Gattung des Streichquartetts, über die noch zu sprechen sein wird.

Verblüffend ist an diesem keineswegs vollständigen Überblick die Vielfalt der Gattungen wie der Satzarten. Auf einen Katalog der Merkmale des schwer zugänglichen »Spätstils« mit dem Anspruch auf Allgemeingültigkeit sollte man also besser verzichten, denn für jede an einigen Werken zutreffende Beobachtung gibt es wiederum Ausnahmen in anderen Fällen. Theodor W. Adorno, der den »Spätstil« in einem einflussreichen Essay zum Gegenstand einer ambitionierten Deutung machte, hat sich damit beholfen, dass er bestimmte Werke – vor allem die großen Konzeptionen wie die *Missa solemnis* oder die 9. Sinfonie, die er für retrospektiv hielt – aus dem enigmatischen Spätstil im emphatischen Sinne ausklammerte.[6] Das kann aber kaum eine befriedigende Lösung sein. Eher ist zu vermuten, dass es »den« Spätstil in dieser Weise nicht gibt, sondern nur eine enorme Spannweite der Schreibweisen und Satztechniken, über die Beethoven, das Spektrum systematisch immer weiter auslotend, in seinen letzten Jahren zunehmend verfügte. Die auffällige Integration des Kontrapunkts gehört dazu, aber auch (wie Adorno zutreffend beobachtet hat) der bewusste Einbezug geradezu banal erscheinender Floskeln, »die der mittlere Stil kaum geduldet hätte«.[7] Dass solche Gegensätze nicht nur den Kunstmitteln der kompositorischen Synthese, sondern auch dem hörenden Verständnis eine enorme Leistung abverlangen, ist nicht verwunderlich. Auf der anderen Seite kommt es zu einer beispiellosen Steigerung der Innigkeit und Gesanglichkeit, für die viele der langsamen Sätze in den späten Werken die besten Beispiele bieten.

Charakteristisch ist, dass all diese nur schwer vereinbar scheinenden Elemente ohne jede Vermittlung auf engstem Raum aufeinanderprallen können, sodass der Eindruck jäher Brüche und schroffer Kontraste oft kaum abzuweisen ist. In der Vokalmusik kann das durch die Textauslegung legitimiert sein (so wenn etwa im Gloria der *Missa solemnis*, T. 42, die inhaltlichen Gegensätze der Zeilen »in excelsis Deo« und »et in terra pax« durch einen schroffen

Registerwechsel und den abrupten Bruch der Dynamik zum sinnfälligen Ausdruck kommen[8]). Dieselben Momente bleiben aber in der Instrumentalmusik unerklärt. Man kann sich das paradigmatisch an der 1825 vollendeten Klavier-*Bagatelle* in h-Moll op. 126,4 vor Augen führen, in der in raschester Folge (»Presto«) erst mehrstimmige Polyphonie (T. 1–4), dann kahles zweistimmiges Unisono (T. 5–7), danach entwicklungslos in sich kreisende Formeln über wiegendem Bass (T. 13–20) und endlich ein knappes, aber streng geführtes Fugato (T. 27–33) aufeinanderstoßen und schließlich in einen homophonen Satz mit geradezu trivial wirkender Akkordbegleitung münden (T. 34 ff.), der nur wieder zur abschließenden Rekapitulation der Anfangstakte (T. 40 ff.) überleitet. Das Ganze ist zudem zerklüftet durch schroffe *ff*-Schläge und plötzliche Generalpausen (T. 21 und 25) und wird in der Folge, was keineswegs zum Eindruck der Abrundung beiträgt, zu einer höchst unorthodoxen Gesamtform komplettiert durch einen rätselhaften, dynamisch im Pianissimo verharrenden Kontrastteil in H-Dur, in dem ein aus lediglich drei Tönen bestehendes Melodiefragment den Satz über ostinatem Bordunbass in eine lang währende Erstarrung führt, die lediglich einmal durch zwei befremdlich klingende Unisono-Takte im Tritonus-Abstand (T. 68 f.) kurz aufgebrochen wird.

Adorno hat solche verstörenden Gestaltungen als Symptom eines Rückzugs der Subjektivität gedeutet, die vormals, zu Zeiten der *»Appassionata«*, noch die ungebrochene Herrschaft über den Gestaltungsprozess beansprucht hatte: »Wirkt doch in Beethovens Musik insgesamt Subjektivität, ganz im Sinne der Kantischen, nicht sowohl formdurchbrechend denn ursprünglich formerzeugend.«[9] Mit dieser »ursprünglich formerzeugenden« Subjektivität, für die Adorno bezeichnenderweise die Analogie zu Kant bemüht, ist es für ihn im »Spätstil« vorbei, und die Zertrümmerung der Form durch den Verzicht auf die ästhetische Verfügungsmacht des Subjekts erscheint ihm als die zwangsläufige Folge. Paradoxerweise ist daher das Verschwinden formaler Geschlossenheit für Adorno geradezu das »Formgesetz« der späten Werke.[10] Subjektivität zeige sich jetzt nicht mehr als Vermittlungsinstanz in struktureller Plausibilität, sondern nur noch indirekt im schockierenden Moment willkürlicher Zusammenzwingung der Extreme: »Von den Werken läßt sie Trümmer zurück und teilt sich, wie mit Chiffren, nur vermöge der Hohlstellen mit, aus welchen sie ausbricht.«[11] Diese Diagnose, die auf die enormen Irritationen reagiert, die der rätselhafte Spätstil auszulösen vermag, ist für die neuere Beethoven-Deutung außerordentlich einflussreich geworden. Ob sie aber auch nur schon auf der Ebene der Beobachtung und materialen Analyse wirklich zutrifft, bleibt zu diskutieren. Es scheint nämlich nicht abwegig, in der heterogenen Landschaft der Spätwerke einen Modus der Subjektivität zu entdecken, den man nicht etwa mit einem Willen zur Preisgabe und Zertrümmerung der Form, sondern im Gegenteil mit der Intention zu deren immer weiter fortschreitenden Sublimierung identifizieren kann.

Nach wie vor bleibt die »Form« auch für den späten Beethoven der Raum für ästhetisch erfahrbare Freiheit und Autonomie. Nur ihre Ansprüche sind gestiegen. Zu beobachten sind zwei einander scheinbar widersprechende, in Wirklichkeit aber komplementäre Tendenzen: die zur Expansion und die zur Verdichtung. Während die Sonatenform im Kopfsatz des a-Moll-Streichquartetts op. 132, abgesehen von ihrer präzedenzlosen Disproportionalität (mit einer äußerst knappen Durchführung und einer doppelten, erst dominantischen und danach tonikalen Reprise), geradezu ausufernd erscheint, wirkt sie in den Kopfsätzen der Klaviersonaten A-Dur op. 101 und E-Dur op. 109 wie der Versuch einer konzentrierten Miniaturisierung, die sie fast auf die Dimension einer Bagatelle schrumpfen lässt. Weder aber wird in diesen Konzeptionen die Form gesprengt, noch wird sie aufgegeben; sie wird vielmehr in unablässigem Experimentieren immer weiter in alle Richtungen ausgelotet. Auch in anderen Satzformen sind diese widerstrebenden Tendenzen am Werk, oft sogar innerhalb derselben Komposition: Das B-Dur-Streichquartett op. 130 vereint in seiner ersten Fassung ein konzentriertes Scherzo, das mit seinen gut 100 Presto-Takten eine Spieldauer von weniger als einer Minute beansprucht, und ein ausschweifendes Fugenfinale mit einem Umfang von 741 Takten und einer Aufführungsdauer von weit mehr als einer Viertelstunde. Aphoristische Kürze steht fast vermittlungslos neben überwältigender Monumentalität.

* * *

Es wäre vorschnell, die zunehmende Sperrigkeit und Schwierigkeit der späten Werke einfach auf häufige Krankheit oder wachsende Verdüsterung des Lebensgefühls zurückzuführen, wie es früher gern geschah. Zweifellos gibt es bedrückende Lebensumstände in Beethovens letzten zehn Jahren, deren Gewicht nicht gering wiegt. Der kriegsbedingte österreichische Staatsbankrott (1811) verringerte den Wert seiner Jahresrente, zu deren Aufbringung sich 1809 drei seiner aristokratischen Gönner zusammengeschlossen hatten, im Lauf der Jahre auf weniger als ein Drittel. In der Restaurationsphase, die auf den Wiener Kongress folgte, wurden die Beschränkungen des geistigen Lebens, von Beethoven mit einer Mischung aus Resignation und Sarkasmus registriert, immer unerträglicher. Der lange Gerichtsstreit um die Vormundschaft für seinen Neffen Karl hat ihn ebenso sehr belastet wie der nahezu vollständige Verlust seines Gehörs, der ihn seit 1818 dazu zwang, zur Aufrechterhaltung der Kommunikation die heute als Quelle unschätzbar wertvollen Konversationshefte zu führen. Auch mit der Lebenslüge seiner »Adelsprätention«[12] war es vorbei, als am 15. Dezember 1818, von ihm als Demütigung empfunden, der Streitfall um den Neffen vom Nieder-Österreichischen Landrecht an den Wiener Magistrat, also von der für die Aristokratie reservierten an die eigentlich zuständige bürgerliche Instanz überwiesen (allerdings im Herbst 1820 für ihn erfolgreich entschieden) wurde. Mit dem durch die Taubheit bedingten Rückzug aus der aristokratischen Salongeselligkeit hatte sich auch Beethovens Bekanntenkreis stark verändert. Zu ihm gehörten nun eher Musikerkollegen, Verleger, Literaten und Journalisten wie etwa Joseph Karl Bernard oder Friedrich August Kanne. Als besonders kundiger Gesprächspartner der letzten Jahre begegnet in den Konversationsheften der junge zweite Geiger des Schuppanzigh-Quartetts, Karl Holz.

Dieser ist es auch, der Jahrzehnte nach Beethovens Tod einen Ausspruch des Komponisten über jene Technik überliefert hat, durch deren konzentrierten Einsatz viele seiner späten Werke geprägt sind: »Eine Fuge zu machen [...] ist keine Kunst, ich habe deren zu Dutzenden in meiner Studienzeit gemacht. Aber die Phantasie will auch ihr Recht behaupten, und heut' zu Tage muss in die alt hergebrachte Form ein anderes, ein wirklich poetisches Moment kommen.«[13] Dass dieser Satz Beethovens so oder ähnlich gefallen ist, wirkt glaubhaft. Vielleicht lässt er sich sogar datieren: Ein Konversationsheft vom Dezember 1825 dokumentiert ein langes Gespräch Beethovens mit Karl Holz über die Fuge, in dem zwar die mündlich gegebenen Antworten Beethovens fehlen, die aber in einer der Lücken (||) genau jene Bemerkung über das für die Legitimierung der »alt hergebrachten« Technik notwendige »wirklich poetische Moment« enthalten haben könnten. »Eine Fuge«, so notiert Holz, »kommt mir immer vor, wie ein Gebäude, das nach allen Regeln der Architektur symmetrisch aufgeführt ist; ich bewundere es, aber entzücken wird es mich nie. || Ich meine hier die gewöhnlichen Fugen. || Gewöhnlich werden sie trocken behandelt; von diesen rede ich; die sind mir auch unausstehlich. || Ich habe noch keine Fuge von S. Bach gut spielen gehört.«[14] Nur für sich genommen, das scheint das von Holz überlieferte Diktum sagen zu wollen, ist die Fuge noch »keine Kunst«. Offenbar hat Beethoven das »poetische Moment«, das ihm die Bereicherung seiner Tonsprache durch den Einsatz der Fugentechnik erlaubte, gerade am Übergang zu seinem Spätwerk entdeckt. Tatsächlich tritt die auf den ersten Blick fast anachronistisch anmutende Form der barocken Fuge in den späten Werken mit einer ebenso plötzlichen wie auffälligen Häufigkeit prominent zutage, und keine von ihnen gleicht der anderen. Erstmals prägt sie in den Klaviersonaten op. 101 und 106 sowie in der Cellosonate op. 102,2 den Finalsatz, weiterhin dann in der Klaviersonate op. 110 und im Streichquartett op. 130 ebenfalls das Finale, und gegen Ende der *»Diabelli«*-Variationen op. 120 findet sie sich ebenso wie an zwei Satzschlüssen der großen *Missa solemnis* op. 123 (im Gloria und im Credo). Zum letzten Mal begegnet sie im vorletzten Streichquartett (op. 131), aber nun erstmals nicht mehr in der Finalposition, sondern als Kopfsatz eines Zyklus. Fugierte Einzelsätze gibt es, ganz abgesehen von kontrapunktischen Satzpartien in vielen weiteren Werken, ebenfalls (Streichquintett-Fuge op. 137; Ouvertüre *Die Weihe des Hauses* op. 124), und manche nicht ausgeführte Versuche sind in den Skizzen dokumentiert.

Dass in dem zitierten Konversationsheft-Gespräch auf Johann Sebastian Bach Bezug genommen wird, ist wenig verwunderlich. Beethoven kannte dessen *Wohltemperiertes Klavier* seit seinem frühen Bonner Umgang mit dem aus Sachsen stammenden Christian Gottlob Neefe, und als das Werk »dieses Urvaters der Harmonie« später erstmals im Rahmen einer geplanten Bach-Gesamtausgabe im Duck erschien (1801), hat er sich umgehend für die Subskription interessiert.[15] Mit Bach'schen Fugen hat er sich, wie die Skizzen der späten Jahre belegen, immer wieder auseinandergesetzt. Wie systematisch er zudem zur Zeit der Komposition seiner *Missa solemnis* im Bereich der Alten Musik nach Modellen suchte, zeigt ein Brief vom Sommer 1819 an den Erzherzog Rudolph, zu dessen Bibliothek Beethoven ungehinderten Zutritt hatte: »Ich war in Vien, um aus der Bibliothek I. K. H. das mir Tauglichste aus zusuchen, die Hauptabsicht ist das *geschwinde Treffen* ([Fußnote:] u. mit der *bessern Kunst vereinigung*, wobej aber *practische Absichten* ausnahmen machen können) wofür unß die Alten zwar doppelt Dienen, indem meistens reeller Kunstwerth (Genie hat doch nur unter ihnen der *Deutsche Händel* und Seb. Bach gehabt,) allein *Freiheit, weiter gehn* ist in der Kunstwelt, wie in der ganzen großen Schöpfung, zweck, u. sind wir neueren noch nicht ganz so weit, als unsere *altvordern* in *Festigkeit*, So hat doch die verfeinerung unserer Sitten auch manches erweitert.«[16] Der Stolz auf die »verfeinerung unserer Sitten« gibt dem Blick auf die Alten das Selbstbewusstsein modernen Künstlertums.

Dieses aufschlussreiche Dokument, das neben den Idealen der Freiheit und des Fortschritts aber auch ganz pragmatisch das »geschwinde Treffen«, also das Auffinden brauchbarer Muster und ihre »Vereinigung« mit der eigenen Kunst ins Auge fasst, nennt, wie bei Beethoven üblich, Bach und Händel nicht in der alphabetischen, sondern in der für ihn ausschlaggebenden Rangfolge. So kann ihm Bach, wie es eine grundlegende neuere Studie formuliert, zwar schließlich durchaus zur »Einsicht in die ungebrochene Kunstfähigkeit der Fugentechnik« verholfen haben.[17] Dennoch sind weder Bach noch der weitaus stärker favorisierte Georg Friedrich Händel als Auslöser seiner neuen und fast anachronistischen Fugenbegeisterung in erster Linie zu nennen, sondern vielmehr die durch die Unterrichtung seines erzherzoglichen Schülers Rudolph beständig wachgehaltene autochthone süddeutsch-katholische Kontrapunkttradition, die ihm vor allem durch Johann Georg Albrechtsberger vermittelt worden war.[18] Dass diese nun allerdings um 1815/16 mit einer gewissen Abruptheit aus einer subkutan beherrschten didaktischen Verfügungsmasse zu einem aktualisierbaren Element der eigenen Tonsprache wird, bedarf einer Erklärung. In ihr liegt sicherlich einer der Schlüssel zum Verständnis des Spätstils. Denn vorher kommen Fugen in Beethovens Schaffen nur höchst sporadisch vor: am prominentesten im Finale der »*Eroica*«-Variationen op. 35, dann auch im dritten »*Rasumowsky*«-Quartett (C-Dur, op. 59,3), und zwar als Versuch zur Verbindung von Fuge und Sonate im fugierten Hauptthema des Finalsatzes, hingegen über knappe Ansätze kaum hinausgelangend (und insofern geradezu auffallend vermieden) in den Gloria- und Credo-Sätzen der C-Dur-Messe op. 87 (wo sie eigentlich erwartet werden). Eine originelle, wenngleich abwegige Erklärung für das massive Auftreten der Polyphonie im Spätstil hat sich in einer unveröffentlichten Notiz Adorno zurechtgelegt, der für den späten Beethoven eine beginnende Krise der Tonalität unterstellte und im Rückgriff auf kontrapunktisch-lineare Satztechniken die Suche nach einer neuen Ausgleichs- und Legitimationsinstanz vermutete. Aber bei aller zugestandenen Avanciertheit der Harmonik kann in Beethovens letzten Werken von einem – so Adorno – »Absterben der Harmonie« oder einer »Vergleichgültigung der Tonalität« nicht die Rede sein. Der späte Beethoven ist nicht der frühe Schönberg, sodass Adornos Umdeutung der Polyphonie in Beethovens Spätwerk zum »Ausdruck des Schwindens des Harmonieglaubens« wohl höchstens als geistreiche, aber verfehlte Spekulation von Interesse ist.[19]

Eine viel bessere Erklärung für die auffallende Wiederbelebung der Fugentechnik bieten wohl doch Beethovens eigene Bemerkungen über den unstreitigen »reellen Kunstwerth« der Barocktradition (im Brief an den Erzherzog) und über das in der Fuge neu zu entdeckende »wirklich poetische Moment« (im Gespräch mit Karl Holz). Beides führt er, wie sich in seiner *Missa solemnis* erkennen lässt, zu einer neuartigen Synthese. An den traditionell am Schluss des Gloria und des Credo vorgesehenen Fugen (eine Tradition, die Beethoven in der C-Dur-Messe op. 86 noch souverän ignoriert hatte) zeigt sich auf dem Entwicklungsstand der *Missa solemnis* ein besonders eindrucksvolles Konzept zur Realisierung eines solchen »poetischen Moments«. Im Gloria wird die riesige Fuge so in den Kontext eingebettet, das ihr Text »in gloria Dei patris, amen« tatsächlich als syntaktisches Teilmoment des in Takt 310–360 vorgestellten Gesamtsatzes »Quoniam tu solus sanctus, quoniam tu solus Dominus, quoniam tu solus altissimus, Jesu Christe, cum Sancto Spiritu in gloria Dei patris, amen« kenntlich wird: In den Teilen 2 und 3 der insgesamt dreigeteilten Fuge kontrapunktieren nämlich die Chorstimmen mit Fragmenten des »Quoniam«-Satzes die Diminutionen der Solisten (Teil 2, T. 428 ff.) bzw. deren zunehmende Auflösung der thematischen Substanz (Teil 3, T. 459 ff.), die insgesamt auf den Höhepunkt der Fuge im *ff*-Unisono-Vortrag des Themas (T. 489 ff.) zielen und diesem danach, ausgelöst durch das Wort »gloria« des Fugentextes und legitimiert durch die Absicht zur formalen Abrundung des Satzes, auch noch die triumphale Wiederkehr des eröffnenden »Gloria«-Themas folgen lassen (T. 525 ff.). Auf einen solchen apotheotischen Unisono-Vortrag des Fugenthemas zielt auch die Credo-Fuge (dort T. 417 ff.), und sie ist ebenfalls so in drei Teile gegliedert, dass deren letzter die Auflösung der thematischen Substanz vorbereitet und in einen (diesmal aber ungewöhnlich stillen) Schluss führt, in den der Kopf des Fugenthemas in den Bassstimmen wie eine schließende Intarsie eingebaut ist (T. 471/472).[20] Mit barocken Verfahren hat das – bei allem »reellen Kunstwerth« der möglicherweise studierten Vorbilder – nichts zu tun.

Dass es trotz seiner Verehrung Händels und Bachs in erster Linie die bei Albrechtsberger gelernte Technik ist, die ihn auch noch im Spätwerk besonders prägt, belegt Beethovens strengste Fuge, die nur scheinbar paradox mit »alcune licenze« überschrieben ist: das Finale der »*Hammerklavier*«-Sonate op. 106. Denn gerade die »Lizenzen«, deren Gebrauch der junge Beethoven im Unterricht bei Albrechtsberger systematisch geübt hatte, werben nicht etwa um die Nachsicht des Publikums für einige Freiheiten, sondern sie signalisieren selbstbewusst den Griff nach höchster Disziplin, denn sie meinen nicht die in der Literatur oft beobachteten Freizügigkeiten wie Stimmführung in parallelen Terzen und Sexten oder abrupte Registerwechsel der Stimmen (die vielmehr auch zu Albrechtsbergers Fugenstil gehören), sondern sie verweisen auf bewusst aufgesuchte und systemimmanent begründete Regelverstöße. Ein solcher ist gleich in der Exposition der »*Hammerklavier*«-Fuge die Themengestalt von Dux und Comes. Beethovens Fugenthema verdankt seine Erkennbarkeit im späteren dichten Satzgefüge vor allem seinem scharf profilierten Kopf: einem Dezimensprung aufwärts vom Dominantton in den Leitton der Tonika, der, mit einem motivisch relevanten und keineswegs lediglich ornamentalen Triller versehen, in den Tonikagrundton *b* führt (vgl. T. 16/17). Den Dezimensprung teilt das Thema in recht programmatischer Weise mit dem Beginn des Kopfsatzes. Danach folgt eine durch Pausen unterbrochene Sechzehntelkette auf der Basis eines Terzfallgerüsts, in deren Kontinuum sich schon in der Exposition das distinkte Ende des Themas nach wenigen Takten verliert; jedenfalls wird es an keiner weiteren Stelle des Satzes in dieser Länge wieder begegnen. Die Themenbeantwortung nun erfordert in der Regel die Versetzung der Dux-Gestalt in die Oberquinte, wodurch der Comes also in der Dominante erklingt. Eine besondere Schwierigkeit bieten indessen Themen, die – wie es hier tatsächlich der Fall ist – auf dem Dominantton der Tonart beginnen: Hier gilt es als historisch gewachsene Regel der Fugenexposition, diesen Ton der Stufe V zugunsten der klaren Tonartdarstellung mit dem Ton der Stufe I zu beantworten und den Comes erst an späterer Stelle seines Verlaufs in die Oberquinte zu versetzen. Beethovens Lösung für das Problem ist spektakulär: In der Tat antwortet der Comes regelgerecht auf das *f* des Dux mit *b*, dann aber springt er sogleich in die Oberquintbeantwortung und erreicht das *e*², den mit dem charakteristischen Triller versehenen Leitton zur Dominante F (T. 26/27). Wie man sieht, werden also zwei Regeln der Fugenkunst ebenso konsequent wie lapidar beachtet, was dazu führt, dass sie mit einer weiteren Vorschrift, nämlich dem Gebot der Vermeidung dissonanter Sprünge, scharf kollidieren: Die Comes-Gestalt des Themas enthält einen Tritonussprung (den die barocke Theorie als »saltus duriusculus« bezeichnet und keineswegs am Beginn eines Fugenthemas geduldet hätte). Allein dies schon ist in der gesamten bisherigen Fugenkomposition vorbild- und beispiellos. Charakteristisch ist indessen nicht nur, dass Beethoven die Regeln durch ihre strikte Beachtung zu paradoxer Kollision führt, sondern dass er aus dieser Provokation auch einen konstruktiven Gewinn zu ziehen versteht: Die gesamte Fuge hindurch sind durch ihr Anfangsintervall die Dux- und die Comes-Gestalt des Themas einwandfrei zu unterscheiden (lediglich in kontrapunktischen Varianten, der Umkehrungs- und der Krebsgestalt, belässt es Beethoven beim konsonanten Terz- bzw. Dezimensprung) – allerdings mit der geradezu forciert hervortretenden Ausnahme, dass die beiden allerletzten Themeneinsätze genau dieses charakteristische Anfangsintervall miteinander tauschen: In den Takten 353/354 tritt der in den Dominantton führende Comes mit dem konsonanten Dezimensprung und in den Takten 359/360 der in die Tonika leitende Dux mit dem dissonanten Tritonus ein. Die konstruktive Raffinesse, mit der sich dieses Ende der Fuge in ihrem Anfang spiegelt und dessen Verhältnisse gleichsam auf den Kopf stellt, setzt den Schlusspunkt unter eine Neudeutung der »alt hergebrachten Form«, in der »die Phantasie« in der Tat »ihr Recht behaupten« kann.

Im Übrigen ist gerade die scheinbar freie Fuge der *»Hammerklavier«*-Sonate mit ihren »alcune licenze« außerordentlich streng, wie ein Überblick über ihren Verlauf zeigen kann (siehe Folgeseite).

Das Finale der B-Dur-Sonate stellt daher viel deutlicher, als es Warren Kirkendale einst für die große Streichquartettfuge op. 130/133 zur Diskussion gestellt hat,[21] Beethovens demonstrativ mit kontrapunktischer Kunstfertigkeit gespickte »Kunst der Fuge« dar. In den beiden vorangegangenen Werken war die Technik noch in einer

a) Exposition bzw. erste Durchführung in B-Dur mit anschließendem kurzem Zwischenspiel (T. 16–51): Dux (T. 16 ff.), Comes (T. 26 ff.), Dux (T. 35 ff.)
b) weitere Durchführung mit zwei Themeneinsätzen in Des-Dur und anschließendem Zwischenspiel (T. 52–84): Dux (T. 52 ff.), Comes (T. 65 ff.)
c) weiteres Zwischenspiel in Ges-Dur (T. 85–93)
d) Durchführung mit zwei *augmentierten* Themeneinsätzen in es-Moll (T. 94–129): Dux (T. 94 ff.), Comes, verkürzt (T. 111 ff.)
e) Wiederaufnahme des Zwischenspiels aus T. 85 ff. in As-Dur mit Modulation nach h-Moll (T. 130–152)
f) Durchführung mit drei *rückläufigen* Themeneinsätzen in h-Moll mit anschließendem modulierenden Zwischenspiel (T. 153–195): Dux (T. 153–158), Comes (T. 162–167), Dux (T. 169–174)
g) Durchführung mit vier *recto-* und *inverso-*Themeneinsätzen in G-Dur, D-Dur und Es-Dur sowie abschließendem modulierenden Zwischenspiel (T. 196–249): *recto* (T. 196 ff.), *inverso* (T. 208 ff.), *inverso* (T. 216 ff.), *inverso* (T. 229 ff.)
h) Exposition bzw. erste Durchführung mit *neuem Thema* in D-Dur (T. 250–278)
i) Durchführung mit beiden Themen in B-Dur (T. 279–293)
j) Durchführung mit vier *enggeführten recto-* und *inverso-*Themeneinsätzen in B-Dur und anschließendem Zwischenspiel (T. 294–333): *inverso-*Dux und *recto-*Comes (T. 294/295 ff.), *inverso-*Dux und *recto-*Dux (T. 300/301 ff.)
k) letzte (übervollständige) Durchführung mit fünf Themeneinsätzen in B-Dur (T. 334–366): Comes (T. 334 ff.), Dux (T. 345 ff.), Dux (T. 349 ff.), Comes (T. 353 ff., mit Dezimensprung!), Dux (T. 359 ff., mit Tritonussprung!)
l) Coda in B-Dur (T. 367–400)

Form erschienen, die sich besser mit dem Begriff des »Fugato« charakterisieren ließe. Das freie Finale der Cellosonate op. 102,2 ist denn auch »Allegro fugato« überschrieben, während sich dasjenige der Klaviersonate op. 106 ausdrücklich (und zu Recht) »Fuga a tre voci« nennt. Im Finalsatz der Sonate op. 101 ersetzt die vierstimmig geführte Fugentechnik (allerdings in sehr freier Einsatzfolge der Stimmen) die übliche Durchführung im Zentrum der Sonatenform. Die Fuge der Sonate op. 106 stellt also einen deutlichen Entwicklungsschritt hin zu Konsequenz und Strenge dar, von der Beethoven dann aber, nachdem sie einmal erreicht ist, in den folgenden Werken auf unterschiedlichste Weise wieder abweicht.

Sucht man das Inbild einer wirklich »freien« Fuge, so findet man es an gänzlich unerwarteter Stelle: in der 1822 zur feierlichen

Wiedereröffnung des Josefstädter Theaters komponierten Ouvertüre *Die Weihe des Hauses* op. 124, die bezeichnenderweise gern (fehl-) interpretiert wird als Hommage an »den Geist und die Form der Alten«.[22] Eher ist das genaue Gegenteil der Fall: Das Werk ist zwar in der Tat eine scheinbar orthodoxe Fuge, in der aber die dem Anlass geschuldete Feierlichkeit als eine Dauerapotheose des C-Dur-Dreiklangs inszeniert wird, die durch die Integration kontrapunktischer Satztechniken eine unerhörte interne Differenzierung erfährt. Die Kadenzierungen nach e-Moll (zweimal in der Introduktion [T. 12, T. 28], einmal in der Fuge [T. 166 ff.]) erhalten ein strukturelles Gegengewicht durch zweimalige Rückung nach As-Dur in der Coda (bzw. Stretta [T. 210 ff., T. 257 ff.]), sodass die Tonika, ähnlich wie in den Ouvertüren *Leonore* II und III, von ihren Großterz-Medianten gleichsam symmetrisch eingerahmt erscheint. Eine formbildende Modulation in die Dominante, wie sie sonst geradezu unabdingbar ist, findet hingegen überhaupt nicht statt und wird, exakt vor der »Reprise« der Fuge, durch eine kadenzierende Zäsur in der Dominantparallele ersetzt (T. 166–176). Das Resultat ist paradox: als sollte strengster vierstimmiger Fugensatz am Höhepunkt des Stücks in sein glattes Gegenteil, die als reine C-Dur-Klangfeier zelebrierte Homophonie, umschlagen. Das hinreißende Stück ist über weite Passagen hinweg nichts als eine in sich bewegte Klangfläche. Auch das also vermag in Beethovens Spätwerk die Fuge auf der Suche nach einem »wirklich poetischen Moment« zu leisten.

Vom ersten Einsatz der Fugentechnik (in der Cellosonate op. 102,2 und der Klaviersonate op. 101) bis zu ihrem letzten Vorkommen (im Streichquartett op. 131) scheint den Komponisten vor allem ihr »Potential zur Dynamisierung des Sonatenzyklus«[23] interessiert zu haben. Erst bei ihrem überhaupt letzten Einsatz liegt ein ausgesprochener Qualitätswechsel darin, dass nun erstmals ein Zyklus mit einer Fuge eröffnet wird; wozu das in Beethovens Œuvre weiterhin geführt hätte, ist natürlich nicht abzusehen. Ansonsten besetzt die Fuge stets die Finalposition. Wie sie dabei zur »Dynamisierung« genutzt wird, zeigt exemplarisch die As-Dur-Sonate op. 110.[24] Ihr komplexer Finalsatz verschränkt zwei Satztypen des

Zyklus zu einem ganz neuen Gebilde: einen langsamen Satz, der nach einem instrumentalen Rezitativ in ein schwermütiges »Arioso dolente« (auf deutsch: »Klagender Gesang«) führt, mit einem Finalsatz, der als dreistimmige Fuge angelegt ist. Während dieser Teil in der Haupttonart As-Dur (bzw. im »Arioso dolente« in as-Moll) steht, verschiebt sich in der zweiten Hälfte der Grundton um eine kleine Sekund abwärts nach *g*. Das Arioso kehrt in g-Moll wieder und gibt danach der Wiederkehr der Fuge Raum, die nun in G-Dur, ferner in der Umkehrung und zudem in der klanglichen Verfremdung der Una-corda-Pedalisierung eintritt (T. 137 ff.). Die Rückkehr zum tonikalen As-Dur erfolgt mittels der dreifachen Verkleinerung des Fugenthemas (T. 168 ff.), durch die dieses sich zunehmend zu einer Begleitfiguration wandelt, die schließlich das seinerseits nun doppelt augmentiert im Bass einsetzende As-Dur-Thema der Fuge akkompagniert (T. 174 ff.). Am Schluss hat sich der vormals polyphone Tonsatz vollkommen in ein homophones Satzbild transformiert, dessen Struktur an den Beginn der Sonate erinnert. Dass ausgerechnet dieser Beginn aber in Adornos »Spätstil«-Essay das Beispiel für eine Melodie mit Sechzehntelbegleitung bildet, »die der mittlere Stil kaum geduldet hätte«,[25] macht die Absicht Beethovens nur umso klarer: Das Verfahren zieht einen grandiosen Bogen der Stilintegration über das ganze Werk, dessen homophones Ende sich in seinem Beginn spiegelt, aber als solches aus dem strengsten Kontrapunkt hervor- bzw. durch ihn hindurchgegangen ist. Die Fuge bildet das Ziel, doch am Ende gipfelt sie (wie das auch in beiden Fugen der *Missa solemnis* der Fall ist) in einem homophonen Themenvortrag, der die Satztechniken miteinander vermittelt. Selbst in der letzten Klaviersonate (c-Moll, op. 111), die schließlich unter vollständigem Verzicht auf eine Fuge zu einer Abfolge von nur zwei Sätzen konzentriert wurde, war das ursprünglich so geplant: Das Thema eines als dreistimmige Fuge (mit homophoner Schluss-Apotheose) konzipierten Finalsatzes wurde im Verlauf der Arbeit an der Sonate zum Hauptthema des Kopfsatzes umgewandelt, an dessen Charakter und an dessen Verarbeitung man seine Herkunft aus dem Fugen-Denken immer noch deutlich erkennt.[26] Die Fuge selbst aber verschwand aus der Planung. Stattdessen macht in dieser Sonate die verworfene Fugenidee einem weiteren Satzparadigma Platz, das neben der Fuge das andere der beiden für das Spätwerk kennzeichnenden Tonsatzmodelle bildet: der Variation.

* * *

Über Beethovens Schaffen hinweg begegnet kontinuierlich die Komposition von Variationen, die er in der Regel als Nebenwerke behandelt und nur selten mit einer Opuszahl nobilitiert (etwa op. 34 und 35). In den aus mehreren Sätzen bestehenden Zyklen hingegen spielt das Variieren lange Zeit kaum eine Rolle. Das ändert sich nach 1816 fundamental. Die Technik der Variation prägt Beethovens Spätwerk in einer vorher nicht dagewesenen Intensität und Häufigkeit: so etwa die Finalsätze der Klaviersonaten op. 109 und op. 111, die meisten langsamen Sätze der letzten Streichquartette und den Adagio-Satz der 9. Sinfonie. Unter ihnen ragt allerdings das monumentale Variationenwerk, eines der größten der Gattungsgeschichte, heraus, für das man mit einiger Plausibilität, aber ohne letzte dokumentarische Sicherheit das Modell der *Goldbergvariationen* von Johann Sebastian Bach zur Diskussion gestellt hat: die nach dem Autor ihres Themas so genannten »*Diabelli*«-Variationen op. 120, die den Komponisten von 1819 bis 1823 beschäftigten. Der Entstehungsanlass ist bekannt: Der junge Wiener Verleger Anton Diabelli war 1819 auf die werbeträchtige Idee gekommen, die 50 bekanntesten Komponisten Österreichs je eine Variation über einen von ihm komponierten Walzer schreiben zu lassen und das ganze Werk dann unter dem patriotischen Titel »Vaterländischer Künstlerverein« auf den Markt zu bringen. Unter vielen anderen trugen auch Franz Schubert, der Erzherzog Rudolph oder Carl Czerny und sein junger Schüler Franz Liszt zu dem Sammelwerk bei. Beethoven, der sich umgehend an die Arbeit machte, begnügte sich jedoch nicht mit einer einzigen Variation, sondern entwarf sogleich ein umfangreiches Werk, das er dann aber zunächst zugunsten der Arbeit an der *Missa solemnis* unvollendet liegen ließ.[27] Nach dem Abschluss der Messe und nach der neuerlichen vertieften Auseinandersetzung mit der Technik der Variation in den Finalsätzen der Klaviersonaten op. 109 und op. 111 wurde der große Zyklus wieder aufgenommen, von Grund auf neu konzipiert, sodass er schließlich 33 Variationen umfasste, im Frühjahr 1823 vollendet und sofort bei Diabelli gedruckt. Ein Jahr später ließ der Verleger als zweiten Teil das ursprünglich geplante Werk, aus dem sich die von Beethoven erbetene Variation emanzipiert hatte, tatsächlich unter dem Titel »Vaterländischer Künstlerverein« erscheinen und stellte das zweibändige Gesamtprojekt in einer Verlagsanzeige in der *Wiener Zeitung* vom 9. Juli 1824 folgendermaßen vor:

»Die unter der neuen Firma: A. Diabelli und Comp. beginnende Kunsthandlung schätzt sich glücklich, ihre Laufbahn mit der Ausgabe eines Tonwerkes eröffnen zu können, das in seiner Art einzig ist, und es seiner Natur nach auch bleiben wird. Alle vaterländischen jetzt lebenden bekannten Tonsetzer und Virtuosen auf dem Pianoforte, fünfzig an der Zahl, hatten sich vereint, auf ein und dasselbe ihnen vorgelegte Thema, jeder eine Variation zu componiren, in welcher sich Geist, Geschmack, Individualität und Kunstansicht, so wie die einem jeden eigenthümliche Behandlungsart des Fortepiano auf die interessanteste und lehrreichste Art ausspricht. Schon früher hatte unser großer Beethoven (der musikalische Jean Paul unserer Zeit) auf dasselbe Thema in 33 (bey uns erschienenen) Veränderungen, die den ersten Theil dieses Werks bilden, in meisterhafter origineller Bearbeitung alle Tiefen des Genies und der Kunst erschöpft.«

Nach diesem spektakulären Debüt des neuen Verlags auf dem Wiener Musikalienmarkt hatte sich Diabelli eine lukrative Geschäftsverbindung mit Beethoven zu erhoffen gewagt. Ein Jahr nach der Veröffentlichung antwortete dieser jedoch dem Verleger auf dessen Bitte um eine neue Klaviersonate mit einem Brief, aus dem die Beethoven-Forschung bisher stets (und zu Unrecht) eine angebliche Verachtung des kleinen Walzers herausgelesen hat: »Bester Herr! / wozu wolltet ihr denn noch eine *Sonate* von mir?! Ihr habt ja ein ganzes Heer Komp., die es weit beßer können als ich, gebt jedem einen Takt, welch wundervolles werk ist da nicht zu erwarten? – / Es

Lebe dieser euer Österr. verein, welcher SchusterFleck – Meisterl. zu behandeln weiß – / […] Euer alter *Amicus* / *Beethoven*.«[28] Vom »SchusterFleck« einmal ganz abgesehen, der hier nichts Verächtliches hat, sondern zu dem in Beethovens Freundeskreis geläufigen grob-humoristischen Umgangston gehört, lässt dieser sarkastische Brief in seinem Subtext eine erstaunlich genaue Perspektive auf die Art und Weise erkennen, in der das eigene Variationswerk den Bach'schen *Goldbergvariationen* verpflichtet sein könnte. Beethoven schlägt dem Verleger scherzhaft vor, für eine neue Sonate einfach jeden der am »Vaterländischen Künstlerverein« beteiligten Komponisten einen Takt schreiben zu lassen, und fertig wäre das Werk. Das ist natürlich eine witzige Anspielung auf Diabellis kuriose Idee, ein umfangreiches Variationenwerk statt als organisierten Zyklus einfach als ein mechanisches Aggregat zu disponieren. Von dieser Buchbindersynthese ist Beethovens eigenes Konzept um Lichtjahre entfernt. Allerdings ist die Idee, das Werk mit einer Charaktervariation (»Alla marcia«) zu eröffnen, die den Walzer total zu negieren scheint, entgegen einer verbreiteten Meinung kein Ausdruck der Kritik an Diabellis Thema. In gleicher Weise setzt Beethoven bereits in den Variationen seiner eigenen Klaviersonate op. 109 dem sarabandenartigen Thema schroff eine erste Variation im Charakter einer Valse lente entgegen und kehrt aus dieser maximalen Entfernung vom Charakter des Originals dann Schritt für Schritt zum Ausgangsthema zurück, mit dem er den Satz beschließt. Von dieser an der Sonate entwickelten Idee profitiert die Weiterarbeit an den *»Diabelli«*-Variationen; den Marsch (Nr. 1) hat Beethoven erst 1823 zu skizzieren begonnen.[29] Der eigens betonte »SchusterFleck«-Charakter von Diabellis Thema, also dessen Bildung aus nichts weiter als aus primitivsten Sequenzen, dürfte ihn hingegen sogar gereizt haben. Es ist gerade dieses Prinzip, das er in unerschöpflichen Varianten unter sein analytisches kompositorisches Mikroskop legt. Zwei extreme Beispiele zeigen die Variation Nr. 3, in der Diabellis muntere Sequenzbewegung in die Atmosphäre eisigster Erstarrung gehüllt wird (vgl. T. 20–24), oder die Variation Nr. 20, in der zwar die rätselhaftesten Harmonien vor Wagners *Götterdämmerung* das

Klangbild bestimmen, aber darin gerade das Sequenzprinzip der Vorlage zu ganz neuer Erscheinung bringen.[30] Ist die Nr. 3 witzig, so die Nr. 20 geradezu gespenstisch. Die Klammer um beide ist ein abenteuerlich ausschweifender und abgründig bizarrer Humor.

Darauf spielt die oben zitierte Verlagsanzeige an und leistet mit ihrer Charakterisierung Beethovens als »der musikalische Jean Paul unserer Zeit« viel mehr, als ihr wahrscheinlich selbst bewusst ist. Der seinerzeit berühmte Romancier Jean Paul war in seiner Jugend ein begeisterter und kenntnisreicher Anhänger Kants gewesen, der für ihn nicht nur ein »Licht der Welt, sondern ein ganzes strahlendes Sonnensystem auf einmal«[31] bedeutete, bis er unter den Einfluss des prominenten Kant-Kritikers Friedrich Heinrich Jacobi geriet, der in zwei wichtigen Schriften der 1780er-Jahre dem erkenntnistheoretischen Kritizismus die Positionen von unmittelbarer Gefühlsgewissheit und echtem Glauben entgegengestellt hatte.[32] So lässt sich sagen, dass Jean Paul von 1790 an zwar dem Kompass Jacobis folgte, der ihm zur Überwindung seines jugendlichen Agnostizismus verhalf, dennoch aber seine an Kant gewonnenen Einsichten nicht einfach preisgab.[33] Wichtig ist dabei, dass er sich als Künstler und nicht als Philosoph artikulierte, zunächst in einem Romankosmos, der insofern »humoristisch« ist, als er in von Abschweifungen und Exkursen mannigfach durchzogenen Handlungsverläufen ein Themen- und Personenarsenal niedrigster wie erhabenster Provenienz und literarische Tonfälle vom Skurrilen bis zu dem Schwärmerischen seiner empfindsamen Landschaftsbeschreibungen in sich vereint. Die Romane Jean Pauls wurden von der zeitgenössischen, vor allem der weiblichen Leserschaft ebenso enthusiastisch begrüßt, wie sie in der klassizistisch ausgerichteten Literaturkritik umstritten waren.

In seiner 1804 erschienenen *Vorschule der Ästhetik* holte der Autor schließlich mit einer Philosophie des Humors und einer Theorie des Romans zur umfassenden Rechtfertigung des eigenen Schaffens aus. Das umfangreiche Buch trägt seinen lediglich propädeutischen Titel zu Recht, denn keineswegs geht es hier um den Entwurf einer umfassenden neuen Ästhetik, sondern um eine theoretische Profilierung des eigenen Verfahrens vor dem Hintergrund der aktuellen Literatur, die Jean Paul mit dem Sammelbegriff des »Romantischen« bezeichnet.[34] Damit ist deren Grundlegung durch die in der Moderne frei gewordene, sich dieser Freiheit aber auch als Problem bewusste und den Verlust ihrer Eingebundenheit in eine metaphysische Weltordnung in ästhetischer Kreativität kompensierende Subjektivität gemeint. Generell thematisiert für Jean Paul daher die moderne Literatur »das Verhältnis unserer dürftigen Endlichkeit zum Glanzsaale und Sternenhimmel der Unendlichkeit«.[35] Allein darin schon erklingt, mit allerdings ganz anderer Tendenz, ein unüberhörbarer Reflex auf den berühmten »Beschluss« von Kants *Kritik der praktischen Vernunft* mit dem erhabenen Bild des »bestirnten Himmels über mir«,[36] der dem kosmisch nichtigen Subjekt zur Erfahrung seiner Freiheit in vernunftgezeugter Moralität verhelfen kann.

Auf dieser Basis bildet die Entfaltung des Humor-Konzepts eines der zentralen Anliegen der *Vorschule der Ästhetik*. Und trotz aller beiläufig formulierten Kant-Kritik bleibt der Autor gerade hier dem früher verehrten Vorbild im Grundsatz treu. Das zeigt sich an seiner Umdeutung der für Kants Moralphilosophie wie für dessen Ästhetik gleichermaßen zentralen Begriffe der »Idee« und des »Erhabenen«. Sehr hintersinnig wird der Humor von Jean Paul als das »umgekehrte Erhabene« bezeichnet und damit gleichberechtigt neben das edle Erhabene der vernünftigen Selbstbehauptung gestellt. Vor allem aber wird deutlich, dass sich die kritische Intention des so verstandenen Humors nicht etwa auf die Abwertung individueller Erscheinungen richtet, sondern auf die utopische Vision einer Überwindung der als Problem empfundenen Endlichkeit: »Der Humor, als das umgekehrte Erhabene, vernichtet nicht das Einzelne, sondern das Endliche durch den Kontrast mit der Idee.«[37] Er vermag im Kleinsten und scheinbar Unbedeutendsten die immanente Tendenz zum Großen zu erkennen und verfolgt daher weder die Absicht bloßer Erheiterung noch die Intention satirischer Kritik, sondern er ist im Innersten von einer geradezu metaphysischen Sehnsucht angetrieben, »um vor der Idee fromm niederzufallen.«[38] Im Humor liegt für Jean Paul eine andere Strategie der Selbstbehauptung von Subjektivität, die nicht wie in Kants Konzeption des Erhabenen aus der Abwehr der drohenden Überwältigung durch das »schlechthin« Große[39] entsteht, sondern aus der schmerzlichen Einsicht in die von jeglicher Idealität weit entfernte Conditio humana. Aber auch in dieser Einsicht verbirgt sich wiederum ein Theorem Kants, denn hinter dessen lakonischer Formel von dem »aus krummem Holz geschnitzten«[40] Sinnenwesen Mensch, das zugleich sich seiner Pflicht zu moralischer Praxis und damit seiner Teilhabe am übersinnlichen Reich der Vernunft bewusst zu werden hat, steckt ein genuin humoristischer Gedanke. Diese Einsicht ästhetisch produktiv zu machen – wie Jean Paul sagt, in einem »Lachen, worin noch ein Schmerz und eine Größe ist«[41] –, ist die Leistung des Humors, der sich daher auch plastisch beschreiben lässt als die »Fähigkeit zur anagogischen Deutung des Kleinen«.[42]

Die ästhetische Erfahrung des Erhabenen läuft bei Kant wie bei Jean Paul (der es, als das »umgekehrte Erhabene«, beim Kleinen und scheinbar Nichtigen ansetzen lässt) ohnehin darauf hinaus, »das Schlechthin-Große nur in seiner (des Subjekts) eigenen Bestimmung zu setzen«.[43] So wird etwa der am Eheleben und der Kleinstadtenge leidende Protagonist des *Siebenkäs*-Romans durch den Reinigungseifer seiner Gattin mit »Besen und Borstwisch als Passionswerkzeuge«, wie es in einer der witzigen Kapitelüberschriften heißt,[44] metaphorisch dem Leiden Christi angenähert, während dem Handlungsstrang des Romans ausdrücklich in einem der zahlreichen Einschübe die beklemmende »Rede des toten Christus, daß kein Gott sei«[45] gegenübersteht. Die Erniedrigung der alltäglichen menschlichen Passion und die erhabene Schauervision einer gottverlassenen Welt haben ihren gemeinsamen Fluchtpunkt in der vernünftig begründeten Hoffnung auf einen metaphysischen Sinnhorizont des endlichen Lebens. Einer tiefsinnigen Metapher zufolge, die aus dem mathematischen Verfahren der Exponentialrechnung einen präzisen Sinn bezieht, erscheint in der *Vorschule der Ästhetik* daher der »Humor als ein Exponent der angewandten Endlichkeit«,[46] gewissermaßen als Sichtbarmachung der sinnlich nicht zugänglichen »Idee« gerade im Unscheinbaren und Kleinen. Im Grunde verbindet

Jean Pauls komplexes Humor-Konzept die Gefühls- und Gewissheitsmetaphysik Jacobis mit dem keineswegs preisgegebenen transzendentalen Kritizismus Kants. In diesem Sinne kann der so entworfene Humor als ein ästhetischer Triumph der Subjektivität verstanden werden, der sich in der Faktur humoristisch zu nennender Kunstwerke niederschlägt.

Ob Beethoven Jean Paul gelesen hat, wissen wir nicht. Mit den (von Jean Paul mit einem Vorwort versehenen) *Fantasiestücken* des Jean-Paul-Verehrers E. T. A. Hoffmann und deren Humorbegriff war er jedenfalls vertraut, wie die Konversationshefte zeigen. Ein einziges Mal ist auch Jean Paul als Gesprächsthema dokumentiert, kurz nach dessen Tod.[47] Entscheidend ist hier aber nur, dass mit der – offensichtlich auch von den Zeitgenossen bereits gesehenen – Analogie zwischen Beethovens Musik und Jean Pauls Ästhetik durchaus etwas anzufangen ist. Der immense Mikrokosmos der *»Diabelli«*-Variationen verfährt mit dem vorgegebenen kleinen Materialkern buchstäblich im Sinne des Diktums, das Beethoven aus der Lektüre von Kants *Allgemeiner Naturgeschichte und Theorie des Himmels* kannte: »Gebt mir nur Materie, und ich will euch eine Welt daraus bauen.«[48] Diese »Welt«, die sich in einer ebenso grandiosen wie bizarr wirkenden Gesamtkonzeption entfaltet, entsteht aus einer vollkommen neuen Auffassung des Variationsverfahrens, das scheinbar willkürlich aus Diabellis Walzer diverse signifikante Fragmente herausbricht (wie die bereits erwähnte harmonische Sequenz, aber auch Details wie den initialen Quartfall oder die eröffnende Vorschlagsfigur) und durch den Variationsprozess zu einem Panorama der Klavierspieltechniken der Moderne zusammenwachsen lässt. In harmonischer Hinsicht bietet sicherlich die langsam in Drei-Halbe-Noten voranschreitende 20. Variation die avancierteste Musik. Aber neben der radikalen Zukunftsmusik der Nr. 20 gibt es auch die Auseinandersetzung mit bereits vorliegender Musik: Mozarts *Don Giovanni* wird ausdrücklich aufgerufen (Nr. 22: Allegro molto alla »Notte e giorno faticar« di Mozart), das Schlussmenuett (Nr. 33) ist eine Verbeugung vor Haydn (und steht als solche am Ende des Werks hintersinnig dem modernen Tanz des Walzers gegenüber, von dem der Zyklus ausgegangen war), die grandiose Finalfuge ruft das Modell Händels in Erinnerung (Nr. 32), und die anrührende kleine »Fughetta« (Nr. 24) ist sicherlich eine Hommage an Johann Sebastian Bach. Vor allem aber hört man Bach aus der umfangreichsten Variation, der abgrundtief schwermütigen Nr. 31 in c-Moll, die genau wie die Nr. 25 in Bachs *Goldbergvariationen* das emotionale Zentrum des gesamten Zyklus darstellt. Dieses Moment von historisierender Reflexivität wird ergänzt durch den Rückblick auf den Abschluss des eigenen Klavierwerks: Der Schluss der *»Diabelli«*-Variationen (Nr. 33, T. 34–49) zitiert, auf der Basis derselben Tonart, sehr deutlich erkennbar das Satzbild vom Schluss der Klaviersonate op. 111.[49] Plausibel ist das, weil deren »Arietta« als Variationenthema strukturell dem Diabelli-Walzer nachgebildet ist, ihn aber seiner trivialen Eigenschaften entkleidet und sie ins Innig-Komplizierte transformiert. Es leuchtet ein, dass diese Kombinatorik am überzeugendsten in einem großen Variationenwerk zu bewerkstelligen war: als Aufdeckung der Beziehungen zwischen den Extremen durch deren kontinuierlichen Bezug auf einen gemeinsamen Ausgangspunkt. Insofern formulieren die *»Diabelli«*-Variationen ein Resultat aus der Befassung mit der großen Messe und den drei letzten Klaviersonaten und legen zugleich den Grund für das noch Kommende, in dem der freie Gebrauch aller Techniken, Formen und Stile eine immer größere Rolle spielt. Es ist diese Synthese der Tonfälle und der Satzmodelle, die Beethovens Spätwerk insgesamt anstrebt, und dass in diesem Falle mit dem kleinen »SchusterFleck« des alles andere als diabolischen Diabelli das denkbar Simpelste ihren Ausgangspunkt bildet, lässt die ganze Kraft der Sublimierung erkennen, die hinter diesem inkommensurablen Spätwerk steht. »Du ridicule au sublime il n'y a qu'un pas« – so ließe sich das bekannte Diktum umkehren. Es ist das buchstäblich »umgekehrte Erhabene« des Humors.

Vordergründig mag das Humoristische neben dem Tragischen, dem Empfindsamen oder dem Auftrumpfenden nur eine von vielen Tonlagen sein in der Vielstimmigkeit von Beethovens Musik. Das ist schon oft beschrieben worden, denn dieser immer wieder aufblitzende Humor prägt nicht nur seine Musiksprache, sondern als Neigung zu Witz, Sarkasmus und Wortspielen auch seinen Briefstil. Hintergründig jedoch hat der Humor als philosophische Haltung noch eine sehr viel weiter reichende Qualität, die in der Entwicklung des Spätstils umfassend zur Geltung gelangt: Er trägt als Strukturmoment das ganze Universum der an Tonfällen, Satztechniken und Klangbildern so reichen Musik Beethovens und wird damit zur eigentlichen Ausdrucksform der ästhetischen Subjektivität. Darin liegt eine Souveränität der Gestaltung und der Verfügung über ihr Material, in deren tiefblickendem, daher keineswegs heiterem »Lachen«, wie es Jean Paul so schön formuliert, notwendigerweise »immer auch ein Schmerz und eine Größe ist«. Kaum eine bessere Beschreibung steht für den Habitus von Beethovens Spätwerk zur Verfügung, in dem das Erhabene mit dem Schönen, das Triviale mit dem Erlesenen und das Groteske mit dem Sentimentalen oft auf engstem Raum schroff kontrastiert und über diesen Kontrast hinweg ein Ganzes bildet. Geradezu exemplarisch ist das an der alle Möglichkeiten bis auf den Grund auslotenden Konstellation der *»Diabelli«*-Variationen zu lernen. In diesem durch den Humor geordneten Mikrokosmos, in dem das Sublime unvermittelt neben das Banale treten kann und das Schöne direkt neben das Groteske, ist Raum für disparateste Stilregister und Tonfälle, deren erstaunliche Symbiose in ein und demselben Werk zwar als »bizarr« (ein Topos der Beethoven-Kritik schon vor 1800), aber kaum als verfehlt empfunden werden kann. Für Beethovens scheinbar so heterogenes Spätwerk bietet sich daher insgesamt eine Deutung als Universum des Humors in diesem übergreifenden ästhetisch-philosophischen Sinne an. Sein alles andere als oberflächlicher Optimismus gehört als Ausdruck einer zutiefst untragischen Weltanschauung zur Erbmasse der idealistischen Philosophie. Der diskursiven »Weltweisheit« der Philosophie, wie diese im 18. Jahrhundert gern genannt wurde, entspricht, um noch einmal Jean Paul zu bemühen, die intuitive Kunstmetaphysik eines tiefgründigen »Welt-Humors«.[50] Das gilt sogar, auch wenn das auf den ersten Blick befremdlich klingen mag, für die beiden von extremen Kontrasten durchzogenen Großwerke, die Adorno aus dem (von ihm freilich ganz unhumoristisch zugespitzten) »Spätstil« ausgeklammert wissen wollte: die *Missa solemnis* und die 9. Sinfonie. Gerade in ihrem umfassenden »Welt-Humor« liegt ihr tiefer Ernst.

Vernunftreligion und Zweifelglaube: Chorsinfonische Schwesterwerke

Im späten Frühjahr 1819 begann Beethoven die Arbeit an seiner großen Messe. Sie war – unter dem erst später allgemein gewordenen Titel *Missa solemnis* (op. 123) – das zweite Werk dieser Gattung in seinem Schaffen, und von ihrer Vorgängerin, der C-Dur-Messe op. 87, trennte sie ein gutes Jahrzehnt. Die Komposition war für Beethoven offenbar ein Anlass, sich erneut intensiv über die Grundlagen seiner eigenen Religiosität Rechenschaft abzulegen. Ungefähr um dieselbe Zeit (1819 oder 1820) exzerpierte er drei Sinnsprüche aus einem Aufsatz Friedrich Schillers in einer für seine Verhältnisse ungewöhnlich sauberen Reinschrift und stellte das kalligraphisch gestaltete Blatt, wenn man seinem Biographen Anton Schindler glauben darf, in einem Glasrahmen auf seinen Schreibtisch.[51] Sie entstammen dem erstmals 1792 publizierten Aufsatz Schillers *Die Sendung Moses* und haben, alle demselben Absatz im Zentrum des Textes entnommen, in Beethovens Niederschrift den folgenden Wortlaut: (1) »Ich Bin, Was da ist«; (2) »Ich bin alles, Was ist, Was / war, und Was seyn wird, / Kein sterblicher Mensch / hat meinen Schleyer / aufgehoben«; (3) »Er ist einzig von ihm selbst, / u. diesem Einzigen sind / alle Dinge ihr Daseyn schuldig«.[52] Die sorgfältige Gestaltung des Blatts und seine prominente Platzierung in beständiger Sichtweise veranlassten schon Schindler dazu, dieser Zitatenlese einen Bekenntnischarakter zuzusprechen.

Schiller entwirft in diesem Essay, Bezug nehmend auf einen einschlägigen Aufsatz des Jenaer Kantianers Carl Leonhard Reinhold, eine Theorie der Genese des jüdischen Monotheismus, dem wir, so schreibt er, »einen großen Theil der Aufklärung danken, deren wir uns heutiges Tags erfreuen«.[53] Typisch für die aufgeklärte Religionsdebatte seit dem 1785 durch Friedrich Heinrich Jacobi ausgelösten Pantheismusstreit,[54] wird hier der vom Judentum geerbte Gottesglaube als Ausdruck einer »Vernunftreligion«[55] gedeutet. Der Monotheismus in seiner jüdischen Form geht in Schillers Darstellung auf eine Strategie des naturalisierten Ägypters Mose zurück, das hebräische Volk zum Zweck seiner Befreiung aus dem ägyptischen Exil mit einem Nationalgott auszustatten. Dafür hatte er die in esoterischen Zirkeln gelernte Vorstellung einer namenlosen »Ursache aller Dinge« und »Urkraft der Natur«[56] den Bedürfnissen der Israeliten anzupassen und sie daher in eine personale Instanz zu transformieren, für die es allerdings die Bild- und Namenlosigkeit als Hauptmerkmale zu bewahren galt. Dafür wurden die drei – auch von Beethoven zitierten – Umschreibungen des Weltschöpfers, die entfernt an das »deus sive natura« des von Jacobi kritisierten Spinozismus erinnern, in eine selbstreferentielle und personale Existenzaussage umgewandelt: »Ich bin, der ich sein werde« (2. Mose 3,14) anstelle von »was da ist« oder »was seyn wird«.[57] So rettete Mose nach Schillers Auffassung »in dem Bild, worinn er ihn den Hebräern vorstellte, die zwey wichtigsten Eigenschaften seines wahren Gottes, die Einheit und die Allmacht, und machte sie wirksamer in dieser Menschlichen Hülle«,[58] die für die aufgeklärte Gegenwart, so Schiller, allerdings entbehrlich geworden ist. In ihrer vermeintlich ägyptischen Originalformulierung, wie sie auch Beethoven übernahm, beeindruckte diese bild- und namenlose Gottesvorstellung die aufgeklärte Öffentlichkeit so sehr, dass sie wie etwa in Kants *Kritik der Urteilskraft* auch als Beleg für das Erhabene im Bereich der Kunst dienen konnte.[59] Für die Attraktivität ihrer Herkunft aus den »Mysterien der Isis«[60] ist vielleicht das Libretto von Schikaneders / Mozarts *Zauberflöte* der beste Beleg. Damit erweist sich diese vernunftreligiöse Konzeption zugleich auch als freimaurerisches Gedankengut.

Das Schiller-Exzerpt war nicht Beethovens einziger Vorstoß zur Erkundung einer vernunftbegründeten Spiritualität. Um dieselbe Zeit (im Februar 1820, in dem er wahrscheinlich am Credo der

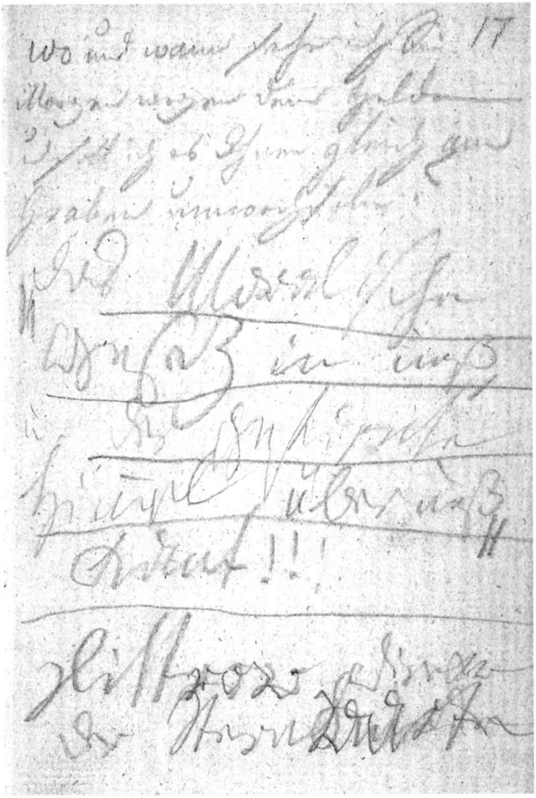

Konversationsheft, ca. Februar 1820
Beethoven notiert sich hier den berühmten Satz aus dem »Beschluss« von Immanuel Kants *Kritik der praktischen Vernunft*, wie er ihn in einem Zeitschriftenaufsatz des Wiener Astronomen Joseph Johann Littrow gefunden hatte. Den Autorennamen, den er daruntersetzte, versah er mit drei Ausrufezeichen.

Messe arbeitete) notierte er sich in einem Konversationsheft das folgende Kant-Zitat: »das *Moralische / Gesez in unß*, / u. *der gestirnte / Himmel über unß*« / *Kant !!!* / Littrow Direktor / der Sternwarte«.[61] Das Zitat stammt aus dem »Beschluss« von Kants zweiter kritischer Hauptschrift, der *Kritik der praktischen Vernunft* von 1788. In seiner exponierten Stellung am Ende des Werks fasst es in einer bei Kant seltenen Emphase die gedankliche Essenz dieses moralphilosophischen Grundlagenwerks in einem prägnanten Diktum zusammen. Mit Recht ist zwar gegen allzu rasche Schlussfolgerungen aus dieser Notiz darauf hingewiesen worden, dass Beethoven hier nicht etwa Kant direkt, sondern in der Paraphrase des Wiener Planetariums-Direktors Joseph Johann Littrow zitiert.[62] Auf den ersten Blick handelt es sich also um eine bloß zufällige Lesefrucht aus einem Aufsatz in der *Wiener Zeitschrift für Kunst, Literatur, Theater und Mode,* von der Beethoven als musikalischer Beiträger Freiexemplare bezog. In Kants originaler Diktion lautet der Satz: »Zwei Dinge erfüllen das Gemüth mit immer neuer und zunehmender Bewunderung und Ehrfurcht, je öfter und anhaltender sich das Nachdenken damit beschäftigt: *Der bestirnte Himmel über mir, und das moralische Gesetz in mir.*«[63] Frappierend sind aber die drei Ausrufezeichen, die Beethoven in seiner Notiz hinter den Namen »Kant« setzt und auf diese Weise gegenüber der Vorlage, Littrows Aufsatz, eine deutliche eigene Markierung anbringt. In keiner anderen Niederschrift Beethovens, in der er ein Literaturzitat mit dem entsprechenden Autornamen versieht, begegnet eine solche Emphase. Sie zeigt, dass für Beethoven nicht etwa Littrows Kant-Wiedergabe als solche, sondern die Tatsache, dass es sich eben um ein Diktum von Kant handelt, das wahrhaft Bemerkenswerte an der Sache ist. Ganz offenbar hat er hier etwas ihm längst Vertrautes auf einmal wiedererkannt.

Nicht einfach nur der »bestirnte Himmel« dürfte Beethovens Interesse unmittelbar erregt haben. Er scheint zwar lebenslang eine ausgeprägte Neugier für astronomische Themen besessen zu haben.[64] Für Publikationen des Wiener Astronomen Littrow interessierte er sich auch weiterhin.[65] Seine epochentypische Faszination durch das Bild des Sternenhimmels schlug sich auch in eigenen Werken nieder.[66] Neben Johann Elert Bodes *Anleitung zur Kenntnis des gestirnten Himmels* (Berlin / Stettin [9]1823) enthielt seine Bibliothek auch die *Allgemeine Naturgeschichte und Theorie des Himmels* des jungen Kant, aus der sich Beethoven Jahre zuvor markante Stellen in sein Tagebuch übertragen hatte. Aber 1820 ging es wohl um mehr. Bei dem späten Kant der drei Kritiken, den das Konversationsheft zitiert, begegnet der Blick auf den »bestirnten Himmel« in viel weiter reichender systematischer Absicht. Im berühmten »Beschluss« der zweiten Kritik ist der Sternenhimmel der Inbegriff des Mathematisch-Erhabenen, dem das betrachtende Subjekt, nachdem ihm angesichts der ins Unendliche sich erstreckenden kosmischen Dimensionen seine eigene Nichtigkeit bewusst geworden ist, schließlich in der Gewissheit der eigenen autonomen Moralität die praktische Vernunftidee der sittlichen Freiheit entgegenzusetzen vermag. In der *Kritik der Urteilskraft*, die insofern an die *Kritik der praktischen Vernunft* sehr direkt anknüpft, wird der Gedanke wenige Jahre später weiter entfaltet: »Wenn man also den Anblick des bestirnten Himmels *erhaben* nennt, so muß man der Beurteilung nicht Begriffe von Welten [...] zum Grunde legen, sondern bloß, wie man ihn sieht, als ein weites Gewölbe, das alles befaßt; und bloß unter diese Vorstellung müssen wir die Erhabenheit setzen, die ein reines ästhetisches Urteil diesem Gegenstande beilegt.«[67] In den spät edierten Vorlesungen zur Anthropologie wird der Sternenhimmel sogar noch weiter ästhetisiert; hier ist er »etwas Erhabenes, was zugleich schön ist«.[68] In diesem Zusammenhang ist der bestirnte Himmel also nicht etwa eine Konstellation von rotierenden Milchstraßensystemen, sondern er erscheint als ein ungeheures Sternenzelt (so auch, worauf zurückzukommen sein wird, im Schiller-Text der 9. Sinfonie). In der späteren Formulierung der *Kritik der Urteilskraft* erregt die Vorstellung des Mathematisch-Erhabenen, eben durch die Fortbewegung zu Vernunftideen beim Anblick des bestirnten Himmels, »in unserem Gemüte eine Überlegenheit über die Natur selbst in ihrer Unermeßlichkeit«.[69] Genau das meint aber auch schon die berühmte Formel aus dem Beschluss der *Kritik der praktischen Vernunft*, die sich Beethoven 1820 sinngemäß in sein Konversationsheft übertrug.

Das Erhabene in der ästhetischen Erfahrung der Natur und ihr subjektives Widerlager, das unabweisliche Selbstbewusstsein der moralischen Verpflichtung, begründen daher ebenso wie die »Chiffreschrift« der schönen Naturformen[70] die optimistische Hoffnung, die auch im Hintergrund der *Kritik der Urteilskraft* steht. Daher deuten die unterschiedlichen Formulierungen Kants zwar Stufen einer systemimmanenten Entwicklung, letztlich aber nur verschiedene Aspekte ein und desselben Konzepts an: Nachdem Kant in der *Kritik der reinen Vernunft* alle Gottesbeweise der *theoretischen* Vernunft konsequent destruiert hatte, wird – am Schluss der ersten Kritik unter dem Namen einer »Moraltheologie« bereits angedeutet[71] – schließlich im Horizont der *praktischen* Vernunft in den beiden folgenden Kritiken aus der moralischen Autonomie ein ganz neuer Gotteserweis[72] abgeleitet, der nun aber für das handelnde Subjekt reinen Postulatcharakter hat. In diesem Zusammenhang spielt eben jenes »moralische Gesetz«, dessen Gewissheit Kant 1788 als ein »Faktum der Vernunft« bezeichnet,[73] eine systematische Schlüsselrolle: Moralisches Handeln folgt nicht aus dem Glauben an die Existenz einer übersinnlichen Gottheits-Instanz, sondern umgekehrt die Hoffnung auf eine solche aus dem unabweislichen Bewusstsein eines ethischen Verpflichtet-Seins (sonst wäre die Moralität nicht autonom, sondern heteronom). Die Pointe der von Beethoven in sein Konversationsheft übertragenen berühmten Formel, die in seiner Niederschrift aus dem korrekten »moralischen Gesetz *in mir*« das menschheitsverbrüdernde »Gesetz *in uns*« macht,[74] liegt in ihrer Prägnanz, die eine theoretische Einsicht (Größe des Kosmos) mit einer praktischen Gewissheit (Evidenz der autonomen Sittlichkeit) in einer ästhetischen Erfahrung (Mathematisch-Erhabenes) zusammenbringt. Beethovens drei Ausrufezeichen hinter dem von ihm eigens hinzugefügten Namen »Kant« können kaum anders denn als emphatische Affirmation dieser außerordentlichen Prägnanz aufgefasst werden.

Von der ersten kritischen Hauptschrift Kants hatte er dagegen ein etwas anderes, freilich durchaus epochentypisches Bild. In einem Brief von Anfang August 1826 an den Mannheimer Theaterregisseur Wilhelm Ehlers empfiehlt er diesem, sich unbedingt um eine korrekte Fassung der Ouvertüre *Die Weihe des Hauses* op. 124 zu bemühen, weil »der Kapellmeister vom [Berliner] Königstädter Theater [...] einen schändl. Klawwier Auszug« des Werks veranstaltet habe, und fährt danach fort: »Es läßt sich vermuten, daß er auch gegen die Partitur sich versund[igt] hat, er glaubte wahrscheinlich, in Königsberg sich zu befind. u. [da] in Königsberg die Kanti[sche] Chritik der Reinen Vernunft darin anwenden zu können. –«[75] Was auf den ersten Blick klingt wie eine überaus negative Kant-Konnotation, lässt sich auch anders lesen: Ausgelöst durch das Wortspiel »Königstädter[76] Theater« / »Königsberg« bringt Beethoven scherzhaft den zeitüblichen Topos vom »alles zermalmenden Kant«[77] ins Spiel. Das wirft ein Licht auf seine Fähigkeit, die Systemstelle der *Kritik der reinen Vernunft* halbwegs angemessen einzuordnen. Dass dabei Kants eigentliche Absicht, mit seiner Metaphysik-Kritik die Propädeutik einer neuen Metaphysik (nämlich der Moralphilosophie als wissenschaftlicher Freiheitslehre) zu sichern, in den Hintergrund gerät, gehört zur Wirkungsgeschichte der *Kritik der reinen Vernunft* bis heute und ist keineswegs für Beethovens Kant-Bild allein spezifisch.

Diese Vorstellung dürfte seine Sympathie für Kant also kaum beeinträchtigt haben.[78] Beethovens unvermindertes Interesse an Fragen der kritischen Philosophie geht aus einer Konversationsheft-Notiz vom Sommer 1825 hervor, die sein durch ein Zeitungsinserat gewecktes Kauf- und Lektüreinteresse dokumentiert: »Die Denklehre in rein deutschem Gewande *etc* von J. H. Tieftrunk Prof. zu Halle«.[79] Die 1825 erschienene *Denklehre* des Hallenser Kantianers Johann Heinrich Tieftrunk, dessen *Versuch einer Kritik der Religion* (1790) sogar Kants spätere Religionsschrift von 1793 beeinflusst haben soll,[80] pries sich in ihrem Untertitel, wie Beethoven der ausführlichen Anzeige entnehmen konnte, ausdrücklich als »zum Selbstunterricht für gebildete Leser« geeignet an und warb zudem mit »noch völlig unbekannten, theils die Denklehre überhaupt, theils die Fichte'sche Philosophie betreffenden Aufsätzen von Immanuel Kant«.[81] Gut möglich also, dass nicht zuletzt dieser Schluss des langen Untertitels Beethovens Interesse an dem Buch erregt haben könnte.

* * *

Seine *Missa solemnis* bezeichnete Beethoven schon vor ihrer Vollendung als das »*gröste* Werk, welches ich bisher geschrieben«.[82] An Umfang sprengt das Werk jede damals geläufige Norm, an Vielfalt und Reichtum der in ihm versammelten Musikstile und Ausdruckscharaktere hat es nicht seinesgleichen, und an keinem anderen seiner Werke hat Beethoven so lange gearbeitet wie an der *Missa solemnis.*[83] Anfangs war das gar nicht abzusehen gewesen. Im Frühjahr 1819 stand fest, dass der Erzherzog Rudolph im März des folgenden Jahres zum Erzbischof von Olmütz ernannt werden würde. Dass er sich für den feierlichen Amtsantritt eine Messe von seinem Kompositionslehrer wünschte, war so selbstverständlich wie die Tatsache, dass Beethoven diesen Auftrag annahm. Das eine Jahr, das er dafür Zeit hatte, überschritt sogar den Zeitrahmen, den er 1807 für seine erste Messe, damals für den Fürsten Nikolaus Eszterházy, gebraucht hatte. Es kam jedoch anders. Der erste Satz, das Kyrie, bewegt sich noch halbwegs innerhalb der vertrauten Dimensionen, und für seine Form war das überschaubare dreiteilige Strukturmuster durch die dreifache Anrufung (»Kyrie eleison / Christe eleison / Kyrie eleison«) traditionell vorgegeben. Spätestens im Gloria aber drohten die Dimensionen und damit auch der Zeitplan außer Kontrolle zu geraten. Während Beethoven dem Erzherzog noch vor Weihnachten 1819 die pünktliche Fertigstellung der Messe in Aussicht stellte, musste er Anfang 1820 zugeben, dass er bisher nicht über die Mitte des ins Riesige angewachsenen Werks hinausgekommen war. Rudolph musste sich für seine Inthronisationsfeier im März 1820 anderweitig behelfen, und das Widmungsexemplar der eigentlich für diesen Zweck gedachten großen Messe seines berühmten Kompositionslehrers hielt er erst im Frühjahr 1823 in Händen. In dieser kalligraphisch gestalteten Dedikationskopie fehlte bereits das schöne Motto, das Beethoven an den Beginn des Autographs gesetzt hatte (und aus unbekannten Gründen auch nicht in die 1827 erschienene Druckfassung übernahm): »Von Herzen – Möge es wieder – zu Herzen gehn!«[84]

Unerwartet langwierig war der Entstehungsprozess nicht zuletzt darum, weil Beethovens eigener Anspruch an die Komposition einer Messe seit dem Vorgängerwerk von 1807 immens gestiegen war, was ihm selbst aber offenbar erst im Verlauf der Arbeit deutlich wurde. Zu den vielen Details der anstrengenden Arbeit gehört, dass sich Beethoven, der das Lateinische nur notdürftig beherrschte, mühevoll eine eigene deutsche Übersetzung des Messetextes anfertigte, in der jede Nuance neu ausgeleuchtet werden sollte. Bemerkenswert ist etwa sein Ringen um die Textphrase »et vitam venturi saeculi«, zu der er sich für jedes Wort eigene Bedeutungsvaleurs notiert, unter denen für »saeculi« die aus dem von ihm benutzten Wörterbuch übernommene Anmerkung »die Zeit im biblischen Verstande« hervorsticht.[85] Schon in seinem Tagebuch findet sich der Eintrag: »Zeit findet durchaus bey Gott nicht statt.«[86] Das stammt in diesem Fall zwar aus der indischen Philosophie, deckt sich aber auch mit einem Grundaxiom von Kants Kritizismus, der die Zeit bekanntlich nur für die beschränkte menschliche Erkenntnis als reine Anschauungsform voraussetzt.[87] Es könnte durchaus sein, dass die grandiose, feierlich, leise und langsam einsetzende »et-vitam-venturi-saeculi«-Fuge am Schluss des Credo geradezu Beethovens Versuch zur Umsetzung dieser übermenschlichen Art von Zeitlosigkeit darstellt. Viele Eigentümlichkeiten der *Missa*, die zugleich charakteristische Merkmale von Beethovens Spätstil sind, hängen jedenfalls mit dieser Ambition der differenzierten Textauslegung zusammen: so etwa die schroffen Kontraste, durch die im Gloria die beiden Zeilen »Gloria in excelsis Deo« und »et in terra pax« unvermittelt aufeinanderprallen (T. 42), oder im Credo die Worte »vivos et mortuos« (T. 234 ff.). Dazu zählt auch die abrupte Hervorhebung des Einzelworts »sanctus« durch ein plötzliches eintaktiges Piano in einer Fortissimo-Umgebung (Gloria, T. 319). Gelegentlich werden auch offen archaisierende Stilmittel eingesetzt, so in der auf geheimnisvolle Weise kirchentonartlichen Färbung des »et incarnatus est« (Credo, T. 126 ff.)[88] oder im stilisierten Kantionalsatz (Abfolge reiner grundständiger Dreiklänge) der Worte »et resurrexit tertia die secundum scripturas« (Credo, T. 188–193). In der um der Textexegese willen gewollten stilistischen Heterogenität kann man durchaus einen Katalysator für die Eigenschaften auch der anderen neben und nach der *Missa solemnis* entstandenen Spätwerke sehen.[89]

Eine besondere Herausforderung stellte für Beethoven der schließende Satz, das Agnus Dei, dar. Auch hier hätte, analog zum eröffnenden Kyrie, eine Dreiteiligkeit nahegelegen, denn die Anrufung des Lamms Gottes erfolgt im Messetext dreimal, zweimal mit dem Zusatz »miserere nobis«, beim letzten Mal mit der Friedensbitte »dona nobis pacem«. Das genügte aber dem Komponisten, vier Jahre nach dem Beginn des Werks, als Strukturmodell offenbar nicht mehr. Zudem waren zwei für diesen Satz entscheidende Momente bereits im Gloria vorgekommen und hatten dort zu musikalischen Lösungen geführt, die nun gleichsam »verbraucht« waren. Die Beschwörung des irdischen Friedens (»et in terra pax«) wurde nur kurz gestreift und bedingte den erwähnten dynamischen Kontrast, aber die breit ausgeführte Erbarmensbitte »miserere nobis« war im Gloria auf packende Weise als dramatische Exklamation vertont worden, eine Idee, die für Beethoven ausweislich der Skizzen eigentlich auch am Beginn des Agnus Dei die nächstliegende gewesen wäre, dann aber wieder verworfen wurde. Seine ingeniöse Lösung besteht darin, dass er schließlich das Dona nobis pacem verselbständigt und zu einem großen und dramatischen Finale ausgebildet hat, in dem mehrfach Pauken und Trompeten als buchstäblich von außen hereinbrechende Kriegsmusik die Inständigkeit der Friedensbitte plausibel machen.

Der Satz trägt in der 1827 gedruckten Partitur die erläuternde Überschrift »Bitte um innern wie äußern Frieden«. Im Autograph hingegen steht stattdessen neben dem mit Tinte notierten Titel die Bleistiftergänzung: »darstellend den innern und äußern Frieden«. Entsprechend hatte es auch in den ersten Skizzen geheißen: »Dona nobis pacem darstellend den inneren und äußeren Frieden«.[90] Das ist keineswegs nebensächlich. Der entscheidende Wechsel von der Vergegenständlichung zur Performativität, von der objektiven Darstellung des Friedens hin zum subjektiven Ausdruck der Bitte um ihn erinnert an das 15 Jahre zuvor realisierte ästhetische Programm der *Sinfonia pastorale*, »mehr Ausdruck der Empfindung als Malerei« sein zu wollen.[91] Ist schon im Falle der Sinfonie das komparative »mehr [...] als« zu beachten, mit dem die Malerei nicht ausgeschlossen, sondern nur reduziert wird, so gilt im Agnus Dei der *Missa solemnis* ebenfalls, dass das darstellende Moment bei der Ausarbeitung nicht einfach dem expressiven gewichen ist. Das von allen Kritikern am frühesten thematisierte Moment am Dona nobis pacem ist der zweimalige Einbruch der Kriegsmusik mit Pauken und Trompeten. An und für sich ist das kein origineller Einfall; der einleuchtende Kontrast von Kriegslärm und Friedensbitte prägt auch schon das Agnus Dei in Haydns *Missa in tempore belli* (*Paukenmesse*) Hob. XXII:9. Jedoch sind die Intensität, die Dimension und vor allem die Funktion dieser Passagen bei Beethoven beispiellos. Die Kriegsmusik bricht beide Male in das D-Dur des Satzes durch abrupte Rückung nach B-Dur ein. Ihre Idee hängt eng zusammen mit der Pointe, den »Miserere«-Ruf innerhalb der Friedensbitte zu wiederholen und dabei gegenüber der gleichlautenden Stelle im Gloria noch zu intensivieren. Dort, im Gloria, hatte Beethoven sogar seinen einzigen Eingriff in den Text vorgenommen, indem er die solistischen wie die chorischen »Miserere«-Bitten jeweils mit den Exklamationen »ah« und »o« einleitete (Gloria, T. 296–305).[92] Ursprünglich hatte er auch den Agnus-Satz mit einem an die Expressivität dieser Gloria-Partien anknüpfenden »Miserere«-Rezitativ eröffnen wollen; aber dieser erste Einfall findet sich dann schließlich in den Dona-nobis-pacem-Satz verpflanzt. Dass ausgerechnet hier die »Miserere«-Bitte unerwartet wiederkehrt, ist also schon merkwürdig genug. Zusätzlich wird sie nun ausdrücklich als Rezitativ bezeichnet und sogar mit der sprechenden Vortragsanweisung »ängstlich« versehen (T. 174 ff.). Die erste der beiden »Kriegsmusiken« ist also, auf der semantischen Ebene betrachtet, notwendig, um diese Rezitative zu motivieren und zu legitimieren; die zweite geht aus einer langen kontrapunktischen Durchführung hervor und verleiht der anschließenden *ff* vorgetragenen Friedensbitte (T. 329 ff.) eine verzweifelte Intensität.

Keines der traditionellen Formmodelle ist in diesem außergewöhnlichen Satz einwandfrei zu identifizieren, aber viele von ihnen sind untergründig in seine Konzeption eingegangen. Aus der Sonatenform etwa stammt die Dramaturgie einer Exposition und Reprise von Themen, zwischen die sich durchführungsartige Partien schieben. Aber die Themen entwickeln sich nicht wie in der Sonate, sondern sie bleiben – als textierte Soggetti – statisch, und die instrumentalen Zwischenpartien sind keine echten Durchführungen, sondern komplexe Intermezzi. Die formbildende Wiederkehr der Themen ist über den zweiten Teil des Satzes hinweg weit verstreut; das aber verweist auf ein strukturelles Denken, das eher aus dem Ritornellkonzert als aus der Sonate stammt. Mit dieser synthetischen Struktur war aber nicht nur die vollkommene formale Integration der instrumentalen »Kriegsmusik« zu lösen, sondern auch die mit dieser verbundene Darstellungsabsicht in eine restlos plausible musikalische Textur zu überführen. Der deutlich wahrnehmbare Repriseneffekt stellt sich ein, indem nach der zweiten Kriegsmusik das Dona-nobis-Hauptthema, das von den Chorstimmen eingangs (T. 98–101) nur vier Takte lang vorgetragen und danach in einer langen Oboen-Kantilene weitergesponnen wurde, bei seiner Wiederkehr in der Tonika nun in seiner ganzen Länge textiert und vom Chor gesungen wird (T. 364–374). Nach der kargen Andeutung in der Exposition und nach den Einbrüchen der Kriegsmusik wirkt diese Reprise wie eine überschwängliche Erfüllung. Sie bringt alle Themen und Motive unverändert, wenngleich in teils veränderter Reihenfolge zusammen, bis jedes einmal wieder erklungen ist. Der Schluss des Satzes macht also den Eindruck einer gestrafften »restitutio in integrum« des vorher weiträumig ausgebreiteten Materials. Das ist eine ganz andere Lösung als etwa die aus Haydns *Nelson-Messe* Hob. XXII:11, deren Agnus Dei ein voll ausgebildeter Sonatensatz ist. Beethovens Rückgriff auf instrumentalmusikalische Formbildungsprinzipien ist raffinierter und paradoxerweise sogar näher am Text. Entstanden ist eine singuläre, die Prozessualität der Sonatenform mit der Motivbalance des Ritornellkonzerts verbindende Form, die der Friedensbitte den Charakter eines inständig drängenden Flehens verleiht und zugleich in der Lage ist, den erhofften Zustand des Friedens am Ende in einer ästhetisch überzeugenden formalen Ausgewogenheit zur sinnfälligen Darstellung zu bringen. Die alte Idee aus den ersten Skizzen (»Darstellung des inneren und äußeren Friedens«) ist daher – trotz aller Expressivität der danach anvisierten »Bitte um innern und äußern Frieden« – subkutan erhalten geblieben. Es handelt sich damit um die faszinierendste Formbildungsleistung in Beethovens gesamter bis dahin komponierter Vokalmusik.[93]

Allerdings erregte gerade dieser Satz von Anfang an die größte Irritation. Das zeigt besonders deutlich eine Rezension aus der Feder von Ignaz von Seyfried, der mit Beethoven eigentlich gut bekannt war und nur wenige Jahre später (1832) *Beethovens Studien im Generalbass, Contrapunct und der Compositionslehre* herausgeben sollte. »Freymüthig«, so schreibt Seyfried, müsse er gestehen, »dass er am wenigsten mit dem: ›*Dona nobis pacem*‹ ins Reine kam«.[94] Zwar sei die kompositorische Qualität zu bewundern, namentlich »die darin theoretisch-practisch entwickelten Kenntnisse in den verschiedenartigsten contrapunctischen Verzweigungen und Combinationen; jedoch, die demuthvolle Bitte einer andächtigen Gemeinde: ›*Herr! schenk uns den ewigen Frieden!*‹ sprechen diese Töne demungeachtet nicht aus.« Was etwa »die wunderliche Trompeten-Fanfarre, das eingemengte Recitativ, der fugirte, den Ideenfluss nur störende Instrumental-Satz« und auch »was die dumpfen, unrhythmischen, bizarren Pauken-Schläge im Grunde bedeuten sollen«, erschloss sich Seyfried nicht; für ihn waren diese Momente ein »Mysterium«, das Beethoven ohne weitere Erklärung »mit ins Grab« genommen habe.[95] Vielen ging es kaum anders. Beethovens erster Biograph Anton Schindler empfand die Stelle sogar als einen ästhetischen »Irrthum des großen Componisten« und plädierte für eine drastische Kürzung des Satzes.[96] Von der Norm der liturgischen Agnus-Dei-Vertonungen weicht Beethovens Satz also eklatant ab. Zwar kann mit dem »inneren« Frieden die geläufige theologische Bedeutung der Seelen- und Gewissensruhe gemeint sein. Auch der »ewige Friede«, den Seyfried in eigenmächtiger Deutung als Textaussage in Anspruch nimmt, hat eine lange theologische Tradition. Aber in der merkwürdig expliziten Konfrontation mit dem »äußeren« Frieden, der im Tonsatz denn auch e contrario überdeutlich musikalisch beschworen wird, lassen sowohl der »innere« wie der von Seyfried ins Spiel gebrachte »ewige« Friede auch noch eine andere Deutungsmöglichkeit zu.

Mit seiner 1795, nach dem Frieden von Basel, erschienenen Abhandlung *Zum ewigen Frieden* mit dem bescheidenen Untertitel »Ein philosophischer Entwurf« errang Immanuel Kant den größten Verkaufserfolg aller seiner Schriften zu Lebzeiten. Der *äußere* Friede, das ist die rechtsphilosophische Pointe von Kants Argumentation, wird hier, damit er ein wirklich »ewiger« zu werden verspricht, an die unabdingbare Voraussetzung des *inneren* Friedens einer konstitutionell verfassten Rechtsstaatlichkeit geknüpft.[97] Zu ihr aber kann nur autonome, der Achtung für das Sittengesetz bewusste menschliche Praxis führen. Der weltbürgerliche Friede ist also ein zentrales Handlungsziel von Kants später Moralphilosophie.[98] Beethovens ingeniöse Formlösung für die Friedensbitte des Agnus Dei erfüllt nun exakt das, was Kant in der *Kritik der Urteilskraft* mit seinem fundamental neuen Konzept der »ästhetischen Idee« anvisiert und auf den Begriff gebracht hat. Es sind die logische Form und die satztechnische Faktur, die über das im Titel signalisierte Expressionsmoment hinaus einen ästhetisch-ideellen Darstellungsaspekt aufweisen. Der äußere Friede, für den der innere die unabdingbare Voraussetzung ist, kann zwar mit Gründen erhofft, ersehnt und erbeten werden (im expressiven »miserere nobis« wie im demütigen »dona nobis«), er muss aber zugleich und vor allem von Menschen selbst gestiftet werden (so in der strukturell geordneten »Reprise«). Wie gefährdet die Utopie des Friedens ist, dürfte sich in Beethovens Dona-nobis-pacem-Satz in dem bis zuletzt die tonikale Harmonie verwirrenden Querstand der leise in den D-Dur-Schluss hineinklingenden B-Pauke ausdrücken.[99] Die hier noch einmal wie aus der Ferne hörbaren Pauken (T. 406–409) erfüllen eine ebenso strukturelle wie programmatische Doppelfunktion: musikalische Abrundung und poetische Versöhnung. »Zuletzt timpani als Friedenszeichen«, hatte sich Beethoven in einer Skizze zur Schlussgestaltung notiert.[100] Diese die Harmonie des Abschlusses sanft verstörende paradoxe Intervention ist ein integraler Bestandteil des gedanklichen und ästhetischen Programms. Dazu gehört auch, dass die Schlusskadenz des Chors, immerhin die letzte des ganzen Werks, auf eine raffiniert inszenierte Trugschlüssigkeit zielt (T. 427/428), die das Orchester leise wiederholt und dabei die Trugschlusswirkung durch die Dehnung des Basstons *h* sogar noch verstärkt (T. 429/430), ehe es die verbleibenden vier Takte nutzen darf, um mit der Geste plötzlicher Entschlossenheit das Werk *ff* in D-Dur abzuschließen.

Der ewige innere und äußere Friede ist für die Menschen weder ein bloß leeres Versprechen noch ein bequem zu erlangendes göttliches Geschenk, sondern eine zum autonomen sittlichen Handeln nötigende Pflicht. Sittliche Praxis erfordert zwar das vernünftige Vertrauen auf den »Beitritt«[101] einer übernatürlichen Instanz, das aber für das moralische (und politische) Handeln nur den Sinnhorizont und nicht etwa eine wohlfeile Erfolgsgarantie liefert. Die eigene Verantwortung für autonomes moralisches Handeln ist daher an diese Instanz nicht einfach delegierbar, und die Gestaltung dieser fundamentalen Einsicht macht die ästhetischen Ideen der *Missa solemnis* wie bald darauf auch der 9. Sinfonie objektiv zu künstlerischen Dokumenten einer Auseinandersetzung mit der Moral-, Religions- und Geschichtsphilosophie der Aufklärung in deren avanciertester Form. Was den realistischen Skeptiker Kant 1795 nach dem Baseler Frieden zu seinem utopischen »Entwurf« inspirierte, galt für Beethoven und seine Zeitgenossen in der trügerischen Ruhe nach dem Wiener Kongress vielleicht noch mehr.[102]

Es ist daher kein Zufall, dass die Finalsätze der *Missa solemnis* und der 9. Sinfonie, die man in diesem Sinne also als Schwesterwerke aufzufassen hat, nicht nur ihrem textierten Ideengehalt nach, sondern auch hinsichtlich ihrer kompositorischen Faktur komplementär verschränkt sind: Greift das Finale der Messe auf der Suche nach einer plausiblen Lösung für die Umsetzung seiner Idee schließlich auf strukturelle Parameter der Instrumentalmusik zurück, so umgekehrt das Finale der Sinfonie am Ende auf formbildende Konzepte der Vokalmusik. Religiöse und politische Bedeutung konvergieren im Sinnhorizont der praktischen Vernunft. Das schlägt sich nieder in Beethovens kompositorischen Problemlösungen, die am Ende die ästhetische Idee der beiden großen chorsinfonischen Spätwerke hervorbringen. Sie meint nichts Geringeres als die mit den genuinen Darstellungsmitteln der Kunst umgesetzte Vernunftidee eines erreichbaren ewigen Friedens – diese aber als ebenso realistische Utopie wie immer noch uneingelöstes praktisches Postulat.

* * *

Damit kommt nun die 9. Sinfonie ins Spiel.[103] Die früheste Gesamtaufführung der *Missa solemnis* fand im April 1824 auf Initiative des jungen russischen Beethoven-Enthusiasten Nikolaus Graf Galitzin in St. Petersburg statt, im weltlichen Rahmen eines Pensionsfonds-Konzerts der Petersburger Philharmonischen Gesellschaft, die von Beethoven eine der von ihm zur Subskription ausgeschriebenen handschriftlichen Kopien erworben hatte. Die kurz darauf angesetzte Wiener Erstaufführung erfolgte, ebenfalls in säkularem Kontext, am 7. Mai 1824 im Theater am Kärntnertor unter der Leitung des Theaterkapellmeisters Michael Umlauff. Außerhalb der Kirche durften kirchliche Werke in Wien nur unter der tarnenden Überschrift »Hymnen« erklingen. Beethoven präsentierte seine neue Messe dem Wiener Publikum daher in ausgewählten Ausschnitten (Kyrie, Gloria und Agnus Dei) und kombinierte sie, neben der bereits einmal aufgeführten Ouvertüre *Die Weihe des Hauses* op. 124, mit der Uraufführung des anderen großen Spätwerks, der 9. Sinfonie. Die Annahme liegt auf der Hand, dass diese Verbindung zweier sinfonisch strukturierter Vokalwerke in einem Aufführungsrahmen, der Kirche, Konzertsaal und Theater übergreift, eine besondere Botschaft birgt.

Die Arbeit an der Sinfonie, deren Beginn eng mit dem Abschluss der Messe verzahnt ist (erste Skizzen stammen vom Herbst 1822),[104] hat Beethoven zwar konsequent erst im Frühjahr 1823 aufgenommen, aber ihre Konzipierung reicht Jahre zurück und hatte als konkreter Plan spätestens im Juni 1817 Gestalt angenommen, als Beethovens inzwischen in England lebender Schüler Ferdinand Ries seinem Lehrer den offiziellen Auftrag der Londoner Philharmonic Society zur Komposition zweier Sinfonien übermittelte.[105] Dennoch liegen zwischen ihr und der letzten zuvor vollendeten Sinfonie schließlich mehr als zehn Jahre. Wenig überraschend ist denn an ihr auch alles anders als bisher. Schon äußerlich gehört dazu die Tatsache, dass der Kopfsatz erstmals im sinfonischen Œuvre keine Expositionswiederholung mehr kennt, die er stattdessen lediglich beim Eintritt in die Durchführung kurz fingiert (T. 164 ff.), und dass er nun, wie in anderen Gattungen längst etabliert, eine terzverwandte Seitensatztonart aufsucht (B-Dur, T. 80 ff.), die allerdings erstaunlicherweise bereits bei der Wiederholung des in d-Moll exponierten Hauptthemas vorweggenommen wird (T. 51 ff.). Die Logik der sinfonischen Sonatenform hat sich also grundlegend gewandelt, wie man auch an dem (nicht so genannten) Scherzo sieht, das nun anders als in den früheren Sinfonien einer ausgedehnten, ihrem Tonartenplan nach aber ganz unorthodoxen Sonatenform folgt (mit einem Seitensatz in C-Dur, T. 93 ff., der in der Reprise, T. 330 ff., in die Tonika zurückgeholt wird). Sein (ebenfalls nicht so bezeichnetes) D-Dur-Trio wirkt wie ein erster Vorschein des späteren »Freude«-Themas. Zudem steht dieser umfangreiche Satz, erstmals in einer Sinfonie, an zweiter Stelle. Der dritte Satz ist, auch dies eine neue Satzform in Beethovens Sinfonik, als »Adagio molto e cantabile« / »Andante moderato« in der Struktur einer komplexen Doppelvariation angelegt.

Als grundlegendste Innovation jedoch wurde schon immer der Finalsatz empfunden, der durch die Einbeziehung von Singstimmen den Bereich der reinen Instrumentalmusik überschreitet. Zunächst hatte Beethoven noch an ein rein instrumentales Finale gedacht, dessen Substanz dann aber später in den letzten Satz des a-Moll-Streichquartetts op. 132 einging. Die Entscheidung zur Integration von Vokalstimmen in das sinfonische Werk fiel zwar spät, aber sie war als solche keineswegs neu, sondern bündelte letzten Endes nur Ideen, mit denen Beethoven seit vielen Jahren umgegangen war. Zu ihnen gehören schon die ersten Überlegungen, die er 1817 oder 1818 zur zweiten der beiden aus London bestellten Sinfonien auf einem Skizzenblatt festgehalten hat: »Adagio Cantique / From[m]er Gesang / in einer Sinfonie / in den alten Tonarten«, weiterhin: »entweder / für sich allein / oder als Einleitung / in eine Fuge / Herr Gott dich loben wir / alleluja«, und schließlich: »vielleicht auf diese weise die / ganze 2te Sinfonie charakterisiert / wo alsdann im lezten / Stück oder schon im adagio / die Singstimmen eintreten / die orchester Violinen etc werden beym lezten Stück verzehnfacht. / Oder das adagio wird auf gewiße weise im lezten / Stücke widerholt wobey alsdann erst die Singstim[m]men / nach u nach eintreten – im adagio text / griechischer Mithos Cantique Eclestiastique / im Allegro Feier des Bachus«.[106] Noch früher war bereits die *Chorfantasie* op. 80, deren vokales Hauptthema deutlich auf dasjenige im Finale der 9. Sinfonie vorausweist, in der Synthetisierung der Gattungen vorausgegangen. Und in seinem großen Chorwerk nach Goethes Doppelgedicht *Meeres Stille und Glückliche Fahrt* (op. 112) hatte Beethoven 1815 kompositorische Strategien der »Ahnung des Göttlichen« erkundet, von denen später die *Missa solemnis* und die 9. Sinfonie profitieren konnten.[107]

Die 9. Sinfonie ist das zweite Werk dieser Gattung in Beethovens Schaffen, das den Weg von Moll nach Dur durchschreitet und das Ende als großen Durchbruch inszeniert. Anders aber als in der 5. Sinfonie, die diesen Moment unmittelbar mit dem Beginn des Finales zusammenfallen lässt, verlegt Beethoven in der Neunten den Übergang ins Innere des Satzes. Und er hat, anders als in der Fünften, diesen Übergang mit eigenen Worten textiert.[108] Zur Dramatisierung dieses Vorgangs, der nach der Innigkeit und Entrücktheit des langsamen Satzes zunächst die Rückkehr der düsteren d-Moll-Sphäre erforderte, lässt Beethoven das Finale mit einer schockierend dissonanten »Schreckensfanfare« (wie Richard Wagner sie plastisch nannte[109]) einsetzen. Dass der Beginn dieser »Schreckensfanfare« aus dem Schlussakkord des langsamen Satzes den Ton *b*, den Grundton der wichtigsten Nebentonart des Werks, übernimmt und ihn nun mit dem tonikalen d-Moll-Dreiklang hart kollidieren lässt, macht ihren dissonanten Klangcharakter aus. Ihr wird beim ersten Mal, wie um sie zu beschwichtigen, die rein instrumental vorgetragene spätere »Freude«-Melodie entgegengesetzt, nachdem zunächst kurze Themenzitate der vorigen drei Sätze den ganzen bisherigen Werkverlauf im Zeitraffer rekapituliert haben und jeweils von kurzen Rezitativen der Celli und Kontrabässe wortlosvieldeutig »kommentiert« worden sind. Da aber nach dieser ausführlichen instrumentalen Exposition die »Schreckensfanfare« hartnäckig wiederkehrt, wird sie vom nunmehr mit Text versehenen Rezitativ des Solo-Baritons ausdrücklich zurückgewiesen: »O Freunde, nicht diese Töne! Sondern laßt uns angenehmere anstimmen und freudenvollere« (T. 217 ff.).

Die nach dem Bariton-Rezitativ folgenden Textbausteine aus der Ode *An die Freude* hatte Beethoven anfangs sogar noch expliziter mit dem Hinweis auf deren Autor einleiten wollen: »Laßt uns das Lied des unsterblichen Schillers singen.«[110] Dass es sich dabei nur noch um eine rigoros vorgenommene Auswahl aus Schillers Gedicht handeln sollte, dessen erste Fassung Beethoven 1793 noch in allen neun Strophen zu vertonen gedacht hatte, stand offenbar schon bei einer neuerlichen Beschäftigung mit dem Text um 1812 fest: »abgerissene Sätze [...] nicht das Ganze«.[111] Als Beethoven das Gedicht schließlich in den Finalsatz seiner 9. Sinfonie einfügte, unterwarf er es einer Textredaktion, die dessen Fokus durch Zuspitzung völlig veränderte. Es ist also ganz richtig, mit Hermann Danuser nicht von einer einfachen »Vertonung« des Textes, sondern von einer geradezu neu gestalteten »Komposition« zu sprechen.[112] Beethoven übernimmt aus Schillers erstmals 1786 in der *Thalia* veröffentlichtem Trinklied, von dem sich der Dichter selbst vorübergehend distanzierte und das er dann 1803 doch in einer leicht veränderten zweiten Version abermals zum Druck gab, nur wenige Bruchstücke, die er im Verlauf des Sinfoniesatzes sogar noch weiter komprimiert.[113] Die Textwahl als solche freilich ist alles andere als originell; zur Zeit der 9. Sinfonie lagen schon etliche Vertonungen vor.[114] Umso absichtsvoller erscheint Beethovens Zugriff auf gerade dieses Gedicht, zumal ihm selbst klar gewesen ist, dass Schillers Lyrik mit Recht als schwer vertonbar galt. Carl Czerny gegenüber soll er sich 1811 jedenfalls folgendermaßen geäußert haben: »Schillers Dichtungen sind für die Musik äußerst schwierig. Der Tonsetzer muß sich weit über den Dichter zu erheben wissen. Wer kann das bei Schiller? Da ist Göthe viel leichter.«[115] Die *Allgemeine musikalische Zeitung*, auf die Beethoven hier vielleicht sogar direkt reagiert, konstatierte ebenfalls 1811, dass der für lyrisches Empfinden zu intellektuelle Schiller »von jeher ein für die Componisten gefährlicher Dichter gewesen ist«.[116] Wahrscheinlich aber fühlte der schon so lange mit dem Gedicht vertraute Beethoven sich gerade durch die neuerliche Behauptung der *AmZ* vom April 1818 herausgefordert: »Schillers herrliches Lied an die Freude hat seit seiner ersten Erscheinung unzählige Compositionen veranlasst [...], und nicht Eine hat befriediget.«[117] Mit seiner 9. Sinfonie jedenfalls hat Beethoven die sicherlich bekannteste musikalische Auseinandersetzung mit dem Gedicht geleistet – und vielleicht auch die befriedigendste.

Die Entscheidung für die Integration von Singstimmen hängt zweifellos mit derjenigen für die Struktur des Finalsatzes zusammen. Sie überblendet instrumental- und vokalmusikalische Formungsstrategien, ohne dass eines der Formmodelle die Prävalenz gewinnt. Dafür wird nun der Text bearbeitet, aus strukturellen ebenso wie aus inhaltlichen Gründen. Der erste Eingriff in Schillers Gedicht erfolgt, um der Parataxe einer gleichmäßigen Strophenanlage folgen zu können. Schillers Original besteht in der von Beethoven zugrunde gelegten letzten Fassung aus acht Strophen zu je acht Versen, denen jeweils ein mit »Chor« überschriebener vierzeiliger, strukturell abweichender Refrain angehängt ist. Diese Refrains lässt Beethoven beim ungestörten Durchlaufen der ersten drei Strophen zunächst aus. Erst im zweiten, dem für den solistischen Tenor vorgesehenen Abschnitt des Vokalteils greift er auf sie zurück (»Alla marcia«), nun aber gleich auf denjenigen der (von ihm ansonsten nicht berücksichtigten) vierten Strophe: »Froh, wie seine Sonnen fliegen, / Durch des Himmels prächt'gen Plan, / Laufet, Brüder, eure Bahn, / Freudig wie ein Held zum Siegen« (T. 331–431). Dieser stilisierte Marsch (mit einem um Piccolo, Kontrafagott, Triangel, Becken und Große Trommel aufgestockten Instrumentarium) steht in B-Dur, der Tonart des langsamen Satzes und des Seitenthemas im Kopfsatz, und begleitet den Tenor mit einer gut erkennbaren Variation des »Freude«-Themas im Sechsachteltakt. Nach einer längeren orchestralen Durchführung folgt dann eine erste »Reprise« (mit dem Text »Freude, schöner Götterfunken«, T. 543 ff.) und danach, nun mit dem Rückgriff auf einen weiteren Refrain, die Exposition eines zweiten Themas, das in der Orchestereinleitung nicht vorkam und, weil es allein dem Chor vorbehalten ist, einen entsprechend feierlich-oratorischen Tonfall anschlägt: »Seid umschlungen, Millionen!« (T. 595 ff.). Das ist der Refrain der ersten Strophe, auf den sogleich, ebenfalls dem Chor anvertraut, derjenige der dritten folgt: »Ihr stürzt nieder, Millionen?« Beide Themen, das oratorische wie das Freudenthema, werden anschließend in einer großen Doppelfuge miteinander kombiniert (T. 655 ff.). Beethoven baut Schillers Gedicht also entschieden um: Den Strophen 1 bis 3 folgt der Refrain 4, dann – nach einer »Reprise« – die Refrains 1 und 3. Das Resultat ist ein völlig neues Gedicht. Es konzentriert sich auf die drei Vorstellungsbereiche »Verbrüderung und Gemeinschaftsbildung«, »siegreich-heroische Aktion«, »ahnungsvolle Andacht«. Die übrigen Strophen, deren Thematik von der Feier der Natur bis zur Vergebung der Höllenstrafen reicht, interessieren den Komponisten offenkundig nicht. Das letzte Drittel des Satzes wird auf dieser Basis noch weiter zugespitzt; übrig bleiben die Schlüsselideen der Freude, der Verbrüderung und des über den Sternen zu ahnenden Schöpfers in nur noch wenigen Textmarken, von denen das initiale »Freude, schöner Götterfunken« auch das letzte Wort vor dem mit vollem Instrumentarium, also auch dem der »Alla-marcia«-Episode, einfallenden Prestissimo-Schluss behält.

Beethovens rigorose Textauswahl spitzt Schillers Freuden-Hymne auf das moralische Gottespostulat der beiden letzten Kant-Kritiken zu. Das Finale der Neunten ist ein auf den vernünftigen Gottesbegriff der aufgeklärten Religionsphilosophie zulaufendes Bekenntniswerk wie die *Missa solemnis* auch. Beide zusammen, die kaum zufällig ihre gemeinsame Uraufführung im Theater am Kärntnertor erlebten, haben einen gemeinsamen religions- und geschichtsphilosophischen, damit aber auch einen im Sinne der Kant'schen Friedensschrift politischen Aspekt: Friede, Freude und die hier nie explizit thematisierte Freiheit, die wiederum nicht zufällig alliterieren, sind keine abstrakten Utopien des »Niemals«, sondern höchstens solche des »Noch-nicht«. Sie liegen in der Reichweite vernünftiger menschlicher Praxis, und ihre Herbeiführung ist nichts Geringeres als eine praktisch-moralische Pflicht (»freudig wie ein Held zum Siegen« im Zentrum des Satzes). Präsentiert werden sie in einem Kontext, der – den Umständen der Aufführung geschuldet, aber mit einem Pragmatismus, der aus der Not eine Tugend macht – den Abstand »zwischen Kirche, Bühne und Konzertsaal« wie schon in der großen Dezember-Akademie von 1808 zwanglos überbrückt.[118] Der von Beethovens Textauswahl eingekreiste Schöpfer vereinigt in sich Ideenkreise der Antike (»Tochter aus Elysium«), des Alten Testaments (»Und der Cherub steht vor Gott«) und des Christentums (»muß ein lieber Vater wohnen«).[119] Derjenige, der diesem allmächtigen, allwissenden, allgütigen und gerechten[120] Welturheber gegenübersteht, ist freilich weniger der devote Gläubige der orthodoxen Kirchenlehre als vielmehr das mit einem freien Willen begabte mündige Subjekt der Aufklärung. Dessen Freiheit meint nicht die Willkürfreiheit des Naturzustandes, sondern die gesetzlich geordnete des vernünftigen Willens. Für den Übergang von der einen in die andere sorgt in jedem handelnden Akt der kategorische Imperativ, der nicht auf die Verallgemeinerbarkeit der einzelnen Handlung zielt, sondern auf die strenge Prüfung der subjektiven Handlungsmaxime an der ideellen und notwendigen Gesetzesordnung der Vernunft.[121]

Für das gelingende Leben des gesellschaftlichen Ganzen, das im politischen und wirtschaftlichen Handeln der Individuen keinem erkennbaren Gesamtplan folgt und sich insofern eher chaotisch realisiert, muss man dann entweder – wie Hegel – auf die »List der Vernunft«[122] vertrauen oder aber – wie Kant – auf den »Beitritt«[123] einer übernatürlichen Instanz zum begrenzten menschlichen Vermögen. Ohne einen (moralisch postulierten) Gott droht der Sinnverlust; er ist also ein Thema der praktischen, nicht der theoretischen Vernunft, ein Ziel der Hoffnung und nicht ein Gegenstand der Gewissheit. Darin liegt der rein moralisch begründete, wenngleich theoretisch unbeweisbare »Zweifelglaube«, der als Erfordernis einer alternativlosen Vernunftreligion zwar nichts zu tun hat mit der traditionellen Lehre, aber doch etwas anderes ist als ein »vorsätzlicher

Unglaube«.[124] Um ihn zu fordern, hat der Mensch seine »moralische Intelligenz«.[125] Sie führt ihn, wie es Kants Religionsschrift von 1793 ausdrückt, »unumgänglich zur Religion«[126] – genauer: zu deren Substanz, ohne deren äußerliches Formelwesen zu benötigen. In diesem Sinne hatte Beethoven auch von seiner *Missa solemnis* sagen können, sie habe den Zweck, »sowohl bey den Singenden als bey den Zuhörenden, Religiöse Gefühle zu erwecken und dauernd zu machen«.[127] Damit formt sie die »Singenden« und die »Zuhörenden« auch im Konzertsaal zu dem, was Kant im Sinne eines ethischen Gemeinwesens eine »unsichtbare Kirche« genannt hat.[128]

Der eigentlichen Institution der Kirche hingegen stand Beethoven äußerst kritisch gegenüber. Schon 1802 hatte das von Napoleon mit dem Papst geschlossene Konkordat seinen sarkastischen Spott herausgefordert.[129] Auffällig knapp, nämlich auf dreieinhalb in einer Mittelstimme des Chorsatzes verborgene Takte reduziert, ist denn auch in der *Missa solemnis* das (von Franz Schubert in all seinen Messen sogar ganz ausgelassene) Bekenntnis »credo in unam sanctam catholicam et apostolicam ecclesiam« behandelt (Credo, T. 281–284), wobei allerdings das eingefügte Wörtchen »in« ohnehin eine den Sinn des originalen Messetextes verschiebende Eigenmächtigkeit ist. Was Beethoven als Erweckung religiöser Gefühle anstrebt, hat einen anderen Kontext als den der institutionalisierten Frömmigkeit. Die rigorose Vernunftkritik kann im Blick auf die theoretische Vernunft keine Gründe für ein Wissen über Gott liefern, wohl aber in der Perspektive der praktischen Vernunft die Möglichkeit eines vernünftig begründeten Hoffens auf erreichbare Glückseligkeit eröffnen, und nur mit dieser praktischen Ausrichtung auf einen vorgestellten »Endzweck« kann menschliches Handeln im Rahmen einer so gedachten »Schöpfung« einen Sinn gewinnen. (Auch der von Kant mit großem Bedacht verwendete Begriff der Welt als einer »Schöpfung« hat also, wie er eigens anmerkt, diese rein heuristisch-praktische Funktion.[130])

Diese Einsicht verwirklicht das Finale der 9. Sinfonie in seinem innigsten Moment, der nicht von ungefähr genau wie das »resurrexit« der *Missa solemnis* in archaisierendem Kantionalsatz beginnt, dann aber in geheimnisvollem Pianissimo jenes in sich vibrierende Nonenakkord-Klangfeld aus sich entlässt, das für Beethoven symbolischen Charakter hat (T. 650 ff.). »Ahnest du den Schöpfer, Welt?«: Was bei Kant nach der zwingenden Widerlegung aller orthodoxen Gottesbeweise der philosophische Ausdruck einer auf Vernunftgründe gestützten »moraltheologischen« Hoffnung ist, erscheint bei Beethoven in der ästhetischen Evidenz einer überwältigenden Inszenierung des musikalisch Erhabenen.[131] Zwar ist Schillers Ode noch vor der Begegnung des Dichters mit der Philosophie Kants entstanden und denkt daher das Postulat der Formulierung »muß ein lieber Vater wohnen« sicherlich ohne die Subtilitäten von Kants praktischer »Moraltheologie«, die vielmehr vor jeder Versuchung zum Anthropomorphismus in der Vorstellung eines moralischen Welturhebers ausdrücklich warnt.[132] In Beethovens Musik jedoch wird diese Begegnung 40 Jahre später faktisch nachgeholt: Kants Geist aus Schillers Händen, sozusagen. Das Finale der 9. Sinfonie bringt Schillers »über Sternen« mit dem »bestirnten Himmel« und dem »moralischen Gesetz« der *Kritik der praktischen Vernunft* zur Deckung. Die Idee zur Textierung des sinfonischen Finalsatzes kam zwar erst spät zur Konzeption hinzu, aber aus dem Abschluss der *Missa solemnis* geht sie mit großer Folgerichtigkeit hervor.

Es ist kaum verwunderlich, dass Paul Bekker seine berühmte These von der gemeinschaftsbildenden Kraft von Beethovens Sinfonik gerade an der 9. Sinfonie entwickelt hat.[133] Das seither für politische Anlässe fast jeglicher Couleur in Anspruch genommene, oft eklatant missbrauchte Werk steht, weil es sich dagegen kaum zu wehren vermag, seit langem unter hohem Ideologieverdacht, am wirkungsvollsten sicherlich bei Thomas Manns fiktivem Tonsetzer Adrian Leverkühn, der nach der Katastrophe des Weltkriegs und des Holocaust die Neunte unter dem Einfluss Adornos sogar förmlich »zurückzunehmen« und ihr sein apokalyptisches Oratorium entgegenzustellen gedenkt. Denn es ist nicht einfach nur die vermeintliche Frivolität einer vorauseilend besungenen »Freude«, die den Argwohn erregt – Adorno hat mit derselben Verve auch den großen Dur-Finalsätzen Gustav Mahlers vorgeworfen, sie musizierten,

»als sei Freude bereits in der Welt«[134] –, und auch nicht einmal das anstößige generische Maskulinum der Verbrüderung, das hier wie in der gesamten europäischen Aufklärung nur die Hälfte der beschworenen Menschheit zu adressieren scheint, sondern vielmehr der in Schillers dritter Strophe enthaltene Zweizeiler: »Und wer's nie gekonnt, der stehle / Weinend sich aus diesem Bund!« Zahlreich sind die Stimmen derer, die sich wünschen, Beethoven hätte diesen Doppelvers bei seiner ohnehin schon rigorosen Textauswahl einfach übersprungen.[135] Man musste dafür gar nicht auf die historischen Abgründe des 20. Jahrhunderts warten. Der prominenteste und zugleich früheste Kritiker Schillers ist Jean Paul, der angesichts dieser beiden Verse den Tadel an der Exklusion der anders Fühlenden und Denkenden bereits 1813 formuliert hat.[136]

Man kann den Unmut der Kritiker verstehen, sollte aber dennoch genau hinsehen. Der inkriminierte Zweizeiler bedeutet keineswegs den, so Jean Paul, »herzwidrigen«[137] Ausschluss all jener, die keinen Grund zur Freude haben, sondern er artikuliert in präziser Formulierung die intuitive Abwehr einer die humane Gemeinschaft gefährdenden Ungeselligkeit und Misanthropie – unangenehme Vorwürfe, derer sich, wie das »Heiligenstädter Testament« sogleich in seinem Eröffnungssatz klarstellt, schon der junge Beethoven zu erwehren hatte.[138] Vielleicht hat sein Festhalten an diesen Versen, getreu der existentiellen Fundierung seiner Kunst, sogar eben diesen biographischen Hintergrund. Sie haben indessen das Schicksal erlitten, in einer Hymne der Menschheitsverbrüderung als Störfaktor empfunden zu werden. In Wirklichkeit markieren sie im Kontext von Beethovens kritischer Textredaktion den peinlich zu tragenden realistischen Erdenrest im strahlenden Licht der idealistischen Utopie. Sie gestehen die Freude denjenigen zu, die praktisch zu ihr beizutragen gewillt sind, so wie der Friede auf Erden im Gloria des Messetextes nur für die Menschen »bonae voluntatis« gilt. Aber auch dieser Gedanke, dem Beethoven in der *Missa solemnis* eine so eindrucksvolle musikalische Fassung verliehen hat, schließt niemanden aus, sondern erinnert nur an die für alle Menschen verbindliche Geltung der Vernunft im Sinne des spektakulären Eröffnungssatzes von Kants *Grundlegung zur Metaphysik der Sitten* (1783): »Es ist überall nichts in der Welt, ja überhaupt auch außer derselben zu denken möglich, was ohne Einschränkung für gut könnte gehalten werden, als allein ein *guter Wille.*«[139] Die auf Vernunft basierende Vergesellschaftung mit ihren wohl kaum von ungefähr alliterierenden Resultaten der Freude, des Friedens und der Freiheit ist vom mündigen Subjekt aus entworfen; dass sie einmal zum Ganzen einer humanen Gesellschaft und sinnvollen menschlichen Geschichte führe, unterliegt indessen keiner Garantie. Zwar kann der Jubel im Schlusschor der Neunten bis heute wohl nur für den eine reine Freude sein, der beim nüchternen Blick auf die Welt nicht gleichzeitig weinen muss. Aber das ändert nichts an der Kraft seines aufklärerischen Appells, an der ungebrochenen Legitimität seiner die Fluchtlinie moralischer Praxis vorgebenden Vision.

Humoristische Totalität: Die Inversion des Erhabenen

Zwischen der 9. Sinfonie (op. 125) und dem ersten der fünf späten Streichquartette (op. 127) liegen die sechs *Bagatellen* op. 126, Beethovens letzte Kompositionen für Klavier. Sie bezeichnen den Übergang zum abschließenden großen Kompositionsprojekt, das Beethoven 1824 in Angriff nahm und im Spätherbst 1826 gerade noch vor dem Ausbruch seiner tödlichen Erkrankung zum Ende brachte: Die letzten Streichquartette bilden ein Korpus von Werken, das selbst innerhalb des an Irritationen wie an Schönheiten nicht gerade armen Spätwerks nochmals ein Non plus ultra der Intensivierung und Sublimierung darstellt, mit dessen Deutung die Nachwelt bis auf den heutigen Tag beschäftigt ist. Sie markieren nach der großen Messe und dem vokalen Sinfonie-Finale Beethovens dezidierte Rückkehr zur Auseinandersetzung mit Instrumentalmusik, nachdem er noch vor dem Beginn der eigentlichen Arbeit an der 9. Sinfonie mit dem Plan zu einem Goethe-Liederheft umgegangen war, für das er – für seine Vorgehensweise in den letzten Jahren charakteristisch – auf Entwürfe aus der eigenen Jugendzeit zurückzugreifen gedachte. Im Februar 1823 hatte er dem Weimarer Dichter »mehrere ihrer immer einzig bleibenden Gedichte in Töne gebracht« angekündigt und sich von Goethe sogar »eine Allgemeine Anmerkung überhaupt über das komponiren oder in Musick sezen ihrer Gedichte« erhofft.[140] Aus dem Plan zu diesen Liedern, die das Werkverzeichnis heute unter den unvollendeten Werken auflistet (Unv 22, Unv 23, außerdem WoO 131), ist nichts geworden. Mit der Sinfonie fiel die endgültige Entscheidung für die Auseinandersetzung mit Schiller, und danach wendete sich Beethoven mit größter Konzentration wieder der Instrumentalmusik zu.

Im November 1822 hatte ihn der Brief eines jungen St. Petersburger Verehrers, Fürst Nikolaus Borissowitsch Galitzin, erreicht, in dem er um die Komposition von »un, deux ou trois Nouveaux Quatuors«[141] gebeten wurde, offenbar nach dem Muster der Jahre zuvor gedruckten drei *»Rasumowsky«*-Quartette. Das war für Beethoven sicherlich einer der äußeren Anlässe, sich nach mehr als zehnjähriger Quartett-Abstinenz dieser Gattung wieder zuzuwenden. Zwischen diese Anfrage und den eigentlichen Beginn der Arbeit im Frühjahr 1824 schob sich dann noch die 9. Sinfonie, mit der Beethoven ebenfalls eine mehr als zehn Jahre währende Gattungspause beendete. Die drei von Galitzin gewünschten Quartette entstanden zwischen Mai 1824 und Ende 1825; daran schloss sich aber ohne Unterbrechung Ende 1825 sogleich die Fortsetzung der Serie an, die bis zum Herbst 1826 zwei weitere Werke hervorbrachte. Die fünf Quartette bilden also ein zusammenhängendes Projekt, das allerdings in sich so gegliedert ist, dass einerseits die drei *»Galitzin«*-Quartette sich durch einige Gemeinsamkeiten (wie etwa die differenzierte Integration einer langsamen Einleitungspartie in den Kopfsatz) und durch den krönenden Abschluss der Trias mit einer monumentalen Fuge von den zwei folgenden abheben, andererseits aber über die Grenze hinweg die mittleren Quartette 2–4 durch eine ihnen gemeinsame motivische Substanz (ein chromatisch gefärbtes Viertonmotiv) zusammengehalten werden und außerdem der Übergang von den Quartetten 1–3 zu den Werken 4–5 durch die Auffälligkeit markiert wird, dass das dritte mit einer Fuge schließt und das vierte unmittelbar danach, zum ersten und einzigen Mal, mit einer Fuge beginnt. Den Weg der vorigen Werke mit ihrem freien Gebrauch aller verfügbaren Schreibweisen von schlichtester Homophonie bis zum komplexen Kontrapunkt setzen sie konsequent fort. Auch das Experimentieren mit modalen Farben, wie es die *Missa solemnis* im dorischen »Et incarnatus est« begonnen hatte, begegnet hier erneut: Im langsamen Satz des a-Moll-Quartetts op. 132 wird es in der Überschrift ausdrücklich in den Zusammenhang religiöser Andacht gebracht (»Heiliger Dankgesang eines Genesenen an die Gottheit, in der lidischen Tonart«).[142]

Ihre ersten Aufführungen erlebten alle fünf Werke, beginnend im Frühjahr 1825, durch das seit kurzem wieder in Wien tätige Quartett-Ensemble von Ignaz Schuppanzigh, manchmal mit diesem, manchmal mit Josef Böhm als Primarius. Die kammermusikalischen Abonnementskonzerte, die Schuppanzigh im Sommer 1823 eingeführt hatte, waren für Wien eine Neuerung. Sie mögen für Beethoven ein zusätzlicher Anreiz zur neuerlichen Befassung mit dem Streichquartett gewesen sein (wie sie ein Auslöser auch für die letzten Streichquartette Franz Schuberts waren). In der auf vier Verlagsorte verteilten Publikation der fünf Quartette drückte sich allerdings ihre Gemeinsamkeit in keiner Weise aus; auch gibt die Opuszählung nicht die Chronologie der Entstehung wieder. Das erste Werk (op. 127) erschien vor Mitte 1826 bei Schott in Mainz, das zweite (op. 132) als letztes im Herbst 1827 bei Schlesinger in Paris und Berlin, das dritte (op. 130) schon vorher im Mai 1827 bei Artaria in Wien, das vierte (op. 131) im Juni 1827 wiederum bei Schott, das fünfte (op. 135) dann im Spätsommer 1827 bei Schlesinger. Alle Werke, von denen also nur das erste noch zu Beethovens Lebzeiten im Druck erschien, wurden in Stimmen und als Partitur gedruckt.[143] Es ist interessant, dass Karl Holz, der junge zweite Geiger des Schuppanzigh-Quartetts, im Konversationsheft die verstreute Publikation der eigentlich zusammengehörigen »*Galitzin*«-Quartette Anfang 1826 eigens thematisiert: »Die Leute finden es sonderbar, daß die 3 Quartetten an verschiedenen Orten heraus kommen«;[144]

er setzt bezeichnenderweise allerdings, damit ihre gegen äußere Bedingungen gleichgültige innere Gemeinschaft betonend, gleich hinzu: »als wenn es für ein Kunstwerk nicht überall einen Stapelplatz gäbe«.[145] Als sich abzeichnete, dass das dritte Quartett vor dem zweiten erscheinen würde, ließ sich Beethoven von Artaria versichern: »Ich werde aber oben ansetzen *3ème* Quatuor«.[146] Sie sollten also trotz ihrer Verteilung auf drei Verlage als zusammenhängende Serie sichtbar sein. Sogar eine Gesamtaufführung der drei schwierigen Werke scheint in Beethovens Umkreis für denkbar gehalten worden zu sein; im Sommer 1825 notiert sein Neffe Karl, »die 3 Quartette« könnten bei guter Einstudierung »eben so gut nacheinander gespielt werden« wie andere Werke in Schuppanzighs Konzerten auch.[147] Das allerdings mutet bis heute kein Konzertveranstalter einem Publikum zu.

Als einen Beleg für die innere Zusammengehörigkeit der Werke hat man oft die werkübergreifende Anwesenheit eines motivischen Kerns ins Feld geführt, dessen Bedeutung allerdings bis heute umstritten ist.[148] Es geht um eine Konstellation von vier Tönen, wie sie erstmals am Beginn des a-Moll-Quartetts op. 132 exponiert wird und, scheinbar eine langsame Einleitung, sich dann als Bestandteil des in zwei Tempobereiche gespaltenen Hauptthemas entpuppt. Das Motiv ist variabel, hat aber eine feststehende Eigenschaft: Je zwei seiner Töne stehen zueinander im Halbtonabstand. Es liegt ebenfalls dem Thema der großen Fuge im Finale des Quartetts op. 130 zugrunde, und es prägt auch das Fugensubjet des nachfolgenden Werks op. 131. Eine rätselhafte subkutane Verbindung zwischen den Werken besteht darin, dass im Trio des Scherzo-Satzes aus dem a-Moll-Quartett op. 132 plötzlich und scheinbar ganz unmotiviert das Hauptthema des späteren cis-Moll-Quartetts hervorbricht (op. 132, 2. Satz, T. 209–212) und bei seiner Wiederholung sogar noch durch den metrischen Bruch einer flüchtigen Transformation des Dreivierteltaktes in ein Alla-breve-Metrum (T. 218–221) emphatisch hervorgehoben wird. Damit sind nur die auffallendsten Vorkommnisse der werkübergreifenden Viertonformel genannt. Ebenso fällt ins Gewicht, dass im Lauf der Arbeit manche Sätze ihren Ort innerhalb des Gesamtprojekts wechselten, teilweise sogar durch die Kette der aufeinander folgenden Werke hindurchgereicht wurden. So war etwa die »Danza tedesca« des B-Dur-Quartetts op. 130 zunächst als A-Dur-Satz für das a-Moll-Werk op. 132 entworfen worden, dessen Finalsatz wiederum entstand aus dem Material für ein ursprünglich instrumentales Finale der 9. Sinfonie, die Schlussfuge des Quartetts op. 130 wurde ganz zuletzt unter einer eigenen Opusnummer verselbständigt und durch eine Neukomposition ersetzt, und der anfangs noch vorgesehene meditative Schluss des cis-Moll-Quartetts op. 131 wurde schließlich in den langsamen Satz des letzten Werks (op. 135) verwandelt.

Eine der vielen erklärungsbedürftigen Innovationen der ganzen Werkserie besteht in der geradezu systematisch von Werk zu Werk anwachsenden Zahl der Sätze, bis dann auf das vorletzte, sieben Sätze umfassende cis-Moll-Quartett op. 131 der wieder wie üblich viersätzige Abschluss mit dem F-Dur-Werk op. 135 folgt. Die Suche nach einer Erklärung führt zu der Erkenntnis, dass die »ungewöhnliche Satzvermehrung«[149] nicht etwa auf die bloß mechanische Erweiterung der »klassischen« Anlage aus vier Sätzen zurückgeführt werden kann. Ihre Logik ist vielmehr die einer von innen heraus erfolgenden Aufspaltung dieser Viersätzigkeit zu kontrastierenden Satzpaaren, was bis zum cis-Moll-Quartett hin folgerichtig zur Anlage aus sieben (ursprünglich sogar acht) Einzelsätzen führt. Das hat eine für den Zyklus gravierende Folge: Die Sätze selbst entbehren jeglicher thematischer Kontrastdramaturgie, und die vorher *innerhalb* der Sätze etablierten Kontraste verlagern sich auf die Ebene von Kontrasten *zwischen* Sätzen.[150] An der Abfolge der ersten beiden Sätze des cis-Moll-Quartetts ist das gut zu sehen: Auf die naturgemäß monothematische Eröffnungsfuge folgt an zweiter Stelle der am Beginn vermisste Sonatensatz, der aber nun ebenfalls eine konsequent monothematische Anlage aufweist. Das nächste Satzpaar (3 und 4) verhält sich wie eine Gesangsszene aus Rezitativ und Arie, wobei die »Arie« (Andante ma non troppo e molto cantabile) als Variationensatz natürlich ebenfalls monothematisch ist. Die drei vorangehenden Quartette hatten in ihren Kopfsätzen auf unterschiedliche Weise mit der Integration einer langsamen Introduktionspartie experimentiert, die sich im Satzverlauf jeweils als fester Bestandteil des Hauptthemas erweist. Nun treten im cis-Moll-Quartett die beiden Formteile Einleitung und Hauptsatz ganz auseinander und verselbständigen sich zu zwei separaten Eröffnungssätzen. Das Resultat ist paradox: Wenn vormals satzinterne Kontraste nun zu externen Kontrastbeziehungen zwischen verselbständigten Sätzen mutieren, so werden damit der Selbständigkeit des einzelnen Satzes aber auch klare Grenzen gesetzt. Dass Beethoven dem auf seinen Gegenpart angewiesenen Einzelsatz weniger Autonomie zubilligt als vorher,[151] schlägt sich beim cis-Moll-Werk in der kühnen Forderung nieder, das ganze lange Werk unterbrechungslos vorzutragen. Vor welche Herausforderung das die Interpreten und vor allem ihre Instrumente stellt, zeigt eine in den Konversationsheften dokumentierte Diskussion mit Karl Holz (bei der wie fast immer Beethovens mündlich gegebene Antworten fehlen): »Muß es ohne aufzuhören durchgespielt werden? – Aber dann können wir nichts wiederholen! – Wann sollen wir stimmen? [...] – Wir müssen es an einem kühlen Abend machen. [...] – Wir werden uns verläßliche Saiten bestellen. – Mylord [der Spitzname für Schuppanzigh] muß sich sehr *reine* bestellen«.[152] In der Tat aber hat Beethovens ungewöhnliche Forderung einen tieferen Sinn, der auf der Basis dieser ebenso ungewöhnlichen Werkanlage ein bezeichnendes Licht auf die neue Integrationskraft seines Spätstils wirft.

* * *

Das vorletzte Streichquartett (op. 131), das Beethoven dem Bericht von Karl Holz zufolge »für sein größtes« erklärt haben soll,[153] beginnt mit einer langsamen Fuge (Adagio ma non troppo e molto espressivo). Deren Thema trägt eine dynamische Vorschrift, die aus der barocken Viertonformel des Themenkopfes, die etwa an die cis-Moll-Fuge aus dem ersten Teil von Bachs *Wohltemperiertem Klavier* erinnert, eine höchst moderne expressive Geste macht: Ein wie aus dem dynamischen Nichts steil aufsteigendes Crescendo mündet in ein scharfes Sforzato auf dem vierten Ton des Themas, dessen

Fortspinnung dann umgehend in das ursprüngliche Piano zurückfällt. Es ist nicht überraschend, dass Adorno diesen Werkbeginn in einem späten Radiovortrag unter die Lupe genommen hat (*Über den Spätstil Beethovens*, 1966), denn an ihm lässt sich ein Kernelement seiner Spätstil-Diagnose demonstrieren. Für ihn bezeichnet das Sforzato auf dem vierten Ton des Themas einen »Akzent, der den Fluß der Melodie, die von sich aus so einen Akzent gar nicht zu verlangen scheint, aufstört«.[154] Damit wäre auch dies eines jener zahlreichen Beispiele für die mit dynamischen Mitteln nur scheinbar zum Leben gebrachten »Formeln und Floskeln der Konvention«, die schon der frühere Essay zum Hauptkennzeichen des »Spätstils Beethovens« erhoben hatte.[155] In der Tat will Adorno solche dynamischen Zutaten zu einem melodisch neutralen Material, als weiteres Beispiel den Beginn des F-Dur-Quartetts op. 135 aufrufend, nur als »gewissermaßen nicht kompositionsimmanente, von außen hinzugefügte Akzente« verstehen.[156] In Wirklichkeit lässt sich jedoch zeigen, dass das Beisammen von (objektiver) melodischer Formel und (subjektiver) dynamischer Nuance am Anfang des cis-Moll-Quartetts nichts Geringeres als die eigentliche Begründung für die Gesamtkonstruktion des Werkverlaufs liefert und damit sogar in ganz außerordentlichem Grade »kompositionsimmanent« ist.[157]

Zu den Auffälligkeiten dieses Beginns gehört es, dass die Beantwortung (Comes) des Themas (Dux) in der Unterquinte erfolgt – ein antiquiertes und schon bei Bach so gut wie nicht mehr begegnendes Verfahren, das hier überhaupt zum einzigen Mal bei Beethoven vorkommt und das man leicht als ein weiteres Moment der Konvention bezeichnen könnte. Es hat aber einen ganz anderen, nämlich einen konstruktiven Sinn. Durch das Sforzato und durch die Unterquintbeantwortung tritt im sechsten Takt der Ton *d* als erster (und einziger) leiterfremder Ton des Werkbeginns hervor, wird somit als extrem auffällig herausgehoben. Wie wichtig dieses Detail dem Komponisten war, zeigt ein Brief an den Schott-Verlag mit der Bitte um Kontrolle der Auflösungszeichen vor gerade diesem *d* in der übersandten Stichvorlage.[158] Auf der Konfrontation von *cis* und *d*, die am Ende des Satzes in den Außenstimmen zu erheblichen

Dissonanzen führt (T. 111–115), beruht nun die Werkidee. Als zweiter Satz folgt (ohne Zäsur) eine monothematische Sonatenform in D-Dur, und allein schon diese unorthodoxe Tonartenkonstellation sollte aufhorchen lassen. Sie ist durch das modulationslose Aufeinanderprallen der Satzgrenzen in einer primitiven Halbtonrückung in ihrer Wirkung noch verstärkt. Die Konstellation (besser sogar: Konfrontation) der beiden Töne durchzieht das Werk, bis sie im Finale, einem ausgedehnten Sonatenrondo, zur Lösung gelangt. Dessen Hauptthema ist eine leicht erkennbare Variante des Fugen-Soggetto aus dem Kopfsatz, dessen Ecktöne *cis-gis-a-his* es integriert und sie in der Fortsetzung sogar noch deutlicher exponiert (T. 21–23).[159] Das Werk erweist sich also als zyklische, das Ende im Anfang spiegelnde Konzeption. In das cis-Moll seiner wiedergekehrten Haupttonart wird das vorher so fremde D-Dur (in der Abfolge der Sätze 1 und 2 noch ein sukzessiver Kontrast) allmählich integriert. Dies geschieht dadurch, dass in der Reprise der Seitensatz (bzw. das Couplet des Sonatenrondos) statt in Cis-Dur zunächst in D-Dur rekapituliert wird (T. 216 ff.), insgesamt aber schließlich dadurch, dass gegen das Ende hin der Sextakkord von D-Dur die Funktion der »neapolitanischen« Subdominante in der cis-Moll-Kadenz erfüllt (erstmals jedoch bereits T. 17–21).

Für den Schluss des Werks hat Beethoven – wie in seinen Moll-Werken der Spätzeit immer – schon in den ersten Skizzen den Durchbruch ins gleichnamige Dur vorgesehen, und tatsächlich endet der Satz auch mit einer plagalen (aus der Moll-Subdominante herausfahrenden) Cis-Dur-Kadenz in drei *ff*-Akkordschlägen. Eigentlich aufregend ist aber der ursprüngliche und schließlich verworfene Plan für diesen Schluss, den Robert Winter aus dem umfangreichen Skizzenmaterial rekonstruieren konnte.[160] Direkt im Anschluss an die jetzigen Cis-Dur-Akkordschläge sollte noch eine lange Coda (oder sogar ein weiterer Satz?) in langsamem Tempo folgen, deren ebenfalls aus dem viertönigen Hauptthema abgeleitetes Thema (als Dur-Version der Takte 21–23) Beethoven in den Skizzen mit der Notiz »süßer Ruhegesang / Friedensgesang« sogar ausdrücklich semantisiert hat.[161] Jedoch steht dieser Entwurf für das Ende nicht, wie zu erwarten, in Cis-Dur, sondern in Des-Dur. Wenn man seinem Biographen Anton Schindler glauben darf, bestand für Beethoven zwischen Cis-Dur und Des-Dur ein erheblicher Unterschied: »Beethoven behauptete, wenn es keiner Schwierigkeit unterliege Cis dur von dem enharmonischen Des-Dur mit Sicherheit zu unterscheiden, so sey das Ohr hiebei in zweiter Linie entscheidend, in erster aber das Gefühl für den subtilen Unterschied zwischen hart und weich, darin also zunächst das characteristische Merkmal jeder dieser beiden Dur-Tonarten liege; der gute, zweckmäßige Gebrauch wird das Weitere bis zur Evidenz herausstellen.«[162] Offenbar liefert Beethovens Differenzierung zwischen Kreuz- und B-Tonarten eine Bestätigung für jenes Phänomen der Tonartencharakteristik, das man plausibel als »sharp-flat principle« bezeichnet hat.[163] Unabhängig von Schindlers Bericht ist Beethovens Überzeugung von einem besonderen Des-Dur-Charakter, der mit der Kreuztonart Cis-Dur vielleicht nicht zu erzielen gewesen wäre, mit einem weiteren Zeugnis – freilich auch nur aus zweiter Hand – zu belegen: Friedrich Rochlitz, der langjährige Redakteur der Leipziger *Allgemeinen musikalischen Zeitung*, will sich, ebenfalls wie Schindler erst einige Jahre nach Beethovens Tod, erinnern, dass der Komponist Des-Dur mit der Vorstellung des Majestätischen und mit dem Assoziationsumfeld »Klopstock« verbunden habe.[164]

Es wäre dieser »Friedensgesang« also ein geradezu verklärender Dur-Schluss für das so schwermütig anhebende Werk geworden – eben nicht in Cis-, sondern in Des-Dur. Man mag den Tonartwechsel zunächst pragmatisch auf die etwas leichtere Lesbarkeit zurückführen, aber aus dem Anfang des Quartetts ergibt sich eine andere Deutung. Nach der in der Fugenexposition dynamisch so nachdrücklich markierten Kollision von *cis* und *d* ist in der Tat nur der Grundton *des* im strengen Wortsinne dafür geeignet, die angestrebte Vermittlung wirklich ins Werk zu setzen: *des* kann enharmonisch mit der Tonika *cis* verwechselt werden und ist zugleich eine chromatische Variante der Tonstufe *d*. In einem solchen Schluss wären die das Werk auf den Weg bringenden Kontraste (Moll / Dur, *cis* / *d*) zu einer sinnfälligen Aufhebung gelangt, auf deren werkimmanente Darstellung Beethoven aber schließlich verzichtet hat: Zuletzt soll der Fluchtpunkt offenbar bewusst verborgen bleiben. Darauf wird noch zurückzukommen sein. Sollte also diese subtile Idee hinter dem (unausgeführt gebliebenen) Entwurf gestanden haben, dann wäre das, wie schon in der As-Dur-Sonate op. 110, ein weiterer Beleg für die Intensität einer auf Integration gerichteten Intention (die auch ohnedies stark genug wahrnehmbar ist): eine Intention, die dem Gesamtkonzept eine völlig andere Tendenz als die in Adornos »Spätstil«-Bild entworfene Neigung zu planvoll inszenierter Dissoziation verleiht. Damit erhält auch der für das Spätwerk insgesamt charakteristische Einsatz der Fugentechnik eine neue, sogar die Werklogik überhaupt erst begründende Funktion. Mehrere Skizzen belegen, dass Beethoven die übliche moderne Oberquintbeantwortung des Themas zwar erwogen, aber offensichtlich umso nachdrücklicher verworfen hat.[165] Nur die altmodische Unterquintbeantwortung ermöglicht, ja erzwingt geradezu die exponierte Betonung des für die Gesamtidee entscheidenden Tons *d*. Durch keine andere Maßnahme ist er überhaupt so zwingend begründbar wie mit der Technik der Fugenbeantwortung. Bezeichnenderweise ist gerade nur die Exposition außerordentlich streng, während der weitere Verlauf der Fuge sich erhebliche Freiheiten gestattet und kaum noch zur Ausgangsgestalt des Themas zurückkehrt. Im Hauptthema des Finalsatzes erscheint das Fugenthema dann ohnehin in zwei weiterentwickelten Varianten (T. 1–5, T. 21–23). So zeigt der Werkverlauf des cis-Moll-Quartetts vom ersten bis zum letzten Ton den ungebrochenen Willen zur Erzeugung einer schlüssigen ästhetischen Totalität, die man kaum anders denn als gesteigerten Ausdruck einer sich machtvoll objektivierenden Subjektivität auffassen darf.

* * *

Eine Heimat hat der verworfene Des-Dur-Satz aber doch noch im letzten der fünf Werke als dessen langsamer Satz gefunden: im F-Dur-Quartett op. 135.[166] Dieses Werk ist mit der üblichen Abfolge von vier Sätzen wieder kleiner dimensioniert als seine Vorgänger, aber es steht ihnen an Heterogenität in nichts nach. Schon der Beginn des Kopfsatzes lässt die unterschiedlichsten Tonsatzzustände gleichsam programmatisch aufeinanderstoßen: klassische durchbrochene Arbeit (T. 1–10), reine Homophonie im Unisono (T. 10–14) und dichte kontrapunktische Stimmführung (T. 17–22). Die sublime Idee eines verklärenden Des-Dur-Schlusses, wie Beethoven sie für op. 131 anfangs zur kühnen Ausgleichung der benachbarten Positionen von *cis* und *d* erwogen hat, konnte also ohne weiteres als zu einer weit ausholenden Variationenfolge ausgebauter Binnensatz in den Mikrokosmos des folgenden F-Dur-Quartetts einwandern. Der schroffe Charakterkontrast, in den sich der Beginn von op. 131 mit einer langsamen cis-Moll-Fuge und einem raschen D-Dur-Allegro aufgespalten hatte, erscheint im F-Dur-Werk zu einer aberwitzigen Kollision zugespitzt. Die Innigkeit des aus dem cis-Moll-Quartett stammenden Des-Dur-Satzes steht in op. 135 direkt neben der offenen Skurrilität eines Scherzos, in dessen Trio eine mehr als fünfzigmal wiederkehrende mechanische Drehfigur der Begleitinstrumente die verrenkten Sprünge und Schleifer der Primgeige wie in einer aus dem Ruder geratenen Tanzbodenmusik begleitet (T. 142–192). Diese Drehfigur ist aus dem Beginn des Scherzos gewonnen: als dessen variierte Diminution von Vierteln auf Achtel. Im Trio geht ihre Sequenzierung in reine Wiederholung über. Was also einmal rationale Technik durchführender motivisch-thematischer Arbeit war, schlägt hier jäh um in einen vernunftlos rasenden Mechanismus, der erst nach völliger Verausgabung in den Umkreis logischer Entwicklung zurückgeholt werden kann – das Paradox eines kontrollierten Kontrollverlusts von schockierender Wirkung.

Der innige langsame Des-Dur-Satz, an dritter Stelle platziert, befindet sich also in unmittelbarer Nachbarschaft zu einem grotesken Scherzo und einem skurrilen Finale. Dieses Finale mit seiner berühmten Überschrift (»Der schwer gefasste Entschluss: Muss es sein? Es muss sein!«) entfaltet sich nach dem um diese Zeit längst obsoleten Muster einer Sonatenform aus zwei jeweils zu wiederholenden Hälften, und der scheinbare Konventionsrest der zweiten Wiederholung (also Durchführung und Reprise) wird in einer überaus witzig-geistreichen Geste aufgelöst, mit der die Entscheidung darüber – ganz am Ende von Beethovens Lebenswerk überhaupt – letztlich aus der Verfügung des Autors entlassen und stattdessen den Interpreten übergeben wird: »Si repete la seconda parte al suo piacere« (op. 135, Finale, T. 243a), als erschiene scherzhaft am Ende des Satzes eine weitere mögliche Antwort auf die eröffnende Frage »Muss es sein?« Der drohende Verlust aller traditionellen Vorgaben und formalen Selbstverständlichkeiten ist der Ernst hinter dem augenzwinkernden Scherz. So bildet der Satz den Zielpunkt einer das Komponieren Beethovens zunehmend beherrschenden Logik der Reflexivität, für die oben der Begriff »Transzendentalmusik« vorgeschlagen wurde.

Die zunehmende Sublimierung der Finalidee ist die letzte grandiose Geste des Spätwerk-Humors. Das Finale des letzten Quartetts mit seiner anachronistischen Sonatenform aus zwei jeweils zu wiederholenden Hälften reproduziert in etwas größeren Dimensionen das ganz analog gebaute Finale des letzten Klavierwerks, der *Bagatelle* op. 126,6. Bei dieser handelt es sich um eine aufs Äußerste komprimierte Miniatursonate mit einer Exposition aus sechs Takten Hauptthema (T. 7–12), sechstaktiger Überleitung (T. 13–18) und dreitaktiger dominantischer Schlussgruppe (T. 19–21), darauf folgender elftaktiger Durchführung auf der Basis des Schlussgruppenmaterials und subdominantisch ansetzender Reprise (T. 33 ff). Beide Teile werden wiederholt; ihnen folgt eine Coda, in der die starre Orgelpunkt-Fixierung des Hauptthemas endlich aufgelöst wird (T. 63 ff.). Diese Miniatur mit der Tempo- und Charaktervorzeichnung »Andante amabile e con moto« ist eingerahmt von zwei vollkommen identischen Presto-Sechstaktern (T. 1–6, T. 69–74), in denen über trommelndem, auf der Tonika Es haftendem Bass eine formelhafte Melodie-Girlande auf eine aus nichts als vier Es-Dur-Akkorden bestehende Kadenz zustürzt. Abgesehen davon, dass diese Einleitung (die am Ende als Stretta wiederkehrt) die merkwürdige Orgelpunkt-Fixierung des Andante-Hauptthemas vorwegnimmt (wenn nicht gar auslöst), ist hier alles auf schärfsten Kontrast eingestellt, womit der kuriose Rahmen den ebenso innigen wie lieblichen (»amabile«)

Andante-Innenteil einem erheblichen Verfremdungseffekt aussetzt.[167] Die konzentrierte kleine Studie, Beethovens letztes Wort in Sachen Klaviermusik, wirft ein Licht zurück auf die ebenfalls klein dimensionierten, aber ganz anders strukturierten Sonatenformkopfsätze der Sonaten op. 101 und op. 109 und zugleich einen Blick voraus auf das weitaus längere, aber ganz ähnlich strukturierte Finale des letzten Quartetts op. 135.

* * *

Der letzte Blick gilt dem in zwei Versionen vorhandenen Finale des Streichquartetts op. 130.[168] Es verdient hier aus mindestens zwei Gründen besondere Aufmerksamkeit, denn es benachbart den längsten Finalsatz in Beethovens Kammermusik überhaupt mit der allerletzten Komposition, die Beethoven vor dem Ausbruch seiner tödlichen Krankheit noch niederschreiben konnte. Ursprünglich endete das auf sechs Sätze angewachsene Werk mit einer nicht weniger als 741 Takte umfassenden Fuge, die wohl den monumentalen Abschluss nicht nur dieses einen Werks, sondern des gesamten Triptychons der drei »*Galitzin*«-Quartette bilden sollte. Am Ende der drei »*Rasumowsky*«-Quartette hatte Beethoven 1806, wenngleich in weit kleineren Dimensionen, ein ähnliches Signal gesetzt, indem der das Finale des letzten Quartetts op. 59,3 mit einem als vierstimmige Fugenexposition angelegten Hauptthema versah. Die Ambition am Ende des Quartettschaffens ist allerdings eine andere. Die Fugentechnik ist nun nicht mehr einfach auf die Versöhnung von moderner Sonate und barockem Kontrapunkt ausgerichtet, sondern sie erschafft sich ihre ganz eigene freie Form, indem sie strengste Durchführungstechnik (unter Einschluss von Diminution und Augmentation) mit geradezu schwärmerisch gelösten Partien (vgl. etwa T. 159 ff.) wechseln lässt und damit das traditionelle Alternieren von Durchführungen und Zwischenspielen übersteigt. Dieses hatte noch die Struktur der Fuge im Finale der »*Hammerklavier*«-Sonate op. 106 gesteuert, und deren »alcune licenze« sind denn auch nichts als eine Markierung besonderer technischer Konsequenz. Die große Fuge des B-Dur-Quartetts hingegen hat Beethoven später, den Unterschied betonend, ganz zu Recht mit dem Untertitel »tantôt libre, tantôt recherchée« versehen. Sie ist eigentlich eher ein eigenständiger Satz denn organischer Bestandteil eines Zyklus. So weist sie eine eigene »Overtura« auf, in der die Kontur des Themas präfiguriert wird. Dieses allerdings schafft wiederum eine untergründige Verbindung zum Ganzen der Werksammlung, indem sein Kopf sich auf das Viertonmotiv bezieht, aus dem schon das a-Moll-Quartett op. 132 hervorgegangen war und das auch noch das nachfolgende cis-Moll-Werk prägen sollte. Seine eigentliche Vorstellung erfolgt (*pp* und nochmals ausdrücklich *sempre pp*, bevor dann *ff* die ausdrücklich so bezeichnete »Fuga« anhebt), in den Takten 26–30, in einer merkwürdigen, jeweils zwei nicht synkopierte Achtel zusammenbindenden Notation, deren Sinn sich schon den Musikern der Uraufführung nicht auf Anhieb erschloss.[169] Leider ist Beethovens Antwort auf die entsprechende Nachfrage von Karl Holz nicht bekannt, und so ist das aufführungspraktische Problem für die nachfolgenden Generationen erhalten geblieben.[170]

Das kolossale Stück ist in charakterlich völlig heterogene Abschnitte gegliedert, in denen man einerseits funktionale Glieder eines formalen Organismus (mit expositions-, durchführungs- und reprisenartigen Zügen) oder sogar eine zyklische Satzfolge innerhalb des Satzes (Kopfsatz, langsamer Satz, Scherzo, Finale) sehen kann, aber auch die Errungenschaften einer weiter intensivierten Auseinandersetzung mit der Technik der Variation zu würdigen hat. Bei der Erstaufführung des B-Dur-Quartetts op. 130 durch Schuppanzighs Quartett am 21. März 1826 wurden der zweite und der vierte Satz (also das äußerst konzentrierte kleine Scherzo und die stilisierte »Danza tedesca«) vom Publikum spontan zur Wiederholung verlangt. Die schließende Fuge hingegen stieß auf ein Unverständnis, das der Rezensent der *Allgemeinen musikalischen Zeitung* offen in die seither berühmten Worte fasste: »Aber den Sinn des fugirten Finale wagt Ref. nicht zu deuten: für ihn war es unverständlich, wie Chinesisch. Wenn die Instrumente in den Regionen des Süd- und Nordpols mit ungeheuern Schwierigkeiten zu kämpfen haben, wenn jedes derselben anders figurirt und sie sich per transitum irregularem unter einer Unzahl von Dissonanzen durchkreuzen, wenn die Spieler, gegen sich selbst misstrauisch, wohl auch nicht ganz rein greifen, freylich, dann ist die babylonische Verwirrung fertig.«[171] Bemerkenswert ist allerdings, dass dem berühmten Komponisten, wie um diese Zeit in manchen Kritiken üblich, ein vorsichtig abwägender Vertrauensvorschuss gewährt wird: »Vielleicht kommt noch die Zeit, wo das, was uns beym ersten Blicke trüb und verworren erschien, klar und in wohlgefälligen Formen erkannt wird.«[172]

Es ist wenig verwunderlich, dass Beethoven von seinem Freundes- und Bekanntenkreis, vor allem aber durch den Verleger Matthias Artaria zur Abtrennung des sperrigen Stücks bewogen wurde, das dann unter dem Titel *Große Fuge* separat und mit einer eigenen Opusnummer (op. 133) erschien. Gegen die lange Zeit kolportierte Ansicht, Beethoven habe dies nur widerwillig und voller Verachtung für die Unbedarftheit des Publikums getan, spricht die Tatsache, dass er sich nicht nur an der Einrichtung und Drucklegung des Stücks engagiert beteiligte, sondern dass er auch das von Anton Halm angefertigte und bereits vom Verlag bezahlte, ihm aber ungenügend scheinende Arrangement für Klavier zu vier Händen durch ein eigenes ersetzte, das sogar eine eigene Opuszahl erhielt (op. 134). Sein letzter kompositorischer Akt bestand dann, nach der Vollendung der letzten Quartette, im Herbst 1826 in der Komposition eines neuen Finales für das B-Dur-Quartett.

Dieses Finale ist nicht nur Beethovens letzte Komposition überhaupt, sondern auch eine seiner geistreichsten. Seit im späteren 20. Jahrhundert sich allmählich ein Verständnis der *Großen Fuge* zu bilden begonnen hat, gerät das kleine Ersatzfinale freilich zunehmend in den Schatten. Nicht wenige Ensembles ersetzen es heute wieder, gegen Beethovens ausdrücklichen und erklärten Willen, durch seine kolossale Vorgängerin. Wie sorgfältig Beethoven allerdings bei seiner Anlage zu Werke gegangen ist, zeigt sich allein schon an der Integration des kleinen Satzes in den Zyklus, die der Spur des Fugenfinales exakt folgt. Dieses hatte sich der Tonika B-Dur, in der das Fugenthema exponiert wird, von weither durch mehrere Quintfälle angenähert: G-Dur (T. 1–10), C-Dur (T. 11–16), F-Dur (T. 17–25),

B-Dur (T. 26 ff.). Dieser Umweg zieht die Konsequenz aus dem ätherischen Klang, mit dem die voranstehende »Cavatina«, einer der schönsten langsamen Sätze in Beethovens gesamtem Œuvre, geschlossen hatte: ein zwecks präziser Bezeichnung der Schwelldynamik in gebundenen Achteln notierter Es-Dur-Dreiklang in Terzlage. Dessen in der Oberstimme so auffällig exponiertes *g* nimmt die Fuge als ihren ersten Grundton auf. Genauso verfährt aber auch das nachkomponierte Finale, das dadurch auf sehr eigentümliche Weise ebenfalls erst seine Tonart finden muss (G-Dur – c-Moll [T. 3–6], F-Dur – B-Dur [T. 7–10]). Die Reprise lässt es sich nicht entgehen, aus dieser Anlage durch die Auffächerung der Transpositionen nach oben und nach unten und durch Verdoppelung der Phrasen einen witzigen Effekt zu ziehen (T. 225–240).

Es handelt sich um einen Sonatensatz, der aber zunächst den Charakter eines leichtfüßigen Rondos artikuliert: dies allein schon durch den zweitaktigen Vorspann mit einem spitz staccatierten und durch die gesamte Exposition beibehaltenen Okatvpendel der Viola, das man in der Literatur der Zeit als »Murky«-Bass bezeichnete und damit nicht nur die primitivste aller möglichen Begleitfiguren, sondern auch eine »anjetzt veraltete« Satzart meinte.[173] Das gesamte Hauptthema, das allerdings die erwähnte harmonische Eigenschaft einer zentripetalen Tonalität aufweist, ist wie im Rondo üblich in klare Phrasen gegliedert und wird in seiner Fortspinnung auch dem rondoüblichen Verfahren der Wiederholung seiner zweiten Hälfte unterzogen (T. 20–32). Dass der als Rondo begonnene Satz danach mit einer Modulation zum dominantischen Seitenthema (T. 39 ff.) und einer Wiederholung der Exposition klar als Sonate weitergeht, wirkt wie eine Überraschung. Diese Irritation wird dadurch gesteigert, dass nach dem Eintritt in die Durchführung (T. 97) wiederum ganz unerwartet ein ausführlicher lyrischer Zwischensatz in As-Dur präsentiert wird (T. 109 ff.), als handele es sich um ein Rondo-Couplet. Danach aber wird unvermittelt die Durchführung des Hauptthemas fortgesetzt (T. 161 ff.) und geht sogar in dichten imitatorischen Satz und kontrapunktische Arbeit über. Aus dieser ergibt sich am Ende eine 16 Takte lange Unisono-Passage (T. 207 ff.), aus deren bizarrer Akzentuierung, Diastematik und Artikulation schließlich wie ein überraschendes Resultat thematischer Arbeit der trommelnde »Murky«-Bass hervortritt und die Reprise eröffnet. Auch der in seiner Formfunktion so rätselhafte Zwischensatz, das scheinbare Rondo-Couplet, wird in vollem Umfang rekapituliert, diesmal in Es-Dur (T. 353 ff.), und gibt danach einer ausgedehnten, abermals zu enormer kontrapunktischer Verdichtung gelangenden Coda Raum, an deren Ende die gestauten Energien (60 *sf*-Zeichen auf der letzten Partiturseite!) abrupt vom *ff* zum *p* und *pp* herabgefahren, dann aber in drei *ff*-Akkordschlägen entladen werden.

Die Deutung des Satzes bereitet Kopfzerbrechen, weil er nicht nur diverse Charaktere, sondern vor allem ganz unvereinbar scheinende Strukturelemente übereinanderlegt. Keine Sonate und kein Rondo, ist der Satz aber auch kein Sonatenrondo, wie es sich als Synthese der beiden Formungsprinzipien im späten 18. Jahrhundert herausgebildet hatte.[174] Er stellt all diese Modelle infrage und präsentiert eine eigene Alternative, für die sich in der Tradition kein Vorbild findet. Mit seinen in den Sonatenprozess eingeschobenen coupletartigen Fremdkörpern stellt er, wie Rudolf Stephan gezeigt hat, den befremdlichen Fall einer »Rondosonate« dar,[175] und er ist das erste und zugleich letzte (also das einzige) in der Musikgeschichte nachweisbare Exemplar dieser Form. In allen Details scheint er die Prinzipien seiner eigenen Konstitution zu befragen und ist damit ein weiteres Beispiel für die in Beethovens Schaffen so häufig begegnende Reflexivität einer »Transzendentalmusik«. Es ist ein Abschied vom Komponieren, wie er hintergründiger kaum ausfallen könnte.

Nichts zeigt klarer die extreme Spannweite der Möglichkeiten in Beethovens Spätstil an als gerade die beiden unterschiedlichen Sätze zum Abschluss desselben Werks, die *Große Fuge* und die kleine »Rondosonate«. Einer ausschweifenden Phantastik von ungeheurer Angestrengtheit und bitterem Ernst steht ein anmutiges Gebilde von sprödem Charme und stilisierter Harmlosigkeit gegenüber, das es aber gleichsam faustdick hinter den Ohren hat. Beide werfen sie vom Ende her ein äußerst konträres Licht auf das »gespaltene Werk«,[176] dem sie angehören. Dennoch ist Beethovens eigene Entscheidung klar. Das neue Finale, ein neuerlicher experimenteller Aufbruch zu einer ebenso durchdachten wie singulären Form, ist ein das Œuvre krönender Gipfel der Reflexion und Sublimierung. Seine üblich gewordene herablassende Ausscheidung aus dem Werkzyklus des Opus 130 beruht auf einem Missverständnis seiner subversiven Einfachheit und ist zuletzt nichts anderes als ein Akt bedenklichster Humorlosigkeit.

* * *

Gerade dann, wenn man sich nicht bloß auf die wirklich zuletzt entstandenen Werke beschränkt, sondern auch die Integration viel älterer Kompositionen in die späte Opuszählung akzeptiert, wie sie die *Bagatellen* op. 119 sogar zum Prinzip ihrer eigenen Konstitution erheben, stellt sich Beethovens Spätwerk als ein weit verzweigter Mikrokosmos dar, in dem das scheinbar Unvereinbare zu spannungsvoller Koexistenz zusammentritt. Wenn in diesem Parallelogramm der zentrifugalen Kräfte die ästhetische Einheit der disparaten Elemente oft nicht mehr unmittelbar sichtbar wird, dann zeigt sich darin auf überraschend radikale Weise eine Parallele mit der Pointe von Kants gesamter kritischer Philosophie, die am Ende ein systematisch zu erschließendes Potential der Sinnstiftung in der reflektierenden Urteilskraft erkennt. Ihr Prinzip der unterstellten Zweckmäßigkeit, das gleichermaßen der ästhetischen Erfahrung wie der teleologischen Naturbetrachtung zugrunde liegt, nötigt uns, »über das Sinnliche hinauszusehen und im Übersinnlichen den Vereinigungspunkt aller unserer Vermögen a priori zu suchen: weil kein anderer Ausweg übrig bleibt, die Vernunft mit sich selbst einstimmig zu machen«.[177] Das ist die letzte Konsequenz aus der 1781 angekündigten »Revolution der Denkart«,[178] die den Sinnhorizont der erfahrbaren Welt ohne weiteren Rückhalt in den Konstitutionsleistungen der Subjektivität verankert hat. Ein solcher in der Ferne liegender »focus imaginarius«[179] ist aber auch der verschwiegene Fluchtpunkt von Jean Pauls Entwurf eines zwischen Endlichkeit und unerreichbarer Idee ästhetisch vermittelnden Humors, in dem ebenfalls das Sinnliche durchsichtig werden soll auf seinen immateriel-

Beethovens Arbeitszimmer im Schwarzspanierhaus, Sepiazeichnung von Johann Nepomuk Höchle, 1827
Die geräumige Wohnung, die Beethoven als sein letztes Domizil im Oktober 1825 bezog, erlaubte einen schönen Blick über die Grünfläche des Glacis hinweg auf die Innere Stadt (man erkennt durch das linke Fenster den Turm des Stephansdoms). In der Mitte ist Beethovens Büchersammlung, eine typische Gebrauchsbibliothek, zu sehen. Die für ihn lebenslang charakteristische Unordnung bezeichnete Beethoven schon 1801 selbstironisch als »vielleicht das einzige Geniemäßige, was an mir ist« (BGA 1, S. 72).

len Grund. Es ist eine Theorie des »umgekehrten Erhabenen«,[180] die bewusst am Kleinen statt am Großen ansetzt und dem Bewusstsein der heraufziehenden Moderne den drohenden Sinnverlust durch Desintegration erspart, indem sie die kontingenten Momente des Endlichen positiv aufeinander und negativ auf die Idee des Ganzen zu beziehen vermag. Schroffe Kontraste, komische Brüche, bizarre Logik und strukturelle Heterogenität sind, so gesehen, das ästhetische Resultat der Einsicht in den anders nicht zu bewältigenden Abstand zwischen der physischen Begrenztheit des Endlichen und dem metaphysischen Gedanken an das umfassende Ideal einer unendlichen Ganzheit.

Das Konzept hilft zum Verständnis von Beethovens Spätstil. Die »Vergeistigung«, die für dessen Charakterisierung gern in Anspruch genommen wird,[181] wäre dann zu verstehen als die Transformation heterogener Materialien in die Einheit einer ästhetischen Erfahrung, die den sinnlichen Bereich des Materiellen transzendiert. Diese virtuelle Einheit, die im humoristischen Pathos des Kleinen, etwa einer Bagatelle oder einer simplen Danza tedesca, denselben Abgrund des Erhabenen zu erkennen vermag wie im monumentalen Sinfonie-Finale oder in der *Großen Fuge*, steht verschiedenen Deutungen offen. Adorno etwa wollte sie unter dem Aspekt der Ideologiekritik verstanden wissen: »Der Schlüssel zum letzten Beethoven liegt wahrscheinlich darin, daß seinem kritischen Genius in dieser Musik die Vorstellung der Totalität als einer schon geleisteten unerträglich wurde.«[182] Aber gerade aus der Idee einer auskomponierten Totalitätskritik ließe sich eine ganz andere Deutungsmöglichkeit gewinnen, die Adorno ebenfalls sieht, aber nicht nutzt: »Das Moment des Humors beim letzten Beethoven ist wahrscheinlich gleichbedeutend mit der Aufdeckung des Ungenügens der Vermittlung; das eigentlich kritische Moment.«[183] Das vermeintliche Ungenügen Beethovens an der ehedem so bruchlos gelungenen ästhetischen Vermittlung, hinter dem auch Adorno die Haltung des Humors entdeckt, entspringt zwar erkennbar der Absicht, divergierende Schreibweisen, Satzarten, Stilregister und Tonlagen in einer neuen Musiksprache zu vereinen, die weit über die frühere Geschlossenheit des »klassischen« Stils[184] hinausführt. Dieser hat tatsächlich seine vormals wie voraussetzungslos erscheinende Selbstverständlichkeit verloren. Das heißt aber weder, dass ein Interesse an ästhetischer Vermittlung nun gänzlich fehlte, noch bedeutet es, dass die Synthese auf dem neuen Niveau nicht gelungen wäre.

Es ist bezeichnend, dass gerade der selbst unablässig experimentierende Goethe, an dem die Germanistik – wie auch Adorno wusste – das Konzept eines emphatischen Spätstils eigentlich erst entwickelt hat, 1819 in seinen *Noten und Abhandlungen zum besseren Verständnis des West-östlichen Divans* ausgerechnet in dem dichterischen Verfahren Jean Pauls, dem er früher, darin mit Schiller einig, mit großer Reserve begegnet war, eine angemessene Reaktionsform »auf einen durch Kunst, Wissenschaft, Technik, Politik, Kriegs- und Friedensverkehr und Verderb so unendlich verklausulierten, zersplitterten Zustand« erkennt.[185] Und es ist, als beschriebe er mit dem Romankosmos des anti-klassizistischen Humoristen unabsichtlich zugleich wesentliche Merkmale auch von Beethovens Spätstil: Dieser »erschafft die seltsamsten Bezüge, verknüpft das Unverträgliche, jedoch dergestalt, daß ein geheimer ethischer Faden sich mitschlinge, wodurch das Ganze zu einer gewissen Einheit geleitet wird«.[186] In Goethes schöner Formulierung meint die (heute vielleicht missverständliche) »gewisse Einheit« nicht etwa eine uneigentliche oder nur approximative Einheit, sondern eine sichere Einheit der subjektiven Gewissheit. Um Einheit geht es in der Tat, und nicht um Sprengung, Zertrümmerung oder Fragmentierung, auch nicht um den Bruch mit der eigenen Vergangenheit.

Die kritische Bedeutung des so zu verstehenden Spätstils Beethovens, wenn man denn diese Analogie gestattet, liegt daher keineswegs, wie es Adorno sehen wollte, im »Aufstand eines der mächtigsten klassizistischen Künstler gegen den Trug im eigenen Prinzip«,[187] sondern, sofern man die Kontinuität seiner ideellen Wurzeln in der Metaphysik des philosophischen Kritizismus ernst zu nehmen bereit ist, in der unerhörten Kraft zu einer abermals gesteigerten Qualität der Integration. In dieser Syntheseleistung, die sich mit dem um geistreiche Metaphern nie verlegenen Jean Paul als eine künstlerische »Brotverwandlung ins Göttliche«[188] bezeichnen ließe, erscheint die humoristische Inversion des Erhabenen als ein wissendes »Lachen, worin noch ein Schmerz und eine Größe ist«.[189] Das Humoristisch-Erhabene und das Pathetisch-Erhabene sind zwei Kehrseiten derselben Medaille, denn sie zielen von entgegengesetzten Polen des Spektrums auf die gleiche unerreichbare und überschwängliche, aber immer beharrlich festgehaltene »Idee«. Philosophischer Humor ist daher als realistische, künstlerisch auf den (wie Goethe sagt) »zersplitterten Zustand« der Welt reagierende Denkfigur aus der Erbmasse des Idealismus eine unerbittlich metaphysische Ordnungsmacht. Kraft solcher realistischer Impulse aus dem Horizont der aufgeklärten Vernunftkritik ist Beethovens schwieriges Spätwerk zum abgründig ernsten Universum einer »humoristischen Totalität«[190] geworden.

Nachwort: Schluss mit Beethoven?

Es steckt, so scheint es, viel Idealismus in Beethovens Musik. Ihr Gehalt ist utopisch und ihr Menschenbild optimistisch. Das hat nicht nur Begeisterung geweckt, sondern auch Abwehrreflexe ausgelöst, mit denen ein Nachdenken über Beethoven sich heute ebenfalls auseinandersetzen muss. Sie meinen freilich oft gar nicht so sehr die Musik selbst als vielmehr die Wirkungsmacht der Rezeptionsklischees. Man sei »es müde geworden, sich packen, ergreifen, schütteln und erschüttern zu lassen«, formulierte August Halm schon im Jubiläumsjahr 1927 gegen die als pathetisch, heroisch und idealistisch empfundene Anmutung von Beethovens Musik.[1] So unerbittlich, wenn nicht gar gewaltsam sie die restlose Identifikation mit ihr zu erzwingen scheint, so souverän gestattet sie zugleich aber auch mit großer Gelassenheit eine reflektierte ästhetische Distanz. In ihr überlebt die Erinnerung an ein Weltbild, das den Aufbruch in die Moderne befördert hat. Gegen die Verstörungen, die aus diesem Aufbruch ebenfalls hervorgegangen sind und die bei Beethovens dichtenden, philosophierenden und komponierenden Zeitgenossen als Erfahrung der Kontingenz (wie bei Hölderlin oder bei Kleist), als Schwermut über die Unverfügbarkeit des eigenen Seins (wie beim späten Schelling), als Pessimismus (wie bei Schopenhauer), als Weltschmerz (wie beim jungen Heine) oder als Lebensgefühl des Fremdseins in der Welt (wie in Müllers und Schuberts *Winterreise*) zum Ausdruck kommen, hat der lebenslange Rückbezug auf die Ideenwelt der Spätaufklärung einen vernünftigen Widerstand ermöglicht. Ebenso immun war Beethoven gegen die Versuchung zu Konversionen und Kehrtwendungen (wie bei Brentano oder beim späten Friedrich Schlegel) oder zum idealistischen Weiterdenken der Ansätze Kants und Schillers bis zum System einer umfassenden Welterklärung (wie bei Hegel). Seine Musik hat über alle Entwicklungsphasen hinweg den Kontakt zur Gedankenwelt seiner eigenen Jugend nicht verloren. Mag man heute den allgemein gewordenen Verlust ihres aufgeklärten Optimismus, zumal nach den monströsen Katastrophen des 20. Jahrhunderts, realistisch begrüßen oder nostalgisch bedauern – für grundlos wird man ihre menschenfreundliche Zuversicht beim Blick auf den Kontext dieser Musik nicht ausgeben können. Ihr fester Grund im geistigen Koordinatensystem ihrer Zeit kann sichtbar gemacht werden, ohne sich gleich unter den nüchternen Blicken von Soziologie, Gesellschaftsgeschichte und Kulturwissenschaft aufzulösen. Noch nie ist das Scheitern einer vernünftigen Hoffnung an der harten Realität ein gutes Argument gegen die – ohnehin unauslöschliche – Macht der Utopie gewesen.

Wenn man die beispiellose Wirkung Beethovens auf den musikalischen Diskurs der Moderne geradezu als »Beethoven-Paradigma«[2] bezeichnen kann, unter dessen Einfluss sich nicht nur das Schaffen fast aller nachfolgenden Komponistengenerationen, sondern auch die Musikästhetik, die Aufführungspraxis, die Musikwissenschaft und die Methoden und Ziele der Musikanalyse grundlegend verändert haben, so ist damit die stille und umfassende Revolution benannt, die Beethovens Auftreten am Ende des 18. Jahrhunderts in Gang gesetzt hat. Seine Musik gehört zu jenen Kulturphänomenen, die man mit Recht als epochal charakterisieren darf, und sie markiert in der Musikgeschichte eine ähnliche Zäsur wie in der Geschichte des Denkens der gleichzeitige Aufstieg der kritischen Philosophie Immanuel Kants, die ihn wohl weit mehr, als ihm bewusst war, beeinflusst hat. Beethovens Musik und Kants Philosophie gehören demselben Zeitalter an, und sie teilen die Geschichte in eine Musik vor und nach Beethoven wie in eine Philosophie vor und nach Kant. Ihr Anspruch auf fortbestehende Geltung ist nach über 200 Jahren Rezeptionsgeschichte provokant, und auf ihn wurde nicht selten ähnlich reagiert. Periodisch auftretende Wellen von Enthusiasmus, Kritik, Ermüdung und immer wieder erneuerter Auseinandersetzung bilden den Cantus firmus der Beethoven- wie der Kant-Rezeption in nach wie vor unverminderter Intensität.[3] Auch wenn man ein philosophisches Lehrgebäude und ein künstlerisches Gesamtwerk schwerlich demselben Maßstab (und das Letztere schon gar nicht dem Wahrheitskriterium) unterwerfen kann, ist ihnen doch dieses Ausmaß an Rezeptions-Kontroversen in auffälliger Weise gemeinsam. Im Jubiläumsjahr 2004 erschien das Buch des italienischen Philosophen Maurizio Ferraris mit dem sprechenden Titel *Goodbye Kant. Cosa resta oggi della »Critica della ragion pura«*[4] (»Goodbye Kant. Was heute von der *Kritik der reinen Vernunft* bleibt«). Dass es aber sogleich mit einer Aufsatzsammlung *Congedarsi da Kant? Interventi sul »Goodbye Kant« di Ferraris* (»Abschied nehmen von Kant? Stellungnahmen zu *Goodbye Kant* von Ferraris«) beantwortet wurde,[5] zeigt die Lebendigkeit der Diskussion. Der Musik Beethovens hingegen mag man ein »Lebewohl« wohl nicht einmal im Scherz zurufen. Einer solchen Entlassung in die Tiefen der Geschichte sträubt sie sich genauso wie Kants in einem erstaunlichen Ausmaß vital und vor allem in ihrem praktischen Teil aktuell gebliebene Philosophie. Ihr gegenüber hat sich, eingeladen durch die spielerisch-provokanten Gesten der Verabschiedung, ein ausgewiesener Kenner der Materie zu einer umfassenden Bilanz angeregt gefühlt, der er 2010 den nachdenklichen Titel *Immanuel Kant – Was bleibt?* verlieh.[6] Eine solche Frage will aber das vorliegende Buch gegenüber Beethoven weder stellen noch entscheiden. Es möchte lediglich zu einer tieferen Beschäftigung mit seiner Musik einladen, die auf ihre Weise selbst einen Appell formuliert, rechnet sie doch mit mündigen Hörern, Spielern und Lesern, die sich von ihr zwar beeindrucken, gar überwältigen, keinesfalls aber einschüchtern lassen. Aus diesem Bunde muss sich niemand weinend stehlen.

Anhang

Dank

Das vorliegende Buch hat während seiner Entstehung von vielen Kommentaren und Ratschlägen profitiert. Es ist mir eine angenehme Pflicht, dafür meinen aufrichtigen Dank zu erstatten. Die kritische Lektüre vieler Textteile durch Jürgen Stolzenberg (Martin-Luther-Universität Halle-Wittenberg) und Frieder von Ammon (Universität Leipzig) hat mich mit der musikverständigen Sicht des Philosophen und des Germanisten konfrontiert und vor manchen Kurzschlüssen bewahrt. Ein weiterer kollegialer Dank gilt Ivana Rentsch und Klaus Pietschmann, die mir die Möglichkeit eröffneten, das Konzept des Buchs in ihren musikwissenschaftlichen Forschungskolloquien an der Universität Hamburg bzw. der Johannes-Gutenberg-Universität zu Mainz einer fruchtbaren Diskussion auszusetzen. In vielen konkreten Fragen durfte ich von der Beethoven-Expertise meiner Doktorandinnen Iris Eggenschwiler und Sophia Gustorff profitieren. Für bereitwillige Hilfestellung und Auskünfte danke ich herzlich Julia Ronge und Christine Siegert (Beethoven-Haus Bonn). Ganz besonders dankbar bin ich für das vorzügliche, im besten Sinne kritische und konstruktive Lektorat des Manuskripts durch Daniel Lettgen und die umfassende verlagsseitige Betreuung des Bandes durch Diana Rothaug.

Anmerkungen

Vorwort: Noch einmal Beethoven

1 Jan Caeyers, Beethoven. Der einsame Revolutionär. Eine Biographie, München 2012 (Original: Beethoven. Een Biografie, Amsterdam 2009). – Der geduldigen Widerlegung solcher Vorstellungen war schon vor fast einem knappen Jahrhundert ein in weiten Teilen immer noch wichtiges Buch gewidmet worden (vgl. Arnold Schmitz, Das romantische Beethovenbild. Darstellung und Kritik, Bonn 1917).

2 Vgl. Nicholas Matthew, Political Beethoven, Cambridge 2013. – Nützlich zur Differenzierung und partiellen Korrektur: Bernhard Appel / Joanna Cobb Biermann / William Kinderman / Julia Ronge (Hrsg.), Beethoven und der Wiener Kongress (1814/15), Bonn 2016 (Schriften zur Beethoven-Forschung 26).

3 Immanuel Kant, Kritik der reinen Vernunft, Vorrede zur zweiten Auflage (1787), in: Kant WW 2, S. 22–25 (B XI–XVI). Kant spielt damit zunächst auf das Erfolgsmodell der Mathematik und der Naturwissenschaften an, nimmt dann aber diese »gänzliche Revolution« als eine fundamentale »Umänderung der Denkart« auch für seine eigene Philosophie in Anspruch (Kant WW 2, S. 28, B XXII). Aus seiner späteren Sympathie für die Französische Revolution hat Kant nie ein Hehl gemacht.

4 »Kantische, Fichtesche und Schellingsche Philosophie. In diesen Philosophien ist die Revolution als in der Form des Gedankens niedergelegt und ausgesprochen, zu welcher der Geist in der letzteren Zeit in Deutschland fortgeschritten ist [...]. In Deutschland ist dies Prinzip als Gedanke, Geist, Begriff, in Frankreich in die Wirklichkeit hinausgestürmt« (Georg Wilhelm Friedrich Hegel, Vorlesungen über die Geschichte der Philosophie, Bd. 3, in: ders., Werke in zwanzig Bänden, hrsg. von Eva Moldenhauer und Karl Markus Michel, Frankfurt a. M. 1970 (Theorie Werkausgabe), Bd. 20, S. 314).

5 Otfried Höffe, Kants Kritik der reinen Vernunft. Die Grundlegung der modernen Philosophie, München 2003, ^{4}2004. – Diesen Grundlegungscharakter weist Höffe in einer umfassenden Auseinandersetzung mit der aktuellen Kant-Rezeption nach.

6 Beethoven an Breitkopf & Härtel, 18. Oktober 1802, BGA 1, S. 126 (Nr. 108).

Einleitung: Ideelle Zeitgenossenschaft – Die relative Autonomie der Musik

1 Johann Peter Eckermann, Gespräche mit Goethe in den letzten Jahren seines Lebens, in: Goethe FA 39, S. 243.

2 Goethe HA 13, S. 25–31.

3 Kant, Beantwortung der Frage: Was ist Aufklärung?, in: Kant WW 6, S. 53. – Reinhard Brandt konstatiert plausibel eine durch Kants Spätwerk markierte »neue, zweite Aufklärung«, was sich vor allem in der Differenz zu Moses Mendelssohns gleichnamigem Aufsatz aus demselben Jahr zeigen lasse (Reinhard Brandt, Immanuel Kant – Was bleibt?, Hamburg 2010, S. 182; vgl. auch ebd., S. 196).

4 Kant, Anthropologie in pragmatischer Hinsicht (1798, [2]1800), in: Kant WW 6, S. 549.

5 Dies ist der bezeichnende Titel von Immanuel Kants später, zu immenser Popularität gelangter Religionsschrift von 1793 (in: Kant WW 4, S. 645–879).

6 Vgl. jüngst Jürgen Overhoff, Die Katholische Aufklärung als bleibende Forschungsaufgabe. Grundlagen, neue Fragestellungen, globale Perspektiven, in: Das 18. Jahrhundert 41.1 (2017), S. 11–27.

7 BKh 3, S. 288 (Mai 1823); Grillparzers Eintrag lautet: »Den Musikern kann doch die Censur nichts anhaben / Wenn man wüßte was Sie bei Ihrer Musik *denken*!«

8 Goethe HA 13, S. 28.

9 Goethe HA 13, S. 31. – Mit dem von Goethe zitierten »Abenteuer der Vernunft« bezeichnet Kant eine hypothetisch-evolutionäre Spielart der Naturteleologie (Kant, Kritik der Urteilskraft, in: Kant WW 5, S. 539, Fußnote). – Die Ironie in Goethes Bemerkung liegt darin, dass er in seinen Naturforschungen für sich selbst tatsächlich etwas von Kant für abenteuerlich Gehaltenes in Anspruch nimmt: nämlich das Verfahren, die Artenvielfalt jeweils aus einer der Erfahrung zugänglichen Urform abzuleiten.

10 Vgl. die berühmte Fußnote in beiden Auflagen der *Kritik der reinen Vernunft* (1781/87), in der Kant seinen eigenen Begriff der Ästhetik als einer Lehre von der Sinnlichkeit gegen das mit Alexander Baumgartens *Aesthetica* (1750/58) aufgekommene neue Konzept einer »cognitio sensitiva« verteidigt (Kritik der reinen Vernunft, in: Kant WW 2, S. 70 [A 21 | B 35/36]).

11 Friedrich Schiller, Über naive und sentimentalische Dichtung, in: Schiller NA 20, S. 413–503, hier S. 493, Anm. 1.

12 Daniel Chua, Beethoven & Freedom, New York 2017.

13 Beethoven an Nikolaus von Zmeskall, Januar / Februar 1814, BGA 3, S. 6 f. (Nr. 693).

14 Kant, Kritik der Urteilskraft, in: Kant WW 5, S. 247.

15 Vgl. Volker Gerhardt, Immanuel Kant. Vernunft und Leben, Stuttgart 2002, S. 265. – Mit vollem Recht lässt sich daher die *Kritik der Urteilskraft* als »das systematische Zentrum der Transzendentalphilosophie« bezeichnen (Axel Hutter, Das Interesse der Vernunft. Kants ursprüngliche Einsicht und ihre Entfaltung in den transzendentalphilosophischen Hauptwerken, Hamburg 2003, S. 177).

16 Hermann Timm, Gott und die Freiheit. Studien zur Religionsphilosophie der Goethezeit, Bd. 1: Die Spinozarenaissance, Frankfurt a. M. 1974.

17 Rolf-Peter Horstmann, Die Grenzen der Vernunft. Eine Untersuchung zu Zielen und Motiven des Deutschen Idealismus, Frankfurt a. M. [3]2004, S. 23–67 und 171–188.

18 Johann Gottlieb Fichte, Die Bestimmung des Menschen, in: ders., Ausgewählte Werke in sechs Bänden, hrsg. von Fritz Medicus, Leipzig 1910 (Reprint: Darmstadt 1962), Bd. 3, S. 345.

19 In diesem Sinne hat Jürgen Stolzenberg mit Recht den frühen Beethoven als Paradigma einer »expressivistischen Wende« in der Musik beschrieben (Jürgen Stolzenberg, »Seine Ichheit auch in der Musik heraustreiben«. Formen expressiver Subjektivität in der Musik der Moderne, München 2009, S. 13, 59–64).

20 Paul Bekker, Beethoven, Berlin [2]1912, S. 68.

21 Ebd.

22 Bernhard Appel / Julia Ronge (Hrsg.), Beethoven liest, Bonn 2016 (Schriften zur Beethoven-Forschung 28).

23 BGA 2, S. 88 (Nr. 408).

24 Eckart Förster, Die 25 Jahre der Philosophie. Eine systematische Rekonstruktion, Frankfurt a. M. 2011, [3]2018, S. 367.

25 Vgl. dazu Walter Jaeschke / Andreas Arndt, Die Klassische Deutsche Philosophie nach Kant. Systeme der reinen Vernunft und ihre Kritik 1785–1845, München 2012.

26 Kant, Kritik der reinen Vernunft, B XXII, in: Kant WW 4, S. 28.

27 Adolf Bernhard Marx, Ludwig van Beethoven. Leben und Schaffen [1859], Berlin [2]1863, Bd. 1, S. 79.

28 Vgl. Dieter Borchmeyer, Goethe. Der Zeitbürger, München 1999, und hier besonders das instruktive Vorwort (S. 7–17), in dem der Begriff der »Zeitbürgerschaft« (ein auf Schiller zurückgehender Neologismus) näher erläutert wird.

29 Eckermann, Gespräche mit Goethe, in: Goethe FA 39, S. 243. – Zu Goethes eigenwilligem Bezug auf Kants *Kritik der Urteilskraft* (methodische Inanspruchnahme des »intuitiven Verstands« als Methode der Naturforschung) vgl. Förster, Die 25 Jahre der Philosophie, S. 102 ff. und 253 ff.

30 Reinhard Brandt, Die Bestimmung des Menschen bei Kant, Hamburg 2007, S. 141. – So hat Georg Picht schon vor einem halben Jahrhundert Kants Denken nach der kritizistischen Wende als »die erste Philosophie der reinen Subjektivität« apostrophiert (Georg Picht, Kants Religionsphilosophie [Vorlesung 1965/66], Stuttgart 1985, [2]1998, S. 136).

31 Giuseppe Carpani, Le Haydine ovvero Lettere sulla vita e le opere del celebre maestro Giuseppe Haydn [1812], Padova [2]1823, S. 256: »Vorrà [Beethoven] cessare d'essere il Kant della musica?«.

32 Vgl. Elisabeth Eleonore Bauer, Beethoven – unser musikalischer Jean Paul. Anmerkungen zu einer Analogie, in: Musik-Konzepte 56 (1987), S. 83–105.

33 Theodor W. Adorno, Einleitung in die Musiksoziologie, in: Adorno GS 14, S. 417.

34 Adorno, Verfremdetes Hauptwerk. Zur Missa solemnis, in: Adorno GS 17, S. 146.

35 Vgl. die Nachlass-Notiz: »Beethovens Musik ist die Hegelsche Philosophie: sie ist aber zugleich wahrer als diese [...]« (Adorno, Beethoven. Philosophie der Musik, hrsg. von Rolf Tiedemann [Adorno, Nachgelassene Schriften, Bd. I/1, Frankfurt a. M. 1993], S. 36).

36 Arnold Schering, Beethoven und die Dichtung, Leipzig 1936, mag hier als warnendes Beispiel dienen.

37 Kant, Kritik der Urteilskraft, in: Kant WW 5, S. 413.

38 Ebd., S. 405.

39 Kant, Idee zu einer allgemeinen Geschichte in weltbürgerlicher Absicht, in: Kant WW 6, S. 41.

40 Hegel, Grundlinien der Philosophie des Rechts, in: ders., Werke in zwanzig Bänden (Theorie Werkausgabe), Bd. 7, S. 26 (Vorrede).

41 Kant, Kritik der Urteilskraft, in: Kant WW 5, S. 415.

Der junge Beethoven: Neue Musik

1 Zitiert bei Alexander Wolfshohl in Bernhard Appel / Julia Ronge (Hrsg.), Beethoven liest, Bonn 2016, S. 313 f.; vgl. zu dem gesamten Themenkomplex: Alexander Wolfshohl, »Lichtstrahlen der Aufklärung«. Die Bonner Lese-Gesellschaft. Geistiger Nährboden für Beethoven und seine Zeitgenossen, Bonn 2018 (Begleitpublikation zu einer Sonderausstellung im Beethoven-Haus Bonn).

2 Max Braubach, Die erste Bonner Hochschule. Maxische Akademie und kurfürstliche Universität, 1774/77 bis 1798, Bonn 1966.

3 Zur Musik- und Theaterpolitik von Maximilian Franz siehe neuerdings Elisabeth Reisinger / Juliane Riepe / John D. Wilson / Birgit Lodes, The Operatic Library of Elector Maximilian Franz. Reconstruction, Catalogue, Contexts, Bonn 2018 (Schriften zur Beethoven-Forschung 30/2), bes. S. 105–179 und 208–231.

4 Vgl. dazu Juliane Riepe, Eine neue Quelle zum Repertoire der Bonner Hofkapelle im späten 18. Jahrhundert, in: Archiv für Musikwissenschaft 60 (2003), S. 97–114.

5 In einem Konversationsheft von Anfang März 1820 setzt ein Gesprächspartner Beethovens persönliche Erinnerung an Mozart als selbstverständlich voraus; Beethovens (mündlich gegebene) Antwort fehlt (BKh 1,

S. 395). – In einer Nebenbemerkung bei Wegeler / Ries wird sogar ein sporadischer Unterricht Beethovens bei Mozart mit einer entsprechenden knappen Bemerkung Beethovens beglaubigt (Franz Gerhard Wegeler / Ferdinand Ries, Biographische Notizen über Ludwig van Beethoven, Koblenz 1838 [Reprint: Berlin 2012], S. 86); ob diese jemals wirklich so gefallen ist, lässt sich natürlich nicht klären.

6 Schiller NA 34/2, S. 379.

7 Trauerkantate WoO 87, Nr. 4. Vgl. dazu Willy Hess, Das Fidelio-Buch. Beethovens Oper »Fidelio«, ihre Geschichte und ihre drei Fassungen, Winterthur 1986, S. 242–247.

8 Beethoven an Heinrich von Struve, 17. September 1795, Beethoven-Haus, Sign.: NE 375; hier zitiert nach: Julia Ronge, »wann wird auch der Zeitpunkt kommen wo es nur Menschen geben wird«. Ein unbekannter Brief Beethovens an Heinrich von Struve. Faksimile und Kommentar, Bonn 2018, S. 6.

9 Hans-Jürgen Schings, Die Brüder des Marquis Posa. Schiller und der Geheimbund der Illuminaten, Tübingen 1996, bes. S. 101–129.

10 Zur Kontinuität der Beschäftigung mit Schillers Ode vgl. Alexander Wolfshohl in: Appel / Ronge (Hrsg.), Beethoven liest, S. 7 f.

11 Max Braubach (Hrsg.), Die Stammbücher Beethovens und der Babette Koch, Bonn 1970, S. 27.

12 Vgl. Julia Ronge, Beethovens Lehrzeit. Kompositionsstudien bei Joseph Haydn, Johann Georg Albrechtsberger und Antonio Salieri, Bonn 2011 (Schriften zur Beethovenforschung 20).

13 BGA 1, S. 22 (Nr. 13).

14 BGA 1, S. 19 (Nr. 13).

15 Klaus Martin Kopitz / Rainer Cadenbach (Hrsg.), Beethoven aus der Sicht seiner Zeitgenossen in Tagebüchern, Briefen, Gedichten und Erinnerungen, 2 Bde., München 2009, Bd. 1, S. 220.

16 So der Titel der brillanten Studie von Tia DeNora, Beethoven and the Construction of Genius. Musical Politics in Vienna, 1792–1803, Berkeley / Los Angeles / London 1995.

17 Georg August Griesinger, Biographische Notizen über Joseph Haydn, Leipzig 1810 (Reprint: Leipzig 1979), S. 24 f.

18 Dazu ausführlich: Silke Bettermann, Mit Haarzopf und Degen. Alltag und Zeremoniell im Leben der Musiker am kurfürstlichen Hof in Bonn, in: Birgit Lodes / Elisabeth Reisinger / John Wilson (Hrsg.), Beethoven und andere Hofmusiker seiner Generation, Bonn 2018 (Schriften zur Beethoven-Forschung 29/1), S. 159–178.

19 Vgl. zu Beethovens Adelsprätention (»nobility pretense«) auch Maynard Solomon, Beethoven. Biographie, München 1979 (amerikanisches Original: New York 1977), S. 279 f., sowie DeNora, Beethoven and the Construction of Genius, S. 143–145. Aufmerksam gemacht auf die Thematik hat

Theodor Frimmel, Beethoven-Handbuch, 2 Bde., Leipzig 1926, Bd. 1, S. 445 f. (Artikel »Name«). Frimmel will sogar von Nachfahren der Freunde Beethovens noch die in Wien übliche falsche Betonung des Namens gehört haben: »So wurde denn aus dem rheinischen van Béethoven in Wien ein Herr von Bethóven und dies sogar in Kreisen, in denen der Meister selbst verkehrte« (Beethoven-Handbuch, Bd. 1, S. 450).

20 Jan Caeyers, Beethoven. Der einsame Revolutionär. Eine Biographie, München 2012 (Original: Beethoven. Een Biografie, Amsterdam 2009), S. 121–125.

21 Vgl. Hans-Joachim Hinrichsen, Beethoven. Die Klaviersonaten, Kassel u. a. 2013, S. 49 f. und 61 f.

22 Wegeler / Ries, Biographische Notizen über Ludwig van Beethoven, S. 86. – Über die Gewohnheit der Haydn-Schüler, ihre Debütwerke dem Lehrer zu widmen und sich selbst dabei explizit als »élève de Haydn« zu bezeichnen, vgl. Ludwig Finscher, Joseph Haydn und seine Zeit, Laaber 2000, S. 410.

23 Griesinger, Biographische Notizen über Joseph Haydn, S. 119.

24 Vgl. dazu ausführlich Mark Evan Bonds, Replacing Haydn. Mozart's »Pleyel« Quartets, in: Music and Letters 88 (2007), S. 201–225.

25 Wegeler / Ries, Biographische Notizen, S. 86.

26 Vgl. dazu insgesamt Ronge, Beethovens Lehrzeit.

27 BGA 1, S. 77 (Nr. 64).

28 BGA 1, S. 87 f., Anm. 1 (Nr. 69).

29 AmZ 6 (1803/04), Nr. 6 vom 6. Juni 1804, Sp. 608–611.

30 Beethoven am 19. September 1809 an Breitkopf & Härtel (BGA 2, S. 81 [Nr. 400]).

31 Siehe dazu die Beiträge von Alexander Wilfing und von Olga Ring in: Violetta Waibel (Hrsg.), Umwege. Annäherungen an Immanuel Kant in Wien, in Österreich und in Osteuropa, Göttingen 2015, S. 27–39 und 47–51. Zu Bendavid vgl. auch Ludwig Geiger, [Artikel] Bendavid, Lazarus, in: Allgemeine Deutsche Biographie, Bd. 2, Berlin 1875, S. 318–320.

32 So etwa kurz nach Bendavids erzwungener Entfernung aus Wien (Immanuel Kant, Der Streit der Fakultäten [1798], in: Kant WW 6, S. 320 f.).

33 Kant, Beantwortung der Frage: Was ist Aufklärung?, in: Kant WW 6, S. 59.

34 Vgl. Karl Glossy, Schiller und Österreich, in: ders., Kleinere Schriften, Wien 1918, S. 18–37; ferner: Norbert Oellers, Zur Schiller-Rezeption in Österreich um 1800, in: Herbert Zeman (Hrsg.), Die österreichische Literatur. Eine Dokumentation ihrer literarhistorischen Entwicklung, Bd. 2, Graz 1979, S. 677–696.

35 Zu Beethovens »Bonner Kantbegeisterung« vgl. Ludwig Schiedermair, Der junge Beethoven, Leipzig 1925, S. 316–335; zu Beethoven und Schiller vgl. Maynard Solomon, Beethoven and Schiller, in: Robert Winter / Bruce Carr

(Hrsg.), Beethoven, Performers, and Critics, Detroit 1980, S. 162–175, bzw. (in deutscher Sprache) in: Beiträge zur Musikwissenschaft 23 (1981), S. 91–103.

36 BGA 1, S. 85 (Nr. 67).

37 Vgl. zu dem ganzen Komplex: Piero Giordanetti, Kant und die Musik, Würzburg 2005.

38 Immanuel Kant, Anthropologie in pragmatischer Hinsicht (1798, [2]1800), in: Kant WW 6, S. 570 f.

39 Ebd., S. 573. – Der Begriff des Ursprünglichen ist bei Kant stets mit dem der Freiheit verschränkt (vgl. dazu Georg Picht, Kants Religionsphilosophie [1965/66], hrsg. von Constanze Eisenbarth und Enno Rudolph, Stuttgart 1985, S. 495–502).

40 Kant WW 6, S. 573.

41 Christian Gottlob Neefe, Ueber das Karackteristische oder über die Sprache der Instrumentalmusik, in: Beiträge zur Ausbreitung nützlicher Kenntnisse. Viertes Stück, Bonn (3. 5. 1784), S. 35.

42 Ebd., S. 36.

43 BGA 1, S. 32 (Nr. 22).

44 Ernst Theodor Amadeus Hoffmann, Kreisleriana (Nr. 1: Johannes Kreisler, des Kapellmeisters, musikalische Leiden), in: ders., Gesammelte Werke in Einzelbänden, Bd. 1, hrsg. von Hans-Joachim Kruse, Berlin / Weimar 1982, S. 31–38, hier bes. S. 32.

45 Am glaubhaftesten wohl bei Franz Wegeler / Ferdinand Ries, Biographische Notizen über Ludwig van Beethoven, Koblenz 1838 (Reprint: Berlin 2012), S. 19, wo »ein ähnlicher, noch stärkerer Widerwillen gegen die Aufforderungen zum Spielen in Gesellschaften« thematisiert wird.

46 Friedrich Daniel Ernst Schleiermacher, Versuch einer Theorie des geselligen Betragens [1799], in: ders., Kritische Gesamtausgabe, hrsg. von Hans-Joachim Birkner u. a., Abteilung I, Bd. 2, hrsg. von Günter Meckenstock, Berlin / New York 1984, S. 165–184, hier S. 165.

47 Ebd., S. 168.

48 Ebd., S. 167

49 Ebd., S. 166.

50 Ebd., S. 165.

51 Zu dieser Interpretation von Schleiermachers Entwurf vgl. Walter Jaeschke / Andreas Arndt, Die Klassische Deutsche Philosophie nach Kant. Systeme der reinen Vernunft und ihre Kritik 1785–1845, München 2012, S. 264 f.

52 Schleiermacher, Versuch einer Theorie des geselligen Betragens, S. 183.

53 Kant, Anthropologie, in: Kant WW 6, S. 617.

54 Schleiermacher, Versuch einer Theorie des geselligen Betragens, S. 165.

55 Ebd., S. 184.

56 Zu Markus (Marcus) Herz vgl. den einschlägigen Artikel (von Paul Guyer) in: Marcus Willaschek / Jürgen Stolzenberg / Georg Mohr / Stefano

Bacin (Hrsg.), Kant-Lexikon, 3 Bde., Berlin 2015, Bd. 2, S. 1022–1025, sowie Christoph Schulte, Die jüdische Aufklärung. Philosophie, Religion, Geschichte, München 2002, S. 163 ff.

57 Zu dieser Reise siehe Michael Ladenburger, Beethoven auf Reisen, Bonn 2016, S. 80–110.

58 Vgl. Deborah Hertz, Die jüdischen Salons im alten Berlin 1780–1806, München 1995, aktualisierte Neuausgabe Hamburg 2018, S. 45–53, 132–136, 230–235 und 245–248.

59 Vgl. die Subskribentenliste dieser Vorlesungen in: Josef Körner (Hrsg.), Krisenjahre der Frühromantik. Briefe aus dem Schlegelkreis, Bd. 3, Bern 1958, S. 302–305.

60 Jan Caeyers, Beethoven. Der einsame Revolutionär. Eine Biographie, München 2012, S. 121–125.

61 BGA 1, S. 121–125 (Nr. 106).

62 Wegeler / Ries, Biographische Notizen, S. 81.

63 Vgl. BGA 1, S. 173–175 (Nr. 150 und 151).

64 Das berichtet Reichardt über seinen ersten Besuch bei der Gräfin Erdödy am 5. Dezember 1808, in deren Haus Beethoven zu dieser Zeit tatsächlich eine Wohnung im ersten Stock hatte: »Zu einem andern recht angenehmen Diner ward ich durch ein sehr freundliches herzliches Billet von Beethoven, der mich persönlich verfehlt hatte, zu seiner Hausdame, der Gräfin Erdödy, einer Ungarischen Dame, eingeladen« (Johann Friedrich Reichardt, Vertraute Briefe geschrieben auf einer Reise nach Wien und den österreichischen Staaten zu Ende des Jahres 1808 und zu Anfang 1809, 2 Bde., Amsterdam 1810, Bd. 1, S. 189 f.).

65 Kant, Anthropologie, in: Kant WW 6, S. 616.

66 Ebd.

67 Kant, Kritik der Urteilskraft, in: Kant WW 5, S. 404.

68 Klaus Martin Kopitz / Rainer Cadenbach (Hrsg.), Beethoven aus der Sicht seiner Zeitgenossen in Tagebüchern, Briefen, Gedichten und Erinnerungen, 2 Bde., München 2009, Bd. 1, S. 226.

69 BGA 1, S. 23 (Nr. 15).

70 Das Autograph ist bekanntlich verschollen; für den Titel ist man auf den (wohl glaubhaften) Bericht seines Entdeckers Ludwig Nohl angewiesen (vgl. Ludwig Nohl, Neue Briefe Beethovens, Stuttgart 1867, S. 28).

71 Theodor W. Adorno, Beethoven. Philosophie der Musik, hrsg. von Rolf Tiedemann (Adorno, Nachgelassene Schriften, Bd. I/1), Frankfurt a. M. 1993, S. 88.

72 Als der eigentliche Entdecker dieser für Beethoven so charakteristischen dynamischen Eigenart kann Hans von Bülow gelten, der gleich am Beginn seiner großen Beethoven-Ausgabe ihre akribische Beachtung forderte; vgl. Hans von Bülow (Hrsg.), Beethoven's / Werke für Pianoforte Solo / von op. 53 an / in / kritischer und instructiver Ausgabe / mit erläu-

ternden Anmerkungen / für Lehrende und Lernende / von / Dr. Hans von Bülow [Bd. 4 und 5 der Gesamtausgabe von Sigmund Lebert], Stuttgart [1872], S. 4 (über die Sonate op. 53, mit der Bülows Edition beginnt und der auch das *Andante favori* entstammt): »Der Eintritt des ›piano‹ darf keineswegs, wie einige Praktiker vermeinen, durch Einschaltung eines ›decresc.‹ [...] vermittelt (technisch erleichtert) werden. Die Vortragsnuance ›cresc. p‹ mit allen ihren erdenklichen Abstufungen ist dem Styl des Meisters so wesentlich eigenthümlich, dass eine willkürliche oder lückenhafte Ausführung derselben geradezu als ein grober Verstoss gegen den Beethovenschen Geist zu bezeichnen ist.« – Ihm folgend, hat Hugo Riemann das »subito piano« als »Effektpiano« bezeichnet (Hugo Riemann, Musikalische Dynamik und Agogik. Lehrbuch der musikalischen Phrasirung auf Grund einer Revision der Lehre von der musikalischen Metrik und Rhythmik, Hamburg und St. Petersburg 1884, S. 180). Adornos »dynamischer Trugschluss« dürfte aber die glücklichste terminologische Lösung für dieses Phänomen sein.

73 Das vermutet schon Arnold Schmitz, Das romantische Beethovenbild. Darstellung und Kritik, Bonn 1927 (Reprint: Darmstadt 1978), S. 162, Anm.

74 Autograph im Beethoven-Haus Bonn, Sign.: NE 86, Bl. 1r.

75 Vgl. dazu Carsten Zelle, »Angenehmes Grauen«. Literaturhistorische Beiträge zur Ästhetik des Schrecklichen im achtzehnten Jahrhundert, Hamburg 1987.

76 Edmund Burke, A Philosophical Enquiry into the Origin of our Ideas of the Sublime and Beautiful [1757], Neuausgabe hrsg. von Paul Guyer, Oxford 2015; deutsch: Philosophische Untersuchungen über den Ursprung unserer Ideen vom Erhabenen und Schönen, hrsg. von Werner Strube, Hamburg 1980. – Der entscheidende Unterschied zwischen Burkes und Kants Analyse des Erhabenen, die beide von der zweistufigen Bewegung des Erschreckens und des anschließenden Ringens um Selbsterhaltung ausgehen, ist deren psychologische Fundierung bei Burke und ihre transzendentalphilosophische Begründung bei Kant.

77 Kant, Kritik der Urteilskraft, in: Kant WW 5, S. 354.

78 Zelle, »Angenehmes Grauen«.

79 Friedrich Schiller, Vom Erhabenen, in: Schiller NA 20, S. 193.

80 Schiller, Über das Pathetische, in: Schiller NA 20, S. 196.

81 Johann Georg Sulzer, Allgemeine Theorie der Schönen Künste, 4 Bde., Bd. 3, Leipzig [3]1793, S. 661 (Reprint: Hildesheim 1967).

82 Heinrich Christoph Koch, Musikalisches Lexikon, Frankfurt a. M. 1802 (Reprint: Kassel u. a. 2001), Sp. 1143.

83 Schiller, Über die ästhetische Erziehung des Menschen in einer Reihe von Briefen, in: Schiller NA 20, S. 382 (22. Brief).

84 Hans-Joachim Hinrichsen, Beethoven. Die Klaviersonaten, Kassel u. a. 2013, S. 105–121.

85 Kein Geringerer als Carl Czerny bescheinigte dem Fürsten Carl von Lichnowsky wie auch dessen Bruder Moritz (dem später die Klaviersonate op. 90 gewidmet wurde) eine hohe Kennerschaft und »ein großes musikalisches Talent« (Kopitz / Cadenbach (Hrsg.), Beethoven aus der Sicht seiner Zeitgenossen in Tagebüchern, Briefen, Gedichten und Erinnerungen, Bd. 1, S. 226).

86 Vgl. dazu Daniel Brenner, Anton Schindler und sein Einfluss auf die Beethoven-Biographik, Bonn 2013 (Schriften zur Beethoven-Forschung 22).

87 Anton [Felix] Schindler, Biographie von Ludwig van Beethoven, Münster [3]1860, Teil 2, S. 222.

88 BGA 3, S. 306 (Nr. 983).

89 Schindler, Biographie von Ludwig van Beethoven, Teil 2, S. 222.

90 Vgl. Rita Steblin, A History of Key Characteristics in the Eighteenth and Nineteenth Century, Ann Arbour 1983, S. 243–245.

91 Hans Jürgen Schings, Melancholie und Aufklärung. Melancholiker und ihre Kritiker in Erfahrungsseelenkunde und Literatur des 18. Jahrhunderts, Stuttgart 1977. Zum Melancholie-Komplex in der Musik vgl. Melanie Wald-Fuhrmann, »Ein Mittel wider sich selbst«. Melancholie in der Instrumentalmusik um 1800, Kassel u. a. 2010; speziell zu Beethoven: S. 188–215.

92 BGA 1, S. 5 (Nr. 3).

93 Kant, Anthropologie in pragmatischer Hinsicht (1798, [2]1800), in: Kant WW 6, S. 528.

94 Verwiesen sei auf: Hinrichsen, Beethoven. Die Klaviersonaten, S. 95 bis 102.

95 Zum systematischen Begriff der »sonata form deformation« siehe James Hepokoski / Warren Darcy, Elements of Sonata Theory. Norms, Types, and Deformations in the Late-Eighteenth-Century Sonata, Oxford / New York 2006, die allerdings auf das »Largo e mesto« nur kurz, aber doch sehr präzis eingehen (ebd., S. 27, Anm. 5).

96 Karl Philipp Moritz (Hrsg.), Magazin zur Erfahrungsseelenkunde (1783–1793), Neuausgabe hrsg. von Anke Bennholdt-Thomsen und Alfredo Guzzoni, Lindau 1978/79.

97 Kant, Kritik der Urteilskraft, in: Kant WW 5, S. 405–421 (§§ 46–50).

98 Zit. nach Stefan Kunze (Hrsg.), Ludwig van Beethoven. Die Werke im Spiegel seiner Zeit. Gesammelte Konzertberichte und Rezensionen bis 1830, Laaber 1987, S. 16.

99 Zur Analyse vgl. Wald-Fuhrmann, »Ein Mittel wider sich selbst«, S. 424–438.

100 BKh 3, S. 288 (Mai 1823); Grillparzers Eintrag lautet im Zusammenhang: »Den Musikern kann doch die Censur nichts anhaben / Wenn man wüßte was Sie bei Ihrer Musik *denken!*«

101 Friedrich Daniel Ernst Schleiermacher, Über die Religion. Reden an die Gebildeten unter ihren Verächtern [1799], in: ders., Kritische Gesamt-

ausgabe, hrsg. von Hans-Joachim Birkner u. a., Abteilung I, Bd. 2, hrsg. von Günter Meckenstock, Berlin / New York 1984, S. 185–326, hier S. 262. – Zum Begriff der Kunstreligion vgl. Albert Meier / Alessandro Costazza / Gérard Laudin (Hrsg.), Kunstreligion, 3 Bde., Berlin 2011–2014.

102 Kant, Kritik der Urteilskraft, in: Kant WW 5, S. 413 ff. – Über die Fähigkeit der Musik zu ästhetischen Ideen vgl. ebd., S. 432, wobei Kant, der Musik gegenüber generell ambivalent eingestellt, gelegentlich auch meint, dass beim Anhören von Musik »am Ende nichts gedacht wird« (ebd., S. 436).

103 Kant, Kritik der reinen Vernunft, in: Kant WW 2, S. 331 (A 32 | B 383).

104 Alle Zitate aus der »Anmerkung I« zum § 57 der Kritik der Urteilskraft, in: Kant WW 5, S. 447 f.

105 Ebd., S. 599 und öfter (§ 91).

106 Ebd., S. 388–392 (§ 40: »Vom Geschmacke als einer Art von sensus communis«). – Vgl. dazu Monika Katharina Tiffany, Der Begriff des »sensus communis« in Kants »Kritik der Urteilskraft«. Eine historische und semantische Analyse, ms. Diss. Universität Zürich 2002.

107 Kant WW 5, S. 447 (§ 57).

108 Ebd., S. 415.

109 Vgl. dazu ausführlich Reinhardt Brandt, Die Bestimmung des Menschen bei Kant, Hamburg 2007, S. 433–441.

110 Kant WW 5, Bd. 5, S. 390. – Eine mögliche »Abstammung« des Geschmacksurteils »von dem tief verborgenen allen Menschen gemeinschaftlichen Grunde der Einhelligkeit«, der auch der theoretischen Erkenntnis zugrunde liegt, wird bereits im § 17 der Kritik der Urteilskraft thematisiert (Kant WW 5, S. 313).

111 Brandt, Die Bestimmung des Menschen bei Kant, S. 441. – Vgl. Kants in erster Auflage 1793 publiziertes Buch *Die Religion innerhalb der Grenzen der bloßen Vernunft*, das in der Folge zu erheblichen Problemen mit der preußischen Zensur führte.

112 Kant, Kritik der praktischen Vernunft, in: Kant WW 4, S. 249 f.

113 Kant, Kritik der Urteilskraft, in: Kant WW 5, S. 458–463 (§ 59), der Ausdruck vom »Symbol des Sittlichguten«: S. 461 (in der meist zitierten Schreibweise der Akademie-Ausgabe, Kant AA 5, S. 353, orthographisch abweichend: »Symbol des Sittlich-Guten«).

114 Kant, Kritik der Urteilskraft, in: Kant WW 5, S. 288.

115 Brandt, Die Bestimmung des Menschen bei Kant, S. 404. – Vgl. dazu Birgit Recki, Ästhetik der Sitten. Die Affinität von ästhetischem Gefühl und praktischer Vernunft bei Kant, Frankfurt a. M. 2001, S. 187–220.

116 Karl Rosenkranz, Ästhetik des Häßlichen, Königsberg 1853 (Neuausgabe hrsg. von Dieter Kliche, Leipzig 1990).

117 Kant, Anthropologie in pragmatischer Hinsicht (1798, ^{2}1800), in: Kant WW 6, S. 566 f.

118 Kant, Kritik der Urteilskraft, in: Kant WW 5, S. 415 (§ 49).

119 Ausführlich dazu: Volker Gerhardt, Immanuel Kant. Vernunft und Leben, Stuttgart 2002, S. 282 f.

120 Vgl. dazu die germanistische Habilitationsschrift von Dieter Burdorf, Poetik der Form. Eine Begriffs- und Problemgeschichte, Stuttgart / Weimar 2001. – Der willentliche Verzicht des Autors auf die Untersuchung der musikästhetischen Formdiskussion, obwohl seine Untersuchung grundsätzlich eigentlich auf »Bild- und Baukunst, Literatur und Musik gleichermaßen« abzielt (ebd., S. 26), gehört mit dem lapidaren Verweis auf den »Form«-Artikel der ersten MGG-Auflage und der daraus abgeleiteten Begründung, am besten sei Form in der Musik eben doch nur als »Schema« zu erfassen (ebd., S. 32), zu den bedauerlichen Schwachstellen dieser ansonsten überaus wertvollen und materialreichen Studie.

121 Näheres bei Reinhard Brandt, Die Bestimmung des Menschen bei Kant, Hamburg 2007, S. 409 und 466, sowie ders., Immanuel Kant – Was bleibt?, Hamburg [2]2010, S. 156 f. – Vgl. auch Marcus Willaschek / Jürgen Stolzenberg / Georg Mohr / Stefano Bacin (Hrsg.), Kant-Lexikon, 3 Bde., Berlin 2015, Bd. 1, S. 615–620.

122 Heinrich Christoph Koch, Musikalisches Lexikon, Frankfurt a. M. 1802 (Reprint: Kassel u. a. 2001), Sp. 146. Die einschlägigen Lemmata: Sp. 146–148, 181 f. und 187–193.

123 Johann Georg Sulzer, Allgemeine Theorie der Schönen Künste, Leipzig 1771, Bd. 1, S. 394–396, Leipzig [2]1778, Bd. 2, S. 148–150, sowie Leipzig [3]1792, Bd. 2, S. 250–252.

124 Dazu nach wie vor unentbehrlich: Lothar Schmidt, Organische Form in der Musik. Stationen eines Begriffs 1795–1850, Kassel u. a. 1990, hier bes. S. 15–83; zu Michaelis vgl. auch Georg Mohr, »Die Musik ist eine Kunst des inneren Sinnes und der Einbildungskraft«. Affekt, Form und Reflexion bei Christian Friedrich Michaelis, in: Musik-Konzepte, Neue Folge, Sonderband Musikphilosophie, München 2007, S. 137–151.

125 Friedrich Schiller, Über die ästhetische Erziehung des Menschen in einer Reihe von Briefen, in: Schiller NA 20, S. 382 (22. Brief).

126 Schiller, Zu Gottfried Körners Aufsatz über Charakterdarstellung in der Musik, in: Schiller NA 22, S. 295. – Natürlich geht das auf Kant zurück; vgl. Kritik der Urteilskraft, § 52: »Doch in aller schönen Kunst besteht das Wesentliche in der Form, […] nicht in der Materie der Empfindung« (Kant WW 5, S. 428).

127 Theodor W. Adorno, Ästhetische Theorie, in: Adorno GS 7, S. 342.

128 Schiller, [Kallias oder Über die Schönheit. Briefe an Gottfried Körner], in: Schiller NA 26, S. 183 und 200 (Briefe vom 8. und 23. Februar 1793).

129 Volker Gerhardt, Immanuel Kant. Vernunft und Leben, Stuttgart 2002, S. 280.

130 Kant, Kritik der Urteilskraft, in: Kant WW 5, S. 458 ff. (§ 59).

131 Vgl. ebenfalls kritisch dazu: Axel Hutter, Das Interesse der Vernunft. Kants ursprüngliche Einsicht und ihre Entfaltung in den transzendentalphilosophischen Hauptwerken, Hamburg 2003, S. 168.

132 Anecdotes of Beethoven. Contributed by Herr Carl Czerny, for »Cock's Musical Miscellany« (1852 in englischer Sprache publiziert; deutsches Original verschollen); vgl. Klaus Martin Kopitz / Rainer Cadenbach (Hrsg.), Beethoven aus der Sicht seiner Zeitgenossen in Tagebüchern, Briefen, Gedichten und Erinnerungen, 2 Bde., München 2009, Bd. 1, S. 215. Die hier zitierte Rückübersetzung ins Deutsche nach Alexander Wheelock Thayer / Hermann Deiters / Hugo Riemann, Ludwig van Beethovens Leben, 5 Bde. [1907–1917], Bd. 2, Leipzig [3]1922, S. 14.

133 Charles Rosen, Sonata Forms, New York / London [2]1988, S. 1.

134 Vgl. Hans-Joachim Hinrichsen, [Artikel] Sonatenform, Sonatenhauptsatzform, in: Handwörterbuch der musikalischen Terminologie, Wiesbaden / Stuttgart 1972 ff. (25. Auslieferung 1997), S. 1–20.

135 BGA 6, S. 111 f. (Nr. 2015).

136 Max Weber, Gesammelte Aufsätze zur Wissenschaftslehre, Tübingen [2]1988, S. 190.

137 Philipp T. Barford, The Sonata Principle, in: The Music Review 13 (1952), S. 255–263; Edward T. Cone, Musical Form and Musical Performance, New York 1968, S. 76 ff.

138 Rosen, Sonata Forms, S. 162.

139 Vgl. zur neueren Diskussion: James Hepokoski / Warren Darcy, Elements of Sonata Theory. Norms, Types, and Deformations in the Late-Eighteenth-Century Sonata, Oxford / New York 2006. Den Autoren geht es um »the generic knowledge (the shared understanding of the genre within the interpretive community)« (S. 311).

140 Vgl. dazu vor allem Ernst Kurth, Anton Bruckner, 2 Bde., Regensburg 1925, sowie ders., Musikpsychologie, Berlin 1931.

141 Rudolf von Tobel, Die Formenwelt der klassischen Instrumentalmusik, Bern / Leipzig 1935, S. 19 ff. Für ihn erscheint innerhalb des Begriffskompositums »Sonatenform« der – bei ihm positiv besetzte – Terminus »Form« völlig zu Unrecht. Da er unter dem Einfluss seines Lehrers als »Form« die jeweils individuelle und konkrete Erscheinung eines Werkes auffasst (die bei Kurth selbst unter dem Aspekt der »Formung« erfasst ist) und im Unterschied dazu das Abstrakte und Verallgemeinerbare im »Typus« repräsentiert sieht, ist ihm der in der Formenlehre übliche Begriffsgebrauch eine Contradictio in adiecto; er verwendet daher in dem Zusammenhang, in dem sonst von Sonatenform gesprochen wird, stets den Terminus »Sonatensatztypus«.

142 Georg Lukács, Die Theorie des Romans. Ein geschichtsphilosophischer Versuch über die Formen der großen Epik [1920], Neuwied / Berlin 1971, S. 31.

143 Ebd., S. 32.

144 Adorno GS 14, S. 417.
145 Adorno, Ästhetik (1958/59), hrsg. von Eberhard Ortland, Frankfurt a. M. 2009 (Nachgelassene Schriften IV/3), S. 341. – Dass Adorno hier, ganz im Einklang mit der üblichen Sichtweise, auch die Fuge als »Form« bezeichnet, ist problematisch (siehe dazu weiter oben) und soll hier undiskutiert bleiben.
146 Ebd.
147 August Halm, Von zwei Kulturen der Musik [1913], München [3]1947, S. 36 und 130.
148 Adorno GS 17, S. 58.
149 Adorno, Ästhetische Theorie, in: Adorno GS 7, S. 215 f.
150 Beethoven an Breitkopf & Härtel, ca. 18. Dezember 1802 (BGA 1, S. 145 [Nr. 123]). – Der Gegenstand dieser Kritik, den Beethoven offenbar von Reicha persönlich gezeigt bekommen hatte, sind Reichas *Douze Fugues pour le Piano, Composées et Dediées aux Citoyens Mehul, Cherubini, Gossec, le Sueur et Martini. Inspecteurs du Conservatoire de Musique*, Paris [1800].
151 Beethoven an Breitkopf & Härtel, 18. Oktober 1802 (BGA 1, S. 126 [Nr. 108]).
152 Sieghard Brandenburg (Hrsg.), Ludwig van Beethoven: Keßlersches Skizzenbuch, Bd. 1: Übertragung, Bonn 1978, S. 11. – Vgl. dazu grundsätzlich auch William Drabkin, Beethoven's Understanding of »Sonata Form«. The Evidence of the Sketchbooks, in: William Kinderman (Hrsg.), Beethoven's Compositional Process, Lincoln 1991, S. 14–19, sowie Barry Cooper, Beethoven and the Creative Process, Oxford 1990, passim.
153 Hans-Georg Gadamer, Wahrheit und Methode. Grundzüge einer philosophischen Hermeneutik, Tübingen [4]1975, S. 88.
154 In der »Sonata Theory« von Hepokoski und Darcy wird die Coda dem »paragenerischen Raum« (»parageneric space«) der Sonatenform zugewiesen, womit aber ihre bei Beethoven zunehmende Bedeutung kaum angemessen abgebildet werden kann (Hepokoski / Darcy, Elements of Sonata Theory, S. 281–305).
155 Wien, Archiv der GdM (A-Wgm), »Keßler«-Skizzenbuch. Vgl. Sieghard Brandenburg (Hrsg.), Ludwig van Beethoven. Keßlersches Skizzenbuch, 2 Bde., Bonn 1976/78, Bd. 1 (Übertragung), Bd. 2 (Faksimile), hier Bd. 2, fol. 90v.
156 Zur »*Waldstein*«-Sonate vgl. Hinrichsen, Beethoven. Die Klaviersonaten, S. 244 f.; zum ersten »*Rasumowsky*«-Quartett vgl. Lewis Lockwood, Process vs. Limits. A View of the Quartet in F major, Opus 59, No. 1, in: ders., Beethoven. Studies in the Creative Process, Cambridge 1992, S. 198–208.
157 Skizzen zur »10. Sinfonie« Unv 3, Beethoven-Haus Bonn, Sign. HCB BSk 20/68, fol. 1r; siehe LvBWV, Bd. 2, S. 582–584.
158 Adolf Bernhard Marx, Die Lehre von der musikalischen Komposition, Bd. 3, Leipzig [2]1848, S. 284.

159 Rosen, Sonata Forms, S. 354.

160 Hinrichsen, Beethoven. Die Klaviersonaten, S. 54 f., 61 f. und 93 f.

161 Vgl. genauer: ebd., S. 203 f.

162 Ebd., S. 241.

163 Leo Balet / E. Gerhard [recte: Eberhard Rebling], Die Verbürgerlichung der deutschen Kunst, Literatur und Musik im 18. Jahrhundert [1936], Dresden [2]1979, S. 439.

164 Hepokoski / Darcy, Elements of Sonata Theory, S. 251–254.

165 Zum Stand der Diskussion um dieses Werk vgl. Hinrichsen, Beethoven. Die Klaviersonaten, S. 209 ff.

166 Pieter Bergé (Hrsg.), Beethoven's Tempest Sonata, Leuven 2009.

167 Stellvertretend für viele ähnlich lautende andere hier das Urteil von Lewis Lockwood: »the most original in form that Beethoven ever wrote« (Lewis Lockwood, Beethoven. The Music and the Life, New York 2003, S. 320).

168 Vgl. die Kapitel »Heroic Style I« und »Heroic Style II« bei William Kinderman, Beethoven, Berkeley / Los Angeles 1995, S. 86–138; dazu auch Scott Burnham, Beethoven Hero, Princeton 1995.

169 AmZ 9 (1806/07), 18. März 1807, Sp. 400.

170 Lini Hübsch, Ludwig van Beethoven. Rasumowsky-Quartette, München 1983 (Meisterwerke der Musik 40), S. 48.

171 Wilhelm von Lenz, Beethoven. Eine Kunststudie, 5 Bde., Kassel 1855–Hamburg 1860, Bd. 3, Hamburg 1860, S. 30.

172 Arnold Schmitz, Beethovens »Zwei Prinzipe«. Ihre Bedeutung für Themen- und Satzbau, Berlin / Bonn 1923, S. 38.

173 Zu Begriff und Funktion dieser »medial caesura« vgl. Hepokoski / Darcy, Elements of Sonata Theory, S. 23–50.

174 Ebd., S. 275. Hier wird der Satz aufgefasst als eine »deformational scherzo-sonata – nightmarishly distorted in tone and structure« (ebd.).

175 Erwin Ratz, Einführung in die musikalische Formenlehre. Über Formprinzipien in den Inventionen und Fugen J. S. Bachs und ihre Bedeutung für die Kompositionstechnik Beethovens, Wien [3]1973, S. 194.

176 Staatsbibliothek zu Berlin – Preußischer Kulturbesitz (D-B), Sign.: Mus. ms. autogr. Beethoven Mend. Stift. 10; einsehbar unter www.staatsbibliothek/digital.

177 Zu diesen Symmetrien vgl. Ratz, Einführung in die musikalische Formenlehre, S. 195, und Lewis Lockwood, A Problem of Form: The »Scherzo« of Beethoven's String Quartet in F Major, Op. 59, No. 1, in: Beethoven Forum 2 (1993), S. 93.

178 Kant, Beantwortung der Frage: Was ist Aufklärung?, in: Kant WW 6, S. 53.

179 Vgl. Adorno, Ästhetische Theorie, in: Adorno GS 7, S. 30.

Der Künstler als Philosoph: Ästhetische Erziehung

1 Friedrich Schiller, Über die ästhetische Erziehung des Menschen in einer Reihe von Briefen [1795], in: Schiller NA 20, S. 309–412.

2 In der zweiten Auflage von Johann Georg Sulzers *Allgemeiner Theorie der Schönen Künste* wird 1779 die Instrumentalmusik als »ein lebhaftes und nicht unangenehmes Geräusch, oder ein artiges und unterhaltendes, aber das Herz nicht beschäfftigendes Geschwätz« bezeichnet (Artikel »Musik«, Bd. 3, Leipzig [2]1779, S. 274); diese Formulierung wird unverändert in weiteren, nach dem Tod Sulzers erschienenen Auflagen wiederholt (Bd. 3, Leipzig 1787, S. 357; Bd. 3, Frankfurt / Leipzig 1798, S. 463). Berühmt, um nicht zu sagen berüchtigt, ist auch die ambivalente Bewertung des Phänomens in den Paragraphen 51–53 von Kants *Kritik der Urteilskraft* (1790); diese negative Einschätzung ist allerdings inzwischen plausibel revidiert worden (vgl. Piero Giordanetti, Kant und die Musik, Würzburg 2005, bes. S. 206–219). Als bloß »angenehmes Geräusch« bezeichnet Kant denn auch lediglich die ohne künstlerischen Anspruch auftretende »Tafelmusik« (Immanuel Kant, Kritik der Urteilskraft, § 44, in: Kant WW 5, S. 404).

3 So nennt Goethe bekanntlich das Korpus seiner eigenen Gedichte, dessen fragmentarischen Charakter seine Autobiographie nachträglich »vollständig zu machen« versuchen soll (Johann Wolfgang von Goethe, Dichtung und Wahrheit, II/7, in: Goethe HA 9, S. 283).

4 BGA 2, S. 77 (Nr. 395). Weiterhin nennt er, gleichsam im zweiten Atemzug, Ossian und Homer, den er allerdings »leider nur in übersezungen lesen« könne.

5 Goethe-Vertonungen liegen neben der Egmont-Musik op. 84 vor in den Liedern op. 52, Nr. 4 und 7, op. 75, Nr. 1–3, op. 83, 112 und 122, WoO 74, 90, 127, 134 151 und 185. – Schubert hingegen, der sich seit 1814 kompositorisch mit Goethe befasste, hat nicht nur seine Publikationstätigkeit (1821: op. 1 und 2) exklusiv mit Goethe-Liedern begonnen, sondern Goethe ist überhaupt mit über 50 Bearbeitungen der meistvertonte Dichter seines Gesamtwerks.

6 Klaus-Martin Kopitz / Rainer Cadenbach (Hrsg.), Beethoven aus der Sicht seiner Zeitgenossen in Tagebüchern, Briefen, Gedichten und Erinnerungen, 2 Bde., München 2009, Bd. 1, S. 227.

7 BGA, Nr. 1773.

8 Das geht aus allen Beiträgen des wertvollen Sammelbandes *Beethoven liest* hervor, der 2016 als Begleitpublikation zu einer Ausstellung des Beethoven-Hauses Bonn aus einer Vorlesungsreihe hervorgegangen ist (Bernhard Appel / Julia Ronge [Hrsg.], Beethoven liest, Bonn 2016). – Zu Beethovens Lektüre vgl. Theodor Frimmel, Beethoven-Handbuch, 2 Bde., Leipzig 1926, Bd. 1, Artikel »Bibliothek« (S. 40) und »Lesestoff« (S. 338–341).

9 Kopitz / Cadenbach, Beethoven aus der Sicht seiner Zeitgenossen, Bd. 1, S. 462.

10 Vgl. Friederike Grigat, Beethovens Glaubensbekenntnis. Drei Denksprüche aus Friedrich Schillers Aufsatz »Die Sendung Moses«, Bonn 2008.

11 Zit. nach Geert Müller-Gerbes / Alexander Wolfshohl, Beethoven liest Friedrich Schiller, in: Appel / Ronge [Hrsg.], Beethoven liest, S. 3–15, hier S. 6.

12 Schiller, Don Karlos. Infant von Spanien. Ein dramatisches Gedicht, III/9, in: Schiller NA 7/1, S. 112 (Hamburger Fassung 1787, V. 1976), S. 506 (letzte Fassung 1805, V. 2969).

13 Schiller, An die Freude (Strophe 5), in: Schiller NA 1, S. 170 (erste Fassung), NA 2, S. 186 (letzte Fassung).

14 Vgl. zu dieser Entwicklung Kants während der 1790er-Jahre: Volker Gerhardt, Immanuel Kant. Vernunft und Leben, Stuttgart 2002, S. 235–238.

15 Max Mendheim, [Artikel] Tiedge, Christoph August, in: Allgemeine Deutsche Biographie, Bd. 38, Berlin 1894, S. 281–285, hier S. 284.

16 Kant, Kritik der Urteilskraft, in: Kant WW 5, S. 414 f. (§ 49).

17 Christoph August Tiedge, Urania, Halle 1801 (Exemplar in der Stadtbibliothek am Münsterplatz, Schaffhausen, Sign.: SEC 254), S. II.

18 Tiedge, Urania, Halle 1801; ferner: »Neue wohlfeile Ausgabe. / Reutlingen, / in der J. J. Mäcken'schen Buchhandlung. / 1802« (Exemplar in der Zentralbibliothek Zürich, Sammlung Alte Drucke, Sign.: WY 2200). – Bei Kant werden die drei Postulate in der B-Auflage der *Kritik der reinen Vernunft* erstmals angedeutet (B XXX, B 7, in: Kant WW 2, S. 33 und 49) und in der *Kritik der praktischen Vernunft* dann ausgeführt und begründet (Kant WW 4, S. 264 f.).

19 Himmel vertont 14 Gesänge aus Tiedges Lehrgedicht, teils solistisch, teils als drei- oder vierstimmige Chorlieder, oft mit rezitativischen Einleitungen, alle mit Begleitung des Klaviers. Das Lied *An die Hoffnung* ist die Nr. 3, steht in F-Dur und erscheint als dreistimmiges Chorlied (S, T, B). Hier nach dem Exemplar der »vermehrten und verbesserten Ausgabe«, Leipzig: A. Kühnel [1807], in der Zentralbibliothek Zürich, Sign.: Mus WB 2465. – Himmel ist übrigens auch der Komponist einer Trauerkantate zum Tod Immanuel Kants, die am 1. März 1804 in Königsberg erklang.

20 So die Angabe bei Theodor Frimmel, Beethoven-Handbuch, Leipzig 1926, Bd. 1, S. 338–341. – Die zahllosen, noch zu Lebzeiten Tiedges herausgekommenen weiteren Neuauflagen blieben textlich unverändert, zeigen aber (ebenso wie die unzähligen Raubdrucke anderer Verleger) die ungebrochene Beliebtheit des Gedichts an, von der man sich angesichts der völligen Vergessenheit seines Urhebers heute kaum noch ein angemessenes Bild machen kann.

21 NGA XII/1: Lieder und Gesänge mit Klavierbegleitung, hrsg. von Helga Lühning, Kritischer Bericht, München 1990, S. 66 (zu op. 94); vgl. dies., Klavierlied »An die Hoffung« op. 32, in: Albrecht Riethmüller / Carl Dahlhaus / Alexander L. Ringer (Hrsg.), Beethoven-Interpretationen, Laaber 1994, Bd. 1, S. 265, sowie Klavierlied »An die Hoffnung« op. 94, in: ebd., S. 76.

22 Zu Begriff und Sache vgl. Hermann Danuser, Weltanschauungsmusik, Schliengen 2009, bes. S. 32–38. Danuser betrachtet, gut nachvollziehbar, als das eigentliche »Gründungswerk von Weltanschauungsmusik« das Finale von Beethovens 9. Sinfonie (ebd., S. 90). Es ist evident, dass der Begriff bei der Anwendung auf das Tiedge-Lied, wie es oben geschieht, in einem etwas weiteren und loseren Sinne benutzt wird.
23 Vgl. BGA 2, S. 220 (Nr. 525, 11. Oktober 1811): »Du kamst mir mit dem Bundes Wort *Du* mein Tiedge entgegen, so sey's, so kurz unsere Zusammenkunft war, so fanden wir uns bald aus, und nichts war ja mehr fremd unter unß.«
24 BGA 2, S. 295 (Nr. 601, 22. September 1812).
25 Christoph August Tiedge, Urania. Ein lyrisch-didactisches Gedicht in sechs Gesängen, Halle [4]1808, unpaginierte Widmungsvorrede (»An meinen Gleim, zum zweiten April 1801« [Gleims 82. Geburtstag]).
26 Die eingeklammerten Seitennachweise im Text nach dem (auch von Beethoven benutzten) Exemplar [4]1808. Die meisten der hier zitierten Passagen finden sich sinngemäß, wenn auch bisweilen weniger zugespitzt, ebenfalls in den früheren Auflagen.
27 Das durch Moses Mendelssohn in Umlauf gelangte Diktum vom »alles zermalmenden« Kant hat, wie sich später zeigen wird, offenbar auch Beethoven gut gekannt.
28 Dass nämlich das »moralische Gesetz« als »ratio cognoscendi« der Freiheit angesehen werden müsse, weil nur diese die »ratio essendi« des moralischen Gesetzes sein könne (Kant, Kritik der praktischen Vernunft, in: Kant WW 4, S. 108).
29 Kant, Der Streit der Fakultäten, in: Kant WW 6, S. 357 ff.
30 Vgl. Kant, Kritik der reinen Vernunft, in: Kant WW 2, S. 677 (B 833): »Alles Interesse meiner Vernunft (das spekulative sowohl, als das praktische) vereinigt sich in folgenden drei Fragen: 1. Was kann ich wissen? 2. Was soll ich tun? 3. Was darf ich hoffen?«
31 BGA 2, S. 212 (Nr. 521).
32 Für Schiller geht es bekanntlich um den zu erreichenden ästhetischen als einen »mittleren Zustand« (Über die ästhetische Erziehung des Menschen, in: Schiller NA 20, S. 366 [18. Brief]) und schließlich um den »ästhetischen Staat« (Schiller NA 20, S. 410 [27. Brief]). – Bei Sulzer heißt es: »Der rohe Mensch ist blos grobe Sinnlichkeit, die auf das thierische Leben abzielt; der Mensch, den der Stoiker bilden wollte, aber nie gebildet hat, wäre blos Vernunft, ein blos erkennendes und handelndes Wesen: der aber, den die schönen Künste bilden, steht zwischen jenen beyden gerade in der Mitte, seine Sinnlichkeit besteht in einer verfeinerten inneren Empfindsamkeit, die den Menschen für das sittliche Leben würksam macht« (Artikel »Künste, Schöne Künste«, in: Leipzig [3]1792–1799, Bd. 3, S. 78).
33 Kant, Kritik der Urteilskraft, in: Kant WW 5, S. 479. Und er spitzt in einer seiner nicht für die Öffentlichkeit bestimmten Reflexionen sogar

noch zu: »Der Mensch gehört nun als Thier zur Welt aber doch auch als Person zu den Wesen welche Rechte fähig sind folglich Freyheit des Willens haben dessen habilitaet ihn von allen anderen Wesen wesentlich unterscheidet« (Kant AA 21, S. 36).

34 BGA 3, S. 161 (Nr. 827).

35 BGA 1, S. 121–125 (Nr. 106), daraus auch die folgenden Zitate.

36 Vgl. das Faksimile des heute in der Hamburger Staatsbibliothek verwahrten Dokuments: Ludwig van Beethoven, Heiligenstädter Testament. Faksimile, hrsg. von Hedwig M. von Asow, Wien / München 1957. Der Eindruck des ungewöhnlich Sorgfältigen wird durch die Autopsie des (seit dem 20. Jahrhundert freilich in einen gläsernen Rahmen eingeschlossenen) Schriftstücks noch verstärkt.

37 Bei Kant mit dem Argument, dass der Mensch kein Recht habe, mit der Abschaffung seiner Physis zugleich gegen die intelligible »Person« in sich vorzugehen; so erstmals in der *Grundlegung zur Metaphysik der Sitten* (Kant WW 4, S. 52), danach in fast allen Schriften zur Moral- und Rechtsphilosophie.

38 1801, S. 178; 1802 (mit leicht abweichender Orthographie), S. 106.

39 Vor allem: Arnold Schmitz, Das romantische Beethovenbild. Darstellung und Kritik, Berlin 1927 (Reprint: Darmstadt 1978), S. 82–101; weiterhin Maynard Solomon, Beethoven: The Quest for Faith, in: Beethoven-Jahrbuch 10, 1978/81 (1983), S. 101–119; deutsch als: Beethovens Suche nach dem Glauben, in: Birgit Lodes / Armin Raab (Hrsg.), Beethovens Vokalmusik und Bühnenwerke, Laaber 2014, S. 219–23; neuerdings (mit der Tendenz zur Rückkehr zu den Resultaten von Schmitz): Nicholas J. Chong, Beethoven's Catholicism: A Reconsideration, Diss. Columbia University 2016.

40 Anton Schindler, Biographie von Ludwig van Beethoven, Münster [3]1860, Bd. 2, S. 161.

41 BGA 3, S. 258 (Nr. 934).

42 Vgl. vor allem Hermann Timm, Gott und die Freiheit. Studien zur Religionsphilosophie der Goethezeit, Bd. 1: Die Spinozarenaissance, Frankfurt a. M. 1974; ferner: Rüdiger Otto, Studien zur Spinozarezeption in Deutschland im 18. Jahrhundert, Frankfurt a. M. 1994, bes. S. 172–298.

43 Zitiert bei Timm, Gott und die Freiheit, S. 339.

44 Eveline Bartlitz, Die Beethoven-Sammlung in der Musikabteilung der Deutschen Staatsbibliothek. Verzeichnis. Autographen, Abschriften, Dokumente, Briefe, Berlin 1970, S. 208 f.; Charles C. Witcombe, Beethoven's Markings in Christoph Christian Sturm's »Reflections on the Works of God in the Realm of Nature and Providence for Every Day of the Year«, in: The Beethoven Journal 18/1 (2003), S. 10–17.

45 Alexander Wolfshohl, Beethoven liest Autoren und Texte mit Bezug zu Religion und Theologie, in: Appel / Ronge (Hrsg.), Beethoven liest, S. 137.

46 Beethovens Tagebuch 1812–1818, hrsg. von Maynard Solomon, Bonn 1990, [2]2005, S. 105.
47 Ebd., S. 101.
48 Ebd., S. 101 und 102.
49 Auch dieses Schiller-Exzerpt wird gern mit einer gewissen Selbstverständlichkeit als »Beethovens Glaubensbekenntnis« aufgefasst (vgl. den Titel der vorzüglich kommentierten Faksimile-Ausgabe: Friederike Grigat, Beethovens Glaubensbekenntnis. Drei Denksprüche aus Friedrich Schillers Aufsatz »Die Sendung Moses«, Bonn 2008).
50 Theodor W. Adorno, Einleitung in die Musiksoziologie, in: Adorno GS 14, S. 280 und 281. – Tatsächlich sieht schon Paul Bekker den Komponisten nach 1800 »die symphonische Rednertribüne« betreten (Paul Bekker, Beethoven [1911], Berlin [2]1912, S. 199): »Reden an die Nation, Reden an die Menschheit könnte man die Symphonien nennen« (S. 201).
51 BGA 1, S. 246 (Nr. 212). Der so angeschriebene Verlag (Breitkopf & Härtel) ist weder auf diesen Wunsch eingegangen noch hat er die *Eroica* überhaupt publiziert. Sie erschien stattdessen im Wiener Industrie-Kontor, und zwar wie üblich als Stimmendruck.
52 Vgl. Matthias Walz, Kontrastierende Werkpaare in Beethovens Symphonien, in: Archiv für Musikwissenschaft 46 (1989), S. 271–293.
53 So der Herausgeber der beiden Werke, Jens Dufner, in NGA I/3, München 2013, S. 211.
54 Die Takte 4, 23, 127, 251 und 481 finden sich nicht in Beethovens Autograph, sondern erst im Stimmenmaterial der Uraufführung (NGA I/3, S. 230 f.).
55 So jedenfalls wird der verschollene, bislang nicht auffindbare Programmzettel durch den Rezensenten der Leipziger *Allgemeinen musikalischen Zeitung* zitiert; vgl. AmZ 11 (1808/09), Nr. 17 (25. Januar 1809), Sp. 267.
56 BGA 2, S. 53 (Nr. 370).
57 Vgl. etwa BGA 3, S. 361 (Nr. 1042).
58 Alle Skizzenzitate nach NGA I/3, S. 293.
59 Zusammenstellung und Bewertung der Quellen bei Howard Chandler Robins Landon, Haydn. Chronicle and Works, 5 Bde., London 1976–1980, Bd. 5, S. 365. Vgl. auch den Bericht in der AmZ 10 (1808), 20. April 1808, Sp. 479 f.
60 Siehe dazu Ludwig Finscher, Haydn und seine Zeit, Laaber 2000, S. 474 f. – Haydns älteres Oratorium *Il ritorno di Tobia* steht dagegen noch ganz in der italienischen Tradition, von der Händels neues Londoner Konzept nachdrücklich abgewichen war.
61 Bis kurz vor der Drucklegung hat Beethoven – durch eine Da-capo-Vorschrift für den c-Moll- und den kontrapunktischen C-Dur-Abschnitt – den Satz, auf diese Weise den Weg bis zum Durchbruch verlängernd, als einen fünfteiligen konzipiert. Aus der offenbar missverstehenden Umset-

zung seiner (heute verschollenen) Korrekturanweisungen durch den Verlag nähren sich bis heute Debatten um die eigentliche Intention. Zur ausführlichen Diskussion der Problematik vgl. Peter Gülke, Zur Neuausgabe der Sinfonie Nr. 5 von Ludwig van Beethoven. Werk und Edition, Leipzig 1978, S. 43 ff.

62 Dazu ausführlicher: James Hepokoski / Warren Darcy, Elements of Sonata Theory. Norms, Types, and Deformations in the Late-Eighteenth-Century Sonata, Oxford / New York 2006, S. 178, 246 und 251.

63 Adorno GS 14, S. 411.

64 Das will offenbar in der Tat schon gleich der Beginn signalisieren, an dem – in einer nie dagewesenen Konsequenz – nicht weniger als zehn inhaltlich vollkommen identische Takte lediglich wiederholt und nur durch einen sie durchfahrenden dynamischen Strom (*p – cresc. – f – dimin. – pp*) akustisch herangeholt und dann wieder in die Ferne gerückt werden (T. 16–25). Dynamische und motivische Entwicklung sind vollkommen inkongruent.

65 Paul Bekker, Beethoven, S. 247 f.

66 Ebd.

67 August Halm, Von zwei Kulturen der Musik [1913], Stuttgart 1947, S. 219 f.

68 Ebd., S. 131 und 219. – Für Adorno wurde die *Pastorale* zum Ausgangspunkt der (nie bis zum Ende ausgearbeiteten) Theorie des »extensiven« Typus der Musik und dessen Umgang mit der Zeit (vgl. dazu Richard Klein, Die Frage nach der musikalischen Zeit, in: ders. / Johann Kreuzer / Stefan Müller-Doohm [Hrsg.], Adorno-Handbuch, Stuttgart / Weimar 2011, S. 59–74).

69 Halm, Von zwei Kulturen der Musik, S. 132.

70 Ebd.

71 Ebd., S. 131.

72 Ebd., S. 220.

73 Ebd.

74 Am Beginn der Durchführung war diese Figur, auf derselben Tonhöhe, in den Akkord der Dominante (C^7) eingefügt worden (T. 139–142).

75 Bekker, Beethoven, S. 247.

76 Vgl. NGA I/3, S. 274 f.

77 Bekker, Beethoven, S. 248.

78 Den trillernden Dominant-Orgelpunkt der (in diesem Falle kleinen) Flöte zeichnet auch das Ende der 5. Sinfonie aus.

79 Franz Gerhard Wegeler / Ferdinand Ries, Biographische Notizen über Ludwig van Beethoven, Koblenz 1838 (Reprint: Berlin 2012), S. 98 f.

80 Immanuel Kant, Kritik der Urteilskraft, in: Kant WW 5, S. 327 (Anm. nach § 22).

81 Ebd., S. 350 (§ 28). – Vgl. ebd., S. 494: Der Mensch kann die Natur um ihrer »Schönheit« willen »lieben« und um ihrer »Unermeßlichkeit« (das heißt: ihrer Erhabenheit) willen achten und sich dabei »selbst in dieser

Betrachtung veredelt fühlen« (§ 67). Der doppelten ästhetischen Naturerfahrung entspricht, wie hier der Teil über die teleologische Urteilskraft im Rückblick auf den ersten Teil eigens wiederholt, ein integrales Menschenbild nach der Natur- und nach der Vernunftbestimmung.

82 Friedrich Schlegel, Jacobis »Woldemar« [1796], in: Friedrich Schlegel. Kritische Studienausgabe in sechs Bänden, hrsg. von Ernst Behler und Hans Eichner, Paderborn 1988, Bd. 1, S. 177–191, hier S. 184.

83 Vgl. Stefan Kunze (Hrsg.), Ludwig van Beethoven. Die Werke im Spiegel seiner Zeit. Gesammelte Konzertberichte und Rezensionen bis 1830, Laaber 1987, S. 128.

84 Kant AA 16, S. 127 (»Reflexion 1820a«).

85 Kant, Kritik der Urteilskraft, in: Kant WW 5, S. 571 (Anm. zu § 86).

86 Ebd., S. 398 (§ 42).

87 Ebd., S. 272 (Einleitung, IX.), S. 446 (§ 57).

88 Ebd., S. 447 (§ 57).

89 Ebd., S. 567–580 (§§ 86 und 87).

90 Ebd., S. 615 f., Fußnote (Allg. Anm. zur Teleologie).

91 Staatsbibliothek zu Berlin – Preußischer Kulturbesitz (D-B), Mus. mus. autogr. Beethoven, Grasnick 3, fol. 16v, hier zitiert nach der Übertragung des Blatts bei Dagmar Busch-Weise, Ein Skizzenbuch zur Chorfantasie op. 80 und anderen Werken, Bonn 1957, S. 92.

92 Notizblatt in der British Library; hier zitiert nach: Julia Ronge, Ein Landhaus, ein Pferd und eine Messe für Napoleon. Notizen Beethovens von Oktober 1810. Faksimile und Kommentar, Bonn 2017, S. 4.

93 Friedrich Heinrich Jacobi, Über die Lehre des Spinoza in Briefen an den Herrn Moses Mendelssohn, in: ders., Werke. Gesamtausgabe, hrsg. von Klaus Hammacher und Walter Jaeschke, Bd. 1,1: Schriften zum Spinozastreit, Hamburg / Stuttgart 1998, S. 351. Der zitierte Vorwurf findet sich in Jacobis Vorwort zur Neuausgabe von 1819.

94 Vgl. Tiedge, Urania, Halle [4]1808: »Gottesdienst der Sphären« (S. 70), »Hier ist, hier herrscht ein Gott!« (S. 71).

95 Kant, Kritik der Urteilskraft, in: Kant WW 5, S. 414 f. (§ 49).

96 Schiller, Über naive und sentimentalische Dichtung, in: Schiller NA 20, S. 413–503, hier S. 414.

97 Kant, Kritik der Urteilskraft, in: Kant WW 5, S. 385 (Anm. zu § 38).

98 Ebd., S. 335 (§ 25).

99 BGA 1, S. 89 (Nr. 70), 16. November 1801.

100 Anton Schindler, Biographie von Ludwig van Beethoven, 2 Bde., Münster [3]1860, Bd. 1, S. 158.

101 Das bildet sich allerdings in keinem der erhaltenen Konzertberichte ab.

102 Kant, Kritik der reinen Vernunft, in: Kant WW 2, S. 565 (B 672).

103 Kant, Kritik der Urteilskraft, in: Kant WW 5, S. 447 (§ 57).

104 Ebd., S. 271 (Einleitung, IX, erste Fußnote).

105 Tiedge, Urania, Halle [4]1808, S. 4 (Inhaltsangabe zu V. 305–332). Diesen sinnleeren Kreislauf hatte die erste Auflage (Halle 1801) etwas weniger drastisch, dafür gezielter auf die Natur bezogen, als »den ewigen Zirkelgang der Natur vom Entstehen zum Verschwinden« gefasst (Tiedge, Urania, Halle 1801, S. 5).

106 Kant, Kritik der Urteilskraft, in: Kant WW 5, S. 579 f. (§ 87).

107 Wilhelm Schmidt-Biggemann, Vom enzyklopädischen Satiriker zum empfindsamen Romancier. Jean Pauls frühe Entwicklung, in: Jean Paul SW, Abt. II, Bd. 2, S. 263–294, hier S. 291.

108 Ebd., Abt. I, Bd. 2, S, 170–175. Zu einer frühen Fassung (»Des todten Shakespear's Klage unter todten Zuhörern in der Kirche, daß kein Got sei«) vgl. ebd., Abt. II, Bd. 2, S. 589–592.

109 Kant, Idee zu einer allgemeinen Geschichte in weltbürgerlicher Absicht, in: Kant WW 6, S. 35.

110 Kant, Kritik der Urteilskraft, in: Kant WW 5, S. 604 (§ 91). Vgl. auch Kants Brief an Fichte vom 2. Februar 1792: »Mein unvorsätzlicher Nichtglaube ist kein vorsätzlicher Unglaube« (Kant AA 11, S. 322 [Nr. 504]).

111 Kant, Kritik der Urteilskraft, in: Kant WW 5, S. 557, Fußnote.

112 Am plausibelsten hat bisher in mehreren Publikationen James Webster auf eine entsprechende Modellfunktion von Haydns Oratorien aufmerksam gemacht; vgl. etwa: James Webster, The Sublime and the Pastoral in »The Creation« and »The Seasons«, in: Caryl Clark, The Cambridge Companion to Haydn, Cambridge 2005, S. 150–163.

113 In dem Schreiben an den Fürsten Nikolaus Esterházy vom 26. Juli 1807 kündigt Beethoven an, »daß ich ihnen mit viel Furcht die Messe übergeben werde, da sie D.[urchlauchtigster] F.[ürst] gewohnt sind, die Unnachahmlichen Meisterstücke des Großen Haidns sich vortragen zu laßen« (BGA 2, S. 321 [Nr. 291]).

114 D-B, Mus. mus. autogr. Beethoven, Grasnick 3, fol. 16v, hier zitiert nach der Übertragung des Blatts bei Busch-Weise, Ein Skizzenbuch zur Chorfantasie op. 80 und anderen Werken, S. 92. – Zum Inhalt und zur Datierung des Skizzenbuchs »Grasnick 3« siehe Douglas Porter Johnson / Alan Tyson / Robert Winter, The Beethoven Sketchbooks. History, Reconstruction, Inventory, Oxford 1985, S. 174–179.

115 BGA 2, S. 151 (Nr. 465), 21. August 1810.

116 BGA 5, S. 282, Nr. 1788 (10. März 1824). Auf die Gattungstradition, in die sich schließlich auch die 9. Sinfonie einschreibt, ist in der brillanten Studie von Stefanie Steiner hingewiesen worden (Stefanie Steiner, Zwischen Kirche, Bühne und Konzertsaal. Vokalmusik von Haydns »Schöpfung« bis zu Beethovens »Neunter«, Kassel u. a. 2001).

117 Das ist auch der Ansatzpunkt der Deutung des Werks bei Steven Moore Whiting, »Hört ihr wohl«. Zu Funktion und Programm von Beethovens »Chorfantasie«, in: Archiv für Musikwissenschaft 45 (1988), S. 132–147.

118 Wolf Gerhard Schmidt, Zwischen Autonomie und Heteronomie. Zur Medienästhetik von Beethovens Chorfantasie op. 80, in: Albert Meier / Thorsten Valk (Hrsg.), Konstellationen der Künste um 1800. Reflexionen – Transformationen – Kombinationen, Göttingen 2015, S. 241–256. Vgl. im selben Band auch die ausführliche Analyse der Chorfantasie: Ulrich Konrad, Gattungsüberschreitung und Medienkombination. Ludwig van Beethovens »Chorfantasie« op. 80 (1808), ebd., S. 219–239.

119 Vgl. Johann Friedrich Reichardt, Vertraute Briefe geschrieben auf einer Reise nach Wien und den österreichischen Staaten zu Ende des Jahres 1808 und zu Anfang 1809, 2 Bde., Amsterdam 1810, Bd. 1, S. 256 ff. Zu den Pannen dieser Aufführung siehe Wegeler / Ries, Biographische Notizen über Ludwig van Beethoven, S. 83 f.

120 Vgl. etwa Maynard Solomon, Beethoven. Biographie, München 1979, S. 135–245 (Abschnitt »Die heroische Periode«, darin zwei Unterkapitel »Das heroische Jahrzehnt I« und »II«).

121 Vgl. William Kinderman, Beethoven, Berkeley / Los Angeles 1995, S. 86 bis 138 (Kapitel »Heroic Style I« und »II«).

122 Vgl. den vielzitierten Bericht Carl Czernys, Beethoven solle »um 1803« einem Freund gesagt haben: »Ich bin mit meinen bisherigen Arbeiten nicht zufrieden. Von nun an will ich einen neuen Weg betreten« (Klaus Martin Kopitz / Rainer Cadenbach (Hrsg.), Beethoven aus der Sicht seiner Zeitgenossen in Tagebüchern, Briefen, Gedichten und Erinnerungen, 2 Bde., München 2009, Bd. 1, S. 228).

123 Dass er ein rezeptionsgeschichtlich relevantes Phänomen ist, steht ohnehin außer Frage. Das hat Scott Burnham in seiner brillanten Studie gezeigt, die auch die Grundlage dafür in den Werken selbst zu zeigen versucht (Scott Burnham, Beethoven Hero, Princeton 1995).

124 Lewis Lockwood, Beethoven. Studies in the Creative Process, Cambridge / London 1992, S. 134–166.

125 Beethoven an Breitkopf & Härtel, 18. Oktober 1802 (BGA 1, S. 126 [Nr. 108]).

126 BGA 1, S. 166 (Nr. 140).

127 Franz Wegeler / Ferdinand Ries, Biographische Notizen über Ludwig van Beethoven, Koblenz 1838 (Reprint: Berlin 2012), S. 78.

128 BGA 1, S. 190 (Nr. 165), S. 219 (Nr. 188).

129 BGA 1, S. 246 (Nr. 212).

130 Erstmals nachweisbar in einer Dirigierpartitur Hans von Bülows, als gängige Praxis dann bis ins späte 20. Jahrhundert reichend (so etwa auch noch bei Claudio Abbado, der davon erst in seinen späten Einspielungen der *Eroica* abrückte); vgl. Hans-Joachim Hinrichsen, Musikalische Interpretation. Hans von Bülow, Stuttgart 1999, S. 280–282.

131 Arnold Schmitz, Das romantische Beethovenbild. Darstellung und Kritik, Bonn 1917, S. 162 f.

132 Johann Georg Sulzer, Allgemeine Theorie der Schönen Künste, Leipzig 1771, Bd. 1, S. 535; Leipzig [2]1778, Bd. 2, S. 343; postume Neuausgabe (Reprint: Hildesheim 1967), Bd. 2, Leipzig 1792, S. 577.

133 Immanuel Kant, Kritik der praktischen Vernunft, in: Kant WW 4, S. 207.

134 Walter Salmen / Regine Zeller (Hrsg.), Der Tonkünstler Johann Friedrich Reichardt und Goethe, Katalog zur Ausstellung im Goethe-Museum Düsseldorf März / April 2002, Düsseldorf 2002, S. 53.

135 Constantin Floros, Beethovens »Eroica« und »Prometheus«-Musik, Wilhelmshaven 1978, S. 21 f.; vgl. dazu die Rezension von Sieghardt Brandenburg in: Beethoven-Jahrbuch 10 (1983), S. 408–411.

136 Martin Geck / Peter Schleuning, »Geschrieben auf Bonaparte«. Beethovens »Eroica«: Revolution, Reaktion, Rezeption, Reinbek bei Hamburg 1989.

137 Rita Steblin, Who Died? The Funeral March in Beethoven's »Eroica« Symphony, in: The Musical Quarterly 89 (2006), S. 62–79.

138 NGA IX,1, S. IX, Anm. 1.

139 Vgl. den vorzüglichen Kritischen Bericht (Helga Lühning) in NGA IX,1 und vor allem die nützliche, durch das Labyrinth der Quellen führende dreispaltige Zeittafel, ebd., S. 185–188.

140 Franz Hadamowsky, Wien. Theatergeschichte. Von den Anfängen bis zum Ende des Ersten Weltkriegs, Wien / München 1988, S. 320; vgl. auch S. 324 und 338.

141 Tagebucheintrag Schreyvogels von 1811, zitiert nach Gabriele Geml, Joseph Schreyvogel – Die kantische Moralphilosophie als Lebenskunst, in: Violetta Waibel (Hrsg.), Umwege. Annäherungen an Immanuel Kant in Wien, in Österreich und in Osteuropa, Göttingen 2015, S. 315.

142 Für das *Fidelio*-Jahr geht aus zwei Briefen indirekt ein schriftlicher Kontakt mit Schreyvogel hervor: BGA 3, S. 40 f. (Nr. 725) und S. 90 f. (Nr. 769).

143 BGA 1, S. 269 (Nr. 238).

144 Helmut Loos, Beethovens Trauermarsch aus op. 26 und WoO 96, in: Sieghard Brandenburg / Helmut Loos (Hrsg.), Beiträge zu Beethovens Kammermusik, München 1987, S. 205–215.

145 Friedrich Schiller, Don Karlos. Infant von Spanien. Ein dramatisches Gedicht, III/10, in: Schiller NA 7/1, S. 126 (Hamburger Fassung 1787, V. 2320), S. 521 (letzte Fassung 1805, V. 3335).

146 Johann Wolfgang von Goethe, Egmont. Ein Trauerspiel, in: Goethe HA 4, S. 439.

147 BGA 1, S. 205 (Nr. 176).

148 Beide Stellen so erst in der Fassung von 1814; zur *Leonore* von 1806 siehe Helga Lühning, Helga, Leonore. Oper in zwei Aufzügen von Ludwig van Beethoven (Das Libretto der Aufführung von 1806), Bonn 1996 (Jahresgabe des Vereins Beethoven-Haus 1995, Nr. 12).

149 Vgl. dazu genauer Joseph Braunstein, Beethovens »Leonore«-Ouvertüren. Eine historisch-stilkritische Untersuchung, Leipzig 1927, S. 95. Braun-

stein hält übrigens noch, wie damals üblich, die *Leonore I* für die früheste der vier Ouvertüren.

150 Kunze (Hrsg.), Ludwig van Beethoven. Die Werke im Spiegel seiner Zeit, S. 150.

151 Ebd., S. 152.

152 Siehe dazu Hermann Danuser, Kerkeröde im Lichte Beethovenscher Utopie. Zur Florestan-Arie im zweiten Akt von Beethovens »Fidelio«, in: ders., Gesammelte Vorträge und Aufsätze, Schliengen 2014, Bd. 4, S. 14 f.

153 James Hepokoski / Warren Darcy, Elements of Sonata Theory. Norms, Types, and Deformations in the Late Eighteenth Century, Oxford / New York 2006, S. 51 ff.

154 Vgl. Helga Lühning, Beethovens »Egmont« zwischen Schauspiel, Oper und Symphonischer Dichtung, in: Dagmar Beck / Frank Ziegler (Hrsg.), Carl Maria von Weber und die Schauspielmusik seiner Zeit, Mainz 2003, S. 157–183 ; vorher auch bereits Andreas Ballstaedt, Musik zu »Egmont« op. 84, in: Riethmüller / Dahlhaus / Ringer (Hrsg.), Beethoven. Interpretationen seiner Werke, Bd. 1, S. 649–660.

155 Bericht Carl Czernys, in: Kopitz / Cadenbach (Hrsg.), Beethoven aus der Sicht seiner Zeitgenossen in Tagebüchern, Briefen, Gedichten und Erinnerungen, S. 230.

156 Schiller, Über Egmont, Trauerspiel von Goethe, in: Schiller NA 22, S. 208.

157 BGA 2, S. 162 (Nr. 474); in Beethovens Schreibweise: »SiegesSimphonie«. – Bei Goethe heißt es: »Die Musik fällt ein und schließt mit einer Siegessymphonie das Stück« (Goethe HA 4, S. 454).

158 Hepokoski / Darcy, Elements of Sonata Theory, S. 245–247; dazu auch: James Hepokoski, Back and Forth from »Egmont«. Beethoven, Mozart, and the Nonresolving Recapitulation, in: 19th Century Music 25 (2002), S. 127–153.

159 Hepokoski / Darcy, Elements of Sonata Theory, S. 281 ff.

160 Carl Dahlhaus, Ludwig van Beethoven und seine Zeit, Laaber 1987, S. 44.

161 Theodor W. Adorno, Beethoven. Philosophie der Musik, hrsg. von Rolf Tiedemann (Adorno, Nachgelassene Schriften, Bd. I/1, Frankfurt a. M. 1993), S. 121.

162 Vgl. ausführlich Hans-Joachim Hinrichsen, Beethoven. Die Klaviersonaten, Kassel u. a. 2013, S. 239–246.

163 »Handle so, daß du die Menschheit, sowohl in deiner Person, als in der Person eines jeden andern, jederzeit zugleich als Zweck, niemals bloß als Mittel brauchest« (Kant, Grundlegung zur Metaphysik der Sitten, in: Kant WW 4, S. 61).

Im Zenit: Musikalisches Denken

1 Der merkwürdige Zusatz zur Opuszahl 81 (81a) wurde erst im späteren 19. Jahrhundert geläufig, um die Sonate von dem mit derselben Opuszahl an Simrock vergebenen Sextett Opus 81b zu unterscheiden.

2 Immanuel Kant, Anthropologie in pragmatischer Hinsicht (1798, [2]1800), in: Kant WW 6, S. 636 f.

3 BGA 2, 154 (Nr. 468).

4 Zit. nach: Michael Ladenburger, Die Klaviersonate »Das Lebe wohl (Les adieux)« Es-Dur op. 81a, in: Beethoven und der Musikverlag Breitkopf & Härtel, hrsg. von Michael Ladenburger und Nicole Kämpken, Bonn 2007, S. 79 f.

5 BKh 8, S. 223.

6 BGA 2, S. 132 (Nr. 451).

7 BGA 2, S. 191 (Nr. 499).

8 BGA 2, S. 215 (Nr. 523).

9 Erinnerungen Xaver Schnyder's von Wartensee, ausgewählt und mit einer Einführung und Erläuterungen hrsg. von Willi Schuh, Berlin / Zürich 1940, S. 111 f.

10 Vgl. Julia Ronge, Beethovens Lehrzeit, Bonn 2011 (Schriften zur Beethovenforschung 20), S. 133 ff.

11 Exemplar der Visitenkarte in Wien, Wien-Museum, Inv.-Nr. 74.376.

12 Man erinnere sich, dass Haydn in seinem frühen Brief an den Bonner Kurfürsten genau dies vorausgesagt hatte.

13 BGA 2, S. 61 (Nr. 380).

14 Johann Friedrich Reichardt, Vertraute Briefe geschrieben auf einer Reise nach Wien und den österreichischen Staaten zu Ende des Jahres 1808 und zu Anfang 1809, 2 Bde., Amsterdam 1810, Bd. 1, S. 209 und 285.

15 Erwin Ratz, Einführung in die musikalische Formenlehre. Über Formprinzipien in den Inventionen und Fugen J. S. Bachs und ihre Bedeutung für die Kompositionstechnik Beethovens, Wien [3]1973, S. 33.

16 Carl Dahlhaus, Ludwig van Beethoven und seine Zeit, Laaber 1987, S. 252.

17 Das Original ist bis auf wenige Fragmente verschollen und sein Inhalt nur in Abschriften überliefert. Hier liegt zugrunde die deutschsprachige Neuausgabe: Beethovens Tagebuch 1812–1818, hrsg. von Maynard Solomon, Bonn 1990, [2]2005.

18 So ist hier etwa der (unausgeführt gebliebene) Plan zu einer Komposition für Gedenkfeiern zur Leipziger Völkerschlacht festgehalten, die somit in das Gattungsumfeld der Vittoria-Schlachtensinfonie gehört hätte: »Auf den Leipzig October ein Nationallied schreiben und dieses alle Jahr aufführen. In B jedes Volk mit seinem Marsch und dem Te Deum laudamus« (Beethovens Tagebuch 1812–1818, S. 98).

19 Vollständiger Titel: Allgemeine Naturgeschichte und Theorie des Himmels, oder Versuch von der Verfassung und dem mechanischen Ursprunge des ganzen Weltgebäudes nach Newtonischen Grundsätzen abgehandelt, in: Kant WW 1, S. 219–396.

20 Volker Gerhardt, Immanuel Kant. Vernunft und Leben, Stuttgart 2002, S. 37.

21 Stephen Hawking, The Theory of Everything. The Origin and Fate of the Universe, Los Angeles 2003, S. 166; siehe Marcus Willaschek / Jürgen Stolzenberg / Georg Mohr / Stefano Bacin (Hrsg.), Kant-Lexikon, 3 Bde., Berlin 2015, Bd. 1, Sp. 44. – Zur Bedeutung des Buchs vgl. auch Brigitte Falkenburg, Kants Kosmologie. Die wissenschaftliche Revolution der Naturphilosophie im 18. Jahrhundert, Frankfurt a. M. 2000, bes. S. 55 ff.

22 Kant WW 1, S. 343.

23 Ebd., S. 237.

24 Ebd., S. 241: »Wenn ich mich unterstehen darf, denenjenigen, die sich über die Kühnheit dieses Unternehmens entrüsten, bei der Prüfung, womit sie meine Gedanken beehren, eine gewisse Ordnung vorzuschlagen, so wollte ich bitten, das *achte Hauptstück* zuerst durchzulesen.«

25 Ebd., S. 358.

26 Diese hier eingeklammerte Einleitung fehlt bei Beethoven.

27 Ebd., S. 372.

28 Ebd., S. 385, 386, 387.

29 Ebd., S. 242.

30 Ebd., S. 395 f.

31 Kant WW 4, S. 300–302.

32 13. Mai 1816; BGA 3, S. 258 (Nr. 934).

33 Willaschek / Stolzenberg / Mohr / Bacin (Hrsg.), Kant-Lexikon, Bd. 1, S. 42. – Vgl. neben Falkenburg, Kants Kosmologie, auch Jan Berg, Die theoretische Philosophie Kants. Unter Berücksichtigung der Grundbegriffe seiner Ethik, Stuttgart-Bad Cannstatt 2014, S. 54–61.

34 Kant WW 1, S. 264.

35 Ebd., S. 267.

36 Vgl. dazu auch den zwei Tage später folgenden Brief: BGA 3, S. 259 (Nr. 935).

37 Kant WW 1, S. 253.

38 Ebd., S. 236.

39 Ebd., S. 235.

40 Ernst Theodor Hoffmann, Gesammelte Werke in Einzelausgaben, Bd. 9: Schriften zur Musik. Singspiele, hrsg. von Hans-Joachim Kruse, Berlin / Weimar 1988, S. 135.

41 Ebd., S. 121.

42 Ebd., S. 119.

43 Ebd.

44 Ernst Theodor Hoffmann, Gesammelte Werke in Einzelausgaben, Bd. 1: Fantasiestücke in Callots Manier, hrsg. von Hans-Joachim Kruse, Berlin / Weimar 1982, S. 391.

45 Eduard Hanslick, Vom Musikalisch-Schönen. Ein Beitrag zur Revision der Ästhetik der Tonkunst, Leipzig 1854 (Reprint: Darmstadt 1991), S. 35.

46 AmZ 1 (1798), Sp. 25–27; hier zit. nach Kunze (Hrsg.), Ludwig van Beethoven. Die Werke im Spiegel seiner Zeit, S. 16.

47 Vgl. das Tagebuch des jungen Franz Schubert, das 1816 offenbar einen entsprechenden Ausspruch seines Lehrers Antonio Salieri mitteilt, in: Otto Erich Deutsch (Hrsg.), Franz Schubert. Die Dokumente seines Lebens, Kassel u. a. 1964, S. 45.

48 AmZ 8 (1805), Sp. 321

49 AmZ 10 (1807), Sp. 319 ff.

50 BGA 1, S. 64 (Nr. 54).

51 BGA 1, S. 69 (Nr. 59).

52 Zu den wechselvollen Beziehungen Beethovens zu dem Verlag vgl. den instruktiven Sammelband: Beethoven und der Leipziger Musikverlag Breitkopf & Härtel, hrsg. von Nicole Kämpken und Michael Ladenburger, Bonn 2007.

53 Zu Hoffmanns Beethoven-Kritiken vgl. Peter Schnaus, E. T. A. Hoffmann als Beethoven-Rezensent der Allgemeinen Musikalischen Zeitung, München / Salzburg 1977.

54 Ernst Theodor Hoffmann, Gesammelte Werke in Einzelausgaben, Bd. 9: Schriften zur Musik. Singspiele, hrsg. von Hans-Joachim Kruse, Berlin / Weimar 1988, S. 7.

55 Ebd., S. 22 f.

56 Ebd., S. 23.

57 Ebd.

58 Ebd., S. 25.

59 Bei Schelling 1800 im *Transzendentalen System des Idealismus* (Friedrich Joseph Wilhelm Schelling, Sämmtliche Werke, hrsg. von Karl Friedrich August Schelling, Stuttgart / Augsburg 1856–1861, Bd. 3, S. 618; dort begegnet übrigens auch der für Hoffmann so wichtige Begriff der »Besonnenheit«, S. 619) sowie 1802 in den *Vorlesungen zur Philosophie der Kunst* (ebd., Bd. 5, S. 461: »Poesie« wird hier als »die Kunst in der Kunst« bezeichnet).

60 Hoffmann, Gesammelte Werke in Einzelausgaben, Bd. 9: Schriften zur Musik, S. 26.

61 Ebd., S. 25.

62 Ebd., S. 33.

63 Ebd., S. 100.

64 Ebd., S. 94.

65 Ebd., S. 38.

66 Kant, Kritik der Urteilskraft, in: Kant WW 5, S. 413 f. (§ 49).

67 Ebd., S. 415 f.

68 Kant, Kritik der reinen Vernunft, in: Kant WW 2, S. 98 (B 75).

69 Kant, Kritik der Urteilskraft, in: Kant WW 5, S. 448.

70 Ebd., S. 461 (§ 59).

71 Kant, Erste Einleitung in die Kritik der Urteilskraft, in: Kant WW 5, S. 224 (bzw. Kant AA 20, S. 244).

72 Kant, Kritik der Urteilskraft, in: Kant WW 5, S. 445.

73 Hoffmann, Gesammelte Werke in Einzelausgaben, Bd. 1: Fantasiestücke in Callots Manier, S. 46.

74 Hoffmann, Gesammelte Werke in Einzelausgaben, Bd. 9: Schriften zur Musik, S. 25.

75 Beispielhaft für viele: Carl Dahlhaus, Die Idee der absoluten Musik, München / Kassel 1978, Kassel u. a. [4]2018, S. 38; ders., Ästhetik und Musikästhetik, in: ders., Gesammelte Schriften, hrsg. von Hermann Danuser u. a., Bd. 1, Laaber 2000, S. 611.

76 Hoffmann, Gesammelte Werke in Einzelausgaben, Bd. 1: Fantasiestücke in Callots Manier, S. 31.

77 Ebd., S. 401.

78 Kant, Die Religion innerhalb der Grenzen der bloßen Vernunft [1793], in: Kant WW 4, S. 760 (die »unsichtbare Kirche« als Idee), S. 762 (»Herzensvereinigung«).

79 Vgl. die zahlreichen Formeln ihrer Beschwörung: Hoffmann, Gesammelte Werke in Einzelausgaben, Bd. 9: Schriften zur Musik, S. 220 (wörtlich: »unsichtbare Kirche«), S. 358 (»Vorhof des Tempels«), S. 402 (»Isistempel«); Hoffmann, Gesammelte Werke in Einzelausgaben, Bd. 1: Fantasiestücke in Callots Manier, S. 46 (»Isistempel«), S. 47 (»Heiligtum des höhern Seins«).

80 Hoffmann, Gesammelte Werke in Einzelausgaben, Bd. 1: Fantasiestücke in Callots Manier, S. 52

81 Ebd., S. 60

82 Ignaz von Seyfried, Ludwig van Beethoven's Studien im Generalbasse, Contrapuncte und in der Compositions-Lehre, Wien 1832, »Anhang«, S. 7.

83 Hoffmann, Gesammelte Werke in Einzelausgaben, Bd. 1: Fantasiestücke in Callots Manier, S. 44.

84 Ebd., S. 470 (Kommentar).

85 Als bloß »angenehmes Geräusch« bezeichnet Kant nicht die Musik generell, sondern lediglich die ohne künstlerischen Anspruch auftretende »Tafelmusik« (Kant, Kritik der Urteilskraft, § 44, in: Kant WW 5, S. 404).

86 Rüdiger Safranski, E. T. A. Hoffmann. Das Leben eines skeptischen Phantasten, Frankfurt a. M. 1987, S. 429 f.

87 Dietrich Fischer-Dieskau, »Weil nicht alle Blütenträume reiften«. Johann Friedrich Reichardt. Hofkapellmeister dreier Preußenkönige. Porträt und Selbstporträt, Stuttgart 1992, S. 197.

88 Vgl. den einschlägigen Artikel in: Marcus Willaschek / Jürgen Stolzenberg / Georg Mohr / Stefano Bacin (Hrsg.), Kant-Lexikon, 3 Bde., Berlin 2015, Bd. 2, S. 1937–1939.

89 Kant an Reichardt, 15. Oktober 1790 (Kant AA 11, S. 228 [Nr. 453]).

90 J. F. Reichardt's Musikalisches Kunstmagazin, VII. Stück, 1791, S. 65 (Beginn des § 60 der *Kritik der Urteilskraft*, also der »Methodenlehre des Geschmacks«) und S. 87–89 (Kompilation diverser Auszüge unter dem Titel »Stellen aus Kants Critik der Urtheilskraft«, im Anschluss an Reichardts »Fingerzeige für den denkenden und forschenden deutschen Tonkünstler«); in: Johann Friederich Reichardt: Musikalisches Kunstmagazin, 2 Bde. in einem Band, Hildesheim 1969 (Faksimile-Nachdruck der Originalausgabe von 1782/91).

91 Johann Friedrich Reichardt, Vertraute Briefe geschrieben auf einer Reise nach Wien und den österreichischen Staaten zu Ende des Jahres 1808 und zu Anfang 1809, Amsterdam 1810, Bd. 1, S. 232. – Hoffmanns unausdrücklich wertende Metaphorik ist nicht weniger fragwürdig. Haydns Musik ist bei ihm der »Ausdruck eines kindlichen, heiteren Gemüts«, diejenige Mozart eine erste »Ahnung des Unendlichen«, und erst Beethoven erschließt »das Reich des Ungeheueren und Unermeßlichen« (Hoffmann, Gesammelte Werke in Einzelausgaben, Bd. 1: Fantasiestücke in Callots Manier, S. 24).

92 Zur Programmatik und Geschichte der *BamZ* vgl. Helmut Kirchmeyer, System- und Methodengeschichte der deutschen Musikkritik vom Ausgang des 18. bis zum Beginn des 20. Jahrhunderts, Stuttgart 2017 (Beihefte zum Archiv für Musikwissenschaft 78), S. 147–188.

93 BamZ 1 (1824), S. 9b.

94 Ebd., S. 88b ff.

95 Ebd., S. 89.

96 Ebd., S. 37b: »Jetzt aber stürzt die eigentliche Empfindung hervor. Ein Prestissimo in E moll strömt klar und deutlich eine höchst aufgeregte Leidenschaft aus. Es bildet mit dem letzten Satze die eigentliche Sonate und ist auch in der Sonaten-Form hingeworfen.«

97 Ebd., S. 97 f. – Zu Herkunft und Reichweite dieses »Idee«-Begriffs vgl. Scott Burnham, Criticism, Faith, and »Idee«. A. B. Marx's Early Reception of Beethoven, in: 19th Century Music 13 (1990), S. 183–192.

98 BamZ 1 (1824), S. 447. – Das führt Marx später in seiner Beethoven-Monographie auf der Basis seines »Idee«-Begriffs fort (vgl. Adolf Bernhard Marx, Ludwig van Beethoven. Leben und Schaffen [1859], Berlin ^{2}1863, Bd. 1, S. 79: »Beethoven war der Beruf vorbehalten, die reine Musik zu ihrer Vollendung zu erheben, indem er über die Sphäre des blossen Tonspiels und den Wechsel schwankender Stimmungen hinaus sie zu vollständigen, psychologisch geordneten Lebensbildern und zur Abspiegelung bestimmter Ideen berief und befähigte.«).

99 BamZ 2 (1825), S. 119b.

100 Hoffmann, Gesammelte Werke in Einzelausgaben, Bd. 9: Schriften zur Musik, S. 147.

101 BamZ 1 (1824), S. 409 f.

102 Ebd., S. 37 f.

103 BGA 6, S. 38 (Nr. 1945).

104 BKh 9, S. 137; ähnlich auch BKh 9, S. 156.

105 Klaus Kropfinger, [Artikel] Beethoven, in: MGG2, Personenteil, Bd. 2, Kassel u. a. 1999, Sp. 904.

106 Caecilia, eine Zeitschrift für die musikalische Welt 2 (1825), S. 166.

107 Exemplar im Beethoven-Haus Bonn, Sign.: HCB V 8.

108 Dazu ausführlich Christoph Wolff, Mozarts Requiem. Geschichte, Musik, Dokumente. Partitur des Fragments, München / Kassel 1991, [8]2019, darin das Kapitel »Der Requiem-Streit (1825–1839)« (S. 14–21).

109 BKh 8, S. 280; BKh 9, S. 302 (hier wird Webers Requiem-Kritik sogar mit der Tempelzerstörung des Herostratos verglichen), S. 321; vgl. auch BGA 6, S. 214 f. (Nr. 2113).

110 BKh 1, S. 318.

111 BKh 8, S. 95. – Kurz vorher heißt es: »Hoffmanns geistreiche Phantasiestücke dürfen ja hier nicht einmal gelesen viel weniger gedruckt werden« (ebd.).

112 BGA 4, S. 377 (Nr. 1373).

113 BGA 6, S. 111 f. (Nr. 2015).

114 BKh 8, S. 18.

115 BKh 8, S. 124.

116 Immanuel Kant, Kritik der reinen Vernunft B 25, in: Kant WW 2, S. 63: »Ich nenne alle Erkenntnis *transzendental*, die sich nicht sowohl mit Gegenständen, sondern mit unserer Erkenntnisart von Gegenständen, so fern diese a priori möglich sein soll, überhaupt beschäftigt. Ein System solcher Begriffe würde *Transzendental-Philosophie* heißen.« Das ist eine Präzisierung gegenüber der Formulierung der ersten Auflage (vgl. dort A 11-12; vgl. dazu Eckart Förster, Die 25 Jahre der Philosophie. Eine systematische Rekonstruktion, Frankfurt a. M. [3]2018, S. 116 f., auch Reinhard Brandt, Die Bestimmung des Menschen bei Kant, Hamburg 2007, S. 345 f.).

117 Friedrich Schlegel. Kritische Studienausgabe in sechs Bänden, hrsg. von Ernst Behler und Hans Eichner, Paderborn 1988, Bd. 2, S. 127 (Athenäums-Fragment Nr. 238): »Es gibt eine Poesie, deren eins und alles das Verhältnis des Idealen und des Realen ist, und die also nach der Analogie der philosophischen Kunstsprache Transzendentalpoesie heißen müßte.«

118 Vgl. Ernst Behler, Frühromantik, Berlin 1992, S. 242–247.

119 Dazu neuerdings ausführlich: Lars-Thade Ulrichs, Die andere Vernunft. Philosophie und Literatur zwischen Aufklärung und Romantik, Berlin 2011, S. 312–371.

120 Der kritische Terminus des Transzendentalen wird von Schlegel, wie für die Frühromantik charakteristisch, durchaus ambivalent benutzt, indem das Erfahrungsjenseitige hier auch in eine Dimension hinüberspielt, die man strenggenommen als »transzendent« bezeichnen müsste. Bei Kant hingegen ist in der *Kritik der reinem Vernunft* als Gegenstand der Reflexion nicht der übersinnliche Objektbereich eines Jenseits der Erfahrung gemeint, sondern in einem strikt erkenntnistheoretischen Sinne das ihr Vorausliegende und sie allererst Ermöglichende. Diese Bedeutung wird hier (analogisch) auch für Beethovens Musik in Anspruch genommen. Damit wird hier ein etwas anderer Akzent gesetzt als in Hermann Danusers Monographie *Metamusik* (Schliengen 2017, über Beethoven vgl. dort S. 353–365).

121 Als Urheber dieses Namens gilt der Hamburger Verleger August Heinrich Cranz, der 1838 unter diesem Titel ein vierhändiges Arrangement des Werks auf den Markt brachte.

122 BGA 1, S. 218 (Nr. 188).

123 Vgl. dazu das entsprechende Kapitel in Hans-Joachim Hinrichsen, Beethoven. Die Klaviersonaten, Kassel u. a. 2013, S. 249–257, hier bes. S. 250.

124 Es handelt sich bei den Takten 65–74, also der Liquidationsphase des Durchführungsmodells, im Kern um eine Quintfallsequenz G-C-F-B-Es-As, die aber durch verminderte Septakkorde und Vorhalte bis zur Unkenntlichkeit chromatisiert wird. Diese in seiner Schlussphase eingeführte Chromatik gibt das erste, aus dem Hauptthema gebildete Durchführungsmodell an das zweite weiter, dem nun Material aus dem Seitensatz zugrunde liegt (T. 75 ff.).

125 Vgl. Hinrichsen, Beethoven. Die Klaviersonaten, S. 244 f.

126 Wien, Archiv der GdM (A-Wgm), »Keßler«-Skizzenbuch. Vgl. Sieghard Brandenburg (Hrsg.), Ludwig van Beethoven. Keßlersches Skizzenbuch, 2 Bde., Bonn 1976/78, Bd. 1 (Übertragung), Bd. 2 (Faksimile), hier Bd. 2, fol. 90v.

127 BGA 2, S. 263 (Nr. 577).

128 Die Orchesterbesetzung dieser Akademie (insgesamt 96 Musiker, mit verdoppelten Holzbläsern) konnte Theodore Albrecht annähernd genau rekonstruieren; vgl. Theodore Albrecht, Two Contrabassoons and More. The Personnel in Beethoven's Orchestras for Symphony No. 7, Symphony No. 8, »Wellingtons Sieg«, and »Der glorreiche Augenblick« (1813–1814), in: Bernhard R. Appel u. a. (Hrsg.), Beethoven und der Wiener Kongress (1814/15), Bonn 2016 (Schriften zur Beethoven-Forschung 26), S. 165–217, hier bes. S. 208.

129 AmZ 16 (1814), 23. März 1814, Sp. 201 f.

130 Vgl. Bülows bekannte Hervorhebung der »emotionsreicheren, ungeraden Nr. 3, 5, 7, 9« (Brief vom 10. Dezember 1889): Hans von Bülow, Briefe und Schriften, hrsg. von Marie von Bülow, Leipzig 1895–1908, Bd. 7, S. 279.

131 Carl Dahlhaus, Bemerkungen zu Beethovens Achter Symphonie, in: Schweizerische Musikzeitung 110 (1970), S. 205–209; hier zitiert nach: Carl

Dahlhaus, Gesammelte Schriften, hrsg. von Hermann Danuser u. a., Bd. 6, Laaber 2003, S. 287–292 (die beiden Zitate: S. 288 und 292).

132 AmZ 16 (1814), 23. März 1814, Sp. 201 f.

133 Vgl. James Hepokoski / Warren Darcy, Elements of Sonata Theory. Norms, Types, and Deformations in the Late-Eighteenth-Century Sonata, Oxford / New York 2006, S. 23–50.

134 Vgl. dazu auch Charles Rosen, Sonata Forms, New York [2]1988, S. 335–342.

135 AmZ 16 (1814), 23. März 1814, Sp. 201 f.

136 Es genügt, hier an die Wertungen in den Standardwerken von Joseph Kerman (The Beethoven Quartets, New York 1967, S. 354) und Wulf Konold (Das Streichquartett. Von den Anfängen bis Franz Schubert, Wilhelmshaven 1980, S. 159) zu erinnern, denen eine Fülle weiterer Zeugnisse an die Seite zu stellen wäre.

137 Vgl. Volker Gerhardt, Immanuel Kant. Vernunft und Leben, Stuttgart 2002, S. 220.

138 BKh 10, S. 317.

139 Kant, Kritik der praktischen Vernunft, in: Kant WW 4, S. 300.

140 Jean Paul, Vorschule der Ästhetik, in: Jean Paul SW, Abteilung I, Bd. 5, S. 129 (§ 33).

141 Ebd., S. 88 (§ 22).

142 Wilhelm Schmidt-Biggemann, Jean Paul als Philosoph, in: Markus Bernauer / Angela Steinsiek / Jutta Weber (Hrsg.), Jean Paul. Dintenuniversum. Schreiben ist Wirklichkeit, Berlin 2013, S. 177–184, hier S. 181.

143 Kant, Kritik der praktischen Vernunft, in: Kant WW 4, S. 126; vgl. auch S. 143 und 202.

144 Wohl kaum zufällig wird ein Jahrzehnt später die 9. Sinfonie jenen mediantischen Tonartenplan, über den die Achte in ihren Ecksätzen gleichsam vor den Ohren des Publikums nachgedacht hatte, in die Gattung der Sinfonie einführen (d-Moll / B-Dur).

Erkundungen zum Spätstil: Lachen, Schmerz und Größe

1 Vgl. Theodor W. Adorno, Spätstil Beethovens [1937], in: Adorno GS 17, S. 13–17.

2 Walter Riezler, Beethoven, Berlin / Zürich 1936, S. 233.

3 Vgl. Immanuel Kant, Anthropologie in pragmatischer Hinsicht (1798, [2]1800), in: Kant WW 6, S. 636 f.

4 Vgl. Sieghard Brandenburg (Hrsg.), Ludwig van Beethoven. Klavierstück a-Moll WoO 59. Für Elise. Kritische Ausgabe mit Faksimile der Handschrift BH 116, Bonn [5]2018, S. 15 f.

5 BGA 5, S. 81 f. (Nr. 1604).

6 Zu Adornos Beethoven-Deutung vgl. Hans-Joachim Hinrichsen, Modellfall der Philosophie der Musik. Beethoven, in: Richard Klein u. a. (Hrsg.), Adorno-Handbuch, Stuttgart / Weimar 2011, S. 85–96 (bzw. Stuttgart / Weimar ²2019, S. 103–112).

7 Adorno, Spätstil Beethovens, in: Adorno GS 17, S. 15.

8 Birgit Lodes, Das Gloria in Beethovens Missa solemnis, Tutzing 1997, S. 48.

9 Adorno, Spätstil Beethovens, in: Adorno GS 17, S. 14.

10 Ebd., S. 13 und 15.

11 Ebd., S. 15.

12 Vgl. zu Beethovens Adelsprätention (»nobility pretense«) auch Maynard Solomon, Beethoven. Biographie, München 1979 (amerikanisches Original: New York 1977), S. 279 f., sowie Tia DeNora, Beethoven and the Construction of Genius. Musical Politics in Vienna, 1792–1803, Berkeley 1995, S. 143–145.

13 Mitgeteilt bei Wilhelm von Lenz, Beethoven. Eine Kunst-Studie, 5 Bde., Kassel 1855 – Hamburg 1860, Bd. 4, S. 219.

14 BKh 8, S. 224.

15 BGA 1, S. 63 (Nr. 54).

16 BGA 4, S. 298 (Nr. 1318).

17 Dominique Ehrenbaum, Con alcune licenze. Die Instrumentalfuge im Spätwerk Ludwig van Beethovens, Bonn 2013 (Schriften zur Beethoven-Forschung 23), S. 194.

18 Julia Ronge, Beethovens Lehrzeit. Kompositionsstudien bei Joseph Haydn, Johann Georg Albrechtsberger und Antonio Salieri, Bonn 2011 (Schriften zur Beethoven-Forschung 23), S. 65–138.

19 Alle Zitate: Adorno, Beethoven. Philosophie der Musik, hrsg. von Rolf Tiedemann (Adorno, Nachgelassene Schriften, Bd. I/1), Frankfurt a. M. 1993, S. 188 und 227.

20 Man hat beim Blick auf diesen Satzschluss mit Recht von einer völligen »Entmaterialisierung« des musikalischen Materials gesprochen (Otto Zickenheiner, Untersuchungen zur Credo-Fuge der Missa solemnis von Ludwig van Beethoven, München 1984, S. 92).

21 Warren Kirkendale, The »Great Fugue« Op. 133: Beethovens's »Art of Fugue«, in: Acta musicologica 35 (1963), S. 14–24.

22 So Max Unger 1933 im Vorwort zur Eulenburg-Studienpartitur des Werks, revidierte Ausgabe: Edition Eulenburg Nr. 607, London 1970, S. V.

23 Ehrenbaum, Con alcune licenze, S. 194.

24 Ebd., S. 173–180.

25 Adorno, Spätstil Beethovens, in: Adorno GS 17, S. 15.

26 Vgl. dazu William Drabkin (Hrsg.), Ludwig van Beethoven. A Sketchbook from the Year 1821 (Artaria 197), 2 Bde., Bonn 2010, Bd. 1 (Faksimile),

Bd. 2 (Übertragung und Kommentar), hier: Bd. 1, S. 76, Bd. 2, S. 90; zur Genese von Opus 111 siehe William Drabkin, The Sketches for Beethoven's Piano Sonata in c Minor, Opus 111, Diss. Princeton 1977.

27 Vgl. William Kinderman, Beethoven's Diabelli Variations, Oxford / New York 1989; vgl. auch die Kommentare von William Kinderman, Bernhard Appel und Michael Ladenburger in der Faksimile-Ausgabe: Ludwig van Beethoven: 33 Veränderungen C-Dur über einen Walzer von Anton Diabelli für Klavier op. 120, 2 Bde., Bonn 2010, Bd. 2, S. 46–122.

28 BGA 6, S. 115 (Nr. 2017).

29 Kinderman, Beethoven's Diabelli Variations, S. 30 f.

30 Modellhaft für die harmonische Deutung dieser Variation ist immer noch der 1966 an entlegener Stelle erschienene Aufsatz *Harmonie und Harmonietypen* von Carl Dahlhaus, jetzt wieder gut zugänglich in: Carl Dahlhaus, Gesammelte Schriften, hrsg. von Hermann Danuser u. a., Bd. 2, Laaber 2001, S. 173–186, hier S. 184 ff.

31 Brief Jean Pauls an Erhard Vogel, 13. Juli 1788, zit. nach: Bernhard Echte / Petra Kabus (Hrsg.), Jean Paul. Bildbiographe, Wädenswil am Zürichsee 2013, S. 86.

32 Friedrich Heinrich Jacobi, Über die Lehre des Spinoza in Briefen an den Herrn Moses Mendelssohn, Breslau 1785, stark erweitert: ^{2}1789; ders., David Hume über den Glauben oder Idealismus und Realismus. Ein Gespräch, Breslau 1787. – Zur aktuellen Diskussion um Jacobi vgl. Walter Jaeschke / Birgit Sandkaulen (Hrsg.), Friedrich Heinrich Jacobi. Ein Wendepunkt der geistigen Bildung der Zeit, Hamburg 2014.

33 Vgl. dazu die ausführliche Studie von Oliver Koch, Individualität als Fundamentalgefühl. Zur Metaphysik der Person bei Jacobi und Jean Paul, Hamburg 2013, S. 234–277. Koch führt Jean Pauls reifes Schaffen fast monokausal auf den Einfluss Jacobis zurück, stellt dabei aber die transformierte Erbschaft Kants zu wenig in Rechnung.

34 Jean Paul, Vorschule der Ästhetik, in: Jean Paul SW, Abt. I, Bd. 5, S. 82–102.

35 Ebd., S. 88.

36 Kant, Kritik der praktischen Vernunft, in: Kant WW 4, S. 300.

37 Jean Paul, Vorschule der Ästhetik, in: Jean Paul SW I/5, S. 125.

38 Ebd., S. 131.

39 Vgl. Kant, Kritik der Urteilskraft, in: Kant WW 5, S. 333 (§ 25).

40 Kant, Idee zu einer allgemeinen Geschichte in weltbürgerlicher Absicht, in: Kant WW 6, S. 41.

41 Jean Paul, Vorschule der Ästhetik, in: Jean Paul SW I/5, S. 129 (§ 33).

42 Wilhelm Schmidt-Biggemann, Jean Paul als Philosoph, in: Markus Bernauer / Angela Steinsiek / Jutta Weber: (Hrsg.), Jean Paul. Dintenuniversum. Schreiben ist Wirklichkeit, Berlin 2013, S. 177–184, hier S. 181.

43 Kant, Kritik der Urteilskraft, in: Kant WW 5, S. 359.

44 Jean Paul, Blumen-, Frucht- und Dornenstücke oder Ehestand, Tod und Hochzeit des Armenadvokaten F. St. Siebenkäs im Reichsmarktflecken Kuhschnappel, in: Jean Paul SW, Abt. I, Bd. 2, S. 152–183.

45 Ebd., S. 270–275.

46 Jean Paul, Vorschule der Ästhetik, in: Jean Paul SW I/5, S. 139.

47 BKh 9, S. 300 (Gespräch mit Friedrich August Kanne); vgl. aber bereits auch BKh 8, S. 149, und BKh 9, S. 64, wo der Begriff »jeanpaulisirt« wie selbstverständlich gebraucht wird.

48 Kant, Allgemeine Naturgeschichte und Theorie des Himmels, in: Kant WW 1, S. 236.

49 Kinderman, Beethoven's Diabelli Variations, S. 126.

50 Jean Paul, Vorschule der Ästhetik, in: Jean Paul SW I/5, S. 126.

51 Anton Schindler, Biographie von Ludwig van Beethoven, Münster 1840, S. 250.

52 Friederike Grigat (Hrsg.), Beethovens Glaubensbekenntnis. Drei Denksprüche aus Friedrich Schillers Aufsatz »Die Sendung Moses«, Bonn 2008. – Original im Beethoven-Haus Bonn, Sign.: W 23. Im dritten Zitat unterschlägt Beethoven übrigens das »und« in der Zeile »Er ist einzig und von ihm selbst«.

53 Friedrich Schiller, Die Sendung Moses, in: Schiller NA 17, S. 377–397, hier S. 377

54 Hermann Timm, Gott und die Freiheit. Studien zur Religionsphilosophie der Goethezeit. Bd. 1: Die Spinozarenaissance, Frankfurt a. M. 1974; ferner: Rüdiger Otto, Studien zur Spinozarezeption in Deutschland im 18. Jahrhundert, Frankfurt a. M. u. a. 1994.

55 Schiller, Die Sendung Moses, in: Schiller NA 17, S. 392.

56 Ebd., S. 385.

57 Ebd.

58 Ebd., S. 392.

59 Immanuel Kant, Kritik der Urteilskraft, in: Kant WW 5, S. 417, Fußnote (§ 49). Kant würdigt allerdings auch das im jüdischen Dekalog formulierte Bilderverbot ausdrücklich als »erhabene Stelle« (ebd., S. 365).

60 Schiller, Die Sendung Moses, in: Schiller NA 17, S. 394.

61 BKh 1, S. 235. – Original in der Staatsbibliothek zu Berlin – Preußischer Kulturbesitz, Musikabteilung, Sign.: Mus. ms. autogr. Beethoven 51,6, fol. 17r.

62 Franz Michael Maier, »Beethoven liest Littrow«, in: Bernhard Appel / Julia Ronge (Hrsg.), Beethoven liest, Bonn 2016 (Schriften zur Beethoven-Forschung 28), S. 251–288.

63 Kant, Kritik der praktischen Vernunft, in: Kant WW 4, S. 300.

64 Vgl. Matthias Geffert, Beethoven liest astronomische Literatur, in: Appel / Ronge (Hrsg.), Beethoven liest, S. 59–72.

65 Siehe Beethovens Notiz in BKh 8, S. 219: »popüläre astronomie von Litrov bey Heubner 1815«.

66 Einige Belege: das Adagio des Streichquartetts op. 59,2, das dem Komponisten nach Carl Czernys Bericht beim Anblick des Sternenhimmels eingefallen sein soll; das im März 1820 entstandene *Abendlied unterm gestirnten Himmel* WoO 150; der Text zum Finale der 9. Sinfonie (Friedrich Schiller), der die Passage »Brüder, überm Sternenzelt …« enthält.

67 Kant, Kritik der Urteilskraft, in: Kant WW 5, S. 360.

68 Kant, Anthropologie, in: Kant WW 6, S. 572.

69 Kant, Kritik der Urteilskraft, in: Kant WW 5, S. 349 (§ 28).

70 Ebd., S. 398 (§ 42).

71 Kant, Kritik der reinen Vernunft, in: Kant WW 2, S. 683 (B 842 | A 814). – Diesen starken Begriff benutzt Kant auf den späteren Entwicklungsstufen seines Systems allerdings nur noch beiläufig (vgl. Kritik der Urteilskraft, in: Kant WW 5, S. 560 [§ 85]).

72 Kant nennt ihn auf der späten Stufe der *Kritik der Urteilskraft* zwar ausdrücklich einen (moralischen) Gottesbeweis (§ 87), obwohl es sich strenggenommen um ein aus der autonomen Moralität abgeleitetes Gottespostulat – also eine Idee der praktischen Vernunft – handelt (Kant WW 5, S. 573 f.), stellt aber in einer Fußnote umgehend klar, dass er damit »keinen objektivgültigen Beweis vom Dasein Gottes an die Hand geben« wolle (Kant WW 5, S. 577 [§ 85]).

73 Kant, Kritik der praktischen Vernunft, in: Kant WW 4, S. 141. – Vgl. Michael Wolff, Warum das Faktum der Vernunft ein Faktum ist. Auflösung einiger Verständnisschwierigkeiten in Kants Grundlegung der Moral, in: Deutsche Zeitschrift für Philosophie 57 (2009), S. 511–549.

74 Auch Kant selbst spricht später, den Singular aufgebend, von »der Vorstellung des moralischen Gesetzes und der Anlage zur Moralität in uns« (Kritik der Urteilskraft, in: Kant WW 5, S. 365).

75 BGA 6, S. 261 (Nr. 2178).

76 Gemeint ist das Königstädtische Theater in Berlin.

77 Moses Mendelssohn, Morgenstunden oder Vorlesungen über das Daseyn Gottes. Vorbericht [1785], in: ders., Ausgewählte Werke. Studienausgabe, hrsg. von Christoph Schulte, Andreas Kennecke und Grazyna Jurewicz, Darmstadt [2]2012, Bd. 2, S. 219). Siehe auch Heinrich von Kleists berühmte Darstellung seiner Weltanschauungskrise als Folge der Kant'schen Philosophie (Sämtliche Werke und Briefe, hrsg. von Roland Reuß und Peter Staengle, München 2010, Bd. 2, S. 712 und 714).

78 Möglicherweise hat Beethoven um diese Zeit auch von den Vorbereitungen für die Indizierung der *Kritik der reinen Vernunft* erfahren, die ein knappes Jahr später tatsächlich erfolgte: Seit 1827 geriet sie auf den »Index librorum prohibitorum«, was natürlich den der Kirche als Institution skeptisch gegenüberstehenden Beethoven keineswegs von einem positiven

Kant-Bild abgebracht haben wird. Seine Kant-Erwähnung in dem Brief von 1826 wäre dann, für ihn nicht untypisch, der Ausdruck eines beißenden Sarkasmus.

79 BKh 8, S. 65.

80 Michael Albrecht, [Artikel] Tieftrunk, Johann Heinrich, in: Marcus Willaschek / Jürgen Stolzenberg / Georg Mohr / Stefano Bacin (Hrsg.), Kant-Lexikon, 3 Bde., Berlin 2015, Bd. 3, S. 2291.

81 Vgl. den Kommentar in BKh 8, S. 348, Anm. 198.

82 BGA 4, 488 (5. Juni 1822).

83 Siehe auch Ludwig van Beethoven: Missa solemnis op. 123. Bärenreiter Facsimile, hrsg. von Hans-Joachim Hinrichsen / Martina Rebmann, Kassel u. a. 2016.

84 Autograph in der Staatsbibliothek zu Berlin – Preußischer Kulturbesitz, Sign.: Mus. ms. autogr. Beethoven 1.

85 Für genauere Aufschlüsse über diese ebenfalls in der Berliner Staatsbibliothek befindlichen Materialien (Sign.: Mus. ms. autogr. Beethoven 35,25) danke ich herzlich meiner Wiener Kollegin Birgit Lodes.

86 Beethovens Tagebuch 1812–1818, hrsg. von Maynard Solomon, Bonn 1990, ²2005, S. 74.

87 Georg Picht geht sogar so weit, schon in diesem Grundaxiom der »Transzendentalen Ästhetik« der Kritik der reinen Vernunft »in ihrem tiefsten Grunde eine religionsphilosophische These« zu sehen (Georg Picht, Kants Religionsphilosophie, hrsg. von Constanze Eisenbarth und Enno Rudolph, Stuttgart 1985, ²1998, S. 249).

88 Schon im Sommer 1818, also wahrscheinlich noch ohne Zusammenhang mit der Planung der *Missa solemnis*, hatte Beethoven im Tagebuch »alle Kirchenchoräle der Mönche ect.« für eine »wahre Kirchenmusik« als Studienobjekte vorgesehen (Beethovens Tagebuch 1812–1818, S. 104).

89 An dem oben erwähnten vermittlungslosen Zusammenprall der Takte 42 und 43 hat bereits Birgit Lodes entsprechende Überlegungen angestellt (Birgit Lodes, Das Gloria in Beethovens Missa solemnis, Tutzing 1997, S. 48).

90 Skizzenbuch »Artaria 201«, S. 79; zit. nach William Drabkin, The Sketches and Autographs for the Later Movements of Beethoven's »Missa solemnis«, in: Beethoven Forum 2 (1993), S. 129.

91 Vgl. die berühmte Anmerkung im Innentitel des Stimmenerstdrucks der Pastorale: »mehr Ausdruck der Empfindung als Mahlerey« (nach dem Exemplar im Beethoven-Haus Bonn, Sign.: HCB C Md 4).

92 Das schlug sich auch als Diskussion mit dem Publizisten August Friedrich Kanne in einem Konversationsheft nieder (BKh 1, S. 390).

93 In der schönen Formulierung von Tovey: »one of the most difficult and elaborate designs he ever achieved« (Donald Francis Tovey, Essays in Musical Analysis, Bd. 5, London 1937, S. 178).

94 Zit. nach Stefan Kunze (Hrsg.), Ludwig van Beethoven. Die Werke im Spiegel seiner Zeit. Gesammelte Konzertberichte und Rezensionen bis 1830, Laaber 1987, S. 451.
95 Ebd.
96 Allerdings erst in der dritten Auflage: Anton Schindler, Biographie von Ludwig van Beethoven, Münster [3]1860, Bd. 2, S. 79 f.
97 Vgl. Georg Geismann, Kants Rechtslehre vom Weltfrieden, in: Zeitschrift für philosophische Forschung 37 (1983), S. 363–388.
98 Volker Gerhardt nennt die Abhandlung in seiner ihr gewidmeten Monographie zu Recht eine »Theorie der Politik« (Volker Gerhardt, Immanuel Kants Entwurf »Zum ewigen Frieden«. Eine Theorie der Politik, Darmstadt 1995).
99 Für den virtuosen Einsatz der Pauke stand Beethoven der Pauker Ignaz Manker zur Verfügung; vgl. Theodore Albrechts Beitrag in Bernhard Appel u. a. (Hrsg.), Beethoven und der Wiener Kongress (1814/15), Bonn 2016 (Schriften zur Beethoven-Forschung 26), S. 198.
100 Skizzenbuch »Artaria 180«, S. 113; zit. nach William Drabkin, The Agnus Dei of Beethoven's »Missa solemnis«: The Growth of Its Form, in: William Kinderman (Hrsg.), Beethoven's Compositional Process, Lincoln / London 1991, S. 137.
101 Kant, Die Religion innerhalb der Grenzen der bloßen Vernunft, in: Kant WW 4, S. 866.
102 Vgl. die Überlegungen Peter Gülkes zu diesem Schluss: »So erscheint der Radikalismus der Vergewisserung am Ende auf die Spitze getrieben; weniger der geoffenbarte, transzendental verbürgte, unverlierbare Friede Gottes ist es, nach dem die Missa solemnis ruft, als der irdische, verlierbare, den die Menschen hier und heute brauchen« (Peter Gülke, »… immer das Ganze vor Augen«. Studien zu Beethoven, Stuttgart / Weimar / Kassel 2000, S. 277).
103 Siehe auch Ludwig van Beethoven: Sinfonie No. 9 op. 125. Bärenreiter Facsimile, hrsg. von Lewis Lockwood / Jonathan Del Mar / Martina Rebmann, Kassel u. a. 2010.
104 Für einen Überblick über die Skizzen und für Vorschläge zu deren Datierung nach wie vor unentbehrlich: Sieghard Brandenburg, Die Skizzen zur Neunten Symphonie, in: Harry Goldschmidt (Hrsg.), Zu Beethoven 2. Aufsätze und Dokumente, Berlin 1984, S. 88–129.
105 BGA 4, S. 64–67 (Nr. 1129). – Der Auftrag wurde im November 1822 offiziell erneuert (BGA 4, S. 548 [Nr. 1510]).
106 Skizzenblatt im Beethoven-Haus Bonn, Sign.: HCB Bsk 8/56.
107 Vgl. dazu Birgit Lodes, »In der ungeheuern Weite«. Beethoven und die Ahnung des Göttlichen in »Meeres Stille und Glückliche Fahrt«, Missa solemnis und Neunter Symphonie, in: Appel u. a. (Hrsg.), Beethoven und der Wiener Kongress (1814/15), S. 139–164.

108 Vgl. die angemessen lakonische Formulierung von Konrad Küsters treffender Beobachtung, dass »Beethoven den in seiner Zeit relativ typischen tonartlichen Übergang eines Werkes von Moll nach Dur textierte« (Konrad Küster, Die Sinfonien, in: Sven Hiemke [Hrsg.], Beethoven-Handbuch, Kassel / Stuttgart / Weimar 2009, S. 126).

109 Richard Wagner, Zum Vortrag der neunten Symphonie Beethoven's, in: ders. Sämtliche Schriften und Dichtungen, Leipzig [2]1888, Bd. 9, S. 241.

110 Die Skizze befindet sich heute in der Krakauer Biblioteka Jagiellońska (PL-Kj), Sign.: Mus. ms. autogr. Beethoven 8/1, S. 51; sie wird erwähnt und ist abgebildet bei Anton Schindler, Biographie von L. van Beethoven, Münster [2]1845, Bd. 2, S. 139 f. und Faksimile Beilage II, bzw. Münster [3]1860, 2. Teil, S. 55 f. und Faksimile Nr. 1.

111 »Petter«-Skizzenbuch, Beethoven-Haus Bonn, Sign.: HCB Mh 59, fol. 43r.

112 Hermann Danuser, Weltanschauungsmusik, Schliengen 2009, S. 62 f.

113 Vgl. den Kommentar von Karl Holz, dem die selektive Vertonung aufgefallen ist: BKh 8, S. 34. – Dem Finale der 9. Sinfonie legte Beethoven wahrscheinlich die 1810 in Wien bei Doll erschienene Schiller-Ausgabe zugrunde, deren sechster Band sich in seiner Bibliothek nachweisen lässt (vgl. NGA I/5, München 2019, S. 324).

114 Georg Günther, Friedrich Schillers musikalische Wirkungsgeschichte. Ein Kompendium, 2 Bde., Stuttgart 2018, Bd. 1, S. 12 f.

115 Klaus-Martin Kopitz / Rainer Cadenbach (Hrsg.), Beethoven aus der Sicht seiner Zeitgenossen in Tagebüchern, Briefen, Gedichten und Erinnerungen, 2 Bde., München 2009, Bd. 1, S. 227.

116 AmZ 1811 (9. Januar), Sp. 24 (zit. nach Günther, Schillers musikalische Wirkungsgeschichte, Bd. 1, S. 7).

117 AmZ 1818 (22. April), Sp. 299 (zit. nach ebd., S. 8).

118 Vgl. den Titel der einschlägigen Studie von Stefanie Steiner, Zwischen Kirche, Bühne und Konzertsaal. Vokalmusik von Haydns »Schöpfung« bis zu Beethovens »Neunter«, Kassel u. a. 2001.

119 Darauf verweist auch Danuser, Weltanschauungsmusik, S. 75.

120 Das sind die vier notwendigen Attribute der postulierten Gottheit bei Kant (Kant, Kritik der Urteilskraft, in: Kant WW 5, S. 569 [§ 86]).

121 Vgl. Reinhard Brandt, Immanuel Kant – Was bleibt?, Hamburg 2010, S. 97 und 102.

122 Georg Wilhelm Friedrich Hegel, Vorlesungen über die Philosophie der Geschichte, in: ders., Werke in zwanzig Bänden, hrsg. von Eva Moldenhauer und Karl Markus Michel, Frankfurt a. M. 1970 (Theorie Werkausgabe), Bd. 12, S. 49.

123 Kant, Die Religion innerhalb der Grenzen der bloßen Vernunft, in: Kant WW 4, S. 866.

124 Kants schöner Terminus lautet seit der *Kritik der Urteilskraft* »Zweifelglaube« (in: Kant WW 5, S. 604 [§ 91]). Sein »unvorsätzlicher Nichtglaube« sei kein »vorsätzlicher Unglaube«, schreibt er am 2. Februar 1792 an Fichte (Kant AA 11, S. 322 [Nr. 504]).

125 Kant, Kritik der Urteilskraft, in: Kant WW 5, S. 571 (Anm. zu § 86).

126 Kant, Die Religion innerhalb der Grenzen der bloßen Vernunft, in: Kant WW 4, S. 652. – Vgl. Bettina Stangneth, Kultur der Aufrichtigkeit. Zum systematischen Ort von Kants »Religion innerhalb der Grenzen der bloßen Vernunft«, Würzburg 2000, S. 211 ff.

127 BGA 5, S. 364 (Nr. 1875).

128 Kant, Die Religion innerhalb der Grenzen der bloßen Vernunft, in: Kant WW 4, S. 760.

129 Vgl. BGA 1, S. 105 (Nr. 84).

130 Kant, Kritik der Urteilskraft, Kant WW 5, S. 576, Fußnote.

131 William Kinderman hat diese Passage plausibel als Beethovens musikalisches Gottheits-Symbol gedeutet: William Kinderman, Beethoven's Symbol for the Deity in the Missa Solemnis and the Ninth Symphony, in: 19th Century Music 9, 2 (1985), S. 102–118.

132 Kant, Kritik der Urteilskraft, in: Kant WW 5, S. 585 und 588 (§ 88 und § 89, Fußnote). – Vgl. Eckart Förster, Die Wandlungen in Kants Gotteslehre, in: Zeitschrift für philosophische Forschung 52 (1998), S. 341–362.

133 Paul Bekker, Das deutsche Musikleben, Berlin 1916, S. 15–32 und 274–290.

134 Adorno, Mahler. Eine musikalische Physiognomik, in: Adorno GS 13, S. 282.

135 Neben Adorno etwa auch: Wilhelm Seidel, 9. Symphonie op. 125, in: Albrecht Riethmüller / Carl Dahlhaus / Alexander Ringer (Hrsg.), Beethoven. Interpretationen seiner Werke, 2 Bde., Laaber 1994, Bd. 2, S. 271, oder Danuser, Weltanschauungsmusik, S. 78 f.

136 Zweite, erweiterte Auflage der Vorschule der Ästhetik, in: Jean Paul SW I/5, S. 394–397.

137 Ebd., S. 395: »Übrigens würd' ich aus einer Gesellschaft, die den herzwidrigen Spruch bei Gläsern absänge: ›Wer's nie gekonnt, der stehle weinend sich aus unserm Bund‹, mit dem Ungeliebten ohne Singen abgehen und einem solchen harten elenden Bunde den Rücken zeigen, zumal da derselbe kurz vor diesen Versen Umarmung und Kuß der ganzen Welt zusingt und kurz nach ihnen Verzeihung dem Todfeind, Großmut dem Bösewicht nachsingt.«

138 BGA 1, S. 121 (Nr. 106).

139 Kant, Grundlegung zur Metaphysik der Sitten, in: Kant WW 4, S. 18.

140 BGA 5, S. 36 (Nr. 1562).

141 BGA 4, S. 547 (Nr. 1508).

142 Vgl. die Entwürfe in BKh 8, S. 26, wo noch der Zusatz »an die Gottheit« fehlt.

143 Siehe dazu die Bemerkung des Verlegers Matthias Artaria in BKh 8, S. 281.

144 BKh 8, S. 291.

145 Ebd.

146 BKh 8, S. 281.

147 BKh 8, S. 53.

148 Zusammenfassend Deryck Cooke, The Unity of Beethoven's Late Quartets, in: The Music Review 24 (1963), S. 30–49; skeptisch gegenüber der Vereinheitlichungsfunktion und zugleich mit systematischer Auflistung aller Erscheinungsformen dieser Viertongruppe: Emil Platen, Über Bach, Kuhlau und die thematisch-motivische Einheit der letzten Quartette Beethovens, in: Sieghard Brandenburg / Helmut Loos (Hrsg.), Beiträge zu Beethovens Kammermusik. Symposion Bonn 1984, München 1987, S. 152–164.

149 Joachim von Hecker, Untersuchungen an den Skizzen zum Streichquartett cis-moll op. 131 von Beethoven, ms. Diss. Freiburg i. Br. 1956, S. 44 f.

150 Vgl. ebd., S. 45. – Vgl. ebd., S. 70–77, auch die Diskussion dieses Prinzips der »Verselbständigung der Kontraste« für die Mittelsätze.

151 Vgl. Gerd Indorf, Beethovens Streichquartette. Kulturgeschichtliche Aspekte und Werkinterpretation, Freiburg i. Br. 2004, S. 451.

152 BKh 10, S. 163 f. – Durch Holz ließ sich Beethoven auch hinsichtlich der neuen Spieltechnik des sul ponticello im Scherzosatz (dort T. 470 ff.) von op. 131 beraten (BKh 10, S. 113 ff.).

153 Mitgeteilt bei Wilhelm von Lenz, Beethoven. Eine Kunst-Studie, 5 Bde., Kassel 1855 – Hamburg 1860, Bd. 5, S. 217.

154 Adorno, Über den Spätstil Beethovens (1966), in: ders., Beethoven. Philosophie der Musik, hrsg. von Rolf Tiedemann (Adorno, Nachgelassene Schriften, Bd. I/1, Frankfurt a. M. 1993), S. 266 f.

155 Adorno, Spätstil Beethovens, in: Adorno GS 17, S. 13–17.

156 Adorno, Beethoven. Philosophie der Musik, S. 267.

157 Vgl. dazu ausführlich: Hans-Joachim Hinrichsen, Cis oder Des? Tonartensymbolik und zyklische Idee in Beethovens Streichquartett Opus 131, in: Julia Bungardt / Maria Helfgott / Eike Rathgeber / Nikolaus Urbanek (Hrsg.), Wiener Musikgeschichte. Annäherungen – Analysen – Ausblicke. Festschrift für Hartmut Krones, Wien / Köln / Weimar 2009, S. 213–237.

158 BGA 6, S. 279 (Nr. 2200).

159 Siehe dazu BKh 9, S. 264 f.

160 Robert Winter, Compositional Origins of Beethoven's Opus 131, Ann Arbor 1982, S. 120.

161 Ebd., S. 209.

162 Anton Schindler, Biographie von Ludwig van Beethoven, Münster [3]1860, Bd. 2, S. 166.

163 Rita Steblin, A History of Key Characteristics in the Eighteenth and Early Nineteenth Centuries, Rochester [2]2002, S. 96–127; zur Diskussion des Schindler-Berichts ebd., S. 140 f.

164 Friedrich Rochlitz, Für Freunde der Tonkunst, Bd. 4, Leipzig 1832, S. 356.

165 Beispielsweise BKh 8, S. 211.

166 Vgl. dazu, die Ergebnisse der Skizzenlektüre Robert Winters bestätigend, Laura Kathryn Bumpass, Beethoven's Last Quartet, 2 Bde., Diss. University of Illinois at Urbana-Champaign 1982, bes. Bd. 1, S. 183 ff.

167 Vgl. Erwin Ratz, Einführung in die musikalische Formenlehre. Über Formprinzipien in den Inventionen und Fugen J. S. Bachs und ihre Bedeutung für die Kompositionstechnik Beethovens, Wien [3]1973, S. 175–178.

168 Siehe auch Ludwig van Beethoven. Streichquartett B-Dur op. 130 – Grande Fugue B-Dur op. 133. Bärenreiter Facsimile, hrsg. von Ulrich Konrad, Kassel u. a. 2019.

169 BKh 8, S. 243: »Warum haben Sie zwey Achtel geschrieben, anstatt $^1/_4$« (mit Notenbeispiel).

170 Vgl. dazu David Levy, »Ma però beschleunigend«: Notation and Meaning in Opus 133/134, in: Beethoven Forum 14 (2007), S. 129–149. Dasselbe eigentümliche Notationsphänomen begegnet zum Beispiel auch im Credo der *Missa solemnis* (bei der Textstelle »passus et sepultus est«, T. 173–187).

171 AmZ 28 (1826), 10. Mai 1826, Sp. 310 f.

172 Ebd.

173 Heinrich Christoph Koch, Musikalisches Lexikon, Frankfurt a. M. 1802 (Reprint: Kassel u. a. 2001), Sp. 986.

174 In der Typologie von Hepokoski und Darcy wird das Sonatenrondo als »type 4« rubriziert (James Hepokoski / Warren Darcy, Elements of Sonata Theory. Norms, Types, and Deformations in the Late-Eighteenth-Century Sonata, Oxford / New York 2006, S. 404 ff.).

175 Rudolf Stephan, Zu Beethovens letzten Quartetten, in: ders., Vom musikalischen Denken. Gesammelte Vorträge, hrsg. von Rainer Damm und Andreas Traub, Mainz u. a. 1985, S. 46.

176 Klaus Kropfinger, Das gespaltene Werk. Beethovens Streichquartett op. 130/133, in: ders., Musik im Bilde, hrsg. von Bodo Bischoff u. a., Köln 1995, S. 241–275. – Die Gegenposition zu Kropfinger, der die Fuge rehabilitieren möchte, repräsentiert Barry Cooper, Beethoven and the Creative Process, Oxford 1990, S. 197–214.

177 Immanuel Kant, Kritik der Urteilskraft, in: Kant WW 5, S. 447.

178 Kant, Kritik der reinen Vernunft, Vorrede zur zweiten Auflage (1787), in: Kant WW 2, S. 22–25 (B XI–XVI).

179 Ebd., S. 565 (B 672).

180 Jean Paul, Vorschule der Ästhetik, in: Jean Paul SW I/5, S. 129 (§ 33); vgl. auch S. 125.

181 Vgl. etwa Ratz, Einführung in die musikalische Formenlehre, S. 209.

182 Adorno, Beethoven. Philosophie der Musik, S. 36.

183 Ebd., S. 37.

184 Zu Begriff und Deutung vgl. Charles Rosen, Der Klassische Stil. Haydn, Mozart, Beethoven, deutsch von Traute M. Marshall, München / Kassel 1983, Kassel u. a. [7]2017, bes. S. 59–120; auch Ludwig Finscher, [Artikel] Klassik, in: MGG2, Sachteil, Bd. 5, Kassel u. a. 1995, Sp. 224–240.

185 Johann Wolfgang von Goethe, Noten und Abhandlungen zum besseren Verständnis des West-östlichen Divans, in: Goethe HA 2, S. 185.

186 Ebd., S. 184.

187 Adorno, Ästhetische Theorie, in: Adorno GS 7, S. 442.

188 Jean Paul, Vorschule der Ästhetik, in: Jean Paul SW I/5, S. 43.

189 Ebd., S. 129 (§ 33).

190 Ebd., S. 125–129 (§ 32).

Nachwort: Schluss mit Beethoven?

1 August Halm, Beethoven, Berlin 1927, S. 53.

2 Erstmals unter diesem Namen (»Beethoven paradigm«) in die Diskussion gebracht bei Lydia Goehr, The Imaginary Museum of Musical Works. An Essay in the Philosophy of Music, Oxford 1992, S. 205 ff.

3 Zur Beethoven-Rezeption vgl. Hans-Joachim Hinrichsen, »Seid umschlungen Millionen«. Die Beethoven-Rezeption, in: Sven Hiemke (Hrsg.), Beethoven-Handbuch, Kassel / Stuttgart / Weimar 2009, S. 568–609.

4 Maurizio Ferraris, Goodbye Kant. Cosa resta oggi della »Critica della ragion pura«, Mailand 2004.

5 Alfredo Ferrarin (Hrsg.), Congedarsi da Kant? Interventi sul »Goodbye Kant« di Ferraris, Pisa 2006.

6 Reinhard Brandt, Immanuel Kant – Was bleibt?, Hamburg 2010. – Für eine konstruktive Auseinandersetzung mit der aktuellen Diskussion um Kant vgl. auch Otfried Höffe, Kants Kritik der reinen Vernunft. Die Grundlegung der modernen Philosophie, München 2003, [4]2004.

Abbildungsnachweis

akg-images 40, 98, 242
akg-images / De Agostini Picture Lib. / A. Dagli Orti 178
akg-images / Erich Lessing 162, 227, 312
akg-images / Science Source 24
Beethoven-Haus Bonn 183
Beethoven-Haus Bonn, Sammlung H. C. Bodmer 83, 129
bpk / Staatsbibliothek zu Berlin – Preußischer Kulturbesitz, Mus. ms. autogr. Beethoven 51,6, fol. 17r 271

Abkürzungen

BGA Ludwig van Beethoven. Briefwechsel. Gesamtausgabe, im Auftrag des Beethoven-Hauses Bonn hrsg. von Sieghard Brandenburg, 7 Bde., München 1996–1998

BKh Ludwig van Beethovens Konversationshefte, hrsg. von Dagmar Beck, Grita Herre und Karl-Heinz Köhler, 11 Bde., Leipzig 1972–2001

LvBWV Ludwig van Beethoven. Thematisch-bibliographisches Werkverzeichnis, bearbeitet von Kurt Dorfmüller, Norbert Gertsch und Julia Ronge, unter Mitarbeit von Gertraut Haberkamp und dem Beethoven-Haus Bonn. Revidierte und wesentlich erweiterte Neuausgabe des Verzeichnisses von Georg Kinsky und Hans Halm, 2 Bde., München 2014

NGA Beethoven Werke. Gesamtausgabe, begründet von Joseph Schmidt-Görg, fortgeführt von Sieghard Brandenburg und Ernst Herttrich, hrsg. von Bernhard R. Appel und Christine Siegert im Auftrag des Beethoven-Archivs Bonn, Duisburg / München 1961 ff.

Adorno GS Theodor W. Adorno, Gesammelte Schriften, hrsg. von Rolf Tiedemann, Frankfurt a. M. 1970–1986

Goethe FA Johann Wolfgang von Goethe, Sämtliche Werke, Briefe, Tagebücher und Gespräche, hrsg. von Karl Eibl [u. a.], Frankfurt a. M. 1985–1999 (Frankfurter Ausgabe)

Goethe HA Johann Wolfgang von Goethe, Werke, Kommentare und Register, hrsg. von Erich Trunz, Hamburg 1949–1967, München [12]1989 (Hamburger Ausgabe)

Jean Paul SW Jean Paul, Sämtliche Werke, hrsg. von Norbert Miller, München 1963

Kant AA Kants gesammelte Schriften, hrsg. von der Königlich Preußischen Akademie der Wissenschaften, Berlin 1902 ff., Reprint: Berlin 1961 (Akademie-Ausgabe)

Kant WW Immanuel Kant, Werke in sechs Bänden, hrsg. von Wilhelm Weischedel, Wiesbaden 1957 / Darmstadt [7]2011

Schiller NA Schillers Werke. Nationalausgabe, begründet von Julius Petersen, fortgeführt von Lieselotte Blumenthal, Benno von Wiese, Siegfried Seidel, hrsg. von Norbert Oellers, Weimar 1943 ff.

Literatur

Adorno, Theodor W.: Beethoven. Philosophie der Musik, hrsg. von Rolf Tiedemann, Frankfurt a. M. 1993 (Nachgelassene Schriften I/1)

Adorno, Theodor W.: Ästhetik (1958/59), hrsg. von Eberhard Ortland, Frankfurt a. M. 2009 (Nachgelassene Schriften IV/3)

Albrecht, Michael: [Artikel] Tieftrunk, Johann Heinrich, in: Marcus Willaschek / Jürgen Stolzenberg / Georg Mohr / Stefano Bacin (Hrsg.), Kant-Lexikon, 3 Bde., Berlin 2015

Albrecht, Theodore: Two Contrabassoons and More. The Personnel in Beethoven's Orchestras for Symphony No. 7, Symphony No. 8, »Wellingtons Sieg«, and »Der glorreiche Augenblick« (1813–1814), in: Bernhard R. Appel u. a. (Hrsg.), Beethoven und der Wiener Kongress (1814/15), Bonn 2016 (Schriften zur Beethoven-Forschung 26), S. 165–217

Appel, Bernhard / Cobb Biermann, Joanna / Kinderman, William / Ronge, Julia (Hrsg.): Beethoven und der Wiener Kongress (1814/15), Bonn 2016 (Schriften zur Beethoven-Forschung 26)

Appel, Bernhard / Ronge, Julia (Hrsg.): Beethoven liest, Bonn 2016 (Schriften zur Beethoven-Forschung 28)

Balet, Leo / E. Gerhard [recte: Eberhard Rebling]: Die Verbürgerlichung der deutschen Kunst, Literatur und Musik im 18. Jahrhundert [1936], Dresden ²1979

Ballstaedt, Andreas: Musik zu »Egmont« op. 84, in: Albrecht Riethmüller / Carl Dahlhaus / Alexander L. Ringer (Hrsg.), Beethoven. Interpretationen seiner Werke, Laaber 1994, Bd. 1, S. 649–660

Barford, Philipp T.: The Sonata Principle, in: The Music Review 13 (1952), S. 255–263

Bartlitz, Eveline: Die Beethoven-Sammlung in der Musikabteilung der Deutschen Staatsbibliothek. Verzeichnis. Autographen, Abschriften, Dokumente, Briefe, Berlin 1970

Bauer, Elisabeth Eleonore: Beethoven – unser musikalischer Jean Paul. Anmerkungen zu einer Analogie, in: Musik-Konzepte 56 (1987), S. 83–105

Beethoven, Ludwig van: Sinfonie No. 9 op. 125. Bärenreiter Facsimile, hrsg. von Lewis Lockwood / Jonathan Del Mar / Martina Rebmann, Kassel u. a. 2010

Beethoven, Ludwig van: Missa solemnis op. 123. Bärenreiter Facsimile, hrsg. von Hans-Joachim Hinrichsen / Martina Rebmann, Kassel u. a. 2016

Beethoven, Ludwig van: Streichquartett B-Dur op. 130 – Grande Fugue B-Dur op. 133. Bärenreiter Facsimile, hrsg. von Ulrich Konrad, Kassel u. a. 2019

Beethovens Tagebuch 1812–1818, hrsg. von Maynard Solomon, Bonn 1990, ²2005

Behler, Ernst: Frühromantik, Berlin 1992

Bekker, Paul: Beethoven [1911], Berlin ²1912

Bekker, Paul: Das deutsche Musikleben, Berlin 1916
Berg, Jan: Die theoretische Philosophie Kants. Unter Berücksichtigung der Grundbegriffe seiner Ethik, Stuttgart-Bad Cannstatt 2014
Bergé, Pieter (Hrsg.): Beethoven's Tempest Sonata, Leuven 2009
Bettermann, Silke: Mit Haarzopf und Degen. Alltag und Zeremoniell im Leben der Musiker am kurfürstlichen Hof in Bonn, in: Birgit Lodes / Elisabeth Reisinger / John Wilson (Hrsg.), Beethoven und andere Hofmusiker seiner Generation, Bonn 2018 (Schriften zur Beethoven-Forschung 29/1), S. 159–178
Bonds, Mark Evan: Replacing Haydn: Mozart's »Pleyel« Quartets, in: Music and Letters 88 (2007), S. 201–225
Borchmeyer, Dieter: Goethe. Der Zeitbürger, München 1999
Brandenburg, Sieghard (Hrsg.): Ludwig van Beethoven. Keßlersches Skizzenbuch, 2 Bde. (Bd. 1: Übertragung, Bd. 2: Faksimile), Bonn 1976/78
Brandenburg, Sieghard: Die Skizzen zur Neunten Symphonie, in: Harry Goldschmidt (Hrsg.), Zu Beethoven 2. Aufsätze und Dokumente, Berlin 1984, S. 88–129
Brandenburg, Sieghard (Hrsg.): Ludwig van Beethoven. Klavierstück a-Moll WoO 59. Für Elise. Kritische Ausgabe mit Faksimile der Handschrift BH 116, Bonn [5]2018
Brandt, Reinhard: Die Bestimmung des Menschen bei Kant, Hamburg 2007
Brandt, Reinhard: Immanuel Kant – Was bleibt?, Hamburg 2010
Braubach, Max: Die erste Bonner Hochschule. Maxische Akademie und kurfürstliche Universität, 1774/77 bis 1798, Bonn 1966
Braubach, Max (Hrsg.): Die Stammbücher Beethovens und der Babette Koch, Bonn 1970
Braunstein, Joseph: Beethovens Leonore-Ouvertüren. Eine historisch-stilkritische Untersuchung, Leipzig 1927
Brenner, Daniel: Anton Schindler und sein Einfluss auf die Beethoven-Biographik, Bonn 2013 (Schriften zur Beethoven-Forschung 22)
Bülow, Hans von (Hrsg.): Beethoven's / Werke für Pianoforte Solo / von op. 53 an / in / kritischer und instructiver Ausgabe / mit erläuternden Anmerkungen / für Lehrende und Lernende / von / Dr. Hans von Bülow [Bd. 4 und 5 der Gesamtausgabe von Sigmund Lebert], Stuttgart [1872]
Bülow, Hans von: Briefe und Schriften, hrsg. von Marie von Bülow, Leipzig 1895–1908
Bumpass, Laura Kathryn: Beethoven's Last Quartet, 2 Bde., Diss. University of Illinois at Urbana-Champaign 1982
Burdorf, Dieter: Poetik der Form. Eine Begriffs- und Problemgeschichte, Stuttgart / Weimar 2001
Burke, Edmund: A Philosophical Enquiry into the Origin of Our Ideas of the Sublime and Beautiful [1757], Neuausgabe hrsg. von Paul Guyer, Oxford 2015; deutsch: Philosophische Untersuchungen über den Ursprung

unserer Ideen vom Erhabenen und Schönen, hrsg. von Werner Strube, Hamburg 1980
Burnham, Scott: Criticism, Faith, and »Idee«. A. B. Marx's Early Reception of Beethoven, in: 19th Century Music 13 (1990), S. 183–192
Burnham, Scott: Beethoven Hero, Princeton 1995
Busch-Weise, Dagmar: Ein Skizzenbuch zur Chorfantasie op. 80 und anderen Werken, Bonn 1957
Caeyers, Jan: Beethoven. Der einsame Revolutionär. Eine Biographie, München 2012 (Original: Beethoven. Een Biografie, Amsterdam 2009)
Carpani, Giuseppe: Le Haydine ovvero Lettere sulla vita e le opere del celebre maestro Giuseppe Haydn [1812], Padua [2]1823
Chong, Nicholas J.: Beethoven's Catholicism: A Reconsideration, Diss. Columbia University 2016
Chua, Daniel: Beethoven & Freedom, New York 2017
Cone, Edward T.: Musical Form and Musical Performance, New York 1968
Cooke, Deryck: The Unity of Beethoven's Late Quartets, in: The Music Review 24 (1963), S. 30–49
Cooper, Barry: Beethoven and the Creative Process, Oxford 1990
Dahlhaus, Carl: Harmonie und Harmonietypen [1966], in: ders., Gesammelte Schriften, hrsg. von Hermann Danuser u. a., Bd. 2, Laaber 2001, S. 173–186
Dahlhaus, Carl: Bemerkungen zu Beethovens Achter Symphonie, in: Schweizerische Musikzeitung 110 (1970), S. 205–209; Wiederabdruck in: ders., Gesammelte Schriften, hrsg. von Hermann Danuser u. a., Bd. 6, Laaber 2003, S. 287–292
Dahlhaus, Carl: Die Idee der absoluten Musik, München / Kassel 1978, Kassel u. a. [4]2018
Dahlhaus, Carl: Ludwig van Beethoven und seine Zeit, Laaber 1987
Dahlhaus, Carl: Ästhetik und Musikästhetik, in: ders., Gesammelte Schriften, hrsg. von Hermann Danuser u. a., Bd. 1, Laaber 2000, S. 586–615
Danuser, Hermann: Weltanschauungsmusik, Schliengen 2009
Danuser, Hermann: Kerkeröde im Lichte Beethovenscher Utopie. Zur Florestan-Arie im zweiten Akt von Beethovens »Fidelio«, in: ders., Gesammelte Vorträge und Aufsätze, Schliengen 2014, Bd. 4, S. 9–15
Danuser, Hermann: Metamusik, Schliengen 2017
DeNora, Tia: Beethoven and the Construction of Genius. Musical Politics in Vienna, 1792–1803, Berkeley / Los Angeles / London 1995
Deutsch, Otto Erich (Hrsg.): Franz Schubert. Die Dokumente seines Lebens, Kassel u. a. 1964
Drabkin, William: The Sketches for Beethoven's Piano Sonata in c Minor, Opus 111, Diss. Princeton 1977
Drabkin, William: Beethoven's Understanding of »Sonata Form«: The Evidence of the Sketchbooks, in: William Kinderman (Hrsg.), Beethoven's Compositional Process, Lincoln / London 1991, S. 14–19

Drabkin, William: The Agnus Dei of Beethoven's »Missa solemnis«: The Growth of Its Form, in: William Kinderman (Hrsg.), Beethoven's Compositional Process, Lincoln / London 1991, S. 131–159
Drabkin, William: The Sketches and Autographs for the Later Movements of Beethoven's »Missa solemnis«, in: Beethoven Forum 2 (1993), S. 97–132
Drabkin, William (Hrsg.): Ludwig van Beethoven. A Sketchbook from the Year 1821 (Artaria 197), 2 Bde., Bonn 2010, Bd. 1 (Faksimile), Bd. 2 (Übertragung und Kommentar)
Echte, Bernhard / Kabus, Petra (Hrsg.): Jean Paul. Bildbiographe, Wädenswil am Zürichsee 2013
Ehrenbaum, Dominique: Con alcune licenze. Die Instrumentalfuge im Spätwerk Ludwig van Beethovens, Bonn 2013 (Schriften zur Beethoven-Forschung 23)
Falkenburg, Brigitte: Kants Kosmologie. Die wissenschaftliche Revolution der Naturphilosophie im 18. Jahrhundert, Frankfurt a. M. 2000
Ferrarin, Alfredo (Hrsg.): Congedarsi da Kant? Interventi sul »Goodbye Kant« di Ferraris, Pisa 2006
Ferraris, Maurizio: Goodbye Kant. Cosa resta oggi della »Critica della ragion pura«, Mailand 2004
Fichte, Johann Gottlieb: Die Bestimmung des Menschen, in: ders., Ausgewählte Werke in sechs Bänden, hrsg. von Fritz Medicus, Leipzig 1910 (Reprint: Darmstadt 1962), Bd. 3, S. 263–415
Finscher, Ludwig: [Artikel] Klassik, in: MGG2, Sachteil, Bd. 5, Kassel u. a. 1995, Sp. 224–240
Finscher, Ludwig: Joseph Haydn und seine Zeit, Laaber 2000
Fischer-Dieskau, Dietrich: »Weil nicht alle Blütenträume reiften«. Johann Friedrich Reichardt. Hofkapellmeister dreier Preußenkönige. Porträt und Selbstporträt, Stuttgart 1992
Floros, Constantin: Beethovens Eroica und Prometheus-Musik, Wilhelmshaven 1978
Förster, Eckart: Die Wandlungen in Kants Gotteslehre, in: Zeitschrift für philosophische Forschung 52 (1998), S. 341–362
Förster, Eckart: Die 25 Jahre der Philosophie. Eine systematische Rekonstruktion, Frankfurt a. M. 2011, [3]2018
Frimmel, Theodor: Beethoven-Handbuch, 2 Bde., Leipzig 1926
Gadamer, Hans-Georg: Wahrheit und Methode. Grundzüge einer philosophischen Hermeneutik, Tübingen [4]1975
Geck, Martin / Schleuning, Peter: »Geschrieben auf Bonaparte«. Beethovens »Eroica«: Revolution, Reaktion, Rezeption, Reinbek bei Hamburg 1989
Geffert, Matthias: Beethoven liest astronomische Literatur, in: Bernhard Appel / Julia Ronge (Hrsg.), Beethoven liest, Bonn 2016 (Schriften zur Beethoven-Forschung 28), S. 59–72

Geiger, Ludwig: [Artikel] Bendavid, Lazarus, in: Allgemeine Deutsche Biographie, Bd. 2, Berlin 1875, S. 318–320
Geismann, Georg: Kants Rechtslehre vom Weltfrieden, in: Zeitschrift für philosophische Forschung 37 (1983), S. 363–388
Geml, Gabriele: Joseph Schreyvogel – Die kantische Moralphilosophie als Lebenskunst, in: Violetta Waibel (Hrsg.), Umwege. Annäherungen an Immanuel Kant in Wien, in Österreich und in Osteuropa, Göttingen 2015, S. 314–317
Gerhardt, Volker: Immanuel Kants Entwurf »Zum ewigen Frieden«. Eine Theorie der Politik, Darmstadt 1995
Gerhardt, Volker: Immanuel Kant. Vernunft und Leben, Stuttgart 2002
Giordanetti, Piero: Kant und die Musik, Würzburg 2005
Glossy, Karl: Schiller und Österreich, in: ders., Kleinere Schriften, Wien 1918, S. 18–37
Goehr, Lydia: The Imaginary Museum of Musical Works. An Essay in the Philosophy of Music, Oxford 1992
Griesinger, Georg August: Biographische Notizen über Joseph Haydn, Leipzig 1810 (Reprint: Leipzig 1979)
Grigat, Friederike (Hrsg.): Beethovens Glaubensbekenntnis. Drei Denksprüche aus Friedrich Schillers Aufsatz »Die Sendung Moses«, Bonn 2008
Gülke, Peter: Zur Neuausgabe der Sinfonie Nr. 5 von Ludwig van Beethoven. Werk und Edition, Leipzig 1978
Gülke, Peter: »… immer das Ganze vor Augen«. Studien zu Beethoven, Stuttgart / Weimar / Kassel 2000
Günther, Georg: Friedrich Schillers musikalische Wirkungsgeschichte. Ein Kompendium, 2 Bde., Stuttgart 2018
Hadamowsky, Franz: Wien. Theatergeschichte. Von den Anfängen bis zum Ende des Ersten Weltkriegs, Wien / München 1988
Halm, August: Von zwei Kulturen der Musik [1913], München ³1947
Halm, August: Beethoven, Berlin 1927
Hanslick, Eduard: Vom Musikalisch-Schönen. Ein Beitrag zur Revision der Ästhetik der Tonkunst, Leipzig 1854 (Reprint: Darmstadt 1991)
Hecker, Joachim von: Untersuchungen an den Skizzen zum Streichquartett cis-moll op. 131 von Beethoven, ms. Diss. Freiburg i. Br. 1956
Hegel, Georg Wilhelm Friedrich: Werke in zwanzig Bänden, hrsg. von Eva Moldenhauer und Karl Markus Michel, Frankfurt a. M. 1970 (Theorie Werkausgabe)
Hepokoski, James: Back and Forth from »Egmont«. Beethoven, Mozart, and the Nonresolving Recapitulation, in: 19th Century Music 25 (2002), S. 127–153
Hepokoski, James / Darcy, Warren: Elements of Sonata Theory. Norms, Types, and Deformations in the Late-Eighteenth-Century Sonata, Oxford / New York 2006

Hertz, Deborah: Die jüdischen Salons im alten Berlin 1780–1806, München 1995, aktualisierte Neuausgabe Hamburg 2018
Hess, Willy: Das Fidelio-Buch. Beethovens Oper Fidelio, ihre Geschichte und ihre drei Fassungen, Winterthur 1986
Hiemke, Sven (Hrsg.): Beethoven-Handbuch, Kassel / Stuttgart / Weimar 2009
Himmel, Friedrich Heinrich: Gesänge aus Tiedges Urania »vermehrte und verbesserte Ausgabe«, Leipzig [1807]
Hinrichsen, Hans-Joachim: [Artikel] Sonatenform, Sonatenhauptsatzform, in: Handwörterbuch der musikalischen Terminologie, Wiesbaden / Stuttgart 1972 ff. (25. Auslieferung 1997), S. 1–20
Hinrichsen, Hans-Joachim: Musikalische Interpretation. Hans von Bülow, Stuttgart 1999 (Beihefte zum Archiv für Musikwissenschaft 46)
Hinrichsen, Hans-Joachim: Cis oder Des? Tonartensymbolik und zyklische Idee in Beethovens Streichquartett Opus 131, in: Julia Bungardt / Maria Helfgott / Eike Rathgeber / Nikolaus Urbanek (Hrsg.), Wiener Musikgeschichte. Annäherungen – Analysen – Ausblicke. Festschrift für Hartmut Krones, Wien / Köln / Weimar 2009, S. 213–237
Hinrichsen, Hans-Joachim: »Seid umschlungen Millionen«. Die Beethoven-Rezeption, in: Sven Hiemke (Hrsg.), Beethoven-Handbuch, Kassel / Stuttgart / Weimar 2009, S. 568–609
Hinrichsen, Hans-Joachim: Modellfall der Philosophie der Musik. Beethoven, in: Richard Klein u. a. (Hrsg.), Adorno-Handbuch, Stuttgart / Weimar 2011, S. 85–96 (bzw. Stuttgart / Weimar [2]2019, S. 103–112)
Hinrichsen, Hans-Joachim: Beethoven. Die Klaviersonaten, Kassel u. a. 2013
Höffe, Otfried: Kants Kritik der reinen Vernunft. Die Grundlegung der modernen Philosophie, München 2003, [4]2004
Hoffmann, Ernst Theodor Amadeus: Gesammelte Werke in Einzelausgaben, Bd. 1: Fantasiestücke in Callots Manier, hrsg. von Hans-Joachim Kruse, Berlin / Weimar 1982
Hoffmann, Ernst Theodor Amadeus: Gesammelte Werke in Einzelausgaben, Bd. 9: Schriften zur Musik. Singspiele, hrsg. von Hans-Joachim Kruse, Berlin / Weimar 1988
Horstmann, Rolf-Peter: Die Grenzen der Vernunft. Eine Untersuchung zu Zielen und Motiven des Deutschen Idealismus, Frankfurt a. M. [3]2004
Hübsch, Lini: Ludwig van Beethoven. Rasumowsky-Quartette, München 1983 (Meisterwerke der Musik 40)
Hutter, Axel: Das Interesse der Vernunft. Kants ursprüngliche Einsicht und ihre Entfaltung in den transzendentalphilosophischen Hauptwerken, Hamburg 2003
Indorf, Gerd: Beethovens Streichquartette. Kulturgeschichtliche Aspekte und Werkinterpretation, Freiburg i. Br. 2004

Jacobi, Friedrich Heinrich: Über die Lehre des Spinoza in Briefen an den Herrn Moses Mendelssohn, in: ders., Werke. Gesamtausgabe, hrsg. von Klaus Hammacher und Walter Jaeschke, Bd. 1,1: Schriften zum Spinozastreit, Hamburg / Stuttgart 1998

Jaeschke, Walter / Arndt, Andreas: Die Klassische Deutsche Philosophie nach Kant. Systeme der reinen Vernunft und ihre Kritik 1785–1845, München 2012

Jaeschke, Walter / Sandkaulen, Birgit (Hrsg.): Friedrich Heinrich Jacobi. Ein Wendepunkt der geistigen Bildung der Zeit, Hamburg 2014

Johnson, Douglas Porter / Tyson, Alan / Winter, Robert: The Beethoven Sketchbooks. History, Reconstruction, Inventory, Oxford 1985

Kämpken, Nicole / Ladenburger, Michael: Beethoven und der Leipziger Musikverlag Breitkopf & Härtel, Bonn 2007

Kerman, Joseph: The Beethoven Quartets, New York 1967

Kinderman, William: Beethoven's Symbol for the Deity in the Missa Solemnis and the Ninth Symphony, in: 19th Century Music 9, 2 (1985), S. 102–118

Kinderman, William: Beethoven's Diabelli Variations, Oxford / New York 1989

Kinderman, William: Beethoven, Berkeley / Los Angeles 1995

Kinderman, William / Appel, Bernhard / Ladenburger, Michael (Hrsg.): Ludwig van Beethoven: 33 Veränderungen C-Dur über einen Walzer von Anton Diabelli für Klavier op. 120, 2 Bde., Bonn 2010

Kirchmeyer, Helmut: System- und Methodengeschichte der deutschen Musikkritik vom Ausgang des 18. bis zum Beginn des 20. Jahrhunderts, Stuttgart 2017 (Beihefte zum Archiv für Musikwissenschaft 78)

Kirkendale, Warren: The »Great Fugue« Op. 133: Beethovens's »Art of Fugue«, in: Acta musicologica 35 (1963), S. 14–24

Klein, Richard: Die Frage nach der musikalischen Zeit, in: ders. / Johann Kreuzer / Stefan Müller-Doohm [Hrsg.], Adorno-Handbuch, Stuttgart / Weimar 2011, S. 59–74 (bzw. unter verändertem Titel: Die Zeit, das ausgesparte Zentrum, Stuttgart / Weimar ²2019, S. 71–84)

Kleist, Heinrich von: Sämtliche Werke und Briefe, hrsg. von Roland Reuß und Peter Staengle, 3 Bde., München 2010

Koch, Heinrich Christoph: Musikalisches Lexikon, Frankfurt a. M. 1802 (Reprint: Kassel u. a. 2001)

Koch, Oliver: Individualität als Fundamentalgefühl. Zur Metaphysik der Person bei Jacobi und Jean Paul, Hamburg 2013

Konold, Wulf: Das Streichquartett. Von den Anfängen bis Franz Schubert, Wilhelmshaven 1980

Konrad, Ulrich: Gattungsüberschreitung und Medienkombination. Ludwig van Beethovens »Chorfantasie« op. 80 (1808), in: Albert Meier / Thorsten Valk (Hrsg.): Konstellationen der Künste um 1800. Reflexionen – Transformationen – Kombinationen, Göttingen 2015, S. 219–239

Kopitz, Klaus Martin / Cadenbach, Rainer (Hrsg.): Beethoven aus der Sicht seiner Zeitgenossen in Tagebüchern, Briefen, Gedichten und Erinnerungen, 2 Bde., München 2009

Körner, Josef (Hrsg.): Krisenjahre der Frühromantik. Briefe aus dem Schlegelkreis, Bd. 3, Bern 1958

Kropfinger, Klaus: Das gespaltene Werk. Beethovens Streichquartett op. 130/133, in: ders., Musik im Bilde, hrsg. von Bodo Bischoff u. a., Köln 1995, S. 241–275

Kropfinger, Klaus: [Artikel] Beethoven, in: MGG2, Personenteil, Bd. 2, Kassel u. a. 1999, Sp. 904

Kunze, Stefan (Hrsg.): Ludwig van Beethoven. Die Werke im Spiegel seiner Zeit. Gesammelte Konzertberichte und Rezensionen bis 1830, Laaber 1987

Kurth, Ernst: Anton Bruckner, 2 Bde., Regensburg 1925

Kurth, Ernst: Musikpsychologie, Berlin 1931

Küster, Konrad: Die Sinfonien, in: Sven Hiemke (Hrsg.), Beethoven-Handbuch, Kassel / Stuttgart / Weimar 2009, S. 57–129

Ladenburger, Michael: Die Klaviersonate »Das Lebe wohl (Les adieux)« Es-Dur op. 81a, in: Beethoven und der Musikverlag Breitkopf & Härtel, hrsg. von Michael Ladenburger und Nicole Kämpken, Bonn 2007, S. 77–92

Ladenburger, Michael: Beethoven auf Reisen, Bonn 2016

Lenz, Wilhelm von: Beethoven. Eine Kunststudie, 5 Bde., Kassel 1855–Hamburg 1860

Levy, David: »Ma però beschleunigend«: Notation and Meaning in Opus 133/134, in: Beethoven Forum 14 (2007), S. 129–149

Lockwood, Lewis: Process vs. Limits. A View of the Quartet in F major, Opus 59, No. 1, in: ders., Beethoven. Studies in the Creative Process, Cambridge 1992, S. 198–208

Lockwood, Lewis: A Problem of Form: The »Scherzo« of Beethoven's String Quartet in F Major, Op. 59, No. 1, in: Beethoven Forum 2 (1993), S. 85–95

Lockwood, Lewis: Beethoven. The Music and the Life, New York 2003

Lodes, Birgit: Das Gloria in Beethovens Missa solemnis, Tutzing 1997

Lodes, Birgit: »In der ungeheuern Weite«. Beethoven und die Ahnung des Göttlichen in »Meeres Stille und Glückliche Fahrt«, Missa solemnis und Neunter Symphonie, in: Bernhard Appel u. a. (Hrsg.), Beethoven und der Wiener Kongress (1814/15), Bonn 2016 (Schriften zur Beethoven-Forschung 26), S. 139–164

Lodes, Birgit / Reisinger, Elisabeth / Wilson, John (Hrsg.): Beethoven und andere Hofmusiker seiner Generation, Bonn 2018 (Schriften zur Beethoven-Forschung 29/1)

Loos, Helmut: Beethovens Trauermarsch aus op. 26 und WoO 96, in: Sieghard Brandenburg / Helmut Loos (Hrsg.), Beiträge zu Beethovens Kammermusik, München 1987, S. 205–215

Lühning, Helga: Klavierlied »An die Hoffnung« op. 32, in: Albrecht Riethmüller / Carl Dahlhaus / Alexander L. Ringer (Hrsg.), Beethoven-Interpretationen, Laaber 1994, Bd. 1, S. 263–267

Lühning, Helga: Klavierlied »An die Hoffnung« op. 94, in: Albrecht Riethmüller / Carl Dahlhaus / Alexander L. Ringer (Hrsg.), Beethoven-Interpretationen, Laaber 1994, Bd. 2, S. 75–78

Lühning, Helga: Leonore. Oper in zwei Aufzügen von Ludwig van Beethoven (Das Libretto der Aufführung von 1806), Bonn 1996 (Jahresgabe des Vereins Beethoven-Haus 1995, Nr. 12)

Lühning, Helga: Beethovens »Egmont« zwischen Schauspiel, Oper und Symphonischer Dichtung, in: Dagmar Beck / Frank Ziegler (Hrsg.), Carl Maria von Weber und die Schauspielmusik seiner Zeit, Mainz 2003, S. 157–183

Lukács, Georg: Die Theorie des Romans. Ein geschichtsphilosophischer Versuch über die Formen der großen Epik [1920], Neuwied / Berlin 1971

Maier, Franz Michael: Beethoven liest Littrow, in: Bernhard Appel / Julia Ronge (Hrsg.), Beethoven liest, Bonn 2016 (Schriften zur Beethoven-Forschung 28), S. 251–288

Marx, Adolf Bernhard: Die Lehre von der musikalischen Komposition, 4 Bde., Leipzig ²1848

Marx, Adolf Bernhard: Ludwig van Beethoven. Leben und Schaffen [1859], 2 Bde., Berlin ²1863

Matthew, Nicholas: Political Beethoven, Cambridge 2013

Meier, Albert / Costazza, Alessandro / Laudin, Gérard (Hrsg.): Kunstreligion, 3 Bde., Berlin 2011–2014

Mendelssohn, Moses: Morgenstunden oder Vorlesungen über das Daseyn Gottes. Vorbericht [1785], in: ders., Ausgewählte Werke. Studienausgabe, hrsg. von Christoph Schulte, Andreas Kennecke und Grazyna Jurewicz, Darmstadt ²2012, Bd. 2, S. 217–334

Mendheim, Max: [Artikel] Tiedge, Christoph August, in: Allgemeine Deutsche Biographie, Bd. 38, Berlin 1894, S. 281–285

Mohr, Georg: »Die Musik ist eine Kunst des inneren Sinnes und der Einbildungskraft«. Affekt, Form und Reflexion bei Christian Friedrich Michaelis, in: Musik-Konzepte Neue Folge, Sonderband Musikphilosophie, München 2007, S. 137–151

Moritz, Karl Philipp (Hrsg.): Magazin zur Erfahrungsseelenkunde (1783–1793), Neuausgabe hrsg. von Anke Bennholdt-Thomsen und Alfredo Guzzoni, Lindau 1978/79

Müller-Gerbes, Geert / Wolfshohl, Alexander: Beethoven liest Friedrich Schiller, in: Bernhard Appel / Julia Ronge (Hrsg.), Beethoven liest, Bonn 2016 (Schriften zur Beethoven-Forschung 28), S. 3–15

Neefe, Christian Gottlob: Ueber das Karackteristische oder über die Sprache der Instrumentalmusik, in: Beiträge zur Ausbreitung nützlicher Kenntnisse. Viertes Stück, Bonn (3. Mai 1784), S. 33–37

Nohl, Ludwig: Neue Briefe Beethovens, Stuttgart 1867
Oellers, Norbert: Zur Schiller-Rezeption in Österreich um 1800, in: Herbert Zeman (Hrsg.), Die österreichische Literatur. Eine Dokumentation ihrer literarhistorischen Entwicklung, Bd. 2, Graz 1979, S. 677–696
Otto, Rüdiger: Studien zur Spinozarezeption in Deutschland im 18. Jahrhundert, Frankfurt a. M. u. a. 1994
Overhoff, Jürgen: Die Katholische Aufklärung als bleibende Forschungsaufgabe. Grundlagen, neue Fragestellungen, globale Perspektiven, in: Das 18. Jahrhundert 41.1 (2017), S. 11–27
Picht, Georg: Kants Religionsphilosophie [Vorlesung 1965/66], hrsg. von Constanze Eisenbarth und Enno Rudolph, Stuttgart 1985, ²1998
Platen, Emil: Über Bach, Kuhlau und die thematisch-motivische Einheit der letzten Quartette Beethovens, in: Sieghard Brandenburg / Helmut Loos (Hrsg.), Beiträge zu Beethovens Kammermusik. Symposion Bonn 1984, München 1987, S. 152–164
Ratz, Erwin: Einführung in die musikalische Formenlehre. Über Formprinzipien in den Inventionen und Fugen J. S. Bachs und ihre Bedeutung für die Kompositionstechnik Beethovens, Wien ³1973
Reichardt, Johann Friedrich: Musikalisches Kunstmagazin, 2 Bde. in einem Band, Hildesheim 1969 (Faksimile-Nachdruck der Originalausgabe von 1782/91)
Reichardt, Johann Friedrich: Vertraute Briefe geschrieben auf einer Reise nach Wien und den österreichischen Staaten zu Ende des Jahres 1808 und zu Anfang 1809, 2 Bde., Amsterdam 1810
Reisinger, Elisabeth / Riepe, Juliane / Wilson, John D. / Lodes, Birgit: The Operatic Library of Elector Maximilian Franz. Reconstruction, Catalogue, Contexts, Bonn 2018 (Schriften zur Beethoven-Forschung 30/2)
Riemann, Hugo: Musikalische Dynamik und Agogik. Lehrbuch der musikalischen Phrasirung auf Grund einer Revision der Lehre von der musikalischen Metrik und Rhythmik, Hamburg und St. Petersburg 1884
Riepe, Juliane: Eine neue Quelle zum Repertoire der Bonner Hofkapelle im späten 18. Jahrhundert, in: Archiv für Musikwissenschaft 60 (2003), S. 97–114
Riethmüller, Albrecht / Dahlhaus, Carl / Ringer, Alexander L. (Hrsg.), Beethoven-Interpretationen, 2 Bde., Laaber 1994
Riezler, Walter: Beethoven, Berlin / Zürich 1936
Robins Landon, Howard Chandler: Haydn. Chronicle and Works, 5 Bde., London 1976–1980
Rochlitz, Friedrich: Für Freunde der Tonkunst, Bd. 4, Leipzig 1832
Ronge, Julia: Beethovens Lehrzeit. Kompositionsstudien bei Joseph Haydn, Johann Georg Albrechtsberger und Antonio Salieri, Bonn 2011 (Schriften zur Beethovenforschung 20)

Ronge, Julia: Ein Landhaus, ein Pferd und eine Messe für Napoleon. Notizen Beethovens von Oktober 1810. Faksimile und Kommentar, Bonn 2017
Ronge, Julia: »wann wird auch der Zeitpunkt kommen wo es nur Menschen geben wird«. Ein unbekannter Brief Beethovens an Heinrich von Struve. Faksimile und Kommentar, Bonn 2018
Rosen, Charles: Der Klassische Stil. Haydn, Mozart, Beethoven, deutsch von Traute M. Marshall, München / Kassel 1983, Kassel u. a. [7]2017
Rosen, Charles: Sonata Forms, New York / London [2]1988
Rosenkranz, Karl: Ästhetik des Häßlichen, Königsberg 1853 (Neuausgabe hrsg. von Dieter Kliche, Leipzig 1990)
Safranski, Rüdiger: E. T. A. Hoffmann. Das Leben eines skeptischen Phantasten, Frankfurt a. M. 1987
Salmen, Walter / Zeller, Regine (Hrsg.): Der Tonkünstler Johann Friedrich Reichardt und Goethe. Katalog zur Ausstellung im Goethe-Museum Düsseldorf März / April 2002, Düsseldorf 2002
Schelling, Friedrich Joseph Wilhelm: Sämmtliche Werke, hrsg. von Karl Friedrich August Schelling, Stuttgart / Augsburg 1856–1861
Schering, Arnold: Beethoven und die Dichtung, Leipzig 1936
Schiedermair, Ludwig: Der junge Beethoven, Leipzig 1925
Schindler, Anton [Felix]: Biographie von Ludwig van Beethoven, Münster 1840, Münster [2]1845, sowie 2 Bde., Münster [3]1860
Schings, Hans Jürgen: Melancholie und Aufklärung. Melancholiker und ihre Kritiker in Erfahrungsseelenkunde und Literatur des 18. Jahrhunderts, Stuttgart 1977
Schings, Hans Jürgen: Die Brüder des Marquis Posa. Schiller und der Geheimbund der Illuminaten, Tübingen 1996
Schlegel, Friedrich: Kritische Studienausgabe in sechs Bänden, hrsg. von Ernst Behler und Hans Eichner, Paderborn 1988
Schleiermacher, Friedrich Daniel Ernst: Über die Religion. Reden an die Gebildeten unter ihren Verächtern [1799], in: ders., Kritische Gesamtausgabe, hrsg. von Hans-Joachim Birkner u. a., Abt. I, Bd. 2, hrsg. von Günter Meckenstock, Berlin / New York 1984, S. 185–326
Schleiermacher, Friedrich Daniel Ernst: Versuch einer Theorie des geselligen Betragens [1799], in: ders., Kritische Gesamtausgabe, hrsg. von Hans-Joachim Birkner u. a., Abt. I, Bd. 2, hrsg. von Günter Meckenstock, Berlin / New York 1984, S. 165–184
Schmidt, Lothar: Organische Form in der Musik. Stationen eines Begriffs 1795–1850, Kassel u. a. 1990
Schmidt, Wolf Gerhard: Zwischen Autonomie und Heteronomie. Zur Medienästhetik von Beethovens Chorfantasie op. 80, in: Albert Meier / Thorsten Valk (Hrsg.), Konstellationen der Künste um 1800. Reflexionen – Transformationen – Kombinationen, Göttingen 2015, S. 241–256

Schmidt-Biggemann, Wilhelm: Vom enzyklopädischen Satiriker zum empfindsamen Romancier. Jean Pauls frühe Entwicklung, in: Jean Paul, Sämtliche Werke, hrsg. von Norbert Miller, München 1963, Abt. II, Bd. 2, S. 263–294
Schmidt-Biggemann, Wilhelm: Jean Paul als Philosoph, in: Markus Bernauer / Angela Steinsiek / Jutta Weber (Hrsg.), Jean Paul. Dintenuniversum. Schreiben ist Wirklichkeit, Berlin 2013, S. 177–184
Schmitz, Arnold: Beethovens »Zwei Prinzipe«. Ihre Bedeutung für Themen- und Satzbau, Berlin / Bonn 1923
Schmitz, Arnold: Das romantische Beethovenbild. Darstellung und Kritik, Berlin 1927 (Reprint: Darmstadt 1978)
Schnaus, Peter: E. T. A. Hoffmann als Beethoven-Rezensent der Allgemeinen Musikalischen Zeitung, München / Salzburg 1977
Schuh, Willi (Hrsg.): Erinnerungen Xaver Schnyder's von Wartensee, ausgewählt und mit einer Einführung und Erläuterungen, Berlin / Zürich 1940
Schulte, Christoph: Die jüdische Aufklärung. Philosophie, Religion, Geschichte, München 2002
Seidel, Wilhelm: 9. Symphonie op. 125, in: Albrecht Riethmüller / Carl Dahlhaus / Alexander L. Ringer (Hrsg.), Beethoven. Interpretationen seiner Werke, 2 Bde., Laaber 1994, Bd. 2, S. 252–271
Seyfried, Ignaz von: Ludwig van Beethoven's Studien im Generalbasse, Contrapuncte und in der Compositions-Lehre, Wien 1832
Solomon, Maynard: Beethoven. Biographie, München 1979 (amerikanisches Original: New York 1977)
Solomon, Maynard: Beethoven and Schiller, in: Robert Winter / Bruce Carr (Hrsg.), Beethoven, Performers, and Critics, Detroit 1980, S. 162–175, bzw. (in deutscher Sprache) in: Beiträge zur Musikwissenschaft 23 (1981), S. 91–103
Solomon, Maynard: Beethoven: The Quest for Faith, in: Beethoven-Jahrbuch 10, 1978/81 (1983), S. 101–119; deutsch als: Beethovens Suche nach dem Glauben in: Birgit Lodes / Armin Raab (Hrsg.), Beethovens Vokalmusik und Bühnenwerke, Laaber 2014, S. 219–223
Stangneth, Bettina: Kultur der Aufrichtigkeit. Zum systematischen Ort von Kants »Religion innerhalb der Grenzen der bloßen Vernunft«, Würzburg 2000
Steblin, Rita: A History of Key Characteristics in the Eighteenth and Nineteenth Century, Ann Arbour 1983
Steblin, Rita: Who Died? The Funeral March in Beethoven's »Eroica« Symphony, in: The Musical Quarterly 89 (2006), S. 62–79
Steiner, Stefanie: Zwischen Kirche, Bühne und Konzertsaal. Vokalmusik von Haydns »Schöpfung« bis zu Beethovens »Neunter«, Kassel u. a. 2001
Stephan, Rudolf: Zu Beethovens letzten Quartetten, in: ders., Vom musikalischen Denken. Gesammelte Vorträge, hrsg. von Rainer Damm und Andreas Traub, Mainz u. a. 1985, S. 42–52

Stolzenberg, Jürgen: »Seine Ichheit auch in der Musik heraustreiben«. Formen expressiver Subjektivität in der Musik der Moderne, München 2009

Sulzer, Johann Georg: Allgemeine Theorie der Schönen Künste, 2 Bde., Leipzig 1771, 4 Bde., Leipzig ²1778, sowie 4 Bde., Leipzig ³1792 (Reprint: Hildesheim 1967)

Thayer, Alexander Wheelock / Deiters, Hermann / Riemann, Hugo: Ludwig van Beethovens Leben, 5 Bde. [1907–1917], Leipzig ³1922

Tiedge, Christoph August: Urania, Halle 1801, Neue wohlfeile Ausgabe. / Reutlingen, / in der J. J. Mäcken'schen Buchhandlung. / 1802, Urania. Ein lyrisch-didactisches Gedicht in sechs Gesängen, Halle ⁴1808

Tiffany, Monika Katharina: Der Begriff des »sensus communis« in Kants »Kritik der Urteilskraft«. Eine historische und semantische Analyse, ms. Diss. Universität Zürich 2002

Timm, Hermann: Gott und die Freiheit. Studien zur Religionsphilosophie der Goethezeit. Bd. 1: Die Spinozarenaissance, Frankfurt a. M. 1974

Tobel, Rudolf von: Die Formenwelt der klassischen Instrumentalmusik, Bern / Leipzig 1935

Tovey, Donald Francis: Essays in Musical Analysis, Bd. 5, London 1937

Ulrichs, Lars-Thade: Die andere Vernunft. Philosophie und Literatur zwischen Aufklärung und Romantik, Berlin 2011

Wagner, Richard: Zum Vortrag der neunten Symphonie Beethoven's, in: ders., Sämtliche Schriften und Dichtungen, Leipzig ²1888, Bd. 9, S. 231–257

Waibel, Violetta (Hrsg.): Umwege. Annäherungen an Immanuel Kant in Wien, in Österreich und in Osteuropa, Göttingen 2015

Wald-Fuhrmann, Melanie: »Ein Mittel wider sich selbst«. Melancholie in der Instrumentalmusik um 1800, Kassel u. a. 2010

Walz, Matthias: Kontrastierende Werkpaare in Beethovens Symphonien, in: Archiv für Musikwissenschaft 46 (1989), S. 271–293

Weber, Max: Gesammelte Aufsätze zur Wissenschaftslehre, Tübingen ²1988

Webster, James: The Sublime and the Pastoral in »The Creation« and »The Seasons«, in: Caryl Clark, The Cambridge Companion to Haydn, Cambridge 2005, S. 150–163

Wegeler, Franz Gerhard / Ries, Ferdinand: Biographische Notizen über Ludwig van Beethoven, Koblenz 1838 (Reprint: Berlin 2012)

Whiting, Steven Moore: »Hört ihr wohl«. Zur Funktion und Programm von Beethovens »Chorfantasie«, in: Archiv für Musikwissenschaft 45 (1988), S. 132–147

Willaschek, Marcus / Stolzenberg, Jürgen / Mohr, Georg / Bacin, Stefano (Hrsg.): Kant-Lexikon, 3 Bde., Berlin 2015

Winter, Robert: Compositional Origins of Beethoven's Opus 131, Ann Arbor 1982

Witcombe, Charles C.: Beethoven's Markings in Christoph Christian Sturm's »Reflections on the Works of God in the Realm of Nature and

Providence for Every Day of the Year«, in: The Beethoven Journal 18/1 (2003), S. 10–17
Wolff, Christoph: Mozarts Requiem. Geschichte, Musik, Dokumente. Partitur des Fragments, München / Kassel 1991, Kassel u. a. [8]2019
Wolff, Michael: Warum das Faktum der Vernunft ein Faktum ist. Auflösung einiger Verständnisschwierigkeiten in Kants Grundlegung der Moral, in: Deutsche Zeitschrift für Philosophie 57 (2009), S. 511–549
Wolfshohl, Alexander: Beethoven liest Autoren und Texte mit Bezug zu Religion und Theologie, in: Bernhard Appel / Julia Ronge (Hrsg.): Beethoven liest, Bonn 2016 (Schriften zur Beethoven-Forschung 28), S. 105–141
Wolfshohl, Alexander: »Lichtstrahlen der Aufklärung«. Die Bonner Lese-Gesellschaft. Geistiger Nährboden für Beethoven und seine Zeitgenossen, Bonn 2018 (Begleitpublikation zu einer Sonderausstellung im Beethoven-Haus Bonn)
Zelle, Carsten: »Angenehmes Grauen«. Literaturhistorische Beiträge zur Ästhetik des Schrecklichen im achtzehnten Jahrhundert, Hamburg 1987
Zickenheiner, Otto: Untersuchungen zur Credo-Fuge der Missa solemnis von Ludwig van Beethoven, München 1984

Register

Werke

Personen